无人艇集群协同包围控制理论与实践

彭周华 姜 岳 刘 陆等 著

科 学 出 版 社
北 京

内 容 简 介

无人艇集群技术是实现海洋强国战略的核心技术支撑之一，本书从包围制导、模糊控制、智能优化一体化出发，系统论述了关于无人艇集群协同包围控制的最新理论与实践研究进展。本书的主要内容包括：无人艇集群协同包围控制的国内外研究进展与研究挑战、无人艇集群协同包围控制系统设计与分析的基础知识、目标速度未知的单无人艇单目标包围控制、模型参数完全未知的多无人艇协同单目标包围控制、状态和输入约束下的多无人艇协同多目标包围控制、避碰避障约束下的多无人艇协同多目标包围控制、基于单路径导引的多无人艇协同包围控制、基于闭合路径导引的多无人艇协同包围控制。

本书可作为高等院校船舶与海洋工程、控制科学与工程、人工智能相关专业本科生和研究生的参考书，也可供无人艇集群控制、海洋航行器集群控制、无人系统攻防对抗等方向的理论研究人员与工程技术人员阅读。

图书在版编目(CIP)数据

无人艇集群协同包围控制理论与实践 / 彭周华等著. —北京：科学出版社，2025.4

ISBN 978-7-03-078488-9

Ⅰ. ①无…　Ⅱ. ①彭…　Ⅲ. ①无人驾驶－船舶－协调控制　Ⅳ. ①U675.7

中国国家版本馆 CIP 数据核字（2024）第 090238 号

责任编辑：姜　红　狄源硕 / 责任校对：何艳萍
责任印制：徐晓晨 / 封面设计：无极书装

科学出版社出版
北京东黄城根北街 16 号
邮政编码：100717
http://www.sciencep.com

北京华宇信诺印刷有限公司印刷
科学出版社发行　各地新华书店经销
*
2025 年 4 月第　一　版　开本：720×1000　1/16
2025 年 4 月第一次印刷　印张：12 1/4
字数：247 000

定价：128.00 元

（如有印装质量问题，我社负责调换）

本书作者名单

彭周华　姜　岳

刘　陆　王安青

古　楠　王浩亮　王　丹

前　言

无人艇是指不需要船员驾驶或操纵的水面舰艇，可以通过远程遥控、自主控制等方式执行各种使命任务。无人艇具有成本低廉、续航时间长、作战风险小、机动灵活等显著优点，在岛礁防卫、近海巡逻、海上搜救等军事和民用领域具有重要应用价值，是维护国家海洋权益、保障海上空间安全、捍卫海洋“蓝色国土”的重要工具。无人艇集群作业具有高效率、广覆盖、群智能等显著优点，是未来海洋作业和海上防卫的必然趋势。美国、欧盟成员国等相继开展了国家级研究计划，并长期对我国实施技术封锁。在国内，“自主无人系统的智能技术”和“群体智能关键技术”被列入国务院《新一代人工智能发展规划》，是实现海洋强国战略的核心技术支撑。无人艇集群控制包括集群协同编队控制、集群协同合围控制、集群协同包围控制、集群蜂拥控制、集群博弈对抗等。其中，无人艇集群协同包围控制在抵近侦察、目标围捕、攻防对抗等任务使命中发挥重要的作用。因此，如何突破无人艇集群协同包围控制技术难点是亟须解决的关键问题。

然而，由于包围运动模式的复杂性、目标感知信息的不完全、海洋环境的不确定性、模型和环境的多约束，无人艇集群协同包围控制面临着极大的挑战，迫切需要开展前瞻性理论和技术探索。为解决上述问题，作者研究团队率先在国内开展无人艇集群协同包围控制研究，在海洋工程和智能控制领域期刊 *Ocean Engineering*（《海洋工程》）、*IEEE Transactions on Industrial Electronics*（《IEEE 工业电子学汇刊》）、*IEEE Transactions on Cybernetics*（《IEEE 控制论汇刊》）、*IEEE Transactions on Fuzzy Systems*（《IEEE 模糊系统汇刊》）、*IEEE Transactions on Control Systems Technology*（《IEEE 控制系统技术汇刊》）等发表期刊论文 100 余篇。在作者研究团队长期从事无人艇制导、控制、协同、优化、对抗的研究基础之上，本书系统地总结了关于无人艇集群协同包围控制理论与实践研究成果。

本书针对具有欠驱动、非线性、强耦合、不确定性、强扰动、多约束、有限通信带宽等特点的无人艇集群系统，系统地探索了复杂海洋环境下无人艇集群的包围控制问题，为无人艇网络化、集群化、智能化海上作业奠定坚实的理论与技术基础。全书共 8 章。第 1 章综述了无人艇协同包围控制的研究现状，总结了无人艇协同包围的技术难题。第 2 章介绍了无人艇集群协同包围控制系统设计与分析所必需的基础知识。第 3 章研究了目标速度未知的单无人艇单目标包围控制问题。第 4 章研究了模型参数完全未知的多无人艇协同单目标包围控制问题。第 5 章研究了状态和输入约束下的多无人艇协同多目标包围控制问题。第 6 章研究了避碰避障约束下的多无人艇协同多目标包围控制问题。第 3～6 章主要研究了目标导引下的自主包围控制问题。第 7 章研究了基于单路径导引的多无人艇协同包围控制问题。第 8 章研究了基于闭合路径导引的多无人艇协同包围控制问题。

本书相关研究工作得到了科技创新 2030—“新一代人工智能”重大项目（项目编号：2022ZD0119902）、国家自然科学基金面上项目（项目编号：52471372、52271304）、国家自然科学基金青年科学基金项目（项目编号：52401359、62203081）、辽宁省“兴辽英才计划”领军人才项目（项目编号：XLYC2402054）、辽宁省“兴辽英才计划”青年拔尖人才项目（项目编号：XLYC2403051）、大连市科技创新基金基础重大项目（项目编号：2023JJ11CG008）、中央高校基本科研业务费项目（项目编号：3132023508）、中国博士后科学基金项目（项目编号：2023TQ0013、2024M750107、2024M751980）、辽宁省博士科研启动基金计划（项目编号：2024-BS-012）的资助。

本书的研究工作建立在与多位国际顶尖学者合作研究的基础之上，包括欧洲科学院院士、IEEE 会士、香港城市大学王钧教授，欧洲科学院院士、IEEE 会士、澳大利亚斯威本科技大学副校长韩清龙教授，IEEE 会士、美国国家科学基金会教师早期职业发展计划（CAREER）奖获得者、佐治亚理工学院张福民教授，加拿大工程院院士、IEEE 会士、维多利亚大学施阳教授，欧洲科学院院士、IEEE 会士、华南理工大学陈俊龙教授，在此表示深深的敬意和感谢，他们的指点和帮助是我们学术生涯中的宝贵财富。

全书由彭周华、姜岳、刘陆、王安青、古楠、王浩亮负责统稿，王丹负责定稿。彭周华负责撰写 1.1 节、1.2 节和第 3、4 章，姜岳负责撰写第 5、6 章，刘陆负责撰写第 7、8 章，王安青负责撰写 1.3 节、1.4 节，古楠负责撰写 2.1～2.3 节，王浩亮负责撰写 2.4 节、2.5 节。在本书出版过程中，研究生吕光颢、丛思铭、刘浩东、徐加雪、吕丛一、李凌锋、李辉娟、张强、贾继阳、徐方圆、徐彦平、卢丽宇、马国杰、孙润欢、鞠磊、李荣慧、李一鹤、冯浩、王月、焦仕剑、杨旷宇、李运为、师啸天、何欣桐、朗清泉、迟延瑜、罗欢做了大量文字整理工作，感谢他们的辛勤努力和热心帮助。

由于作者水平有限，书中难免存在一些不足之处，欢迎读者批评指正。

彭周华

2024 年 4 月于大连

目　录

主要符号表

符　号	代表意义
$\mathbb{R}$	实数集
$\mathbb{R}^+$	正实数集
$\mathbb{N}^+$	正整数集
$\mathbb{R}^n$	$n\times1$ 维实数列向量集
$\mathbb{R}^{n\times m}$	$n\times m$ 维实数矩阵集
$\mathbf{1}_n$	元素全为 1 的 $n\times1$ 维列向量
$\mathbf{0}_n$	元素全为 0 的 $n\times1$ 维列向量
$\boldsymbol{I}_n$	$n\times n$ 维单位矩阵
$\boldsymbol{O}_n$	元素全为 0 的 $n\times n$ 维矩阵
$(\cdot)^{\mathrm{T}}$	向量或矩阵的转置
$(\cdot)^{-1}$	方阵的逆
$\mathrm{diag}\{a_i\}$	由 a_i 构成的对角矩阵
$\max(\cdot)$	最大值
$\min(\cdot)$	最小值
$\sup(\cdot)$	最小上界
$\inf(\cdot)$	最大下界
$\lambda_{\max}(\cdot)$	矩阵的最大特征值
$\lambda_{\min}(\cdot)$	矩阵的最小特征值
$\lvert\cdot\rvert$	绝对值
$\lVert\cdot\rVert$	2-范数
$\lVert\cdot\rVert_{\mathrm{F}}$	F-范数
$\mathrm{sgn}(\cdot)$	符号函数
$\otimes$	克罗内克积
$\circ$	合成运算
$f^{-1}(\cdot)$	函数 $f(\cdot)$ 的反函数

第 1 章　绪　　论

1.1　无人艇集群协同包围控制研究背景

海洋是人类生存与可持续发展的战略空间，也是国际竞争与合作的重要舞台。近年来，各国维护海洋权益、拓展海洋空间的竞争愈演愈烈，围绕海洋资源、岛礁主权、海域划界、航道安全的争端日益凸显。我国是海洋大国，拥有广泛的海洋战略资源和战略利益，维护国家海权关系到民族生存发展和国家安危。为了保障海上领土安全，实现海洋强国发展战略，迫切需要提升国家海洋科技实力[1-4]。

无人水面艇（unmanned surface vehicle，USV，简称无人艇）是一种可远程控制或自主航行的智能海洋运载平台，具有机动性能好、适应能力强、自动化程度高、制造成本低等优点，其研发水平是一个国家海洋科技实力的重要体现[5-8]。通过配备所需的控制系统、传感系统、通信系统以及武器系统，无人艇可用于商业、科研、军事等领域。在维护海洋安全方面，将无人艇作为海上第一道防线，替代有人船只执行侦察搜索、探测排雷、反潜作战等作战任务，不仅能够在高危险任务中有效保护人身安全，而且能够大幅降低人员费用支出和改善作业效率[9-12]。目前世界多国竞相开展了无人艇装备的研制与开发，国内外典型无人艇如图 1.1 所示。

（a）美国“海上猎人号”无人艇[13]

（b）以色列“保护者号”无人艇[14]

（c）法国“Inspector”无人艇[15]

（d）中国哈尔滨工程大学“天行一号”无人艇[16]

（e）中国上海大学“精海号”系列无人艇[17]

（f）中国华中科技大学“HUSTER”系列无人艇[18]

图 1.1　国内外典型无人艇

随着海洋作业任务复杂性和多样性的日益增加，单艘无人艇受能力限制可能无法满足任务需求，多无人艇协同作业是未来重要发展趋势[19]。相比于单艇作业，联合多艘无人艇构成集群系统，通过个体间相互通信协同完成目标任务，能够表现出更强的鲁棒性、机动性、智能性，更高的作业效率和更大的作业规模[20]。多无人艇协同技术在军事领域中应用前景广泛，可用于编队护航、集群作战、态势感知、协同巡逻等任务，如图 1.2 所示。

（a）编队护航[21]

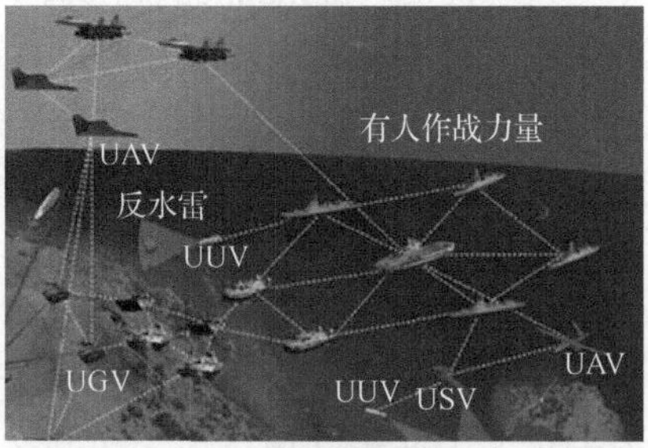

（b）集群作战[22]

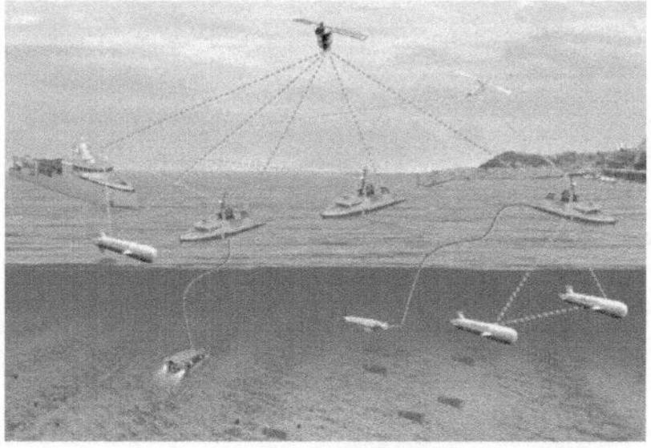
（c）态势感知[23]

（d）协同巡逻[24]

图 1.2　多无人艇协同技术的军事应用

在无人艇集群海上作战方面，2014 年，美国海军开展了无人艇“蜂群”试验，采用五艘自主无人艇和八艘遥控无人艇进行了编队护航、巡逻侦察、集群攻击等演习任务，成功阻止了潜在敌方船只迫近己方保护目标。在 2021 年“无人系统综合作战问题-21”演习中，美国海军“海上猎人号”和“海鹰号”无人艇进行了持续 8 天的海上作战课目训练，在无补给和无外在动力条件下，两艘无人艇连续航行 150 小时，完成出港集结、阵位连续变换和自动泊港等课目演练。在 2022 年“环太平洋”多国联合演习期间，美国海军出动“海上猎人号”“海鹰号”“游牧者号”“游骑兵号”四艘无人艇，验证了其在侦察、反潜、扫雷、电子战、护航等领域执行相关任务的能力。美军无人艇演习如图 1.3 所示。

（a）无人艇编队演习[25]

（b）“海鹰号”无人艇海上演习[26]

图 1.3　美军无人艇演习

2016 年，英国海军组织了“无人勇士”大规模无人装备演习，进行了无人艇、无人战机、无人潜航器等 50 部无人装备的大规模协同测试，完成了反水雷战，反潜战，情报、监视和侦察等任务，实现了无人艇与其他无人作战平台的协同作战。2022 年，美英两国海军进行了“幻影瞄准镜”双边演习，出动了三艘“无人航海探索者号”无人艇用于侦察探测，利用无人系统和人工智能技术提升了有人舰船与岸上操作人员的海上监控能力。英国海军无人装备演习如图 1.4 所示。

（a）“无人勇士”演习[27]　　（b）“幻影瞄准镜”演习[28]

图 1.4　英国海军无人装备演习

除了海上侦察和编队护航任务外，无人艇集群还在军事打击任务中发挥了重要作用。2023 年，土耳其国防部使用八艘“信天翁-S”无人快艇对一艘长 22m 的船只进行了自杀式攻击演练，通过集群内传感器数据共享进行自主航向校正和自主避碰，成功击沉了目标船只。在俄乌冲突中，乌克兰方面多次出动无人艇，对相关设施和目标进行打击，包括在 2022 年 10 月采用七艘无人艇和九架无人机突袭塞瓦斯托波尔港；在 2023 年 7 月采用两艘无人艇损毁了克里米亚大桥[29]。土耳其和乌克兰无人艇军事装备如图 1.5 所示。

（a）土耳其无人快艇[30]　　（b）乌克兰无人艇集群[31]

图 1.5　土耳其和乌克兰无人艇军事装备

近年来，我国也高度重视无人艇集群协同技术的研究。2018 年，华中科技大学研发的 HUSTER-68 型无人艇和 HUSTER-12s 型无人艇编队，在东莞市松山湖进行首航演示，通过轨迹规划和组网协同等功能实现了编队巡逻、近海侦察、目标围捕等行为。2021 年，哈尔滨工程大学进行了多协同任务模式、弹性可重构无人艇集群协同技术演示，实现了分布式协同架构、全自主化协同水平、未知非结构化应用任务场景下的海洋航行器集群控制。国内无人艇集群协同控制代表性研究进展如图 1.6 所示。

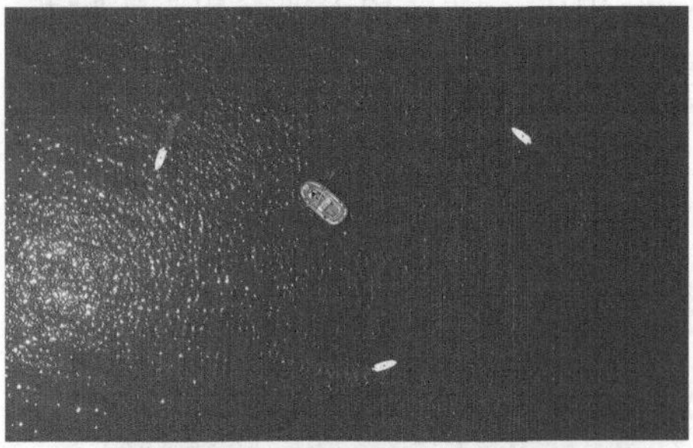

（a）华中科技大学多无人艇协同围捕[32]

（b）哈尔滨工程大学无人艇编队[33]

图 1.6 国内无人艇集群协同控制代表性研究进展

为了应对未来的无人化和智能化海上作战趋势，我国也积极开展了无人艇集群对抗技术的战略布局。2018 年，珠海云洲智能科技股份有限公司研发的安防警戒无人艇参与了全球首次无人艇反走私演练，通过与执法人员配合作业，实现了对目标的快速追捕、协同拦截、救援打捞。2021 年，第十三届中国国际航空航天博览会上珠海云洲智能科技股份有限公司展示了高速无人艇动态协同博弈技术，实现了六艘无人艇对海面不明机动目标的联动预警、协同感知、高速追踪、侦察取证、博弈拦截、围堵驱离，如图 1.7 所示。

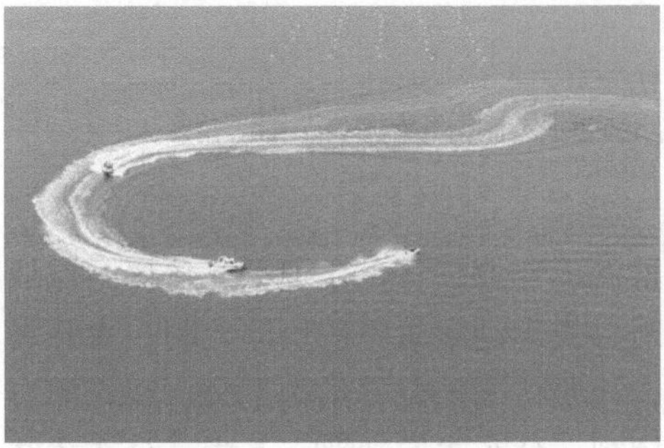

（a）无人艇反走私演练[34]

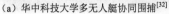

（b）高速无人艇动态协同博弈[35]

图 1.7 国内无人艇集群对抗代表性进展

综上所述，无人艇集群协同技术对于维护国家海洋权益、保障国家海洋安全至关重要，其应用范围已经从侦察探测逐步扩展到攻防对抗。在各类对抗场景中，目标包围是一个典型的控制问题[36,37]。其任务目的是驱使单艘或多艘无人艇围绕固定或运动的对象航行，并保持期望的包围距离和包围队形。包围运动能够探测和采集对象的全方位信息，在巡逻侦察、围捕驱逐、海上救援等海事任务中能够发挥关键作用，如图 1.8 所示。无人艇的目标包围（运动）控制问题涉及技术领域广泛，包括船舶与海洋工程、控制科学与工程、通信工程、人工智能等学科，然而目前其核心理论和技术的发展还有所欠缺。因此，开展相关理论和实践研究，对于推动我国海洋科技发展和国防建设具有积极意义。

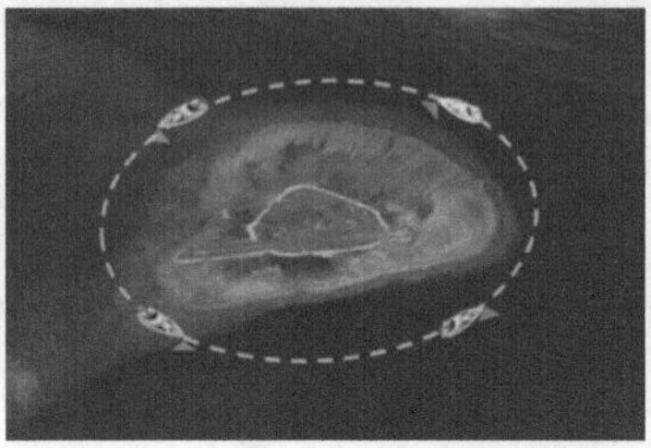

（a）巡逻侦察

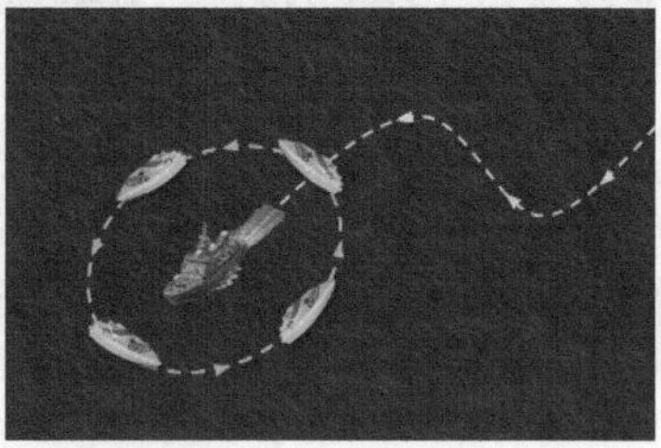

（b）围捕驱逐

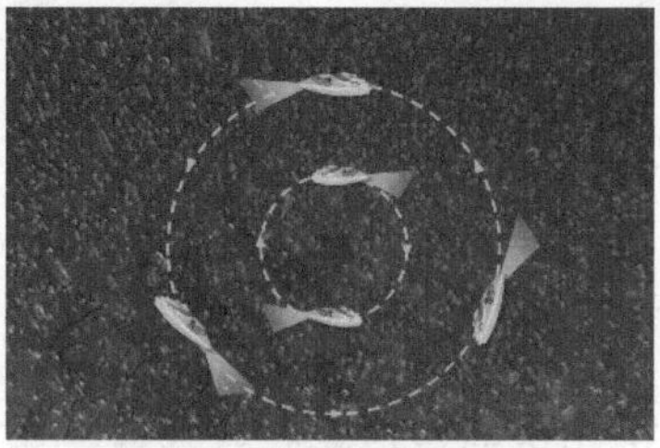

（c）海上救援

图 1.8　目标包围控制任务场景

1.2　无人艇集群协同包围控制研究现状

无人艇的协同运动控制技术是开展集群海上作业任务，实现无人化协同作战的基础。近二十年来，国内外专家学者针对各类运动场景下的协同控制技术开展了深入的研究，并取得了丰富的成果[38-72]。按照协同控制器结构划分，现有的协同控制方法可以分为集中式控制、分散式控制、分布式控制[38]。其中，分布式结构下个体通过局部感知和通信进行控制行为，在控制过程中不依赖全局通信，相比于集中式控制降低了对通信能力的要求，适合应用于通信受限下的海洋环境中。根据协同策略类型不同，多无人艇协同控制方法包括领导-跟随法[39-46]、基于行为法[47]、虚拟结构法[48]、人工势能法[49,50]、基于图论法[51-53]等。其中，基于图论法利用图描述无人艇之间的通信关系，并基于通信图设计协同控制器，应用非常广泛。根据运动场景的不同，多无人艇协同控制包括协同轨迹跟踪控制[49,50,54-59]、协同路径跟踪控制[52,60-64]、协同目标跟踪控制[42,43,65-68]、协同目标包围控制[69-72]

等，如图 1.9 所示。其中在协同目标包围控制中，无人艇集群以期望距离和队形围绕特定对象或区域航行。

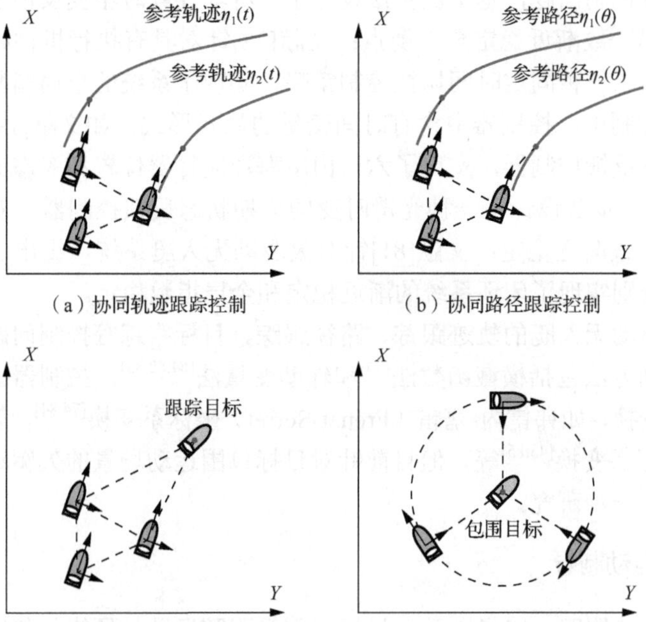

（a）协同轨迹跟踪控制　（b）协同路径跟踪控制

（c）协同目标跟踪控制　（d）协同目标包围控制

图 1.9　多无人艇协同运动场景

当前，学者在无人艇运动控制、多无人艇协同控制、目标包围控制等研究方向已经取得了丰富的研究成果，下面对无人艇集群协同包围控制的研究现状进行分析。

1.2.1　欠驱动控制

大多数无人艇只配备了纵荡推进系统和艏摇转向系统，而在横漂方向没有配备推进装置，导致控制系统的独立控制输入数量小于运动的自由度，是典型的欠驱动系统。欠驱动无人艇的动态模型受到二阶非完整约束，由于不满足布鲁克特(Brockett)必要条件，不存在光滑且时不变的状态反馈控制器使其稳定至平衡点[73,74]，从而增加了控制器的设计难度。

为了解决欠驱动无人艇的定点调节问题，国内外学者提出了各类控制方法，根据控制器特点大致可以分为非连续反馈控制[75-78]和连续时变反馈控制[79-81]。在非连续反馈控制中，控制器不连续且为时变或时不变的：如文献[75]基于σ变换提出了一种非连续反馈控制器，基于对系统初始状态的假设实现了闭环控制系统的指数收敛；文献[76]基于无源性和李雅普诺夫理论，提出了一种非连续全局稳定控制器，实现了欠驱动无人艇的位置和速度控制；文献[77]针对欠驱动无人艇的位置和航行控制问题，基于反步法设计了一种非连续时不变反馈控制器，能够实现系统全局一致渐近稳定至平衡点；文献[78]针对具有执行机构死区的欠驱动无人艇，提出了一种固定时间切换控制策略，实现了系统的全局指数稳定。在连续时变反馈控制中，控制器中含有时间变量的显式形式：如文献[79]提出了一种连续周期时变反馈控制器，实现了六自由度海洋航行器位置和姿态的指数稳定；文献[80]基于反步法设计了一种光滑时变的周期状态反馈控制器，实现了关于平衡点的全局一致渐近稳定；文献[81]针对欠驱动无人艇系统，提出了三种光滑时变控制器，分别实现了闭环系统的渐近稳定和全局指数稳定。

针对欠驱动无人艇的轨迹跟踪、路径跟踪、目标跟踪等控制问题，现有文献中典型的控制方法包括横截函数法[50]和辅助变量法[64,82,83]。控制器的设计通常基于各种坐标变换，如弗雷内-塞雷（Frenet-Serret）坐标系变换[74,84]、船体坐标系变换[73]、极坐标系变换[43,85]等。但目前针对目标包围运动场景的欠驱动无人艇控制问题仍有待进一步研究。

1.2.2　包围运动制导

相比于轨迹跟踪、路径跟踪、目标跟踪等跟踪运动，环绕与包围运动在几何学上具有更高的复杂性。在包围运动中，无人艇与包围目标、无人艇与邻居之间的相对位置是动态变化的。并且在以包围目标为原点的坐标系下，无人艇的运动方向与无人艇的位置向量需要时刻呈正交关系。因此，如何设计合适的制导算法，使得无人艇能够按照期望的距离和队形进行包围运动，并且能够适应包围对象的动态变化，是一个具有挑战性的问题。包围运动问题在多智能体控制领域中已引起许多专家学者的关注，并在无人机、独轮车、移动机器人等自主无人系统上得到了应用。根据无人系统数量、被包围对象状态划分，现有包围制导设计可以分为以下几类。

1. 单无人系统对静止目标的包围

静止目标的位置信息保持不变，系统中不含有未知的目标动态，现有方法大多可以基于局部不完整信息实现对静止目标的包围控制，如仅基于相对角度信息[86-89]，仅基于相对距离信息[90-92]。其中，文献[86]针对一阶积分器形式的无人系统提出一种基于估计器的目标包围控制方法，可以利用自身位置和相对角度估计目标位置信息，从而实现对静止或缓慢移动目标的包围运动。该方法在文献[87]中进一步应用于非完整机器人的目标包围控制，并设计实验验证了方法对于测量噪声的鲁棒性。文献[88]研究了移动机器人对圆形区域的包围问题，设计了基于相对角度信息的包围控制器，实现包围的同时能够避免与目标区域的碰撞。文献[89]考虑了多个静止目标的情况，提出一种基于中心估计器的多目标包围控制方法，可以利用角度测量对多目标几何中心进行估计和包围。针对仅配备距离传感器的无人系统，文献[90]设计控制器利用相对距离信息实现了对未知目标的包围，针对静止目标和缓慢移动的目标，分别证明了闭环系统是指数稳定和一致稳定的。文献[91]针对无人机系统提出一种基于滑模估计器的控制方法，利用距离信息和估计的距离变化率实现了对坐标未知静止目标的包围运动。文献[92]研究了包围运动中的避障问题，提出一种面向双轮机器人的双回路安全控制方案，内环控制机器人追踪并围绕指定目标，外环基于距离传感器和阻抗控制避障算法实现避障行为。

2. 单无人系统对移动目标的包围

在目标包围控制中，包围目标的运动速度可能较大而无法忽略，文献[93]～文献[98]研究了单无人系统对运动目标的包围问题。当目标速度已知时，文献[93]提出了一种基于向量场制导法的包围控制律，在路径约束、环境扰动和避障要求的条件下，实现了无人机对地面移动目标的安全包围。文献[94]针对传统李雅普诺夫向量场导航收敛速度慢的问题，提出了一种基于改进李雅普诺夫向量场的目标包围控制方法，基于目标位置信息实现无人机状态的快速收敛，基于目标速度信息实现无人机的稳定跟踪。当目标速度未知时，往往需要设计观测器估计目标速度以实现包围运动。针对速度大小和方向恒定不变的地面目标，文献[95]提出一种基于视觉跟踪的无人机目标包围控制器，通过建立速度观测器实现对地面目标速度的估计。当目标速度未知且时变时，文献[96]设计了$\mathcal{L}_1$快速估计器，利用目标位置信息和相对高度信息实现了对目标速度的实时估计，并且基于估计速度设计了目标包围控制器。文献[97]在文献[96]的基础上，提出了一种保证性能的包围控制律，能够保证闭环误差信号暂态性能和稳态性能的有界性。文献[98]将切向向量场制导方法和李雅普诺夫向量场制导方法相结合，在路径约束、环境扰动和避障要求下，实现了无人机对地面移动目标的包围运动。

3. 多无人系统对全局已知目标的协同包围

相比于单无人系统的包围控制，在多无人系统的协同目标包围过程中，编队中个体可以从不同角度同时探测、保护或阻拦目标，因此在搜索、监督、追捕等任务中具备显著优势。对协同包围运动的研究始于循环追踪问题，即多无人系统通过依次追逐形成环形编队队形[20,99]，然而基于这种方法形成的编队中心取决于多无人系统的初始状态。为了实现对指定目标的协同包围，文献[100]针对速度固定的一阶积分器型无人系统，提出一种基于方向控制和距离控制的合成包围控制律，通过距离控制稳定个体与目标的间距实现编队系统对目标的协同包围。文献[101]针对静止目标设计了一种基于闭环向量场的协同包围编队方法，在全交换通信结构下实现了目标包围控制和平行编队控制。文献[102]设计了一种基于反步法的控制器，在仅利用相对距离测量的前提下实现了对静止目标的协同包围，且系统稳态误差为零。文献[100]～文献[102]中的控制器设计均假设无人系统能够获得整个系统和目标的全部信息，属于集中式协同控制结构。集中式的控制方法在实际中对通信带宽需求高，这不仅造成资源浪费，在恶劣的通信环境下甚至难以实现集中式控制。

针对以上问题，文献[103]提出了一种基于向量场导航法的分散式协同目标包围控制器，实现了非完整车辆系统对静止目标参考点的协同包围，其中每个车辆只能测量有限区域内邻居车辆的相对距离信息。文献[104]将文献[88]所提方法进一步扩展至多移动机器人系统，提出基于相对角度测量的协同目标包围控制框架，针对变速机器人定点包围、定速机器人定点包围和定区域包围问题分别设计了不同的控制律，并实现成员间避碰要求下的安全协同目标包围。文献[105]研究了三维环境中无人系统对速度时变且未知的移动目标的协同包围问题，设计了基于分散式目标速度观测器的协同控制律，在实现控制目标的同时够保证个体间不发生碰撞。上述控制方法均基于无人系统在有限感知范围内的测量，而不需要相互通信，因此克服了对全局通信条件的依赖。

为减少通信负担，文献[106]～文献[111]用分布式结构设计了协同目标包围控制器。其中文献[106]考虑了有限通信距离下的多无人系统协同目标包围问题，设计了一种基于辅助系统的分布式包围控制器，并利用仿射缩放和旋转变换，实现了对移动目标的时变队形包围控制。然而，该方法依赖于对目标位置、速度和加速度信息的精确测量。在文献[106]的基础上，文献[107]考虑了目标速度不可测下的协同包围问题，提出一种基于辅助系统和相对距离测量的协同目标包围控制方法。通过引入可调的期望偏差，避免了对目标状态信息的精确测量，并且该方法对环境扰动具有鲁棒性。文献[108]分别在笛卡儿坐标系和极坐标系下设计了两种基于反步法的分布式控制律，实现了非完整机器人对移动目标的协同包围。文献[109]研究了目标间断丢失情况下的无人机协同包围问题，设计了粒子滤波器预测目标位置，并基于向量场法和模型预测控制分别提出了协同包围控制策略。文献[110]针对有向通信拓扑下的非完整机器人系统，提出了一种有限时间协同目标包围控制策略，并进一步在文献[111]中研究了速度约束下的有限时间协同目标包围问题。

4. 多无人系统对局部感知目标的协同包围

采用分散式通信[103-105]和分布式通信[106-111]结构的协同控制方法，虽然个体之间无须全交换通信，但上述方法中假设目标信息全局已知，需要编队中每个无人系统具备探测目标或与目标通信的能力。实际中目标信息可能只对部分个体局部已知。针对此问题，文献[112]将文献[101]中的集中式协同目标包围控制方法推广到一般通信拓扑结构中，设计了分布式控制律，实现了通信结构为时变、无向、非全时刻连通下，对局部感知的静止目标的协同包围。文献[113]针对独轮车系统提出了一种混合分布式控制策略，实现了对静止目标的包围，其中独轮车的信息交互考虑了感知能力有限的问题，个体与个体之间或个体与目标之间只在相对距离足够小条件下才发生通信。文献[114]针对以未知速度缓慢运动的目标，提出了一种分布式包围控制律，并应用于四旋翼无人机控制，所提方法中只有部分个体已知目标方位角和相对距离信息。文献[115]针对静止目标协同包围问题设计了一种分布式控制律，可用于通信拓扑为包含生成树的有向图结构，且目标信息只对一个节点已知，相比对称图、环形图和连通无向图的拓扑结构，适用于更为一般性的通信关系。文献[116]考虑了速度约束下的协同目标包围问题，其中目标静止且信息部分已知，提出了一种只依赖传感器局部测量的协同目标包围控制方法。文献[117]研究了三维空间中的协同目标包围问题，其中期望编队信息和目标位置信息对部分无人系统已知，设计了基于目标位置估计器的控制律，实现了对静止目标的三维协同包围。文献[118]研究了对局部感知移动目标的协同包围问题，其中目标速度信息对部分无人系统已知，并考虑了包围半径各不相同的情况。值得指出的是，现有对局部感知目标的协同包围控制方法大多针对静止目标[112-117]或速度已知的移动目标[118]，而对运动速度未知的局部感知目标的协同包围问题尚未得到解决。

1.2.3 无人艇动力学控制

由于无人艇建模精度有限且存在时变外部扰动，其运动模型中含有各种不确定性，包括模型参数不确定性、未建模动态、风浪流引起的海洋环境扰动，这为动力学控制器的设计带来了挑战[1-3]。为了提升无人艇在外部扰动下的控制性能，增强控制器在复杂海洋环境中的适应能力，现有文献中提出了许多控制方法用于辨识和补偿无人艇的模型不确定性，如滑模控制[39,54]、鲁棒自适应控制[119,120]、自抗扰控制[121,122]、神经网络控制[41,123-125]、模糊控制[126-133]等。

由于模糊逻辑系统对未知非线性函数具有强大的逼近能力[134-136]，且结构和参数具有可解释性，因此被广泛应用于无人艇和船舶运动控制中[126-133]。文献[126]针对船舶航向控制问题，提出了一种模糊滑模控制器，利用模糊逻辑系统对船舶模型中的参数不确定性进行了逼近。文献[127]建立II型模糊逻辑系统处理船舶水动力扰动，实现了具有容错功能的全驱动无人艇的轨迹跟踪控制。文献[128]针对状态不可测的无人艇，提出基于T-S型模糊逻辑系统的观测器，实现了全驱动无人艇动力定位控制。文献[129]将模糊逻辑系统引入无人艇制导中，解决了时变海流和侧滑下的无人艇路径跟踪问题。文献[130]设计了基于 T-S 型模糊系统的滑模运动控制器，并实现了无人艇容错轨迹跟踪控制。值得指出的是，文献[126]～文献[130]中的模糊控制方法关注于系统稳态下控制目标的实现，而没有考虑对暂态性能的调节。为了提高模糊逻辑系统的暂态逼近性能，文献[131]针对含不确定性的非线性系统提出了基于预估器的神经网络/模糊动态面控制技术，并在文献[132]和文献[133]中应用于无人艇模糊运动控制中。通过建立模糊预估器并利用预估误差调节模糊逻辑系统参数，基于预估器的模糊动态面控制技术[131-133]解决了逼近暂态过程中的高频振荡问题，并且能够对暂态逼近效果进行调节，实现了快速自适应控制。

1.2.4　无人艇约束控制

由于模型自身因素和外部环境影响，无人艇的协同包围作业需要考虑各类物理条件约束和避碰避障约束。为保证控制系统的稳定性和安全性，提高理论方法的实际可行性，国内外专家学者对无人艇约束控制问题展开了研究。

1. 模型约束

受执行机构能力限制，无人艇运动模型中普遍存在速度约束、推力约束、能量约束、舵角约束等物理条件约束。在控制器设计中忽略实际物理约束限制可能导致控制性能下降，甚至系统失稳。根据变量类型划分，模型约束条件可以分为输出约束[137]、输入约束[138,139]、状态约束[132,139,140]。为解决无人艇控制中的各种模型约束问题，障碍函数法[137]、辅助系统法[138]、模型预测控制[139]、指令调节器[132,140]等方法被广泛应用。其中，文献[137]利用渐近障碍李雅普诺夫函数处理无人艇输出约束，并结合自适应神经网络控制实现了含模型不确定性情形下的无人艇轨迹跟踪控制。文献[138]研究了输入约束和环境扰动下的无人艇路径跟踪问题，提出一种基于平滑切换函数的辅助系统用于对执行器饱和约束进行补偿。文献[139]针对欠驱动无人艇轨迹跟踪控制问题，设计了一种基于神经动力学优化的模型预测控制器，能够同时处理无人艇状态约束和输入约束。文献[140]将指令调节器与扰动观测器结合，解决了状态约束和输入约束下海洋航行器的运动控制问题，克服了控制器设计对精确模型的依赖。

2. 避碰避障约束

当航行在复杂海洋环境中，无人艇经常会遭遇静态或动态碍航物；对于协同作业的无人艇集群，无人艇之间也可能发生碰撞。因此，为保证多无人艇系统的安全性，在控制器的设计中不仅要考虑无人艇与环境障碍物之间的避障约束[141]，还要考虑多无人艇之间的避碰约束[142]。为了实现无人艇自主避碰避障，现有方法包括人工势能函数法[143]、速度障碍法[144,145]、指定性能法[146]、模型预测控制[147]等。其中，文献[143]针对多无人艇一致性控制问题，通过构建人工势能函数，实现了无人艇之间避碰和连通保持任务。针对固定速度的障碍物，文献[144]提出了基于速度障碍法的无人艇避碰方法，实时调整航向和速度以实现安全航行。针对时变速度障碍物，文献[145]提出了基于非线性速度障碍法的无人艇安全控制策略。文献[146]将指定性能法用于无人艇领导-跟随编队控制中，通过约束跟随者与邻居或领导者的距离，实现了无人艇之间的安全避碰控制。文献[147]针对扰动环境下的无人艇，提出了一种基于非线性模型预测控制的安全控制器，同时实现了对位置、速度的跟踪和对静态、动态障碍物的避障。

1.3 无人艇集群协同包围控制研究挑战

由于环绕运动的复杂性，目标信息的感知不完全，以及无人艇动态的欠驱动、非线性、强耦合、多输入多输出、不确定性、强扰动、多约束等特点，无人艇集群协同包围控制面临许多挑战，具体分析如下。

（1）包围运动制导方面。第一，现有针对一阶积分器或独轮车类系统设计的目标包围控制器，被控对象不存在侧向运动，而对于海面上做包围运动的欠驱动无人艇，侧滑现象和环境扰动难以忽视。第二，现有针对单个包围目标和固定包围半径的目标包围控制方法，无法处理多目标、时变包围距离的目标包围任务。第三，现有带避碰能力的协同目标包围控制策略虽然能够在制导层避免无人系统个体之间碰撞，但没有考虑与环境障碍物间的避障，并且难以处理无人艇底层执行机构能力约束下的安全控制问题。

（2）无人艇模糊控制方面。第一，现有模糊预估器的建立依赖于模型惯性参数，然而参数的测量需要烦琐的实验过程，惯性参数还可能因负载变化或执行机构故障发生改变，不利于工程中实际应用。第二，现有无人艇自适应模糊控制方法仅利用当前感知数据进行参数更新，忽视了对历史航行数据的有效利用，然而利用历史经验数据能够极大地改善系统辨识和控制性能。第三，现有基于预估器的自适应模糊控制仅能保证估计系统和参数学习的渐近收敛，而不能实现有限时间收敛，提升估计系统的收敛速度对于改善控制系统性能具有积极意义。

（3）无人艇约束控制方面。第一，现有无人艇安全避碰控制大多基于单一避碰避障控制策略，而目标包围任务中，不同的避碰策略可能导致不同的避碰动作，进而影响编队队形效果。为保证包围任务的有效性，针对环境障碍物、邻居无人艇、目标无人艇等碍航物应分别设计相应的避碰策略。第二，现有无人艇约束控制中各自由度状态和输入约束大多是分开处理的，而实际中无人艇的物理约束条件往往较为复杂且呈耦合关系，研究多非线性复杂约束条件下的目标包围控制器设计有利于实际应用。

1.4　本书主要内容

本书在归纳、总结、分析现有研究成果的进展和局限性的基础上，从制导、控制、协同、优化一体化角度出发，系统地研究了无人艇集群对合作目标或中性目标的包围控制与优化问题，主要工作包括：首先，研究了目标导引下的无人艇包围控制问题，将制导机制和协同控制技术引入目标包围控制器设计中，建立了单无人艇单目标包围控制方法、多无人艇协同单目标包围控制方法、多无人艇协同多目标包围控制方法，重点解决了包围运动中目标速度未知、模型参数完全未知、状态和输入约束、避碰避障约束等技术问题。然后，研究了路径导引下的包围控制问题，结合编队协同控制技术与参数循环跟踪技术，分别建立了单路径导引和闭合路径导引下的多无人艇协同包围控制方法，并重点解决了包围运动中通信链路连通保持和未知侧滑等问题。本书内容与结构如图 1.10 所示，每章内容安排如下。

第 1 章介绍了无人艇集群协同包围控制的研究背景及意义，归纳了相关领域的国内外研究基础与发展现状，总结了欠驱动控制、包围运动制导、无人艇动力学控制、无人艇约束控制等方向的代表性工作，并分析了现有理论和技术的局限性。

第 2 章介绍了无人艇集群协同包围控制系统设计与分析的相关基础知识，包括稳定性定理、图论、模糊逻辑系统、安全与控制障碍函数、投影算子。

第 3 章考虑复杂的海洋作业环境，研究了目标速度未知下单无人艇的单目标包围控制问题。将制导机制引入目标包围控制器设计中，提出了一种基于视距制导原理的无人艇事件触发目标包围控制方法，实现了欠驱动无人艇对未知速度目标的包围运动。在动力学设计中引入事件触发控制策略，降低了执行机构的动作次数，并基于投影算子和饱和函数保证了控制输入信号有界性。采用级联系统稳定性分析，证明了目标包围估计与控制闭环系统是输入-状态稳定的。并且证明了基于所设计的事件触发机制，系统不存在芝诺（Zeno）现象。对比仿真和实船实验验证了所提控制方法的有效性。

第 4 章针对单艇作业效率和作业能力有限的问题，研究了模型参数完全未知的多无人艇的协同单目标包围控制问题。将视距制导原理、循环追踪思想和数据驱动控制技术融入控制器设计中，提出一种基于数据驱动和解耦设计的分布式协同单目标包围控制方法。设计基于扩张状态观测器的距离保持制导律和相位分布制导律，分别实现包围运动任务和协同编队任务。提出一种数据驱动模糊预估器，利用历史和实时数据同时对未知控制输入增益和模型不确定性进行在线学习。采用级联系统稳定性分析，证明了协同目标包围估计与控制闭环系统是输入-状态稳定的。对比仿真验证了所提协同控制方法的有效性。

第 5 章考虑了无人艇模型中的物理条件约束，研究了状态和输入约束下多无人艇的协同多目标包围控制问题。将优化控制思想和神经动力学优化技术融入控制器设计中，结合输入-状态安全控制障碍函数，提出一种分布式协同多目标包围控制与优化方法。基于分布式观测技术提出分布式目标中心估计器重构目标位置，并针对包围运动任务和协同编队任务设计了时变轨道协同包围制导律；动力学层采用标称-优化的控制器设计思路，提出无模型标称控制律和最优控制律，分别实现了参考速度跟踪和约束任务。基于级联系统稳定性分析，证明了协同多目标包围估计与控制闭环系统是输入-状态稳定的，并且满足状态约束和输入约束。对比仿真验证了所提优化控制方法的有效性。

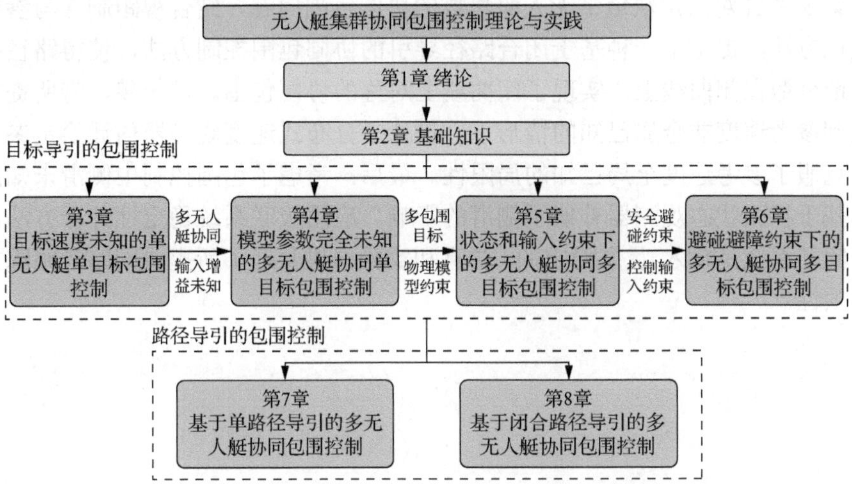

图 1.10　本书内容与结构

第 6 章考虑航行过程中与各类碍航物的安全避碰任务需求，研究了避碰避障约束下多无人艇的协同多目标包围安全控制问题。针对模型参数完全未知的无人艇系统，结合安全控制思想和神经动力学优化技术，提出一种具有避碰避障能力的安全协同多目标包围控制与优化方法。提出了有限时间模糊预估器，实现了对未知控制输入增益和动力学不确定性的快速学习。采用标称-优化的控制器设计思路，针对协同包围控制中的包围运动任务和协同编队任务，设计了无模型模糊标称控制律；针对避碰避障任务和输入约束任务，提出一种输入-状态安全高阶控制障碍函数，设计了最优安全控制律，并提出了基于投影神经网络的在线优化方法。通过级联系统稳定性分析，证明了闭环系统是输入-状态稳定的。基于安全性分析，证明了控制过程中多跟随无人艇系统在避碰避障安全集上是输入-状态安全的，并且控制信号不违背输入约束。对比仿真验证了所提安全优化控制方法的有效性。

第 7 章考虑无人艇集群通信链路连通保持需求，研究了单路径导引下的协同包围问题，提出一种带避碰避障和连通保持功能的多无人艇协同包围控制方法。针对模型参数完全未知的无人艇系统，基于编队控制方法、路径跟踪设计、人工势能函数和辅助变量方法设计了无人艇编队包围的运动学制导律，在满足无人艇避碰避障和连通保持约束的前提下，实现了对沿参数化路径运动目标的包围。利用模糊预估器识别未知输入增益、模型不确定性和海洋扰动，设计了基于间接模型参考自适应控制方法的无人艇的底层动力学控制律。采用级联稳定性分析，证明了闭环系统是输入-状态稳定的。仿真验证了所提带连通保持和避碰功能的协同目标包围控制方法的有效性。

第 8 章针对固定轨道下无人艇集群的协同包围问题，结合视距制导与参数循环跟踪方法，提出了一种基于闭合路径导引的协同包围控制方法，使得路径参数均匀地分散在闭曲线上，实现了闭曲线上对称的协同包围。进一步，将所提方法拓展到参考速度非全局已知的情形下，设计了分布式速度观测器估计给定参考速度，克服了参考速度全局已知的局限性。最后，考虑了包围控制中侧滑未知的情形，基于扩张状态观测器补偿了侧滑的影响。应用级联系统稳定性分析方法，证明了闭环系统是输入-状态稳定的。仿真和实验结果验证了所提协同路径跟踪方法的有效性。

第2章 基础知识

本章简要介绍无人艇集群协同包围控制器设计所需要的基础知识，涉及稳定性定理、图论、模糊逻辑系统、安全与控制障碍函数、投影算子等内容。

2.1 稳定性定理

为描述系统稳定性，首先给出以下几类比较函数的定义。

定义 2.1（$\mathcal{K}$ 类函数）[148] 如果连续函数 $\alpha:[0,a)\to[0,+\infty)$ 严格递增，且 $\alpha(0)=0$，则 α 属于 $\mathcal{K}$ 类函数。若 $a=+\infty$，且当 $r\to+\infty$ 时有 $\alpha(r)\to+\infty$，则 α 属于 $\mathcal{K}_\infty$ 类函数。

定义 2.2（扩展 $\mathcal{K}$ 类函数）[149] 如果连续函数 $\alpha:(-b,a)\to\mathbb{R}$ 对于 $a,b\in\mathbb{R}^+$ 严格递增，且 $\alpha(0)=0$，则 α 属于扩展 $\mathcal{K}$ 类函数，记作 $\alpha\in\mathcal{K}_e$。若 $a,b=+\infty$，且当 $r\to+\infty$ 时有 $\alpha(r)\to+\infty$，则 α 属于扩展 $\mathcal{K}_\infty$ 类函数，记作 $\alpha\in\mathcal{K}_{\infty,e}$。

定义 2.3（$\mathcal{KL}$ 类函数）[148] 考虑连续函数 $\beta:[0,a)\times[0,+\infty)\to[0,+\infty)$，如果 $\beta(r,s)$ 对于每个固定的 s 都是关于 r 的 $\mathcal{K}$ 类函数，并且 $\beta(r,s)$ 对于每个固定的 r 都是关于 s 的递减函数，且当 $s\to+\infty$ 时有 $\beta(r,s)\to0$，则 β 属于 $\mathcal{KL}$ 类函数。

基于上述的比较函数，下面给出一致渐近稳定性的定义和判定定理。

考虑非自治系统

$$\dot{\boldsymbol{x}}=\boldsymbol{f}(t,\boldsymbol{x}) \tag{2.1}$$

式中，$\boldsymbol{f}:[0,+\infty)\times D\to\mathbb{R}^n$ 在 $[0,+\infty)\times D$ 上是 t 的分段连续函数，且对于 $\boldsymbol{x}$ 是局部利普希茨连续的；$D\subset\mathbb{R}^n$ 是包含原点的定义域。如果 $\boldsymbol{f}(t,\boldsymbol{0})=\boldsymbol{0}$，$\forall t\geqslant0$，则原点是 $t=0$ 时系统（2.1）的平衡点。

定义 2.4（一致渐近稳定性）[148] 对于系统（2.1）的平衡点 $\boldsymbol{x}=\boldsymbol{0}$，当且仅当存在 $\mathcal{KL}$ 类函数 β 和独立于初始时间 t_0 的正常数 c，满足

$$\|\boldsymbol{x}(t)\|\leqslant\beta\left(\|\boldsymbol{x}(t_0)\|,t-t_0\right),\ \forall t\geqslant t_0\geqslant0,\ \forall\|\boldsymbol{x}(t_0)\|\leqslant c \tag{2.2}$$

时，平衡点是一致渐近稳定的。当且仅当不等式（2.2）对于任意初始状态 $\boldsymbol{x}(t_0)$ 都成立时，平衡点是全局一致渐近稳定的。

定理 2.1[148] 设 $\boldsymbol{x}=\boldsymbol{0}$ 是系统（2.1）的一个平衡点，$D\subset\mathbb{R}^n$ 是包含 $\boldsymbol{x}=\boldsymbol{0}$ 的

定义域，$V:[0,+\infty)\times D\to\mathbb{R}$ 是连续可微函数，且满足对于 $\forall t\geqslant 0$，$\forall \boldsymbol{x}\in D$，有

$$W_1(\boldsymbol{x})\leqslant V(t,\boldsymbol{x})\leqslant W_2(\boldsymbol{x}) \tag{2.3}$$

$$\frac{\partial V}{\partial t}+\frac{\partial V}{\partial \boldsymbol{x}}\boldsymbol{f}(t,\boldsymbol{x})\leqslant -W_3(\boldsymbol{x}) \tag{2.4}$$

式中，$W_1(\boldsymbol{x}),W_2(\boldsymbol{x}),W_3(\boldsymbol{x})$ 是 D 上的连续正定函数，则 $\boldsymbol{x}=\boldsymbol{0}$ 是一致渐近稳定的。如果 $D\subset\mathbb{R}^n$ 且 $W_1(\boldsymbol{x})$ 径向无界，则 $\boldsymbol{x}=\boldsymbol{0}$ 是全局一致渐近稳定的。

下面介绍输入-状态稳定性的定义和判定定理。

考虑系统

$$\dot{\boldsymbol{x}}=\boldsymbol{f}(t,\boldsymbol{x},\boldsymbol{u}) \tag{2.5}$$

式中，$\boldsymbol{f}:[0,+\infty)\times\mathbb{R}^n\times\mathbb{R}^m\to\mathbb{R}^n$ 是关于 t 的分段连续函数，且对于 $\boldsymbol{x}$ 和 $\boldsymbol{u}$ 是局部利普希茨连续的；输入 $\boldsymbol{u}(t)$ 对于所有 $t\geqslant 0$ 是 t 的分段连续有界函数。

定义 2.5（输入-状态稳定性）[150]　如果存在一个 $\mathcal{KL}$ 类函数 β 和一个 $\mathcal{K}$ 类函数 γ，使对于任何初始时间 $t_0\geqslant 0$，初始状态 $\boldsymbol{x}(t_0)$ 和有界输入 $\boldsymbol{u}(t)$，有

$$\|\boldsymbol{x}(t)\|\leqslant\max\left\{\beta\left(\|\boldsymbol{x}(t_0)\|,t-t_0\right),\gamma\left(\sup_{t_0\leqslant\tau\leqslant t}\|\boldsymbol{u}(\tau)\|\right)\right\},\ \forall t\geqslant t_0 \tag{2.6}$$

那么系统（2.5）是输入-状态稳定的。

定理 2.2[150]　设 $V:[0,+\infty)\times\mathbb{R}^n\to\mathbb{R}$ 是连续可微函数，并且满足对于 $\forall(t,\boldsymbol{x},\boldsymbol{u})\in[0,+\infty)\times\mathbb{R}^n\times\mathbb{R}^m$，有

$$\alpha_1\left(\|\boldsymbol{x}\|\right)\leqslant V(t,\boldsymbol{x})\leqslant\alpha_2\left(\|\boldsymbol{x}\|\right) \tag{2.7}$$

$$\frac{\partial V}{\partial t}+\frac{\partial V}{\partial \boldsymbol{x}}\boldsymbol{f}(t,\boldsymbol{x},\boldsymbol{u})\leqslant -W_3(\boldsymbol{x}),\ \forall\|\boldsymbol{x}\|\geqslant\rho\left(\|\boldsymbol{u}\|\right)>0 \tag{2.8}$$

式中，α_1 和 α_2 是 $\mathcal{K}_\infty$ 类函数；ρ 是 $\mathcal{K}$ 类函数；$W_3(\boldsymbol{x})$ 是 $\mathbb{R}^n$ 上的连续正定函数，则系统（2.5）是输入-状态稳定的，$\gamma=\alpha_1^{-1}\circ\alpha_2\circ\rho$。

定理 2.3[150]　如果系统 $\dot{\boldsymbol{\eta}}=\boldsymbol{f}_1(t,\boldsymbol{\eta},\xi)$ 关于输入 ξ 是输入-状态稳定的，且系统 $\dot{\xi}=\boldsymbol{f}_2(t,\xi,\boldsymbol{u})$ 关于输入 $\boldsymbol{u}$ 是输入-状态稳定的，那么级联系统

$$\dot{\boldsymbol{\eta}}=\boldsymbol{f}_1(t,\boldsymbol{\eta},\xi),\quad \dot{\xi}=\boldsymbol{f}_2(t,\xi,\boldsymbol{u}) \tag{2.9}$$

是输入-状态稳定的。

定理 2.4[150]　如果系统 $\dot{\boldsymbol{\eta}}=\boldsymbol{f}_1(t,\boldsymbol{\eta},\xi)$ 关于输入 ξ 是输入-状态稳定的，且系统 $\dot{\xi}=\boldsymbol{f}_2(t,\xi)$ 的原点是全局一致渐近稳定的，那么级联系统

$$\dot{\boldsymbol{\eta}}=\boldsymbol{f}_1(t,\boldsymbol{\eta},\xi),\quad \dot{\xi}=\boldsymbol{f}_2(t,\xi) \tag{2.10}$$

是全局一致渐近稳定的。

接下来介绍有限时间输入-状态稳定性的定义和相关定理。

定义 2.6（有限时间输入-状态稳定性）[151]　如果存在一个 $\mathcal{KL}$ 类函数 β 和一个 $\mathcal{K}$ 类函数 γ，使任何初始时间 $t_0\geqslant 0$，初始状态 $\boldsymbol{x}(t_0)=\boldsymbol{x}_0$ 和有界输入 $\boldsymbol{u}(t)$，有

$$\|\boldsymbol{x}(t)\| \leqslant \max\left\{\beta\left(\|\boldsymbol{x}(t_0)\|, t-t_0\right), \gamma\left(\sup_{t_0 \leqslant \tau \leqslant t}\|\boldsymbol{u}(\tau)\|\right)\right\}, \ \forall t \geqslant t_0 \tag{2.11}$$

且存在关于 $\boldsymbol{x}_0$ 连续的函数 $T:\mathbb{R}^n \to \mathbb{R}$，满足 $t \geqslant t_0 + T(\boldsymbol{x}_0)$ 时有 $\beta\left(\|\boldsymbol{x}(t_0)\|, t-t_0\right) \equiv 0$，则系统（2.5）是有限时间输入-状态稳定的。

定理 2.5[151] 设 $V:[0,+\infty)\times\mathbb{R}^n \to \mathbb{R}$ 是连续可微正定函数，且满足

$$\frac{\partial V}{\partial t} + \frac{\partial V}{\partial \boldsymbol{x}}\boldsymbol{f}(t,\boldsymbol{x},\boldsymbol{u}) \leqslant -\alpha_1(V) + \alpha_2\left(\|\boldsymbol{u}\|\right) \tag{2.12}$$

式中，α_1 和 α_2 是 $\mathcal{K}_\infty$ 类函数，且存在正常数 $a<1$ 满足当 $V \to 0$ 时有 $\alpha_1(V) = O(V^a)$。则系统（2.5）关于输入 $\boldsymbol{u}$ 是有限时间输入-状态稳定的。

定理 2.6[152] 若存在连续李雅普诺夫函数 $V:[0,+\infty)\times\mathbb{R}^n \to \mathbb{R}$ 和正常数 b、c，有

$$\dot{V}(\boldsymbol{x}) + bV(\boldsymbol{x}) + cV^a(\boldsymbol{x}) \leqslant 0, \ 0<a<1 \tag{2.13}$$

则系统（2.5）是有限时间稳定的，且稳定时间满足

$$T(\boldsymbol{x}_0) \leqslant \frac{1}{b(1-a)}\ln\frac{bV^{1-a}(\boldsymbol{x}_0)+c}{c} \tag{2.14}$$

2.2 图 论

在多无人艇系统中，无人艇之间的通信和探测关系可以采用图论法进行描述和分析。考虑一个由跟随无人艇集合 $\mathcal{S} = \{s_1, s_2, \cdots, s_N\}$ 和目标无人艇集合 $\mathcal{O} = \{o_1, o_2, \cdots, o_M\}$ 构成的多无人艇系统，其中 $N \in \mathbb{N}^+$ 和 $M \in \mathbb{N}^+$ 分别为跟随无人艇和目标无人艇的数目。

跟随无人艇之间的通信关系可以由图 $\mathcal{G}_c = \{\mathcal{S}, \mathcal{E}_c\}$ 描述，其中跟随无人艇集合 $\mathcal{S}$ 为节点集合，$\mathcal{E}_c = \{(s_j, s_i) \in \mathcal{S}\times\mathcal{S}\}$ 为边集合，(s_j, s_i) 表示节点 s_i 访问节点 s_j 的信息，此时 s_j 称为 s_i 的邻居节点。如果对于任意 $(s_j, s_i) \in \mathcal{E}_c$ 有 $(s_i, s_j) \in \mathcal{E}_c$，则图 $\mathcal{G}_c$ 称为无向图或双向图，否则图 $\mathcal{G}_c$ 称为有向图。若存在节点序列 $(s_j, s_k, \cdots, s_i)$，序列中任意相邻两节点都在图 $\mathcal{G}_c$ 中存在对应的边，则称节点 s_j 和节点 s_i 存在一条路径。对于无向图，若任意两个节点之间都存在一条路径，则称无向图 $\mathcal{G}_c$ 是连通的。对于有向图，若任意两个节点之间都存在一条路径，则称有向图 $\mathcal{G}_c$ 是强连通的；如果将有向图的全部有向边替换成无向边得到的无向图是连通的，则称此有向图 $\mathcal{G}_c$ 是弱连通的；如果有向图 $\mathcal{G}_c$ 至少存在一个根节点，即该节点到其他任意节点都存在路径，则称图 $\mathcal{G}_c$ 包含有向生成树。定义图 $\mathcal{G}_c$ 的邻接矩阵为 $\boldsymbol{\mathcal{A}} = [a_{ij}] \in \mathbb{R}^{N\times N}$，式中

$$a_{ij}=\begin{cases}1, & 如果(s_j,s_i)\in\mathcal{E}_c\\0, & 其他\end{cases}\tag{2.15}$$

定义图$\mathcal{G}_c$的度矩阵为$\boldsymbol{\mathcal{D}}=\mathrm{diag}\{d_1,d_2,\cdots,d_N\}$，其中$d_i=\sum_{j=1}^{N}a_{ij}$，$i=1,2,\cdots,N$。定义图$\mathcal{G}_c$的拉普拉斯矩阵为$\boldsymbol{\mathcal{L}}=\boldsymbol{\mathcal{D}}-\boldsymbol{\mathcal{A}}$。

跟随无人艇与目标无人艇的探测关系可以用图$\mathcal{G}_e=\{\mathcal{V},\mathcal{E}_c\}$描述，其中节点集合$\mathcal{V}=\{\mathcal{S},\mathcal{O}\}$包含跟随无人艇集合$\mathcal{S}$和目标无人艇集合$\mathcal{O}$，$\mathcal{E}_e=\{(o_k,s_i)\in\mathcal{O}\times\mathcal{S}\}$为边集合，边$(o_k,s_i)$表示节点$s_i$可以探测到$o_k$信息。定义探测矩阵为$\boldsymbol{\mathcal{B}}=[b_{ik}]\in\mathbb{R}^{N\times M}$，式中

$$b_{ik}=\begin{cases}1, & 如果(o_k,s_i)\in\mathcal{E}_e\\0, & 其他\end{cases}\tag{2.16}$$

当目标无人艇集合只包含一个元素，即只含有一艘目标无人艇时，可以将b_{ik}简写为b_i。

定理 2.7[153]　无向图$\mathcal{G}_c$是连通的，$\boldsymbol{\mathcal{L}}\in\mathbb{R}^{N\times N}$是对应的拉普拉斯矩阵，对于任意$\boldsymbol{x}=[\boldsymbol{x}_1^{\mathrm{T}},\boldsymbol{x}_2^{\mathrm{T}},\cdots,\boldsymbol{x}_N^{\mathrm{T}}]^{\mathrm{T}}\in\mathbb{R}^{NM}$，$\boldsymbol{e}=[\boldsymbol{e}_1^{\mathrm{T}},\boldsymbol{e}_2^{\mathrm{T}},\cdots,\boldsymbol{e}_N^{\mathrm{T}}]^{\mathrm{T}}\in\mathbb{R}^{NM}$，$\boldsymbol{x}_i\in\mathbb{R}^{M}$，$\boldsymbol{e}_i\in\mathbb{R}^{M}$，$i=1,2,\cdots,N$，如果$\boldsymbol{e}_i=\sum_{j=1}^{N}a_{ij}(\boldsymbol{x}_i-\boldsymbol{x}_j)$，则存在正定矩阵$\boldsymbol{P}\in\mathbb{R}^{NM\times NM}$满足$\boldsymbol{x}^{\mathrm{T}}(\boldsymbol{\mathcal{L}}\otimes\boldsymbol{I}_M)\boldsymbol{x}=\boldsymbol{e}^{\mathrm{T}}\boldsymbol{P}\boldsymbol{e}$。

定理 2.8[154]　若图$\mathcal{G}_c$是一个平衡弱连通图，$\boldsymbol{\mathcal{L}}$是它的拉普拉斯矩阵，则

（1）$\mathrm{Sym}(\boldsymbol{\mathcal{L}})=(\boldsymbol{\mathcal{L}}+\boldsymbol{\mathcal{L}}^{\mathrm{T}})/2$是半正定的。

（2）对于任意$\boldsymbol{x}\in\mathbb{R}^N$，有

$$\boldsymbol{x}^{\mathrm{T}}\mathrm{Sym}(\boldsymbol{\mathcal{L}})\boldsymbol{x}\geqslant\lambda^*\left\|\boldsymbol{x}-\frac{\mathbf{1}_N\mathbf{1}_N^{\mathrm{T}}}{N}\boldsymbol{x}\right\|^2\tag{2.17}$$

式中，λ^*为矩阵$\mathrm{Sym}(\boldsymbol{\mathcal{L}})$的最小非零特征值；$\mathbf{1}_N=[1,1,\cdots,1]^{\mathrm{T}}\in\mathbb{R}^N$。

定理 2.9[155]　考虑目标船o_k，定义矩阵$\boldsymbol{\mathcal{B}}_t=\mathrm{diag}\{b_{1k},b_{2k},\cdots,b_{Nk}\}$，$\boldsymbol{M}_t=\boldsymbol{\mathcal{L}}+\boldsymbol{\mathcal{B}}$。若无向图$\mathcal{G}_c$是连通的，且目标船$o_k$至少可被一个跟随无人艇探测，则矩阵$\boldsymbol{M}_t$是正定对称的。

2.3　模糊逻辑系统

模糊逻辑系统由模糊规则库、模糊推理机、模糊器和解模糊器四个部分组成，如图 2.1 所示。其中模糊规则库是模糊逻辑系统的核心部分，由如下 IF-THEN 规

则组成

$$R_u^{(l)}：如果\xi_1为F_1^l且\xi_2为F_2^l且\cdots\cdots且\xi_n为F_n^l，则y为G^l \tag{2.18}$$

式中，$\boldsymbol{\xi}=[\xi_1,\xi_2,\cdots,\xi_n]^{\mathrm{T}}\in\mathbb{R}^n$ 和 $y\in\mathbb{R}$ 分别是模糊逻辑系统的输入变量和输出变量；F_q^l 和 G^l 分别是变量 ξ_q 和 y 对应的模糊集合，其中 $q=1,2,\cdots,n$。令 $m\in\mathbb{N}^+$ 为模糊规则库（2.18）中的规则数目，即 $l=1,2,\cdots,m$。定义模糊集合 F_q^l 和 G^l 的隶属度函数分别为 $\mu_{F_q^l}(\xi_q)$ 和 $\mu_{G^l}(y)$。

当采用模糊规则库（2.18）、乘积推理机、单值模糊器以及中心平均解模糊器[156]时，模糊逻辑系统的输出可以表示为

$$y(\boldsymbol{\xi})=\frac{\sum_{l=1}^{m}\bar{y}_l\prod_{q=1}^{n}\mu_{F_q^l}(\xi_q)}{\sum_{l=1}^{m}\left[\prod_{q=1}^{n}\mu_{F_q^l}(\xi_q)\right]} \tag{2.19}$$

式中，$\bar{y}_l=\arg\max\limits_{y\in\mathbb{R}}\mu_{G^l}(y)$。定义向量 $\boldsymbol{\varXi}=[\varXi_1,\varXi_2,\cdots,\varXi_m]^{\mathrm{T}}=[\bar{y}_1,\bar{y}_2,\cdots,\bar{y}_m]^{\mathrm{T}}$ 以及向量 $\boldsymbol{\varphi}(\boldsymbol{\xi})=[\varphi_1(\xi),\varphi_2(\xi),\cdots,\varphi_m(\xi)]^{\mathrm{T}}$，其中

$$\varphi_l(\boldsymbol{\xi})=\frac{\prod_{q=1}^{n}\mu_{F_q^l}(\xi_q)}{\sum_{l=1}^{m}\left[\prod_{q=1}^{n}\mu_{F_q^l}(\xi_q)\right]} \tag{2.20}$$

则模糊逻辑系统可以表示为

$$y(\boldsymbol{\xi})=\boldsymbol{\varXi}^{\mathrm{T}}\boldsymbol{\varphi}(\boldsymbol{\xi}) \tag{2.21}$$

作为一类特殊的非线性函数，模糊逻辑系统可以用于非线性函数的逼近，其逼近能力由以下万能逼近定理描述。

定理 2.10[156] 令 Ω_F 是 $\mathbb{R}^n$ 上的一个紧集，$f(\boldsymbol{\xi})$ 是定义在 Ω_F 上的给定连续函数。则对于任意 $\delta_e\in\mathbb{R}^+$，都存在模糊逻辑系统 $y(\boldsymbol{\xi})=\boldsymbol{\varXi}^{\mathrm{T}}\boldsymbol{\varphi}(\boldsymbol{\xi})$，使下式成立

$$\sup_{\boldsymbol{\xi}\in\Omega_F}|f(\boldsymbol{\xi})-\boldsymbol{\varXi}^{\mathrm{T}}\boldsymbol{\varphi}(\boldsymbol{\xi})|\leqslant\delta_e \tag{2.22}$$

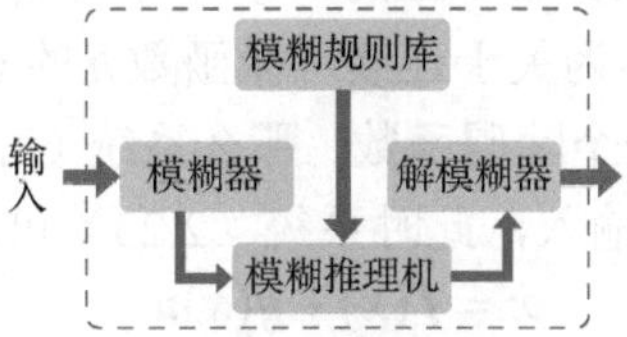

图 2.1 模糊逻辑系统

2.4 安全与控制障碍函数

本节首先介绍系统安全概念，并给出控制障碍函数和输入-状态安全控制障碍函数的相关定义和定理；然后针对扰动下的高相对阶系统，提出输入-状态安全高阶控制障碍函数，并给出相关定义和定理。

2.4.1 控制障碍函数

考虑系统

$$\dot{\boldsymbol{x}} = \boldsymbol{f}(\boldsymbol{x}) \tag{2.23}$$

式中，$\boldsymbol{x} \in \mathbb{R}^n$；函数 $\boldsymbol{f}: \mathbb{R}^n \to \mathbb{R}^n$ 关于 $\boldsymbol{x}$ 是局部利普希茨连续的。对于任意初始状态 $\boldsymbol{x}_0 \triangleq \boldsymbol{x}(t_0) \in \mathbb{R}^n$，存在最大时间间隔 $I(\boldsymbol{x}_0) = [t_0, t_{\max})$，满足 $\boldsymbol{x}(t)$ 是系统（2.23）在 $I(\boldsymbol{x}_0)$ 的唯一解；当 $t_{\max} = +\infty$ 时，则称系统（2.23）是前向完备的。

定义集合 $\mathcal{C} \subset \mathbb{R}^n$ 为关于连续可微函数 $h: \mathbb{R}^n \mapsto \mathbb{R}$ 的 0-超水平集（0-superlevel set），有

$$\mathcal{C} \triangleq \{\boldsymbol{x} \in \mathbb{R}^n \mid h(\boldsymbol{x}) \geqslant 0\} \tag{2.24}$$

$$\partial\mathcal{C} \triangleq \{\boldsymbol{x} \in \mathbb{R}^n \mid h(\boldsymbol{x}) = 0\} \tag{2.25}$$

$$\mathrm{Int}(\mathcal{C}) \triangleq \{\boldsymbol{x} \in \mathbb{R}^n \mid h(\boldsymbol{x}) > 0\} \tag{2.26}$$

定义 2.7（前向不变性） 给定任意 $\boldsymbol{x}_0 \in \mathcal{C}$，如果对于所有 $t \in I(\boldsymbol{x}_0)$ 都满足 $\boldsymbol{x}(t) \in \mathcal{C}$，则称集合 $\mathcal{C}$ 是前向不变的。

定义 2.8（安全性） 如果集合 $\mathcal{C}$ 是前向不变的，那么称系统（2.23）在集合 $\mathcal{C}$ 上是安全的。

定义 2.9（障碍函数，barrier function，BF） 对于系统（2.23），给定连续可微函数 $h: \mathbb{R}^n \mapsto \mathbb{R}$ 和由式（2.24）～式（2.26）定义的集合 $\mathcal{C} \subset \mathbb{R}^n$，如果存在函数 $\alpha \in \mathcal{K}_{\infty,e}$ 满足所有 $\boldsymbol{x} \in \mathbb{R}^n$ 都有

$$\dot{h}(\boldsymbol{x}) + \alpha(h(\boldsymbol{x})) \geqslant 0 \tag{2.27}$$

则称函数 h 是系统（2.27）在集合 $\mathcal{C}$ 上的一个障碍函数。

定理 2.11[149] 令集合 $\mathcal{C}$ 为关于连续可微函数 h 的 0-超水平集，如果函数 h 是系统（2.23）在集合 $\mathcal{C}$ 上的一个障碍函数，那么系统（2.23）在集合 $\mathcal{C}$ 上是安全的。

考虑系统含有仿射控制输入，此时系统（2.23）可写作

$$\dot{\boldsymbol{x}} = \boldsymbol{f}(\boldsymbol{x}) + \boldsymbol{g}(\boldsymbol{x})\boldsymbol{u} \tag{2.28}$$

式中，$\boldsymbol{x} \in \mathbb{R}^n$；$\boldsymbol{u} \in \mathbb{R}^m$；函数 $\boldsymbol{f}: \mathbb{R}^n \to \mathbb{R}^n$ 和 $\boldsymbol{g}: \mathbb{R}^n \to \mathbb{R}^{n \times m}$ 关于 $\boldsymbol{x}$ 局部利普希茨连续。

定义 2.10（控制障碍函数，control barrier function，CBF） 对于系统（2.28），给定连续可微函数 $h:\mathbb{R}^n \mapsto \mathbb{R}$ 和由式（2.24）～式（2.26）定义的集合 $\mathcal{C}\subset\mathbb{R}^n$，如果存在函数 $\alpha\in\mathcal{K}_{\infty,e}$ 满足所有 $\boldsymbol{x}\in\mathbb{R}^n$ 都有

$$\sup_{\boldsymbol{u}\in\mathbb{R}^m}[L_f h(\boldsymbol{x})+L_g h(\boldsymbol{x})\boldsymbol{u}+\alpha(h(\boldsymbol{x}))]\geqslant 0 \tag{2.29}$$

式中，$L_f h(\boldsymbol{x})$ 和 $L_g h(\boldsymbol{x})$ 分别表示函数 h 在点 $\boldsymbol{x}$ 上关于 $\boldsymbol{f}$ 和 $\boldsymbol{g}$ 的李导数，则称函数 h 是系统（2.28）在集合 $\mathcal{C}$ 上的一个控制障碍函数。

定理 2.12[149] 令集合 $\mathcal{C}$ 为关于连续可微函数 h 的 0-超水平集，$\boldsymbol{u}\in\mathbb{R}^m$ 为系统（2.28）的利普希茨连续控制输入，如果函数 h 是系统（2.28）在集合 $\mathcal{C}$ 上的一个控制障碍函数，且控制输入 $\boldsymbol{u}$ 满足对于所有 $\boldsymbol{x}\in\mathbb{R}^n$ 都有 $\boldsymbol{u}\in K_{\text{cbf}}(\boldsymbol{x})$，式中

$$K_{\text{cbf}}(\boldsymbol{x})=\left\{\boldsymbol{u}\in\mathbb{R}^m \,\middle|\, L_f h(\boldsymbol{x})+L_g h(\boldsymbol{x})\boldsymbol{u}+\alpha(h(\boldsymbol{x}))\geqslant 0\right\} \tag{2.30}$$

那么系统（2.28）在集合 $\mathcal{C}$ 上是安全的。

2.4.2 输入-状态安全控制障碍函数

考虑系统受扰动 $\boldsymbol{d}\in\mathbb{R}^n$ 干扰，此时系统（2.23）可写作

$$\dot{\boldsymbol{x}}=\boldsymbol{f}(\boldsymbol{x})+\boldsymbol{d} \tag{2.31}$$

将扰动 $\boldsymbol{d}$ 视为时变信号 $\boldsymbol{d}(t)$，假设 $\boldsymbol{d}(t)$ 是连续可微且本质有界的，令 $\|\boldsymbol{d}\|_\infty \triangleq \operatorname{ess}\sup_{t\geqslant 0}\|\boldsymbol{d}(t)\|$。

为介绍输入-状态安全性，首先给出集合 $\mathcal{C}_d\supset\mathcal{C}$ 的定义

$$\mathcal{C}_d \triangleq \left\{\boldsymbol{x}\in\mathbb{R}^n \mid h(\boldsymbol{x})+\gamma_d\left(\|\boldsymbol{d}\|_\infty\right)\geqslant 0\right\} \tag{2.32}$$

$$\partial\mathcal{C}_d \triangleq \left\{\boldsymbol{x}\in\mathbb{R}^n \mid h(\boldsymbol{x})+\gamma_d\left(\|\boldsymbol{d}\|_\infty\right)= 0\right\} \tag{2.33}$$

$$\operatorname{Int}(\mathcal{C}_d) \triangleq \left\{\boldsymbol{x}\in\mathbb{R}^n \mid h(\boldsymbol{x})+\gamma_d\left(\|\boldsymbol{d}\|\right)_\infty > 0\right\} \tag{2.34}$$

式中，$\gamma_d\in\mathcal{K}_\infty$；$\|\boldsymbol{d}\|_\infty\leqslant\bar{d}\in\mathbb{R}^+$。

定义 2.11（输入-状态安全性）[157] 如果存在常数 $\bar{d}\in\mathbb{R}^+$ 和 $\mathcal{K}_\infty$ 类函数 γ_d，使对于任意满足 $\|\boldsymbol{d}\|_\infty\leqslant\bar{d}$ 的扰动 $\boldsymbol{d}$，由式（2.32）～式（2.34）所定义的集合 $\mathcal{C}_d$ 都是前向不变的，则称系统（2.31）在集合 $\mathcal{C}$ 上关于扰动 $\boldsymbol{d}$ 是输入-状态安全的。

由定义 2.11 可知，如果一个系统在集合 $\mathcal{C}$ 上是输入-状态安全的，则该系统在一个由 $\boldsymbol{d}$ 确定的更大的集合 $\mathcal{C}_d$ 上是安全的。然后定义输入-状态安全障碍函数如下。

定义 2.12（输入-状态安全障碍函数，input-to-state safe barrier function，ISSf-BF） 对于系统（2.31），给定连续可微函数 $h:\mathbb{R}^n\mapsto\mathbb{R}$ 和由式（2.24）～式（2.26）定义的集合 $\mathcal{C}\subset\mathbb{R}^n$，如果存在 $\bar{d}>0$，函数 $\alpha\in\mathcal{K}_{\infty,e}$ 和函数 $\iota\in\mathcal{K}_\infty$，使得对于所有 $\boldsymbol{x}\in\mathbb{R}^n$ 和满足 $\|\boldsymbol{d}\|\leqslant\bar{d}$ 的 $\boldsymbol{d}\in\mathbb{R}^n$，都有

$$\dot{h}(\boldsymbol{x}) \geqslant -\alpha(h(\boldsymbol{x})) - \iota(\|\boldsymbol{d}\|) \tag{2.35}$$

则称函数h是系统（2.31）在集合$\mathcal{C}$上的一个输入-状态安全障碍函数。

定理 2.13[157]　令集合$\mathcal{C}$为关于连续可微函数h的 0-超水平集，集合$\mathcal{C}_d$是由式（2.32）～式（2.34）定义的关于$\mathcal{C}$的集合。如果函数h是系统（2.31）在集合$\mathcal{C}$上的一个输入-状态安全障碍函数，那么系统（2.31）在集合$\mathcal{C}$上是输入-状态安全的。

然后，考虑仿射控制系统受扰动影响，此时系统（2.31）可写作

$$\dot{\boldsymbol{x}} = \boldsymbol{f}(\boldsymbol{x}) + \boldsymbol{g}(\boldsymbol{x})\boldsymbol{u} + \boldsymbol{d} \tag{2.36}$$

式中，$\boldsymbol{x} \in \mathbb{R}^n$；$\boldsymbol{u} \in \mathbb{R}^m$；$\boldsymbol{d} \in \mathbb{R}^n$；函数$\boldsymbol{f}: \mathbb{R}^n \to \mathbb{R}^n$和$\boldsymbol{g}: \mathbb{R}^n \to \mathbb{R}^{n\times m}$关于$\boldsymbol{x}$局部利普希茨连续。

定义 2.13（输入-状态安全控制障碍函数，input-to-state safe control barrier function，ISSf-CBF）　对于系统（2.36），给定连续可微函数$h: \mathbb{R}^n \mapsto \mathbb{R}$和由式（2.24）～式（2.26）定义的集合$\mathcal{C} \subset \mathbb{R}^n$，如果存在$\bar{d} > 0$，函数$\alpha \in \mathcal{K}_{\infty,e}$和函数$\iota \in \mathcal{K}_{\infty}$，使得对于所有$\boldsymbol{x} \in \mathbb{R}^n$和满足$\|\boldsymbol{d}\| \leqslant \bar{d}$的$\boldsymbol{d} \in \mathbb{R}^n$，都有

$$\sup_{\boldsymbol{u}\in\mathbb{R}^m}\left[L_f h(\boldsymbol{x}) + L_g h(\boldsymbol{x})\boldsymbol{u} + \frac{\partial h(\boldsymbol{x})}{\partial \boldsymbol{x}^{\mathrm{T}}}\boldsymbol{d}\right] \geqslant -\alpha(h(\boldsymbol{x})) - \iota(\|\boldsymbol{d}\|) \tag{2.37}$$

则称函数h是系统（2.36）在集合$\mathcal{C}$上的一个输入-状态安全控制障碍函数。

定理 2.14[158]　令集合$\mathcal{C}$为关于连续可微函数h的 0-超水平集，集合$\mathcal{C}_d$是由式（2.32）～式（2.34）定义的关于$\mathcal{C}$的集合，$\boldsymbol{u} \in \mathbb{R}^m$为系统（2.36）的利普希茨连续控制输入，如果函数h是系统（2.36）在集合$\mathcal{C}$上的一个输入-状态安全控制障碍函数，且控制输入$\boldsymbol{u}$满足对于所有$\boldsymbol{x} \in \mathbb{R}^n$都有$\boldsymbol{u} \in K_{\mathrm{issf}}(\boldsymbol{x})$，式中

$$K_{\mathrm{issf}}(\boldsymbol{x}) = \left\{\boldsymbol{u} \in \mathbb{R}^m \,\middle|\, L_f h(\boldsymbol{x}) + L_g h(\boldsymbol{x})\boldsymbol{u} + \frac{\partial h(\boldsymbol{x})}{\partial \boldsymbol{x}^{\mathrm{T}}}\boldsymbol{d} \geqslant -\alpha(h(\boldsymbol{x})) - \iota(\|\boldsymbol{d}\|)\right\} \tag{2.38}$$

那么系统（2.36）在集合$\mathcal{C}$上是输入-状态安全的。

推论 2.1[157]　考虑关于连续可微函数h的 0-超水平集$\mathcal{C}$，如果存在$\bar{d} > 0$，函数$\alpha \in \mathcal{K}_{\infty,e}$和函数$\iota \in \mathcal{K}_{\infty}$，使得对于所有$\boldsymbol{x} \in \mathbb{R}^n$和满足$\|\boldsymbol{d}\| \leqslant \bar{d}$的$\boldsymbol{d} \in \mathbb{R}^n$，都有

$$\sup_{\boldsymbol{u}\in\mathbb{R}^m}\left[L_f h(\boldsymbol{x}) + L_g h(\boldsymbol{x})\boldsymbol{u} - \frac{\partial h(\boldsymbol{x})}{\partial \boldsymbol{x}^{\mathrm{T}}}\frac{\partial h(\boldsymbol{x})}{\partial \boldsymbol{x}}\right] \geqslant -\alpha(h(\boldsymbol{x})) \tag{2.39}$$

则函数h是系统（2.36）在集合$\mathcal{C}$上的一个输入-状态安全控制障碍函数。此时若利普希茨连续的控制输入$\boldsymbol{u}$满足对于所有$\boldsymbol{x} \in \mathbb{R}^n$都有$\boldsymbol{u} \in K_{\mathrm{issf}}^*(\boldsymbol{x})$，式中

$$K_{\mathrm{issf}}^*(\boldsymbol{x}) = \left\{\boldsymbol{u} \in \mathbb{R}^m \,\middle|\, L_f h(\boldsymbol{x}) + L_g h(\boldsymbol{x})\boldsymbol{u} - \frac{\partial h(\boldsymbol{x})}{\partial \boldsymbol{x}^{\mathrm{T}}}\frac{\partial h(\boldsymbol{x})}{\partial \boldsymbol{x}} \geqslant -\alpha(h(\boldsymbol{x}))\right\} \tag{2.40}$$

那么系统（2.36）在集合$\mathcal{C}$上是输入-状态安全的。

2.4.3 输入-状态安全高阶控制障碍函数

在介绍输入-状态安全高阶控制障碍函数之前，首先给出相对阶的概念。

定义 2.14（相对阶）[159] 给定一个连续可微的函数$h:\mathbb{R}^n \mapsto \mathbb{R}$，并对函数$h$沿系统（2.36）反复对时间求导直到控制输入$\boldsymbol{u}$显式出现，则此过程中所需的求导次数称为函数$h$对于系统（2.36）的相对阶。

由定义 2.14 可知，当h对于系统相对阶$q=1$时，2.4.2 小节介绍的输入-状态安全控制障碍函数可以用于保证系统输入-状态安全性；而当h对于系统相对阶$q>1$时，h沿系统对时间的一次导数不会显式出现$\boldsymbol{u}$，此时$L_g h(\boldsymbol{x})=\boldsymbol{0}$，现有的输入-状态安全控制障碍函数无法用于保证系统输入-状态安全性。为解决h对于系统相对阶$q>1$时的安全控制问题，本小节提出一种输入-状态安全高阶控制障碍函数。

对于一个q次可微函数$h:\mathbb{R}^n \mapsto \mathbb{R}$，定义一组函数

$$\phi_0(\boldsymbol{x}) \triangleq h(\boldsymbol{x}) \tag{2.41}$$

$$\phi_l(\boldsymbol{x}) \triangleq \dot{\phi}_{l-1}(\boldsymbol{x}) + \alpha_l(\phi_{l-1}(\boldsymbol{x})), \quad l \in \{1,2,\cdots,q\} \tag{2.42}$$

式中，α_l为$(q-l)$次可微的$\mathcal{K}_{\infty,e}$类函数。基于函数组［式（2.41）和式（2.42）］，定义一组集合

$$C_{dl} \triangleq \left\{\boldsymbol{x} \in \mathbb{R}^n \mid \phi_{l-1}(\boldsymbol{x}) + \gamma_{dl}\left(\|\boldsymbol{d}\|_\infty\right) \geqslant 0\right\} \tag{2.43}$$

$$\partial C_{dl} \triangleq \left\{\boldsymbol{x} \in \mathbb{R}^n \mid \phi_{l-1}(\boldsymbol{x}) + \gamma_{dl}\left(\|\boldsymbol{d}\|_\infty\right) = 0\right\} \tag{2.44}$$

$$\mathrm{Int}(C_{dl}) \triangleq \left\{\boldsymbol{x} \in \mathbb{R}^n \mid \phi_{l-1}(\boldsymbol{x}) + \gamma_{dl}\left(\|\boldsymbol{d}\|_\infty\right) > 0\right\} \tag{2.45}$$

式中，γ_{dl}为$\mathcal{K}_\infty$类函数，$l=1,2,\cdots,q$。

将输入-状态安全障碍函数定义扩展到高阶情况，给出以下定义。

定义 2.15（输入-状态安全高阶障碍函数，input-to-state safe high order barrier function，ISSf-HOBF） 对于系统（2.31），给定由式（2.42）定义的一组函数$\phi_l(\boldsymbol{x})$，$l=1,2,\cdots,q$，和式（2.24）～式（2.26）定义的集合$\mathcal{C} \subset \mathbb{R}^n$。如果存在$\bar{d}>0$，$\iota \in \mathcal{K}_\infty$以及可微函数$\alpha_l \in \mathcal{K}_{\infty,e}$，使得对于所有$\boldsymbol{x} \in \mathbb{R}^n$和满足$\|\boldsymbol{d}\| \leqslant \bar{d}$的$\boldsymbol{d} \in \mathbb{R}^n$，都有

$$\phi_q(\boldsymbol{x}) \geqslant -\iota\left(\|\boldsymbol{d}\|\right) \tag{2.46}$$

则称函数h是系统（2.31）在集合$\mathcal{C}$上的一个q次可微的输入-状态安全高阶障碍函数。

然后，可以得到以下输入-状态安全性判定定理。

定理 2.15 令集合$\mathcal{C}$为关于连续可微函数h的 0-超水平集，集合C_{dl}由式（2.43）～式（2.45）所定义。如果函数h是系统（2.31）在集合$\mathcal{C}$上的一个输入-状态安全高阶障碍函数，那么集合C_{dl}是前向不变的，且系统（2.31）在$\mathcal{C}$上是

输入-状态安全的。

证明　考虑函数

$$\varphi_q(\boldsymbol{x},\boldsymbol{d}) \triangleq \phi_{q-1}(\boldsymbol{x}) + \gamma_{dq}\left(\|\boldsymbol{d}\|_\infty\right) \tag{2.47}$$

由于函数 h 是一个输入-状态安全高阶障碍函数，根据式（2.42）和式（2.47），函数 $\varphi_q(\boldsymbol{x},\boldsymbol{d})$ 对时间的导数满足

$$\begin{aligned}\dot{\varphi}_q(\boldsymbol{x},\boldsymbol{d}) &= \dot{\phi}_{q-1}(\boldsymbol{x}) \\ &= -\alpha_q(\phi_{q-1}(\boldsymbol{x})) + \phi_q(\boldsymbol{x}) \\ &\geqslant -\alpha_q(\phi_{q-1}(\boldsymbol{x})) - \iota\left(\|\boldsymbol{d}\|_\infty\right) \\ &= -\alpha_q\left(\varphi_q(\boldsymbol{x},\boldsymbol{d}) - \gamma_{dq}\left(\|\boldsymbol{d}\|_\infty\right)\right) - \iota\left(\|\boldsymbol{d}\|_\infty\right)\end{aligned} \tag{2.48}$$

然后，与文献[157]中定理 1 的证明类似，考虑 $x \in \partial C_{dq}$，即 $\varphi_q(\boldsymbol{x},\boldsymbol{d}) = 0$ 的情况，此时有

$$\dot{\varphi}_q(\boldsymbol{x},\boldsymbol{d}) \geqslant -\alpha_q\left(-\gamma_{dq}\left(\|\boldsymbol{d}\|_\infty\right)\right) - \iota\left(\|\boldsymbol{d}\|_\infty\right) \tag{2.49}$$

将函数 γ_{dq} 选择为 $\gamma_{dq} = -\alpha_q^{-1} \circ (-\iota)$，则根据式（2.49）有 $\dot{\varphi}_q(\boldsymbol{x},\boldsymbol{d}) \geqslant 0$。根据南云（Nagumo）定理[160]，集合 C_{dq} 是前向不变的。根据定义 2.7，对于给定的 $\boldsymbol{x}_0 \in C_{dq}$，有 $\phi_{q-1}(\boldsymbol{x}) \geqslant -\gamma_{dq}\left(\|\boldsymbol{d}\|_\infty\right)$。接下来定义函数

$$\varphi_{q-1}(\boldsymbol{x},\boldsymbol{d}) \triangleq \phi_{q-2}(\boldsymbol{x}) + \gamma_{d(q-1)}\left(\|\boldsymbol{d}\|_\infty\right) \tag{2.50}$$

同样地，可以推导出集合 $C_{d(q-1)}$ 是前向不变的。以此类推，能够得到集合 C_{d1}，$C_{d2},\cdots,C_{dq}$ 均是前向不变的。对比式（2.32）和式（2.43）可知，当函数 γ_d 选择为 γ_{d1} 时有 $\mathcal{C}_d = C_{d1}$，此时集合 $\mathcal{C}_d$ 是前向不变的。因此，根据定义 2.11，系统（2.31）在 $\mathcal{C}$ 上是输入-状态安全的。 ■

考虑受扰动的仿射控制系统，将输入-状态安全控制障碍函数扩展到任意相对阶的情况，给出如下定义。

定义 2.16（输入-状态安全高阶控制障碍函数，input-to-state safe high order control barrier function，ISSf-HOCBF）　对于系统（2.36），给定由式（2.42）定义的一组函数 $\phi_l(\boldsymbol{x})$，$l = 1,2,\cdots,q$，和式（2.24）～式（2.26）定义的集合 $\mathcal{C} \subset \mathbb{R}^n$，如果存在 $\bar{d} > 0$，$\iota \in \mathcal{K}_\infty$ 以及可微函数 $\alpha_l \in \mathcal{K}_{\infty,e}$，使得对于所有 $\boldsymbol{x} \in \mathbb{R}^n$ 和满足 $\|\boldsymbol{d}\| \leqslant \bar{d}$ 的 $\boldsymbol{d} \in \mathbb{R}^n$，都有

$$\sup_{\boldsymbol{u}\in\mathbb{R}^m}\left[L_f\phi_{q-1}(\boldsymbol{x}) + L_g\phi_{q-1}(\boldsymbol{x})\boldsymbol{u} + \frac{\partial\phi_{q-1}(\boldsymbol{x})}{\partial\boldsymbol{x}^{\mathrm{T}}}\boldsymbol{d}\right] \geqslant -\alpha_q(\phi_{q-1}(\boldsymbol{x})) - \iota\left(\|\boldsymbol{d}\|\right) \tag{2.51}$$

则称函数 h 是系统（2.36）在集合 $\mathcal{C}$ 上的一个相对阶为 q 的输入-状态安全高阶控制障碍函数。

以下定理说明可以将输入-状态安全高阶控制障碍函数用于设计系统安全控制器。

定理 2.16 令集合 $\mathcal{C}$ 为关于连续可微函数 h 的 0-超水平集，集合 $\mathcal{C}$ 由式（2.43）～式（2.45）定义，$\boldsymbol{u}\in\mathbb{R}^m$ 为系统（2.36）的利普希茨连续控制输入，如果函数 h 是系统（2.36）在集合 $\mathcal{C}$ 上的一个相对阶为 q 的输入-状态安全高阶控制障碍函数，且控制输入 $\boldsymbol{u}$ 满足对于所有 $\boldsymbol{x}\in\mathbb{R}^n$ 都有 $\boldsymbol{u}\in K_{\text{ihcbf}}(\boldsymbol{x})$，式中

$$K_{\text{ihcbf}}(\boldsymbol{x})=\left\{\boldsymbol{u}\in\mathbb{R}^m \,\middle|\, L_f\phi_{q-1}(\boldsymbol{x})+L_g\phi_{q-1}(\boldsymbol{x})\boldsymbol{u}+\frac{\partial\phi_{q-1}(\boldsymbol{x})}{\partial\boldsymbol{x}^{\mathrm{T}}}\boldsymbol{d} \geqslant -\alpha_q(\phi_{q-1}(\boldsymbol{x}))-\iota(\|\boldsymbol{d}\|)\right\} \tag{2.52}$$

那么系统（2.36）在集合 $\mathcal{C}$ 上是输入-状态安全的。

证明 由于函数 h 对于系统（2.36）的相对阶为 q，所以有 $L_g\phi_{q-1}(\boldsymbol{x})\neq 0$。因为系统控制输入 $\boldsymbol{u}$ 是利普希茨连续的，且

$$\phi_q(\boldsymbol{x})=L_f\phi_{q-1}(\boldsymbol{x})+L_g\phi_{q-1}(\boldsymbol{x})\boldsymbol{u}+\frac{\partial\phi_{q-1}(\boldsymbol{x})}{\partial\boldsymbol{x}^{\mathrm{T}}}\boldsymbol{d}+\alpha_q(\phi_{q-1}(\boldsymbol{x})) \tag{2.53}$$

可知函数 $\phi_q(\boldsymbol{x})$ 是利普希茨连续的。又由于系统状态 $\boldsymbol{x}$ 和扰动 $\boldsymbol{d}$ 连续可微，所以函数 $\phi_1(\boldsymbol{x}),\phi_2(\boldsymbol{x}),\cdots,\phi_{q-1}(\boldsymbol{x})$ 同样连续可微。因此，输入-状态安全高阶控制障碍函数与输入-状态安全高阶障碍函数性质相同，证明与定理 2.15 相似。■

值得注意的是，定理 2.16 中安全控制输入的设计依赖于扰动 $\boldsymbol{d}$ 的信息，而系统受到的扰动往往难以直接测量。为此，提出了下列推论处理系统扰动未知时安全控制器设计问题。

推论 2.2 考虑关于连续可微函数 h 的 0-超水平集 $\mathcal{C}$，如果存在函数 $\alpha_l\in\mathcal{K}_{\infty,e}$，$l=1,2,\cdots,q$，使得对于所有 $\boldsymbol{x}\in\mathbb{R}^n$，都有

$$\sup_{\boldsymbol{u}\in\mathbb{R}^m}\left[L_f\phi_{q-1}(\boldsymbol{x})+L_g\phi_{q-1}(\boldsymbol{x})\boldsymbol{u}-\frac{\partial\phi_{q-1}(\boldsymbol{x})}{\partial\boldsymbol{x}^{\mathrm{T}}}\frac{\partial\phi_{q-1}(\boldsymbol{x})}{\partial\boldsymbol{x}}\right]\geqslant-\alpha_q(\phi_{q-1}(\boldsymbol{x})) \tag{2.54}$$

则函数 h 是系统（2.36）在集合 $\mathcal{C}$ 上的一个相对阶为 q 的输入-状态安全高阶控制障碍函数。此时若利普希茨连续的控制输入 $\boldsymbol{u}$ 满足对于所有 $\boldsymbol{x}\in\mathbb{R}^n$ 都有 $\boldsymbol{u}\in K^*_{\text{ihcbf}}(\boldsymbol{x})$，式中

$$K^*_{\text{ihcbf}}(\boldsymbol{x})=\left\{\boldsymbol{u}\in\mathbb{R}^m \,\middle|\, L_f\phi_{q-1}(\boldsymbol{x})+L_g\phi_{q-1}(\boldsymbol{x})\boldsymbol{u}-\frac{\partial\phi_{q-1}(\boldsymbol{x})}{\partial\boldsymbol{x}^{\mathrm{T}}}\frac{\partial\phi_{q-1}(\boldsymbol{x})}{\partial\boldsymbol{x}}\geqslant-\alpha_q(\phi_{q-1}(\boldsymbol{x}))\right\} \tag{2.55}$$

那么系统（2.36）在集合 $\mathcal{C}$ 上是输入-状态安全的。

证明　由于$\boldsymbol{u}\in K_{\text{ihcbf}}^{*}(\boldsymbol{x})$，有

$$\begin{aligned}
&\sup_{\boldsymbol{u}\in\mathbb{R}^m}\left[L_f\phi_{q-1}(\boldsymbol{x})+L_g\phi_{q-1}(\boldsymbol{x})\boldsymbol{u}+\frac{\partial\phi_{q-1}(\boldsymbol{x})}{\partial\boldsymbol{x}^{\mathrm{T}}}\boldsymbol{d}\right]\\
&\geqslant-\alpha_q(\phi_{q-1}(\boldsymbol{x}))+\frac{\partial\phi_{q-1}(\boldsymbol{x})}{\partial\boldsymbol{x}^{\mathrm{T}}}\frac{\partial\phi_{q-1}(\boldsymbol{x})}{\partial\boldsymbol{x}}+\frac{\partial\phi_{q-1}(\boldsymbol{x})}{\partial\boldsymbol{x}^{\mathrm{T}}}\boldsymbol{d}\\
&\geqslant-\alpha_q(\phi_{q-1}(\boldsymbol{x}))+\left\|\frac{\partial\phi_{q-1}(\boldsymbol{x})}{\partial\boldsymbol{x}}\right\|^2-\left\|\frac{\partial\phi_{q-1}(\boldsymbol{x})}{\partial\boldsymbol{x}}\right\|\|\boldsymbol{d}\|\\
&\geqslant-\alpha_q(\phi_{q-1}(\boldsymbol{x}))+\left(\left\|\frac{\partial\phi_{q-1}(\boldsymbol{x})}{\partial\boldsymbol{x}}\right\|-\frac{\|\boldsymbol{d}\|}{2}\right)^2-\frac{\|\boldsymbol{d}\|^2}{4}\\
&\geqslant-\alpha_q(\phi_{q-1}(\boldsymbol{x}))-\frac{\|\boldsymbol{d}\|^2}{4}
\end{aligned}\tag{2.56}$$

即式（2.51）中$\iota(\|\boldsymbol{d}\|)=\|\boldsymbol{d}\|^2/4$的形式，因此根据定义 2.16，$h$是系统（2.36）的一个相对阶为$q$的输入-状态安全高阶控制障碍函数，且$K_{\text{ihcbf}}^{*}(\boldsymbol{x})\subseteq K_{\text{ihcbf}}(\boldsymbol{x})$。根据定理 2.16，系统（2.36）在集合$\mathcal{C}$上是输入-状态安全的。■

推论 2.3　考虑关于连续可微函数h的 0-超水平集$\mathcal{C}$，如果函数h是系统（2.36）在集合$\mathcal{C}$上的一个相对阶为q的输入-状态安全高阶控制障碍函数，利普希茨连续的控制输入$\boldsymbol{u}$满足对于所有$\boldsymbol{x}\in\mathbb{R}^n$都有$\boldsymbol{u}\in K_{\text{ihcbf}}^{*}(\boldsymbol{x})$，当系统扰动$\boldsymbol{d}$满足$\|\boldsymbol{d}\|\leqslant\|\partial\phi_{q-1}(\boldsymbol{x})/\partial\boldsymbol{x}\|$，那么系统（2.36）在集合$\mathcal{C}$上是安全的。

证明　考虑如下定义的一组集合

$$C_l\triangleq\left\{\boldsymbol{x}\in\mathbb{R}^n\mid\phi_{l-1}(\boldsymbol{x})\geqslant0\right\},\quad l=1,2,\cdots,q\tag{2.57}$$

由于$\boldsymbol{u}\in K_{\text{ihcbf}}^{*}(\boldsymbol{x})$且$\|\boldsymbol{d}\|\leqslant\|\partial\phi_{q-1}(\boldsymbol{x})/\partial\boldsymbol{x}\|$，根据式（2.55）有

$$\begin{aligned}
&\sup_{\boldsymbol{u}\in\mathbb{R}^m}\left[L_f\phi_{q-1}(\boldsymbol{x})+L_g\phi_{q-1}(\boldsymbol{x})\boldsymbol{u}+\frac{\partial\phi_{q-1}(\boldsymbol{x})}{\partial\boldsymbol{x}^{\mathrm{T}}}\boldsymbol{d}\right]\\
&\geqslant-\alpha_q(\phi_{q-1}(\boldsymbol{x}))+\frac{\partial\phi_{q-1}(\boldsymbol{x})}{\partial\boldsymbol{x}^{\mathrm{T}}}\frac{\partial\phi_{q-1}(\boldsymbol{x})}{\partial\boldsymbol{x}}+\frac{\partial\phi_{q-1}(\boldsymbol{x})}{\partial\boldsymbol{x}^{\mathrm{T}}}\boldsymbol{d}\\
&\geqslant-\alpha_q(\phi_{q-1}(\boldsymbol{x}))+\left\|\frac{\partial\phi_{q-1}(\boldsymbol{x})}{\partial\boldsymbol{x}}\right\|\left(\left\|\frac{\partial\phi_{q-1}(\boldsymbol{x})}{\partial\boldsymbol{x}}\right\|-\|\boldsymbol{d}\|\right)\\
&\geqslant-\alpha_q(\phi_{q-1}(\boldsymbol{x}))
\end{aligned}\tag{2.58}$$

则根据定理 2.11 和安全性定义 2.8，系统（2.36）在集合C_q上是前向不变的。根据前向不变性定义 2.7，对于给定的$\boldsymbol{x}_0\in C_q$，有$\phi_{q-1}(\boldsymbol{x})=\dot{\phi}_{q-2}(\boldsymbol{x})+\alpha_{q-1}(\phi_{q-2}(\boldsymbol{x}))\geqslant0$。因此同样能够得到结论，系统（2.36）在集合$C_{q-1}$上是前向不变的。以此类推，能够得到集合$C_1,C_2,\cdots,C_q$均是前向不变的。又根据式（2.24）和式（2.57）可知

$C_1 = \mathcal{C}$，因此集合 $\mathcal{C}$ 是前向不变的。因此，根据定义 2.8，系统（2.36）在 $\mathcal{C}$ 上是安全的。■

2.5　投影算子

投影算子在自适应控制中具有广泛应用，本节针对超球体集合和超立方体集合，分别介绍两种投影算子的相关定理。

考虑超球体集合 Ω_0 和 Ω_1 分别为

$$\Omega_0 \triangleq \left\{\boldsymbol{\theta} \in \mathbb{R}^k \mid f(\boldsymbol{\theta}) \leqslant 0\right\} \tag{2.59}$$

$$\Omega_1 \triangleq \left\{\boldsymbol{\theta} \in \mathbb{R}^k \mid f(\boldsymbol{\theta}) \leqslant 1\right\} \tag{2.60}$$

式中，可微凸函数 $f: \mathbb{R}^k \to \mathbb{R}$ 定义为

$$f(\boldsymbol{\theta}) = \frac{\|\boldsymbol{\theta}\|^2 - \theta_0^2}{2\varepsilon\theta_0 + \varepsilon^2} \tag{2.61}$$

其中，$\varepsilon \in \mathbb{R}^+$；$\theta_0 \in \mathbb{R}$ 为 $\boldsymbol{\theta}$ 的上界。则关于向量 $\boldsymbol{\theta}, \boldsymbol{y} \in \mathbb{R}^k$ 的投影算子构造为

$$\mathrm{Proj}(\boldsymbol{\theta}, \boldsymbol{y}) = \begin{cases} \boldsymbol{y} - \dfrac{\nabla f(\boldsymbol{\theta})\left(\nabla f(\boldsymbol{\theta})\right)^{\mathrm{T}}}{\left\|\nabla f(\boldsymbol{\theta})\right\|^2}\boldsymbol{y} f(\boldsymbol{\theta}), & f(\boldsymbol{\theta}) > 0 \wedge \boldsymbol{y}^{\mathrm{T}} f(\boldsymbol{\theta}) > 0 \\ \boldsymbol{y}, & \text{其他} \end{cases} \tag{2.62}$$

式中，$\nabla f(\boldsymbol{\theta}) = \left[\partial f(\boldsymbol{\theta})/\partial\theta_1, \partial f(\boldsymbol{\theta})/\partial\theta_2, \cdots, \partial f(\boldsymbol{\theta})/\partial\theta_k\right]^{\mathrm{T}}$。

考虑超立方体集合 Ω_0 和 Ω_1 分别为

$$\Omega_0 \triangleq \left\{\boldsymbol{\theta} \in \mathbb{R}^k \mid a_i \leqslant \theta_i \leqslant b_i, 1 \leqslant i \leqslant k\right\} \tag{2.63}$$

$$\Omega_1 \triangleq \left\{\boldsymbol{\theta} \in \mathbb{R}^k \mid a_i - \varepsilon \leqslant \theta_i \leqslant b_i + \varepsilon, 1 \leqslant i \leqslant k\right\} \tag{2.64}$$

式中，$a_i \in \mathbb{R}^+$，$b_i \in \mathbb{R}^+$ 且 $a_i \leqslant b_i$；$\varepsilon \in \mathbb{R}^+$；$\theta_i \in \mathbb{R}$ 表示 $\boldsymbol{\theta}$ 的第 i 个元素。则关于向量 $\boldsymbol{\theta}, \boldsymbol{y} \in \mathbb{R}^k$ 的投影算子构造为

$$[\mathrm{Proj}(\boldsymbol{\theta}, \boldsymbol{y})]_i = \begin{cases} \left(1 + \dfrac{b_i - \theta_i}{\varepsilon}\right) y_i, & \theta_i > b_i \wedge y_i > 0 \\ \left(1 + \dfrac{\theta_i - a_i}{\varepsilon}\right) y_i, & \theta_i < a_i \wedge y_i < 0 \\ y_i, & \text{其他} \end{cases} \tag{2.65}$$

式中，$[\mathrm{Proj}(\boldsymbol{\theta}, \boldsymbol{y})]_i \in \mathbb{R}$ 和 $y_i \in \mathbb{R}$ 分别表示 $\mathrm{Proj}(\boldsymbol{\theta}, \boldsymbol{y})$ 和 $\boldsymbol{y}$ 的第 i 个元素。

上文介绍的两类投影算子满足如下的性质。

定理 2.17[161]　给定 $\boldsymbol{\theta}^* \in \Omega_0$，则投影算子满足以下不等式

$$(\boldsymbol{\theta}-\boldsymbol{\theta}^*)^{\mathrm{T}}\left(\mathrm{Proj}(\boldsymbol{\theta},\boldsymbol{y})-\boldsymbol{y}\right) \leqslant 0 \tag{2.66}$$

定理 2.18[161]　如果在自适应控制算法中，将自适应律设计为

$$\dot{\boldsymbol{\theta}} = \mathrm{Proj}(\boldsymbol{\theta},\boldsymbol{y}) \tag{2.67}$$

且初始条件满足 $\boldsymbol{\theta}(t=0) \in \Omega_0$，那么对于所有 $t \geqslant 0$，有 $\boldsymbol{\theta}(t) \in \Omega_1$ 成立。

第 3 章 目标速度未知的单无人艇单目标包围控制

3.1 概 述

针对单个智能体的目标包围控制，国内外学者已经在无人机、独轮车、移动机器人等自主无人系统上进行了研究，并取得了一些研究成果。如针对静止目标或缓慢移动的目标，现有文献提出了基于相对角度测量[86-89]和相对位置测量[90-92]的目标包围控制方法；针对速度已知的运动目标，文献[93]提出了基于向量场制导法的目标包围控制方法；针对速度未知的运动目标，现有文献建立了各类估计器用于估计目标速度，如非线性估计器[95]、$\mathcal{L}_1$ 快速估计器[96]、自适应估计器[97]等，并基于估计速度提出了移动目标包围控制方法。上述的目标包围控制方法虽然能够实现单个无人系统对静止或运动目标的包围运动，但值得注意的是：第一，上述目标包围控制方法[86-97]主要是针对积分器或独轮车类系统提出的，被控对象一般不存在侧向速度，而无人艇在海面做环绕运动时，由于海流扰动和离心现象，通常伴随着侧滑运动。因此，现有不考虑航行器侧滑的目标包围控制器不能完全适用于无人艇系统。第二，上述目标包围控制方法[86-97]是基于一阶系统提出的，控制器设计中只考虑了被控对象的运动学层而没有考虑动力学层，这意味着当受到环境扰动作用时目标包围控制的稳定性可能无法保证。第三，现有目标包围控制方法[86-97]大多采用时间触发控制策略，控制信号在控制机构-执行机构通道中周期性传输。虽然基于时间触发的控制策略可以表现出良好的动态性能，但控制信号的频繁更新一方面会导致执行机构频繁动作，缩短其硬件工作寿命；另一方面可能增加无人艇通信负担，不利于算法在无人艇上实际应用。

视距制导方法由于其简单、直观、易于实现等优点被广泛应用于无人艇运动控制器设计中。这种制导方法根据问题的几何特性，模拟舵手的操作行为生成期望航向，使无人艇能够平滑自然地跟踪给定路径。当无人艇侧滑角已知时，文献[162]提出一种基于运动弗雷内坐标系的视距制导非线性控制器，在统一理论框架下解决了全驱动和欠驱动无人艇的路径跟踪问题；文献[163]提出一种基于误差约束的视距制导路径跟踪方法，保证无人艇位置跟踪误差满足给定的约束要求。当无人艇侧滑角未知时，文献[164]提出一种积分视距制导方法，通过在传统视距制导基础上引入积分项实现对常值侧滑角的补偿；文献[165]提出一种自适应视距制导方法，设计自适应律实现对未知常值侧滑角的估计和补偿。当无人艇侧滑角实时变化时，文献[121]提出一种基于扩张状态观测器的视距制导方法，实现了对时变侧滑运动的准确估计和补偿。文献[166]提出一种基于海流观测器的视距制导控制器，实现了在未知海流干扰下的无人艇路径跟踪控制。视距制导原理虽然在路径跟踪控制问题中理论成果丰富，但如何根据环绕包围运动的几何特性，设计基于视距制导的无人艇目标包围控制器仍有待研究。

无人艇在航行过程中，由于模型参数不确定性、未建模动态和风、浪、流扰动，其运动模型的动力学方程包含时变的不确定项。对模型不确定性的估计和补偿是无人艇运动控制的一个关键研究问题。模糊逻辑系统作为一种非线性逼近工具，对连续非线性函数具有良好的逼近能力，被应用于处理各类海洋航行器模型不确定性问题中。如文献[126]采用模糊逻辑系统逼近船舶驾驶系统中的总不确定项。文献[127]建立Ⅱ型模糊逻辑系统，处理船舶轨迹跟踪中的水动力扰动问题。文献[128]提出基于 T-S 型模糊逻辑系统观测器，实现了全驱动无人艇动力定位控制。文献[126]～文献[128]中的模糊控制方法是基于直接李雅普诺夫法设计的，模糊逼近回路和控制回路是耦合的，参数自适应律的设计依赖于控制律的设计，导致控制器设计受限，缺乏灵活性。

在降低无人艇控制系统通信带宽和执行频次问题上，事件触发控制策略是有效方法之一。事件触发控制的本质是按需动作，信号的更新依赖于事件触发机制而非时间触发周期，因此能够避免连续更新而造成的通信资源浪费和执行机构频繁动作问题[167]。事件触发控制技术最早由美国学者 Tabuada[168]提出，用来解决资源受限下的嵌入式系统稳定控制问题。此后在线性系统[169]、非线性系统[170]、多无人系统[171]等研究领域都得到应用，并且被成功应用于无人系统轨迹跟踪[172]、路径跟踪[173]、编队控制[174]等场景。在无人艇事件触发控制方面，文献[123]提出一种事件触发神经网络控制方法，提高了通信资源利用率。文献[175]提出一种基于积分事件触发机制的无人艇故障检测滤波器，在降低网络带宽消耗的基础上，从根本理论上消除了芝诺现象。文献[176]提出一种无人艇事件触发通信方案，不但降低了通信频次，而且能够应对非周期性网络攻击。

受上述内容启发，本章研究了复杂海洋环境下单艘欠驱动无人艇的单目标包围控制问题。其中，被包围目标速度未知，无人艇模型含未知侧滑运动和动力学不确定项。针对以上问题，提出了一种基于视距制导原理的无人艇事件触发目标包围控制方法。在运动学层，首先设计了基于船体坐标系的扩张状态观测器，用于估计跟随无人艇与目标无人艇之间的未知相对动态；然后基于视距制导原理和所估计的相对动态设计欠驱动无人艇目标包围制导律，利用艏摇角速度制导实现对运动目标的环绕包围。在动力学层，首先设计模糊预估器，对无人艇动力学不确定性进行逼近；然后，基于模糊预估器设计了事件触发控制律，采用投影算子和饱和函数保证控制输入信号有界，并设计了控制器事件触发机制。通过级联系统稳定性理论证明了闭环控制系统的输入-状态稳定性，并分析证明了所提事件触发机制不存在芝诺现象。仿真和实验结果验证了所提基于视距制导原理的无人艇事件触发目标包围控制方法的有效性。

3.2 问题描述

考虑由 1 艘欠驱动跟随无人艇和 1 艘目标无人艇组成的系统，如图 3.1 所示。

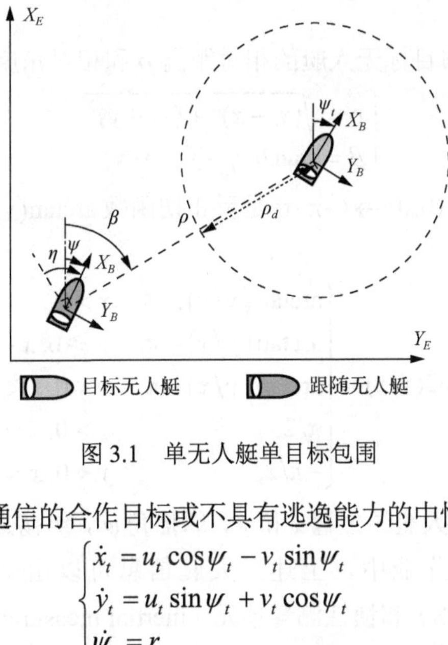

图 3.1　单无人艇单目标包围

目标无人艇为可通信的合作目标或不具有逃逸能力的中性目标，其动态描述为

$$\begin{cases}\dot{x}_t = u_t\cos\psi_t - v_t\sin\psi_t \\ \dot{y}_t = u_t\sin\psi_t + v_t\cos\psi_t \\ \dot{\psi}_t = r_t\end{cases} \tag{3.1}$$

式中，$x_t \in \mathbb{R}$ 和 $y_t \in \mathbb{R}$ 表示目标无人艇在地球坐标系 X_E-Y_E 下的位置；$\psi_t \in (-\pi,\pi]$ 表示目标无人艇艏摇角；$u_t \in \mathbb{R}$、$r_t \in \mathbb{R}$、$v_t \in \mathbb{R}$ 分别为目标无人艇在船体坐标系 X_B-Y_B 下的纵荡速度、横漂速度和艏摇角速度。

跟随无人艇的动态可以描述为以下运动学方程[177]

$$\begin{cases}\dot{x} = u\cos\psi - v\sin\psi \\ \dot{y} = u\sin\psi + v\cos\psi \\ \dot{\psi} = r\end{cases} \tag{3.2}$$

和动力学方程

$$\begin{cases} m_u\dot{u} = f_u(u,v,r) + \tau_{du}(t) + \tau_u \\ m_v\dot{v} = f_v(u,v,r) + \tau_{dv}(t) \\ m_r\dot{r} = f_r(u,v,r) + \tau_{dr}(t) + \tau_r \end{cases} \tag{3.3}$$

式中，$x\in\mathbb{R}$ 和 $y\in\mathbb{R}$ 表示跟随无人艇在地球坐标系下的位置；$\psi\in(-\pi,\pi]$ 表示艏摇角；$u\in\mathbb{R}$、$v\in\mathbb{R}$、$r\in\mathbb{R}$ 分别为跟随无人艇在船体坐标系下的纵荡速度、横漂速度、艏摇角速度；$m_u\in\mathbb{R}$、$m_v\in\mathbb{R}$、$m_r\in\mathbb{R}$ 分别为跟随无人艇在纵荡、横漂、艏摇方向的惯性参数；$f_u, f_v, f_r:\mathbb{R}^3\to\mathbb{R}$ 表示未知非线性函数，包括水动力阻尼力、科里奥利力以及未建模流体动态；$\tau_{du}\in\mathbb{R}$、$\tau_{dv}\in\mathbb{R}$、$\tau_{dr}\in\mathbb{R}$ 表示由风、浪、海流引起的时变环境扰动力和力矩；$\tau_u\in\mathbb{R}$ 和 $\tau_r\in\mathbb{R}$ 分别为纵荡和艏摇方向控制输入力和力矩。

定义跟随无人艇与目标无人艇的相对距离 ρ 和相对角度 β 为

$$\begin{cases} \rho = \sqrt{(x_t - x)^2 + (y_t - y)^2} \\ \beta = \mathrm{atan2}(y_t - y, x_t - x) \end{cases} \tag{3.4}$$

式中，$\mathrm{atan2}(y,x):\mathbb{R}^2\setminus(0,0)\to(-\pi,\pi]$ 是反正切函数 $\arctan(y/x)$ 的推广函数，表达式为

$$\mathrm{atan2}(y,x) = \begin{cases} \arctan(y/x), & x>0 \\ \arctan(y/x)+\pi, & y\geqslant 0, x<0 \\ \arctan(y/x)-\pi, & y<0, x<0 \\ \pi/2, & y>0, x=0 \\ -\pi/2, & y<0, x=0 \end{cases} \tag{3.5}$$

注 3.1　本书中无人艇的位置 x 和 y，艏摇角 ψ，纵荡速度 u 以及艏摇角速度 r 假设已知。在实际作业中，上述无人艇信息可以由全球定位系统（global positioning system，GPS）和惯性测量单元（inertial measurement unit，IMU）等低成本传感器测量，并且可以借助数据融合技术[178]能够获得较高的测量精度。另外，跟随无人艇与目标无人艇的相对距离 ρ 和相对角度 β 可以通过激光雷达（light detection and ranging，LiDAR）[179,180]或单目/双目摄像机[181]等设备测量获得。

定义包围角 η 为跟随无人艇纵荡方向与两无人艇连线垂线方向的夹角，如图 3.1 所示，则有

$$\eta \triangleq \left\lceil \psi - \beta + \frac{\pi}{2} \right\rceil_\pi \tag{3.6}$$

式中，$\lceil\cdot\rceil_\pi$ 将区间 $(-\infty,\infty]$ 映射到区间 $(-\pi,\pi]$，定义为 $\lceil\alpha\rceil_\pi = \mathrm{atan2}(\sin\alpha,\cos\alpha)$。由式（3.1）～式（3.6）可以得到相对距离 ρ 和包围角 η 对时间的导数为

$$\begin{cases}\dot{\rho}=u_s\sin\eta+v_s\cos\eta \\ \dot{\eta}=\sigma_\eta+r\end{cases} \tag{3.7}$$

式中

$$\begin{cases}u_s=u_t\cos(\psi_t-\psi)-v_t\sin(\psi_t-\psi)-u \\ v_s=u_t\sin(\psi_t-\psi)+v_t\cos(\psi_t-\psi)-v \\ \sigma_\eta=-\dfrac{1}{\rho}\left[u\cos\eta-v\sin\eta-u_t\cos\left(\psi_t-(\psi-\eta)\right)+v_t\sin\left(\psi_t-(\psi-\eta)\right)\right]\end{cases} \tag{3.8}$$

其中，u_s 和 v_s 分别表示在跟随无人艇坐标系下目标无人艇相对跟随无人艇在纵荡和横漂方向的线速度。

为实现单无人艇目标包围控制，定义距离跟踪误差和包围角跟踪误差为

$$\begin{cases}\rho_e=\rho-\rho_d \\ \eta_e=\eta-\eta_d\end{cases} \tag{3.9}$$

式中，$\rho_d\in\mathbb{R}^+$ 为给定常值，表示期望包围距离；$\eta_d\in(-\pi,\pi]$ 为待设计包围角。

本章旨在针对由运动学方程（3.2）和动力学方程（3.3）描述的欠驱动无人艇，设计目标包围控制器，控制跟随无人艇以期望距离围绕目标无人艇做环绕包围运动，实现距离跟踪误差和包围角跟踪误差的收敛，即 ρ_d 和 η_d 满足以下控制目标

$$\lim_{t\to\infty}|\rho_e|\leqslant\delta_1,\quad \lim_{t\to\infty}|\eta_e|\leqslant\delta_2 \tag{3.10}$$

式中，$\delta_1\in\mathbb{R}^+$ 和 $\delta_2\in\mathbb{R}^+$ 是两个小常数。

3.3　控制器设计与分析

为实现上述控制目标（3.10），本节设计了一种基于视距制导原理的无人艇目标包围控制器，利用艏摇角速度控制实现了受控欠驱动无人艇对未知速度目标的包围。所提控制器包括运动学制导层和动力学控制层的设计。在运动学层，基于船体坐标系设计了扩张状态观测器估计未知相对速度信息；基于视距制导原理提出了无人艇目标包围制导律。在动力学层，基于模糊逻辑系统设计了模糊预估器，逼近动力学不确定性；基于模糊预估器提出事件触发控制律，设计触发机制降低通信负载和执行机构动作次数。所设计无人艇目标包围控制系统结构如图 3.2 所示。

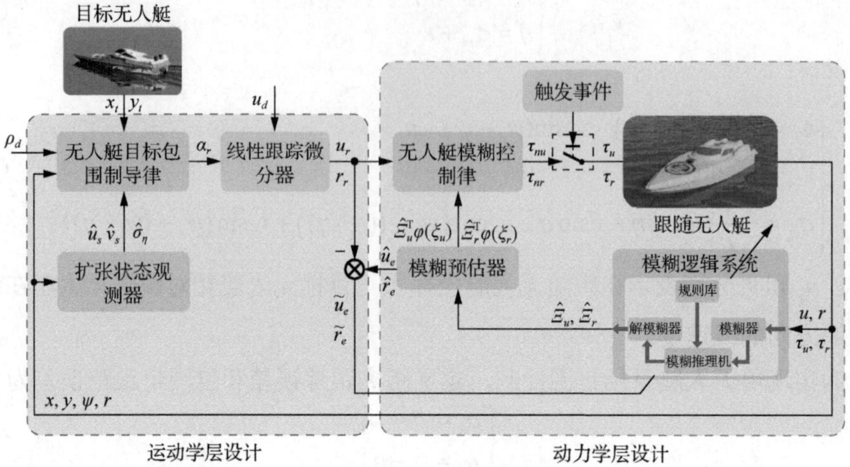

图 3.2 无人艇目标包围控制系统结构

3.3.1 运动学层设计

运动学层设计主要目的是设计目标包围制导律使距离误差和角度误差收敛。根据式（3.7）～式（3.9），可以得到跟踪误差 ρ_e 和 η_e 对时间的导数为

$$\begin{cases}\dot{\rho}_e = -U_s\sin(\eta+\theta_s)\\ \dot{\eta}_e = \sigma_\eta + r - \dot{\eta}_d\end{cases} \tag{3.11}$$

式中

$$\begin{cases}U_s = \sqrt{u_s^2+v_s^2}\\ \theta_s = \text{atan2}(-v_s,-u_s)\end{cases} \tag{3.12}$$

由式（3.8）和式（3.12）可知，θ_s 中包含目标速度 u_t, v_t 和跟随无人艇横漂速度 v。由于海流中的流体动力学阻尼效应，无人艇的横漂速度是有界的[85]。当横漂速度不可测时，无人艇具有未知的侧滑运动。

由于式（3.11）中 θ_s 和 σ_η 均为未知，首先设计扩张状态观测器估计运动学中未知动态。u_s 和 v_s 为目标无人艇和跟随无人艇的相对速度，为对其进行估计，定义跟随无人艇坐标系下与目标无人艇的相对距离为

$$\begin{cases}\rho_u = \rho\cos(\beta-\psi)\\ \rho_v = \rho\sin(\beta-\psi)\end{cases} \tag{3.13}$$

根据式（3.7）和式（3.8），ρ_u, ρ_v, η 对时间的导数满足

$$\begin{cases}\dot{\rho}_u = u_s + \rho_v r \\ \dot{\rho}_v = v_s - \rho_u r \\ \dot{\eta} = \sigma_\eta + r\end{cases} \tag{3.14}$$

由于驱动无人艇的能量以及海洋环境中的扰动是有限的，提出下列假设。

假设 3.1　式(3.14)中u_s, v_s, σ_η的时间导数均是有界的，即存在常数$\bar{\sigma}_s^{\rm d} \in \mathbb{R}^+$，使$\|[\dot{u}_s, \dot{v}_s, \dot{\sigma}_\eta]\| \leqslant \bar{\sigma}_s^{\rm d}$成立。

然后，建立一组扩张状态观测器，利用相对距离ρ_u和ρ_v、包围角η、艏摇角速度r估计无人艇未知运动学状态u_s, v_s, σ_η如下

$$\begin{cases}\dot{\hat{\rho}}_u = -\kappa_1^{\rm o}(\hat{\rho}_u - \rho_u) + \hat{u}_s + \rho_v r, & \dot{\hat{u}}_s = -\kappa_2^{\rm o}(\hat{\rho}_u - \rho_u) \\ \dot{\hat{\rho}}_v = -\kappa_3^{\rm o}(\hat{\rho}_v - \rho_v) + \hat{v}_s - \rho_u, & \dot{\hat{v}}_s = -\kappa_4^{\rm o}(\hat{\rho}_v - \rho_v) \\ \dot{\hat{\eta}} = -\kappa_5^{\rm o}(\hat{\eta} - \eta) + \hat{\sigma}_\eta + r, & \dot{\hat{\sigma}}_\eta = -\kappa_6^{\rm o}(\hat{\eta} - \eta)\end{cases} \tag{3.15}$$

式中，$\hat{\rho}_u, \hat{\rho}_v, \hat{\eta}$和$\hat{u}_s, \hat{v}_s, \hat{\sigma}_\eta$分别为$\rho_u, \rho_v, \eta$和$u_s, v_s, \sigma_\eta$的估计值；$\kappa_i^{\rm o} \in \mathbb{R}^+$，$i = 1, 2, \cdots, 6$为扩张状态观测器参数，通常设为$[\kappa_1^{\rm o}, \kappa_2^{\rm o}, \kappa_3^{\rm o}, \kappa_4^{\rm o}, \kappa_5^{\rm o}, \kappa_6^{\rm o}] = [2\omega_{\rm o1}, \omega_{\rm o1}^2, 2\omega_{\rm o2}, \omega_{\rm o2}^2, 2\omega_{\rm o3}, \omega_{\rm o3}^2]$，其中$\omega_{\rm o1} \in \mathbb{R}, \omega_{\rm o2} \in \mathbb{R}, \omega_{\rm o3} \in \mathbb{R}$为观测器带宽。

定义向量$\boldsymbol{E}_s = [\tilde{\rho}_u, \tilde{u}_s, \tilde{\rho}_v, \tilde{v}_s, \tilde{\eta}, \tilde{\sigma}_\eta]^{\rm T} \in \mathbb{R}^6$，其中$\tilde{\rho}_u = \hat{\rho}_u - \rho_u$，$\tilde{\rho}_v = \hat{\rho}_v - \rho_v$，$\tilde{\eta} = \hat{\eta} - \eta$，$\tilde{u}_s = \hat{u}_s - u_s$，$\tilde{v}_s = \hat{v}_s - v_s$，$\tilde{\sigma}_\eta = \hat{\sigma}_\eta - \sigma_\eta$定义为估计误差；定义$\boldsymbol{\sigma}_s^{\rm d} = [0, \dot{u}_s, 0, \dot{v}_s, 0, \dot{\sigma}_\eta]^{\rm T} \in \mathbb{R}^6$。则根据式（3.14）和式（3.15），可得扩张状态观测器误差子系统如下

$$\dot{\boldsymbol{E}}_s = \boldsymbol{A}\boldsymbol{E}_s - \boldsymbol{\sigma}_s^{\rm d} \tag{3.16}$$

式中

$$\boldsymbol{A} = \begin{bmatrix} -\kappa_1^{\rm o} & 1 & 0 & 0 & 0 & 0 \\ -\kappa_2^{\rm o} & 0 & 0 & 0 & 0 & 0 \\ 0 & 0 & -\kappa_3^{\rm o} & 1 & 0 & 0 \\ 0 & 0 & -\kappa_4^{\rm o} & 0 & 0 & 0 \\ 0 & 0 & 0 & 0 & -\kappa_5^{\rm o} & 1 \\ 0 & 0 & 0 & 0 & -\kappa_6^{\rm o} & 0 \end{bmatrix}_{6\times 6} \tag{3.17}$$

由于矩阵$\boldsymbol{A}$是一个赫尔维茨矩阵，则存在正定对称矩阵$\boldsymbol{P} \in \mathbb{R}^{6\times 6}$，满足

$$\boldsymbol{A}^{\rm T}\boldsymbol{P} + \boldsymbol{P}^{\rm T}\boldsymbol{A} = -\boldsymbol{I}_6 \tag{3.18}$$

利用估计量，可以将式（3.11）写作

$$\begin{cases}\dot{\rho}_e = -\hat{U}_{\bar{s}}\sin(\eta_d + \hat{\theta}_{\bar{s}}) - q_\epsilon + \hat{U}_{\bar{s}} q_\eta - \tilde{u}_s \sin\eta - \tilde{v}_s \cos\eta \\ \dot{\eta}_e = \hat{\sigma}_\eta + r - \dot{\eta}_d - \tilde{\sigma}_\eta\end{cases} \tag{3.19}$$

式中

$$
\begin{cases}
\hat{U}_{\bar{s}} = \sqrt{\hat{u}_{\bar{s}}^2 + \hat{v}_s^2}\ , \quad \hat{\theta}_{\bar{s}} = \operatorname{atan2}(-\hat{v}_s, -\hat{u}_{\bar{s}}) \\
\hat{u}_{\bar{s}} = \operatorname{sgn}^*(\hat{u}_s)\sqrt{\hat{u}_s^2 + \epsilon^2} \\
q_\epsilon = \dfrac{\operatorname{sgn}^*(\hat{u}_s)\epsilon^2 \sin\eta_s}{|\hat{u}_{\bar{s}}| + |\hat{u}_s|} \\
q_\eta = (1 - \cos\eta_e)\sin\left(\eta_d + \hat{\theta}_{\bar{s}}\right) - \sin\eta_e \cos\left(\eta_d + \hat{\theta}_{\bar{s}}\right)
\end{cases}
\tag{3.20}
$$

其中，$\epsilon \in \mathbb{R}^+$ 是为了避免奇异性而引入的小常数，函数 $\operatorname{sgn}^*: \mathbb{R} \to \{-1,1\}$ 定义为

$$
\operatorname{sgn}^*(x) = \begin{cases} 1, & \text{如果 } x \geqslant 0 \\ -1, & \text{其他} \end{cases}
\tag{3.21}
$$

由式（3.20）可知，q_ϵ 有界且满足 $|q_\epsilon| \leqslant \epsilon$。

根据误差动态方程（3.19），提出基于视距制导原理的无人艇目标包围制导律为

$$
\begin{cases}
\alpha_r = -\dfrac{k_\eta}{\Pi_\eta}\eta_e - \hat{\sigma}_\eta + \dot{\eta}_d - \hat{r}_e + \dfrac{1}{\eta_e}\hat{U}_{\bar{s}} q_\eta \rho_e \\
\eta_d = \arctan\left(\dfrac{\rho_e}{\Delta}\right) - \hat{\theta}_{\bar{s}}
\end{cases}
\tag{3.22}
$$

式中，$\alpha_r \in \mathbb{R}$ 表示角速度制导信号；$k_\eta \in \mathbb{R}^+$ 为制导律参数；$\Delta \in \mathbb{R}^+$ 为视距制导前视距离；$\Pi_\eta = \sqrt{\eta_e^2 + \epsilon_\eta^2}$ 为饱和函数，$\epsilon_\eta \in \mathbb{R}^+$ 是一个小常数；$\hat{r}_e \in \mathbb{R}$ 在 3.3.2 小节中给出设计。

注 3.2　如图 3.3 所示，首先作跟随无人艇与目标无人艇连线与包围轨道圆交于一点，然后过该交点作轨道圆切线，选择切线上距离交点为前视距离 Δ 的一点 S。所提基于视距制导原理的目标包围制导律的设计原理是驱动跟随无人艇向 S 点方向航行，通过对无人艇航向的控制，调节与目标的距离误差，从而实现以给定距离绕目标无人艇环航的控制任务。

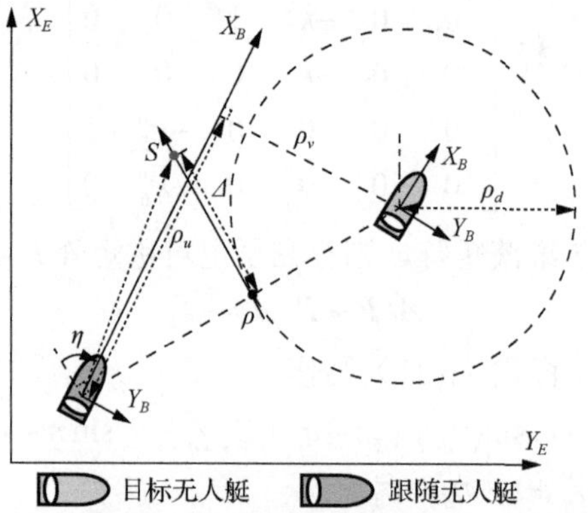

图 3.3　目标包围几何示意图

注 3.3　制导律（3.22）中的前视距离 $\varDelta$ 可以用于调整无人艇包围性能，较小的前视距离能够使跟随无人艇更快速地驶向目标无人艇，但可能造成超调和振荡；较大的前视距离能够使航迹更加平滑，但可能会降低控制的快速性。理想的前视距离通常选取为 2 至 5 倍无人艇的船身长度。

注 3.4　从制导律（3.22）可以看出欠驱动无人艇只利用艏摇角速度的制导就能实现目标包围控制，这意味着所提制导律针对任意纵荡速度的无人艇都适用。但是为保证环绕包围运动的可行性，跟随无人艇的给定纵荡速度 u_d 必须大于目标速度，即 $u_d^2 > u_t^2 + v_t^2$，则当动力学控制稳定后有 $u_s < 0$。纵荡速度的大小决定了无人艇环绕运动的快慢，若期望包围角速度大于最小速度 $\underline{\omega}_s \in \mathbb{R}^+$，则给定纵荡速度 u_d 需满足 $u_d > \sqrt{u_t + v_t} + \rho_d \underline{\omega}_s$。

为获得实际跟随无人艇参考速度 u_r 和 r_r，将给定纵荡速度 u_d 和制导角速度 α_r 输入以下线性跟踪微分器中

$$\begin{cases} \dot{u}_r = u_r^{\mathrm{d}}, & \dot{u}_r^{\mathrm{d}} = -\gamma_1^2 (u_r - u_d) - 2\gamma_1 u_r^{\mathrm{d}} \\ \dot{r}_r = r_r^{\mathrm{d}}, & \dot{r}_r^{\mathrm{d}} = -\gamma_2^2 (r_r - \alpha_r) - 2\gamma_2 r_r^{\mathrm{d}} \end{cases} \tag{3.23}$$

式中，$\gamma_1 \in \mathbb{R}^+$；$\gamma_2 \in \mathbb{R}^+$。定义变量 $q_u \triangleq u_r - u_d$ 和 $q_r \triangleq r_r - \alpha_r$，则根据跟踪微分器的收敛性质[182]，存在小常数 $\overline{q}_u \in \mathbb{R}^+$ 和 $\overline{q}_r \in \mathbb{R}^+$，使

$$|q_u| \leqslant \overline{q}_u,\ |q_r| \leqslant \overline{q}_r \tag{3.24}$$

将制导律（3.22）代入系统（3.19），可以得到制导闭环子系统如下

$$\begin{cases} \dot{\rho}_e = -k_U \rho_e / \varPi_\rho - q_\epsilon + \hat{U}_{\overline{s}} q_\eta - \tilde{u}_s \sin\eta - \tilde{v}_s \cos\eta \\ \dot{\eta}_e = -k_\eta \eta_e / \varPi_\eta - \tilde{\sigma}_\eta + \hat{U}_{\overline{s}} q_\eta \rho_e / \eta_e + q_r + r - r_r - \hat{r}_e \end{cases} \tag{3.25}$$

式中，$k_U = \hat{U}_{\overline{s}}$；$\varPi_\rho = \sqrt{\varDelta^2 + \rho_e^2}$。

3.3.2　动力学层设计

动力学层设计主要目的是设计控制律使跟随无人艇的速度收敛到参考速度，保证如下的纵荡速度跟踪误差和艏摇角速度跟踪误差收敛

$$\begin{cases} u_e = u - u_r \\ r_e = r - r_r \end{cases} \tag{3.26}$$

注 3.5　由于跟随无人艇欠驱动的性质，其动力学方程（3.3）在横漂方向不存在控制推力，因此横漂速度 v 无法被直接控制。由于动力学系统中存在未知非线性和环境扰动，无人艇的零动态系统 $\dot{v} = f_v(u,v,r)/m_v + \tau_{dv}(t)/m_v$ 不是稳定的[69]，为控制设计带来了挑战。完整动力学系统的稳定分析通常比较困难[39]，但这并不影响所提方法的应用。由 3.3.1 小节的运动学层设计可知，无人艇的横漂速度在期望包围角设计中被补偿，而不影响包围距离误差的收敛。也就是说，参考横漂速

度 $v_r \in \mathbb{R}$ 可以设置为任意有界值。因此，可以将其设置为实际横漂速度 v，此时横漂速度误差 $v_e \triangleq v - v_r \equiv 0$，无人艇的零动态误差系统将始终保持稳定。

为实现无人艇速度控制，首先基于模糊逻辑系统设计模糊预估器对动力学不确定性进行逼近。考虑到无人艇质量可能难以精确获得，式（3.26）对时间的导数可以表示为

$$\begin{cases} m_u^* \dot{u}_e = \sigma_u + \tau_u \\ m_r^* \dot{r}_e = \sigma_r + \tau_r \end{cases} \tag{3.27}$$

式中，m_u^* 和 m_r^* 分别为纵荡方向和艏摇方向的标称惯性参数，在预估器设计中引入了标称值 m_u^* 和 m_r^* 而不需要真实的无人艇惯性参数 m_u 和 m_r，从而放宽了对模型信息的依赖；σ_u 和 σ_r 是包含模型参数不确定性、未建模动态、环境扰动和不确定惯性参数的未知动力学不确定项，表达式为

$$\begin{cases} \sigma_u = \dfrac{m_u^*}{m_u}\left[f_u(u,v,r) + \tau_{du}(t)\right] + \left(\dfrac{m_u^*}{m_u} - 1\right)\tau_u - m_u^* \dot{u}_r \\ \sigma_r = \dfrac{m_r^*}{m_r}\left[f_r(u,v,r) + \tau_{dr}(t)\right] + \left(\dfrac{m_r^*}{m_r} - 1\right)\tau_r - m_u^* \dot{r}_r \end{cases} \tag{3.28}$$

由于式（3.28）中的环境扰动项 $\tau_{du}(t)$ 和 $\tau_{dr}(t)$ 通常不可测，不能直接根据式（3.28）建立模糊逻辑系统逼近该不确定项。因此我们根据系统（3.27），利用跟随无人艇输入数据 τ_u、τ_r 和输出数据 u、r 建立模糊逻辑系统。根据定理 2.10，未知非线性不确定性项可以重构为

$$\begin{cases} \sigma_u = \boldsymbol{\Xi}_u^{\mathrm{T}} \boldsymbol{\varphi}(\boldsymbol{\xi}_u) + \delta_u \\ \sigma_r = \boldsymbol{\Xi}_r^{\mathrm{T}} \boldsymbol{\varphi}(\boldsymbol{\xi}_r) + \delta_r \end{cases} \tag{3.29}$$

式中，$\boldsymbol{\xi}_u = \left[u(t), u(t-t_d), \tau_u\right]^{\mathrm{T}} \in \mathbb{R}^3$，$\boldsymbol{\xi}_r = \left[r(t), r(t-t_d), \tau_r\right]^{\mathrm{T}} \in \mathbb{R}^3$，$t_d \in \mathbb{R}^+$ 为采样周期；$\boldsymbol{\Xi}_u \in \mathbb{R}^m, \boldsymbol{\Xi}_r \in \mathbb{R}^m$ 且存在常数 $\bar{\Xi}_u \in \mathbb{R}^+$ 和 $\bar{\Xi}_r \in \mathbb{R}^+$ 满足 $\|\boldsymbol{\Xi}_u\| \leqslant \bar{\Xi}_u, \|\boldsymbol{\Xi}_r\| \leqslant \bar{\Xi}_r$；$\delta_u \in \mathbb{R}$，$\delta_r \in \mathbb{R}$ 且存在常数 $\bar{\delta}_u \in \mathbb{R}^+$ 和 $\bar{\delta}_r \in \mathbb{R}^+$ 满足 $|\delta_u| \leqslant \bar{\delta}_u$，$|\delta_r| \leqslant \bar{\delta}_r$；函数 $\boldsymbol{\varphi}: \mathbb{R}^3 \to \mathbb{R}^m$ 的定义见 2.3 节，由式（2.20）可知 $\|\boldsymbol{\varphi}(\boldsymbol{\xi}_u)\| \leqslant 1, \|\boldsymbol{\varphi}(\boldsymbol{\xi}_r)\| \leqslant 1$。

采用模糊逻辑系统（3.29），则动力学系统（3.27）可以表示为

$$\begin{cases} m_u^* \dot{u}_e = \boldsymbol{\Xi}_u^{\mathrm{T}} \boldsymbol{\varphi}(\boldsymbol{\xi}_u) + \delta_u + \tau_u \\ m_r^* \dot{r}_e = \boldsymbol{\Xi}_r^{\mathrm{T}} \boldsymbol{\varphi}(\boldsymbol{\xi}_r) + \delta_r + \tau_r \end{cases} \tag{3.30}$$

为了快速调节式（3.30）中的模糊参数向量 $\boldsymbol{\Xi}_u$ 和 $\boldsymbol{\Xi}_r$，设计模糊预估器为

$$\begin{cases} m_u^* \dot{\hat{u}}_e = -\kappa_1^{\mathrm{p}}(\hat{u}_e - u_e) + \hat{\boldsymbol{\Xi}}_u^{\mathrm{T}} \boldsymbol{\varphi}(\boldsymbol{\xi}_u) + \tau_u \\ m_r^* \dot{\hat{r}}_e = -\kappa_2^{\mathrm{p}}(\hat{r}_e - r_e) + \hat{\boldsymbol{\Xi}}_r^{\mathrm{T}} \boldsymbol{\varphi}(\boldsymbol{\xi}_r) + \tau_r \end{cases} \tag{3.31}$$

式中，$\kappa_1^{\mathrm{p}}\in\mathbb{R}^+$ 和 $\kappa_2^{\mathrm{p}}\in\mathbb{R}^+$ 为预估器参数；$\hat{u}_e\in\mathbb{R}$ 和 $\hat{r}_e\in\mathbb{R}$ 分别为 u_e 和 r_e 的估计值；$\hat{\boldsymbol{\varXi}}_u\in\mathbb{R}^m$ 和 $\hat{\boldsymbol{\varXi}}_r\in\mathbb{R}^m$ 分别为 $\boldsymbol{\varXi}_u$ 和 $\boldsymbol{\varXi}_r$ 的估计值。基于估计误差，可以将 $\hat{\boldsymbol{\varXi}}_u,\hat{\boldsymbol{\varXi}}_r$ 的自适应律设计如下

$$\begin{cases}\dot{\hat{\boldsymbol{\varXi}}}_u=\varGamma_u\mathrm{Proj}\left[\hat{\boldsymbol{\varXi}}_u,-\boldsymbol{\varphi}(\xi_u)(\hat{u}_e-u_e)\right]\\ \dot{\hat{\boldsymbol{\varXi}}}_r=\varGamma_r\mathrm{Proj}\left[\hat{\boldsymbol{\varXi}}_r,-\boldsymbol{\varphi}(\xi_r)(\hat{r}_e-r_e)\right]\end{cases}\tag{3.32}$$

式中，$\varGamma_u\in\mathbb{R}^+,\varGamma_r\in\mathbb{R}^+$ 为自适应参数；$\mathrm{Proj}(\cdot)$ 为投影算子，定义参考式（2.62）。根据投影算子性质，存在常数 $\varepsilon_u\in\mathbb{R}^+$ 和 $\varepsilon_r\in\mathbb{R}^+$，满足 $\left\|\hat{\boldsymbol{\varXi}}_u\right\|\leqslant\bar{\varXi}_u+\varepsilon_u$，$\left\|\hat{\boldsymbol{\varXi}}_r\right\|\leqslant\bar{\varXi}_r+\varepsilon_r$。

定义预估器估计误差为 $\tilde{u}_e=\hat{u}_e-u_e,\tilde{r}_e=\hat{r}_e-r_e$，模糊参数逼近误差为 $\tilde{\boldsymbol{\varXi}}_u=\hat{\boldsymbol{\varXi}}_u-\boldsymbol{\varXi}_u,\tilde{\boldsymbol{\varXi}}_r=\hat{\boldsymbol{\varXi}}_r-\boldsymbol{\varXi}_r$，则根据式（3.30）～式（3.32），可以得到预估器误差子系统如下

$$\begin{cases}m_u^*\dot{\tilde{u}}_e=-\kappa_1^{\mathrm{p}}\tilde{u}_e+\tilde{\boldsymbol{\varXi}}_u^{\mathrm{T}}\boldsymbol{\varphi}(\xi_u)-\delta_u\\ m_r^*\dot{\tilde{r}}_e=-\kappa_2^{\mathrm{p}}\tilde{r}_e+\tilde{\boldsymbol{\varXi}}_r^{\mathrm{T}}\boldsymbol{\varphi}(\xi_r)-\delta_r\\ \dot{\hat{\boldsymbol{\varXi}}}_u=\varGamma_u\mathrm{Proj}\left[\hat{\boldsymbol{\varXi}}_u,-\boldsymbol{\varphi}(\xi_u)\tilde{u}_e\right]\\ \dot{\hat{\boldsymbol{\varXi}}}_r=\varGamma_r\mathrm{Proj}\left[\hat{\boldsymbol{\varXi}}_r,-\boldsymbol{\varphi}(\xi_r)\tilde{r}_e\right]\end{cases}\tag{3.33}$$

由投影算子性质可知，存在常数 $\varepsilon_u^{\varXi}\in\mathbb{R}^+$ 和 $\varepsilon_r^{\varXi}\in\mathbb{R}^+$，满足 $\left\|\tilde{\boldsymbol{\varXi}}_u\right\|\leqslant\varepsilon_u^{\varXi},\left\|\tilde{\boldsymbol{\varXi}}_r\right\|\leqslant\varepsilon_r^{\varXi}$。

然后，基于模糊预估器（3.31），设计无人艇模糊控制律如下

$$\begin{cases}\tau_{nu}(t)=-\dfrac{k_u\hat{u}_e}{\varPi_u}-\hat{\boldsymbol{\varXi}}_u^{\mathrm{T}}\boldsymbol{\varphi}(\xi_u)\\ \tau_{nr}(t)=-\dfrac{k_r\hat{r}_e}{\varPi_r}-\hat{\boldsymbol{\varXi}}_r^{\mathrm{T}}\boldsymbol{\varphi}(\xi_r)\end{cases}\tag{3.34}$$

式中，$k_u\in\mathbb{R}^+,k_r\in\mathbb{R}^+$ 为控制律参数；$\varPi_u=\sqrt{u_e^2+\epsilon_u^2}$ 和 $\varPi_r=\sqrt{r_e^2+\epsilon_r^2}$ 为饱和函数，其中 $\epsilon_u\in\mathbb{R}^+$ 和 $\epsilon_r\in\mathbb{R}^+$ 是小常数；$\tau_{nu}(t)$ 和 $\tau_{nr}(t)$ 分别为纵荡方向和艏摇方向的标称控制信号。

最后，为实现非周期触发控制，基于控制信号误差设计如下的事件触发机制

$$\begin{cases}\tau_u(t)=\tau_{nu}(t_k^u),\quad\forall t\in[t_k^u,t_{k+1}^u)\\ \tau_r(t)=\tau_{nr}(t_k^r),\quad\forall t\in[t_k^r,t_{k+1}^r)\end{cases}\tag{3.35}$$

式中

$$\begin{cases}t_k^u=\inf\left\{t\in\mathbb{R}\,|\,|\tau_u-\tau_{nu}|\geqslant a_1\right\},\quad t_1^u=0\\ t_k^r=\inf\left\{t\in\mathbb{R}\,|\,|\tau_r-\tau_{nr}|\geqslant a_2\right\},\quad t_1^r=0\end{cases}\tag{3.36}$$

式中，$a_1 \in \mathbb{R}^+$ 和 $a_2 \in \mathbb{R}^+$ 是触发阈值，满足 $a_1 \leqslant \bar{a}, a_2 \leqslant \bar{a}$，其中 $\bar{a} \in \mathbb{R}^+$ 为阈值上界；t_k^u 和 t_k^r 分别为第 $k \in \mathbb{N}^+$ 次纵荡控制力和艏摇控制力矩的更新时刻。

注 3.6 以纵荡方向为例，采用上述事件触发机制，控制输入信号 τ_u 将一直保持常值 $\tau_{nu}(t_k^u)$ 不变，直到满足式（3.36）中的触发条件。一旦完成触发，控制输入信号将立即更新为 $\tau_{nu}(t_k^u)$ 并保持不变，直到下次满足触发条件。

由于投影算子和饱和函数的引入，所提基于事件触发的控制律［式（3.34）～式（3.36）］能够使控制输入是有界的，并且界值是先验已知的。控制输入信号的上界可以由下式给定

$$\begin{cases} |\tau_u| \leqslant k_u + (\bar{\Xi}_u + \varepsilon_u) \\ |\tau_r| \leqslant k_r + (\bar{\Xi}_r + \varepsilon_r) \end{cases} \tag{3.37}$$

注 3.7 相比于每个时钟周期内控制信号都更新的时间触发控制方法，基于事件触发的无人艇控制策略能够减少控制信号更新和执行机构动作的次数。然而由于执行频次的下降，控制性能可能受到影响。因此应该根据实际需求调整触发阈值，实现控制性能与资源能耗之间的平衡。另外，实际环境中可能存在通信不可靠问题，可以通过设置最大触发周期，将事件触发与时间触发相结合，提高弱通信条件下的系统稳定性。

根据事件触发机制［式（3.35）和式（3.36）］，标称控制信号与实际控制输入满足不等式 $|\tau_{nu}(t) - \tau_u(t)| \leqslant a_1, |\tau_{nr}(t) - \tau_r(t)| \leqslant a_2$。因此存在时变量 $\mu_1(t)$ 和 $\mu_2(t)$ 满足 $|\mu_1(t)| \leqslant 1$ 和 $|\mu_2(t)| \leqslant 1$，使 $\tau_{nu}(t) = \tau_u(t) + a_1\mu_1(t), \tau_{nr}(t) = \tau_r(t) + a_2\mu_2(t)$。

将控制律（3.34）代入误差动态（3.31），可以得到控制闭环子系统

$$\begin{cases} m_u^* \dot{\hat{u}}_e = -\dfrac{k_u \hat{u}_e}{\Pi_u} - \kappa_1^{\mathrm{p}} \tilde{u}_e - a_1\mu_1(t) \\ m_r^* \dot{\hat{r}}_e = -\dfrac{k_r \hat{r}_e}{\Pi_r} - \kappa_2^{\mathrm{p}} \tilde{r}_e - a_2\mu_2(t) \end{cases} \tag{3.38}$$

3.3.3 稳定性分析

本小节分析采用所提控制方法下闭环系统的稳定性，并证明基于所设计的事件触发机制，系统不存在芝诺现象。首先，重新将扩张状态观测器误差子系统（3.16）、模糊预估器误差子系统（3.33）、制导与控制闭环子系统［式（3.25）和式（3.38）］写作 Σ_1、Σ_2、Σ_3 如下

$$\Sigma_1: \ \dot{\boldsymbol{E}}_s = \boldsymbol{A}\boldsymbol{E}_s - \boldsymbol{\sigma}_s^{\mathrm{d}} \tag{3.39}$$

$$\Sigma_2:\begin{cases} m_u^*\dot{\tilde{u}}_e = -\kappa_1^{\mathrm{p}}\tilde{u}_e + \tilde{\boldsymbol{\Xi}}_u^{\mathrm{T}}\boldsymbol{\varphi}(\xi_u) - \delta_u \\ m_r^*\dot{\tilde{r}}_e = -\kappa_2^{\mathrm{p}}\tilde{r}_e + \tilde{\boldsymbol{\Xi}}_r^{\mathrm{T}}\boldsymbol{\varphi}(\xi_r) - \delta_r \\ \dot{\hat{\boldsymbol{\Xi}}}_u = \varGamma_u \mathrm{Proj}\left[\hat{\boldsymbol{\Xi}}_u, -\boldsymbol{\varphi}(\xi_u)\tilde{u}_e\right] \\ \dot{\hat{\boldsymbol{\Xi}}}_r = \varGamma_r \mathrm{Proj}\left[\hat{\boldsymbol{\Xi}}_r, -\boldsymbol{\varphi}(\xi_r)\tilde{r}_e\right] \end{cases} \tag{3.40}$$

$$\Sigma_3:\begin{cases} \dot{\rho}_e = -k_U\rho_e/\varPi_\rho - q_\epsilon + \hat{U}_{\bar{s}}q_\eta - \tilde{u}_s\sin\eta - \tilde{v}_s\cos\eta \\ \dot{\eta}_e = -k_\eta\eta_e/\varPi_\eta - \tilde{\sigma}_\eta + \hat{U}_{\bar{s}}q_\eta\rho_e/\eta_e + q_r - \tilde{r}_e \\ m_u^*\dot{\hat{u}}_e = -k_u\hat{u}_e/\varPi_u - \kappa_1^{\mathrm{p}}\tilde{u}_e - a_1\mu_1(t) \\ m_r^*\dot{\hat{r}}_e = -k_r\hat{r}_e/\varPi_r - \kappa_2^{\mathrm{p}}\tilde{r}_e - a_2\mu_2(t) \end{cases} \tag{3.41}$$

以下引理给出子系统 Σ_1 的稳定性。

引理 3.1　在满足假设 3.1 的前提下，若存在正定对称矩阵 $\boldsymbol{P}$ 使等式（3.18）成立，则扩张状态观测器子系统 Σ_1 可以看作一个以 $\boldsymbol{E}_s$ 为状态、以 $\boldsymbol{\sigma}_s^{\mathrm{d}}$ 为输入的系统，该系统是输入-状态稳定的。

证明　考虑以下备选李雅普诺夫函数

$$V_1 = \frac{1}{2}\boldsymbol{E}_s^{\mathrm{T}}\boldsymbol{P}\boldsymbol{E}_s \tag{3.42}$$

令 V_1 对时间求导，并将式（3.39）代入可得

$$\begin{aligned} \dot{V}_1 &= \frac{1}{2}\boldsymbol{E}_s^{\mathrm{T}}\boldsymbol{P}(\boldsymbol{A}\boldsymbol{E}_s - \boldsymbol{\sigma}_s^{\mathrm{d}}) + \frac{1}{2}(\boldsymbol{A}\boldsymbol{E}_s - \boldsymbol{\sigma}_s^{\mathrm{d}})^{\mathrm{T}}\boldsymbol{P}\boldsymbol{E}_s \\ &= \frac{1}{2}\boldsymbol{E}_s^{\mathrm{T}}\boldsymbol{P}\boldsymbol{A}\boldsymbol{E}_s + \frac{1}{2}\boldsymbol{E}_s^{\mathrm{T}}\boldsymbol{A}^{\mathrm{T}}\boldsymbol{P}\boldsymbol{E}_s - \boldsymbol{E}_s^{\mathrm{T}}\boldsymbol{P}\boldsymbol{\sigma}_s^{\mathrm{d}} \end{aligned} \tag{3.43}$$

根据等式（3.18），V_1 导数满足

$$\begin{aligned} \dot{V}_1 &= \frac{1}{2}\boldsymbol{E}_s^{\mathrm{T}}(\boldsymbol{A}^{\mathrm{T}}\boldsymbol{P} + \boldsymbol{P}^{\mathrm{T}}\boldsymbol{A})\boldsymbol{E}_s - \boldsymbol{E}_s^{\mathrm{T}}\boldsymbol{P}\boldsymbol{\sigma}_s^{\mathrm{d}} \\ &= -\frac{1}{2}\boldsymbol{E}_s^{\mathrm{T}}\boldsymbol{E}_s - \boldsymbol{E}_s^{\mathrm{T}}\boldsymbol{P}\boldsymbol{\sigma}_s^{\mathrm{d}} \\ &\leqslant -\frac{1}{2}\|\boldsymbol{E}_s\|^2 + \|\boldsymbol{P}\|_{\mathrm{F}}\|\boldsymbol{E}_s\|\|\boldsymbol{\sigma}_s^{\mathrm{d}}\| \\ &= -\frac{1}{2}(1-\bar{\theta}_1)\|\boldsymbol{E}_s\|^2 - \frac{1}{2}\|\boldsymbol{E}_s\|\left(\bar{\theta}_1\|\boldsymbol{E}_s\| - 2\|\boldsymbol{P}\|_{\mathrm{F}}\|\boldsymbol{\sigma}_s^{\mathrm{d}}\|\right) \end{aligned} \tag{3.44}$$

式中，$\bar{\theta}_1 \in \mathbb{R}^+$ 满足 $0 < \bar{\theta}_1 < 1$。根据假设 3.1，输入向量 $\boldsymbol{\sigma}_s^{\mathrm{d}}$ 是有界的。由式（3.44）可知，当 $\boldsymbol{E}_s$ 满足

$$\|\boldsymbol{E}_s\| \geqslant \frac{2}{\bar{\theta}_1}\|\boldsymbol{P}\|_{\mathrm{F}}\|\boldsymbol{\sigma}_s^{\mathrm{d}}\| \tag{3.45}$$

则有

$$\dot{V}_1 \leqslant -\frac{1}{2}\left(1-\bar{\theta}_1\right)\left\|\boldsymbol{E}_s\right\|^2 \tag{3.46}$$

因此，根据定理 2.2，子系统 $\varSigma_1$ 是输入-状态稳定的，且系统状态满足

$$\left\|\boldsymbol{E}_s(t)\right\| \leqslant \max\left\{\varpi_1\left(\left\|\boldsymbol{E}_s(0)\right\|, t\right), \hbar^{\sigma}\left(\left\|\boldsymbol{\sigma}_s^{\mathrm{d}}\right\|\right)\right\} \tag{3.47}$$

式中，ϖ_1 是 $\mathcal{KL}$ 类函数；$\hbar^{\sigma}$ 是 $\mathcal{K}$ 类函数，定义为

$$\hbar^{\sigma}(s) = \frac{2\left\|\boldsymbol{P}\right\|_{\mathrm{F}}\sqrt{\lambda_{\max}(\boldsymbol{P})}}{\bar{\theta}_1\sqrt{\lambda_{\min}(\boldsymbol{P})}} s \tag{3.48}$$

■

以下引理给出子系统 $\varSigma_2$ 的稳定性。

引理 3.2　模糊预估器误差子系统 $\varSigma_2$ 可以看作一个以 $\tilde{u}_e, \tilde{r}_e, \tilde{\boldsymbol{\varXi}}_u, \tilde{\boldsymbol{\varXi}}_r$ 为状态、以 $\delta_u, \delta_r, \varepsilon_u^{\varXi}, \varepsilon_r^{\varXi}$ 为输入的系统，该系统是输入-状态稳定的。

证明　考虑以下备选李雅普诺夫函数

$$V_2 = \frac{1}{2}\left(m_u^* \tilde{u}_e^2 + m_r^* \tilde{r}_e^2 + \tilde{\boldsymbol{\varXi}}_u^{\mathrm{T}} \varGamma_u^{-1} \tilde{\boldsymbol{\varXi}}_u + \tilde{\boldsymbol{\varXi}}_r^{\mathrm{T}} \varGamma_r^{-1} \tilde{\boldsymbol{\varXi}}_r\right) \tag{3.49}$$

令 V_2 对时间求导，并将式（3.40）代入可得

$$\begin{aligned}\dot{V}_2 = & -\kappa_1^{\mathrm{p}} \tilde{u}_e^2 - \kappa_2^{\mathrm{p}} \tilde{r}_e^2 + \tilde{\boldsymbol{\varXi}}_u^{\mathrm{T}} \boldsymbol{\varphi}(\xi_u) \tilde{u}_e + \tilde{\boldsymbol{\varXi}}_r^{\mathrm{T}} \boldsymbol{\varphi}(\xi_r) \tilde{r}_e - \delta_u \tilde{u}_e - \delta_r \tilde{r}_e \\ & + \tilde{\boldsymbol{\varXi}}_u^{\mathrm{T}} \mathrm{Proj}\left[\hat{\boldsymbol{\varXi}}_u, -\boldsymbol{\varphi}(\xi_u) \tilde{u}_e\right] + \tilde{\boldsymbol{\varXi}}_r^{\mathrm{T}} \mathrm{Proj}\left[\hat{\boldsymbol{\varXi}}_r, -\boldsymbol{\varphi}(\xi_r) \tilde{r}_e\right]\end{aligned} \tag{3.50}$$

根据定理 2.17，式（3.50）中投影算子满足不等式

$$\tilde{\boldsymbol{\varXi}}_u^{\mathrm{T}} \mathrm{Proj}\left[\hat{\boldsymbol{\varXi}}_u, -\boldsymbol{\varphi}(\xi_u) \tilde{u}_e\right] + \tilde{\boldsymbol{\varXi}}_r^{\mathrm{T}} \mathrm{Proj}\left[\hat{\boldsymbol{\varXi}}_r, -\boldsymbol{\varphi}(\xi_r) \tilde{r}_e\right] \leqslant -\tilde{\boldsymbol{\varXi}}_u^{\mathrm{T}} \boldsymbol{\varphi}(\xi_u) \tilde{u}_e - \tilde{\boldsymbol{\varXi}}_r^{\mathrm{T}} \boldsymbol{\varphi}(\xi_r) \tilde{r}_e \tag{3.51}$$

则 V_2 的导数满足

$$\begin{aligned}\dot{V}_2 & \leqslant -\kappa_1^{\mathrm{p}} \tilde{u}_e^2 - \kappa_2^{\mathrm{p}} \tilde{r}_e^2 - \delta_u \tilde{u}_e - \delta_r \tilde{r}_e \\ & \leqslant -\lambda_{\min}(\boldsymbol{K}_1)\left\|\boldsymbol{E}_{p1}\right\|^2 - \lambda_{\min}(\boldsymbol{K}_1)\left\|\boldsymbol{E}_{p2}\right\|^2 + \boldsymbol{h}_{p1}^{\mathrm{T}} \boldsymbol{E}_{p1} + \lambda_{\min}(\boldsymbol{K}_1)\left(\left\|\tilde{\boldsymbol{\varXi}}_u\right\|^2 + \left\|\tilde{\boldsymbol{\varXi}}_r\right\|^2\right) \\ & \leqslant -\lambda_{\min}(\boldsymbol{K}_1)\left\|\boldsymbol{E}_p\right\|^2 + \left\|\boldsymbol{h}_p\right\|\left\|\boldsymbol{E}_p\right\|\end{aligned} \tag{3.52}$$

式中，$\boldsymbol{K}_1 = \mathrm{diag}\{\kappa_1^{\mathrm{p}}, \kappa_2^{\mathrm{p}}\}$；$\boldsymbol{E}_{p1} = \left[\tilde{u}_e, \tilde{r}_e\right]^{\mathrm{T}}$；$\boldsymbol{E}_{p2} = \left[\left\|\tilde{\boldsymbol{\varXi}}_u\right\|, \left\|\tilde{\boldsymbol{\varXi}}_r\right\|\right]^{\mathrm{T}}$；$\boldsymbol{h}_{p1} = \left[\delta_u, \delta_r\right]^{\mathrm{T}}$；$\boldsymbol{E}_p = \left[\tilde{u}_e, \tilde{r}_e, \left\|\tilde{\boldsymbol{\varXi}}_u\right\|, \left\|\tilde{\boldsymbol{\varXi}}_r\right\|\right]^{\mathrm{T}}$；$\boldsymbol{h}_p = \left[\left|\delta_u\right|, \left|\delta_r\right|, \lambda_{\min}(\boldsymbol{K}_1)\varepsilon_u^{\varXi}, \lambda_{\min}(\boldsymbol{K}_1)\, \varepsilon_r^{\varXi}\right]^{\mathrm{T}}$。

根据式（3.52），当 $\boldsymbol{E}_p$ 满足

$$\left\|\boldsymbol{E}_p\right\| \geqslant \frac{\left|\delta_u\right|}{\bar{\theta}_2 \lambda_{\min}(\boldsymbol{K}_1)} + \frac{\left|\delta_u\right|}{\bar{\theta}_2 \lambda_{\min}(\boldsymbol{K}_1)} + \frac{\varepsilon_u^{\varXi}}{\bar{\theta}_2} + \frac{\varepsilon_r^{\varXi}}{\bar{\theta}_2} \geqslant \frac{\left\|\boldsymbol{h}_p\right\|}{\bar{\theta}_2 \lambda_{\min}(\boldsymbol{K}_1)} \tag{3.53}$$

则有

$$\dot{V}_2 \leqslant -\left(1-\bar{\theta}_2\right)\lambda_{\min}(\boldsymbol{K}_1)\left\|\boldsymbol{E}_p\right\|^2 \tag{3.54}$$

式中，$\bar{\theta}_2 \in \mathbb{R}^+$满足$0<\bar{\theta}_2<1$。根据定理2.2，子系统$\Sigma_2$是输入-状态稳定的，且系统状态满足

$$\left\|\boldsymbol{E}_p(t)\right\| \leqslant \max\left\{\varpi_2\left(\left\|\boldsymbol{E}_p(0)\right\|, t\right), \hbar^\delta\left(\left|\delta_u\right|\right)+\hbar^\delta\left(\left|\delta_r\right|\right)+\hbar^\varepsilon\left(\varepsilon_u^{\Xi}\right)+\hbar^\varepsilon\left(\varepsilon_r^{\Xi}\right)\right\} \tag{3.55}$$

式中，ϖ_2是$\mathcal{KL}$类函数；$\hbar^\delta$，$\hbar^\varepsilon$是$\mathcal{K}$类函数，定义为

$$\begin{cases} \hbar^\delta(s)=\dfrac{\sqrt{\lambda_{\max}(\boldsymbol{S}_p)}}{\bar{\theta}_2\lambda_{\min}(\boldsymbol{K}_1)\sqrt{\lambda_{\min}(\boldsymbol{S}_p)}}s \\ \hbar^\varepsilon(s)=\dfrac{\sqrt{\lambda_{\max}(\boldsymbol{S}_p)}}{\bar{\theta}_2\sqrt{\lambda_{\min}(\boldsymbol{S}_p)}}s \end{cases} \tag{3.56}$$

其中，$\boldsymbol{S}_p=\operatorname{diag}\left\{m_u^*, m_r^*, \Gamma_u^{-1}, \Gamma_r^{-1}\right\} \in \mathbb{R}^{4\times 4}$。 ■

以下引理给出子系统Σ_3的稳定性。

引理3.3 制导与控制闭环子系统Σ_3可以看作一个以$\rho_e, \eta_e, \hat{u}_e, \hat{r}_e$为状态、以$\tilde{u}_e, \tilde{r}_e, \tilde{u}_s, \tilde{r}_s, \tilde{\sigma}_\eta, q_\epsilon, q_r, a_1, a_2$为输入的系统，该系统是输入-状态稳定的。

证明 考虑以下备选李雅普诺夫函数

$$V_3=\frac{1}{2}\left(\rho_e^2+\eta_e^2+m_u^*\hat{u}_e^2+m_r^*\hat{r}_e^2\right) \tag{3.57}$$

令V_3对时间求导，并将式（3.41）代入可得

$$\begin{aligned} \dot{V}_3= & -k_U\rho_e^2/\Pi_\rho+\rho_e(-q_\epsilon-\tilde{u}_s\sin\eta-\tilde{v}_s\cos\eta)-k_r\eta_e^2/\Pi_\eta+\eta_e(-\tilde{\sigma}_\eta+q_r-\tilde{r}_e) \\ & -k_u\hat{u}_e^2/\Pi_u-\hat{u}_e[\kappa_1^{\mathrm{p}}\tilde{u}_e+a_1\mu_1(t)]-k_r\hat{r}_e^2/\Pi_r-\hat{r}_e[\kappa_2^{\mathrm{p}}\tilde{r}_e+a_2\mu_2(t)] \\ \leqslant & -k_U\rho_e^2/\Pi_\rho-k_r\eta_e^2/\Pi_\eta-k_u\hat{u}_e^2/\Pi_u-k_r\hat{r}_e^2/\Pi_r+\left|\rho_e\right|\left(\left|q_\epsilon\right|+\left|\tilde{u}_s\right|+\left|\tilde{v}_s\right|\right) \\ & +\left|\eta_e\right|\left(\left|\tilde{\sigma}_\eta\right|+\left|q_r\right|+\left|\tilde{r}_e\right|\right)+\left|\hat{u}_e\right|\left(\kappa_1^{\mathrm{p}}\left|\tilde{u}_e\right|+a_1\right)+\left|\hat{r}_e\right|\left(\kappa_2^{\mathrm{p}}\left|\tilde{r}_e\right|+a_2\right) \end{aligned} \tag{3.58}$$

接下来定义向量$\boldsymbol{h}_c=\left[\left|q_\epsilon\right|+\left|\tilde{u}_s\right|+\left|\tilde{v}_s\right|, \left|\tilde{\sigma}_\eta\right|+\left|q_r\right|+\left|\tilde{r}\right|, \kappa_1^{\mathrm{p}}\left|\tilde{u}_e\right|+a_1, \kappa_2^{\mathrm{p}}\left|\tilde{r}_e\right|+a_2\right]^{\mathrm{T}}$和$\boldsymbol{E}_c=\left[\rho_e, \eta_e, \hat{u}_e, \hat{r}_e\right]^{\mathrm{T}}$，则$V_3$的导数满足

$$\dot{V}_3 \leqslant -\frac{\lambda_{\min}(\boldsymbol{K}_2)\left\|\boldsymbol{E}_c\right\|^2}{\sqrt{\left\|\boldsymbol{E}_c\right\|^2+\epsilon_{\max}^2}}+\left\|\boldsymbol{h}_c\right\|\left\|\boldsymbol{E}_c\right\| \tag{3.59}$$

式中，$\boldsymbol{K}_2=\operatorname{diag}\{k_U, k_\eta, k_u, k_r\}$；$\epsilon_{\max}=\max\{\varDelta, \epsilon_\eta, \epsilon_u, \epsilon_r\}$。

根据式（3.59），当$\boldsymbol{E}_c$满足

$$\begin{aligned} \frac{\left\|\boldsymbol{E}_c\right\|}{\sqrt{\left\|\boldsymbol{E}_c\right\|^2+\epsilon_{\max}^2}} & \geqslant \frac{\left|q_\epsilon\right|+\left|\tilde{u}_s\right|+\left|\tilde{v}_s\right|}{\bar{\theta}_3\lambda_{\min}(\boldsymbol{K}_2)}+\frac{\left|\tilde{\sigma}_\eta\right|+\left|q_r\right|+\left|\tilde{r}_e\right|}{\bar{\theta}_3\lambda_{\min}(\boldsymbol{K}_2)}+\frac{\kappa_1^{\mathrm{p}}\left|\tilde{u}_e\right|+a_1}{\bar{\theta}_3\lambda_{\min}(\boldsymbol{K}_2)}+\frac{\kappa_2^{\mathrm{p}}\left|\tilde{r}_e\right|+a_2}{\bar{\theta}_3\lambda_{\min}(\boldsymbol{K}_2)} \\ & \geqslant \frac{\left\|\boldsymbol{h}_c\right\|}{\bar{\theta}_3\lambda_{\min}(\boldsymbol{K}_2)} \end{aligned} \tag{3.60}$$

则有

$$\dot{V}_3 \leqslant -\frac{\left(1-\bar{\theta}_3\right)\lambda_{\min}(\boldsymbol{K}_2)\|\boldsymbol{E}_c\|^2}{\sqrt{\|\boldsymbol{E}_c\|^2+\epsilon_{\max}^2}} \tag{3.61}$$

式中，$\bar{\theta}_3 \in \mathbb{R}^+$ 满足 $0<\bar{\theta}_3<1$。根据定理 2.2，子系统 Σ_3 是输入-状态稳定的，且满足

$$\begin{aligned}\|\boldsymbol{E}_c(t)\| \leqslant \max\Big\{&\varpi_3\left(\|\boldsymbol{E}_c(0)\|,t\right), \hbar^{\tilde{u}_e}\left(|\tilde{u}_e|\right)+\hbar^{\tilde{r}_e}\left(|\tilde{r}_e|\right)+\hbar^{c}\left(|\tilde{u}_s|\right)\\ &+\hbar^{c}\left(|\tilde{r}_s|\right)+\hbar^{c}\left(|\tilde{\sigma}_\eta|\right)+\hbar^{c}\left(|q_\epsilon|\right)+\hbar^{c}\left(|q_r|\right)+\hbar^{c}\left(a_1\right)+\hbar^{c}\left(a_2\right)\Big\}\end{aligned} \tag{3.62}$$

式中，ϖ_3 是 $\mathcal{KL}$ 类函数；$\hbar^{\tilde{u}_e},\hbar^{\tilde{r}_e},\hbar^{c}$ 是 $\mathcal{K}$ 类函数，定义为

$$\begin{cases}\hbar^{\tilde{u}_e}(s)=\dfrac{\kappa_1^{\mathrm{p}}\sqrt{\lambda_{\max}(\boldsymbol{S}_c)}}{\bar{\theta}_3\lambda_{\min}(\boldsymbol{K}_2)\sqrt{\lambda_{\min}(\boldsymbol{S}_c)}}s\\ \hbar^{\tilde{r}_e}(s)=\dfrac{(\kappa_2^{\mathrm{p}}+1)\sqrt{\lambda_{\max}(\boldsymbol{S}_c)}}{\bar{\theta}_3\lambda_{\min}(\boldsymbol{K}_2)\sqrt{\lambda_{\min}(\boldsymbol{S}_c)}}s\\ \hbar^{c}(s)=\dfrac{\sqrt{\lambda_{\max}(\boldsymbol{S}_c)}}{\bar{\theta}_3\lambda_{\min}(\boldsymbol{K}_2)\sqrt{\lambda_{\min}(\boldsymbol{S}_c)}}s\end{cases} \tag{3.63}$$

其中，$\boldsymbol{S}_c=\mathrm{diag}\left\{1,m_u^*,m_r^*\right\}\in\mathbb{R}^{3\times3}$。 ■

然后，以下定理给出各子系统所构成的级联系统的稳定性结论。

定理 3.1 考虑由目标无人艇（3.1）和跟随无人艇［式（3.2）和式（3.3）］组成的无人艇系统。满足假设 3.1 的前提下，采用扩张状态观测器（3.15）、模糊预估器（3.31）及（3.32）、无人艇目标包围制导律（3.22）和模糊控制律（3.34）、事件触发机制（3.35），则无人艇目标包围级联系统是输入-状态稳定的，并且系统中的所有误差均为一致最终有界的。目标包围控制的控制目标（3.10）可以被实现。

证明 引理 3.1～引理 3.3 已经指出，以 $\boldsymbol{E}_s$ 为状态、$\boldsymbol{\sigma}_s^{\mathrm{d}}$ 为输入的子系统 Σ_1 是输入-状态稳定的；以 $\tilde{u}_e,\tilde{r}_e,\tilde{\boldsymbol{\Xi}}_u,\tilde{\boldsymbol{\Xi}}_r$ 为状态、$\delta_u,\delta_r,\varepsilon_u^{\Xi},\varepsilon_r^{\Xi}$ 为输入的子系统 Σ_2 是输入-状态稳定的；以 $\rho_e,\eta_e,\hat{u}_e,\hat{r}_e$ 为状态、$\tilde{u}_e,\tilde{r}_e,\tilde{u}_s,\tilde{r}_s,\tilde{\sigma}_\eta,q_\epsilon,q_r,a_1,a_2$ 为输入的子系统 Σ_3 是输入-状态稳定的。根据级联系统的相关定理 2.3，由子系统 $\Sigma_1,\Sigma_2,\Sigma_3$ 构成的级联系统可以看作一个以 $\rho_e,\eta_e,\hat{u}_e,\hat{r}_e,\boldsymbol{E}_s,\tilde{u}_e,\tilde{r}_e,\tilde{\boldsymbol{\Xi}}_u,\tilde{\boldsymbol{\Xi}}_r$ 为状态、以 $q_\epsilon,q_r,a_1,a_2,\boldsymbol{\sigma}_s^{\mathrm{d}},\delta_u,\delta_r,\varepsilon_u^{\Xi},\varepsilon_r^{\Xi}$ 为输入的系统，该系统是输入-状态稳定的，且存在 $\mathcal{KL}$ 类函数 ϖ 和 $\mathcal{K}$ 类函数 $\hbar$，满足

$$\|\boldsymbol{E}(t)\| \leqslant \max\left\{\varpi\left(\|\boldsymbol{E}(0)\|,t\right),\hbar\left(\|\boldsymbol{q}\|\right)\right\} \tag{3.64}$$

式中，$\boldsymbol{E}=[\rho_e,\eta_e,\hat{u}_e,\hat{r}_e,\boldsymbol{E}_s^{\mathrm{T}},\tilde{u}_e,\tilde{r}_e,\tilde{\boldsymbol{\Xi}}_u^{\mathrm{T}},\tilde{\boldsymbol{\Xi}}_r^{\mathrm{T}}]^{\mathrm{T}}$；$\boldsymbol{q}=[q_\epsilon,q_r,a_1,a_2,(\boldsymbol{\sigma}_s^{\mathrm{d}})^{\mathrm{T}},\delta_u,\delta_r,\varepsilon_u^{\Xi},$

$\varepsilon_u^{\Xi}]^{\mathrm{T}}$。

由于系统输入 $q_{\epsilon}, q_r, a_1, a_2, \boldsymbol{\sigma}_s^{\mathrm{d}}, \delta_u, \delta_r, \varepsilon_u^{\Xi}, \varepsilon_r^{\Xi}$ 均有界，界值分别为 $\epsilon, \overline{q}_r, \overline{a}, \overline{a}$，$\overline{\sigma}_s^{\mathrm{d}}, \overline{\delta}_u, \overline{\delta}_r, \varepsilon_u^{\Xi}, \varepsilon_r^{\Xi}$，闭环系统误差 $\rho_e, \eta_e, \hat{u}_e, \hat{r}_e, \boldsymbol{E}_s, \tilde{u}_e, \tilde{r}_e, \tilde{\boldsymbol{\Xi}}_u, \tilde{\boldsymbol{\Xi}}_r$ 均是一致最终有界的。因此，所提控制器能够实现目标包围控制的控制目标（3.10）。同时，由于速度跟踪误差满足

$$\begin{cases}|u_e| = |\hat{u}_e - \tilde{u}_e| \leqslant |\hat{u}_e| + |\tilde{u}_e| \\ |r_e| = |\hat{r}_e - \tilde{r}_e| \leqslant |\hat{r}_e| + |\tilde{r}_e|\end{cases} \tag{3.65}$$

速度跟踪误差 u_e 和 r_e 也是有界的。 ■

如下定理分析事件触发机制下执行机构的最小触发时间间隔。

定理 3.2　采用事件触发机制［式（3.35）和式（3.36）］，控制过程中系统不会发生芝诺现象，即对于任意 $k \in \mathbb{N}^+$，相邻触发时间间隔 $t_{k+1}^u - t_k^u$ 和 $t_{k+1}^r - t_k^r$ 都具有正下界 $\underline{T} > 0$。

证明　定义触发误差 $e_{\tau u}$ 和 $e_{\tau r}$ 为

$$\begin{cases}e_{\tau u} = \tau_u - \tau_{nu} \\ e_{\tau r} = \tau_r - \tau_{nr}\end{cases} \tag{3.66}$$

根据式（3.35）和式（3.36），对于任意 $k \in \mathbb{N}^+$，$e_{\tau u}$ 和 $e_{\tau r}$ 在相邻触发时间间隔内有

$$\begin{cases}\dfrac{\mathrm{d}}{\mathrm{d}t}|e_{\tau u}| = \mathrm{sgn}(e_{\tau u})\dot{e}_{\tau u} \leqslant |\dot{\tau}_{nu}|, & \forall t \in [t_k^u, t_{k+1}^u) \\ \dfrac{\mathrm{d}}{\mathrm{d}t}|e_{\tau r}| = \mathrm{sgn}(e_{\tau r})\dot{e}_{\tau r} \leqslant |\dot{\tau}_{nr}|, & \forall t \in [t_k^r, t_{k+1}^r)\end{cases} \tag{3.67}$$

根据式（3.34），τ_{nu} 和 τ_{nr} 的时间导数为

$$\begin{cases}\dot{\tau}_{nu} = -k_u \dfrac{\Pi_u^2 \dot{\hat{u}}_e + \hat{u}_e^2}{\Pi_u^3} - \dot{\hat{\boldsymbol{\Xi}}}_u^{\mathrm{T}} \boldsymbol{\varphi}(\xi_u) - \hat{\boldsymbol{\Xi}}_u^{\mathrm{T}} \dot{\boldsymbol{\varphi}}(\xi_u) \\ \dot{\tau}_{nr} = -k_r \dfrac{\Pi_r^2 \dot{\hat{r}}_e + \hat{r}_e^2}{\Pi_r^3} - \dot{\hat{\boldsymbol{\Xi}}}_r^{\mathrm{T}} \boldsymbol{\varphi}(\xi_r) - \hat{\boldsymbol{\Xi}}_r^{\mathrm{T}} \dot{\boldsymbol{\varphi}}(\xi_r)\end{cases} \tag{3.68}$$

根据定理 3.1，闭环系统中所有误差信号均为一致最终有界的，因此 $\hat{u}_e$ 和 $\hat{r}_e$ 是有界的；由 2.3 节可知，$\boldsymbol{\varphi}$ 是关于隶属度函数 $\mu_{F_q^l}$ 的函数，且根据式（3.3）和式（3.37），$\xi_u, \dot{\xi}_u, \xi_r, \dot{\xi}_r$ 有界，当隶属度函数选择为高斯函数时，$\boldsymbol{\varphi}(\xi_u), \dot{\boldsymbol{\varphi}}(\xi_u)$ 和 $\boldsymbol{\varphi}(\xi_r), \dot{\boldsymbol{\varphi}}(\xi_r)$ 均有界；由式（3.31）可知，$\dot{\hat{u}}_e$ 和 $\dot{\hat{r}}_e$ 是有界的；由投影算子性质可知，$\dot{\hat{\boldsymbol{\Xi}}}_u$ 和 $\dot{\hat{\boldsymbol{\Xi}}}_r$ 是有界的。因此存在正常数 $\overline{\tau}_{nu}^{\mathrm{d}} \in \mathbb{R}^+$ 和 $\overline{\tau}_{nr}^{\mathrm{d}} \in \mathbb{R}^+$ 满足 $|\dot{\tau}_{nu}| \leqslant \overline{\tau}_{nu}^{\mathrm{d}}$ 和 $|\dot{\tau}_{nr}| \leqslant \overline{\tau}_{nr}^{\mathrm{d}}$。

由于触发误差满足

$$\begin{cases} e_{\tau u}(t_k^u)=0, \quad \lim\limits_{t\to t_{k+1}^u}\left|e_{\tau u}(t)\right|=a_1 \\ e_{\tau r}(t_k^r)=0, \quad \lim\limits_{t\to t_{k+1}^r}\left|e_{\tau r}(t)\right|=a_2 \end{cases} \tag{3.69}$$

可得系统相邻触发时间间隔的下界 $\underline{T}$ 满足

$$\underline{T}\geqslant \min\left\{a_1/\overline{\tau}_{nu}^{\mathrm{d}}, a_2/\overline{\tau}_{nr}^{\mathrm{d}}\right\}>0 \tag{3.70}$$

因此，采用所提事件触发策略，系统不会发生芝诺现象。 ■

3.4 仿真与实验验证

本节对所提出的基于视距制导原理的无人艇事件触发目标包围制导与控制方法进行了仿真和实验验证，证明所提方法的有效性。

3.4.1 仿真验证

考虑由一艘目标无人艇与一艘跟随无人艇组成的系统，其中目标无人艇运动方程满足式（3.1），跟随无人艇动态方程满足式（3.2）和式（3.3）。无人艇的模型采用文献[119]中 Cybership II 型无人艇的模型参数。目标无人艇以未知且时变速度移动，移动速度给定为 $u_t=0.1\mathrm{m/s}$，$r_t=0.01\sin(0.02t)\ \mathrm{rad/s}$。无人艇所受环境扰动建模为一阶高斯-马尔可夫过程 $\dot{\boldsymbol{\tau}}_d+0.5\boldsymbol{\tau}_d=\boldsymbol{w}$，其中 $\boldsymbol{\tau}_d=[\tau_{du},\tau_{dv},\tau_{dr}]^{\mathrm{T}}\in\mathbb{R}^3$ 为环境扰动力矩向量，$\boldsymbol{w}\in\mathbb{R}^3$ 为白噪声向量。跟随无人艇采用所提制导律（3.22）和控制律［式（3.34）～式（3.36）］围绕目标无人艇做环绕包围运动，期望包围距离 $\rho_d=10\mathrm{m}$，期望纵荡速度 $u_d=1\mathrm{m/s}$，控制参数选择见表 3.1。根据式（3.37）和控制参数，计算可得控制输入信号满足 $|\tau_u|\leqslant 12\mathrm{N}$，$|\tau_r|\leqslant 11.5\mathrm{N\cdot m}$。

将模糊逻辑系统输入向量写作 $\boldsymbol{\xi}_u=\left[\xi_{u1},\xi_{u2},\xi_{u3}\right]^{\mathrm{T}}$ 和 $\boldsymbol{\xi}_r=\left[\xi_{r1},\xi_{r2},\xi_{r3}\right]^{\mathrm{T}}$，采用如下的隶属度函数

$$\begin{cases} \mu_{F_k^l}(\xi_{uk})=\exp\left\{-\dfrac{[\xi_{uk}-b_{uk}(l-3)]^2}{b_{uk}^2}\right\} \\ \mu_{F_k^l}(\xi_{rk})=\exp\left\{-\dfrac{[\xi_{rk}-b_{rk}(l-3)]^2}{b_{rk}^2}\right\} \end{cases} \tag{3.71}$$

式中，$k=1,2,3$，$l=1,2,\cdots,5$；各参数选择为 $b_{u1}=2$，$b_{u2}=2$，$b_{u3}=10$，$b_{r1}=2$，$b_{r2}=2$，$b_{r3}=10$。

表 3.1　单目标包围控制参数

参数名称	参数符号	参数值
扩张状态观测器参数	$(\kappa_1^{\mathrm{o}}, \kappa_2^{\mathrm{o}}, \kappa_3^{\mathrm{o}}, \kappa_4^{\mathrm{o}}, \kappa_5^{\mathrm{o}}, \kappa_6^{\mathrm{o}})$	(20, 100, 20, 100, 20, 100)
制导律参数	k_η	6
视距制导前视距离	Δ	5 m
跟踪微分器参数	(γ_1, γ_2)	(10, 10)
标称惯性参数	(m_u^*, m_r^*)	(25kg, 3kg · m)
预估器参数	$(\kappa_u^{\mathrm{p}}, \kappa_r^{\mathrm{p}})$	(200, 200)
自适应参数	(Γ_u, Γ_r)	(100, 100)
控制律参数	(k_u, k_r)	(1, 0.5)
事件触发阈值	(a_1, a_2)	(0.1N, 0.01N · m)
其他设计参数	$(\Xi_u, \Xi_r, \varepsilon_u, \varepsilon_r, \epsilon, \epsilon_\eta, \epsilon_u, \epsilon_r)$	(10, 10, 1, 1, 0.1, 0.1, 0.1, 0.1)

仿真结果如图 3.4～图 3.11 所示。其中，图 3.4 为目标无人艇和跟随无人艇的轨迹曲线图。从图 3.4 可以看出，采用所提基于视距制导原理的无人艇事件触发目标包围控制方法，跟随无人艇能够围绕速度未知的运动目标以给定距离环航。图 3.5 和图 3.6 分别为包围距离跟踪误差和包围角跟踪误差曲线。为了验证所提的基于事件触发的控制方法的有效性，将其控制效果与基于时间触发策略的控制器进行了对比研究。其中基于时间触发策略的目标包围控制方法采用制导律（3.22）和控制律(3.34)，控制参数与事件触发方法一致，采样和控制器执行频率为 100Hz。能够看出采用基于事件触发策略和基于时间触发策略的目标包围控制器，距离跟踪误差和包围角跟踪误差都能收敛到原点的邻域内，且采用两种策略的稳态跟踪性能基本一致。图 3.7 为扩张状态观测器估计的未知运动学状态估计值和对应的实际值曲线。可以看出设计的扩张状态观测器可以有效地对由未知目标速度与未知侧滑引入的未知运动学状态进行估计。图 3.8 为模糊预估器对模型动力学不确定性的逼近效果。可以看出设计的模糊逻辑系统可以实现对无人艇纵荡和艏摇方向的动力学不确定性的有效逼近。图 3.9 和图 3.10 分别为采用所提控制器的纵荡控制力和艏摇控制力矩。可以看出所设计控制律能保证控制输入信号有界，并且界值满足理论计算结果。图 3.11 绘制了控制输入的累计触发事件数，能够看出输入信号是非周期触发的，并且系统稳态时的触发时间间隔较长。由图 3.11 可知，相比于采用时间触发策略执行机构在 400s 内动作 40000 次，采用事件触发策略在相同时间段内纵荡和艏摇方向分别只动作了 212 次和 1425 次，显著降低了执行机构动作和控制机构-执行机构通道的通信频次。

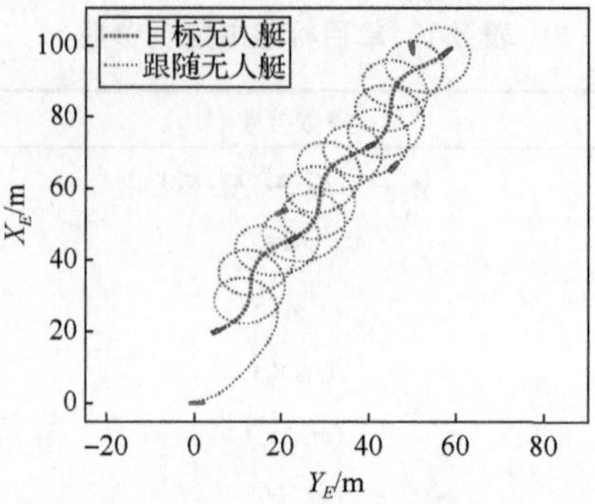

图 3.4　目标包围控制轨迹

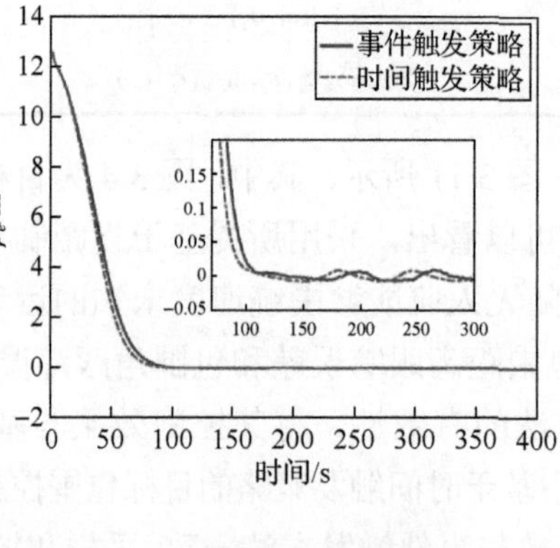

图 3.5　包围距离跟踪误差

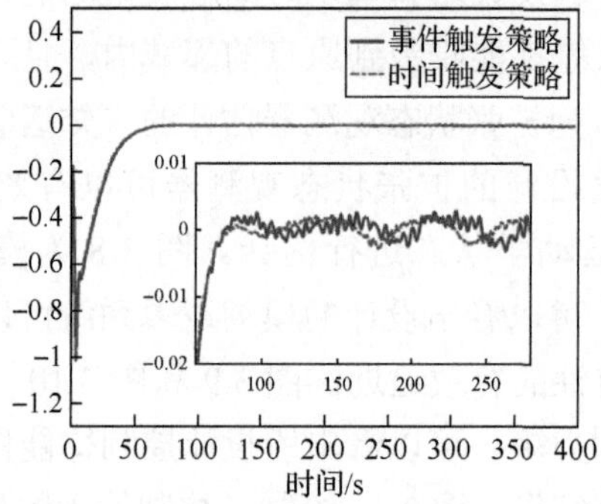

图 3.6　包围角跟踪误差

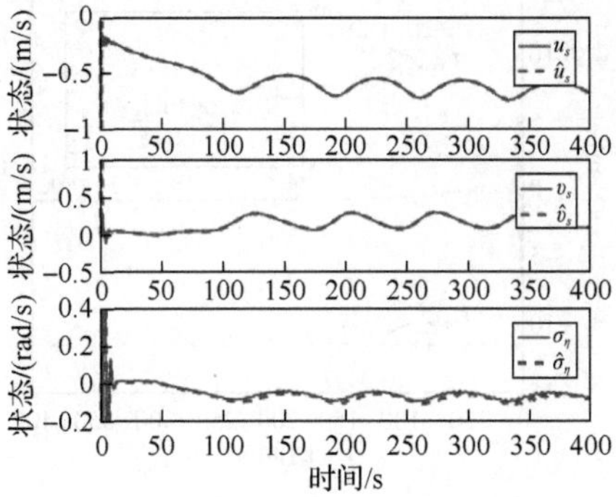

图 3.7　未知运动学状态估计

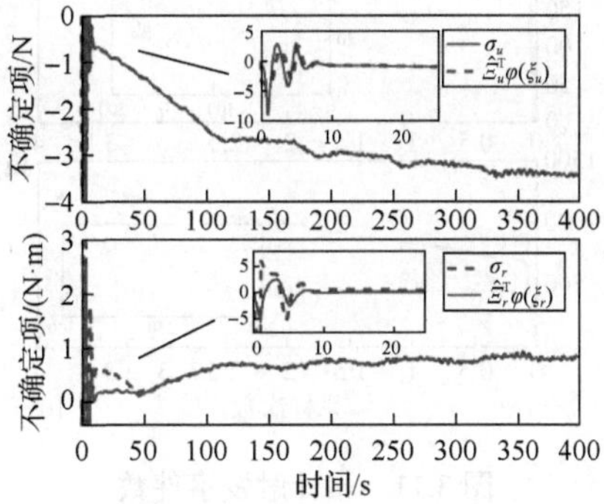

图 3.8　动力学不确定性逼近效果

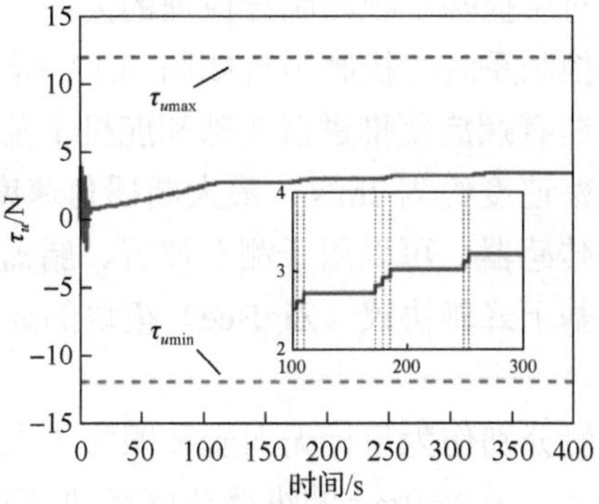

图 3.9　纵荡方向控制输入

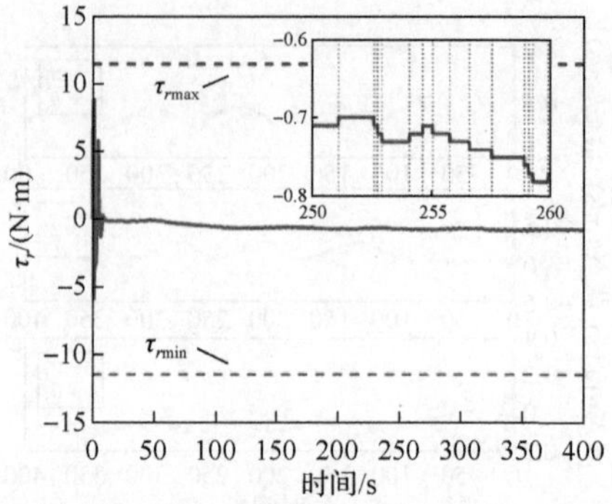

图 3.10　艏摇方向控制输入

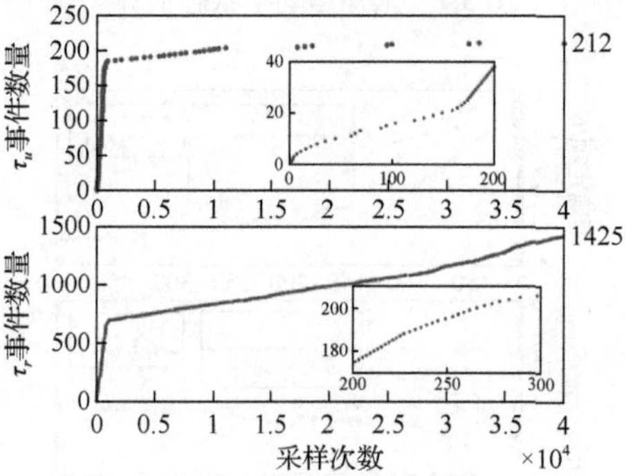

图 3.11　累计触发事件数

3.4.2　实验验证

在实际海洋环境中对所提基于视距制导原理的无人艇目标包围制导方法进行验证。实验采用无人艇控制系统与控制平台如图 3.12 所示，无人艇长1.1m 、宽 0.36m 、质量0.36kg ，装有螺旋桨推进器 3 部和舵机 1 部，能够提供纵荡推力和艏摇力矩，实际最大纵荡速度约为2m/s ，最大艏摇角速度约为0.7rad/s 。无人艇配备了 GPS、磁力计等传感器，可以用于测量位置、艏摇角、速度和角速度等状态信息。此外还安装了基于蜂舞协议（ZigBee）模块的通信系统实现无人艇与岸站控制平台的信息传递。

考虑两艘上述无人艇分别作为目标无人艇和跟随无人艇。目标无人艇分别以 $u_t = 0.25\text{m/s}, u_t = 0.30\text{m/s}, u_t = 0.60\text{m/s}$ 的纵荡速度运动。跟随无人艇制导层控制采用 3.3.1 小节设计的扩张状态观测器（3.15）和目标包围制导律（3.22），期望包围距离和纵荡速度为 $\rho_d = 15\text{m}$, $u_d = 1\text{m/s}$ ， 控制参数设置为 $k_\eta = 0.25$, $\varDelta = 4\text{m}$, $\kappa_1^{\text{o}} = 10, \kappa_2^{\text{o}} = 25, \kappa_3^{\text{o}} = 10$, $\kappa_4^{\text{o}} = 25, \kappa_5^{\text{o}} = 10, \kappa_6^{\text{o}} = 25$ 。无人艇底层控制采用 PID 控制方法。

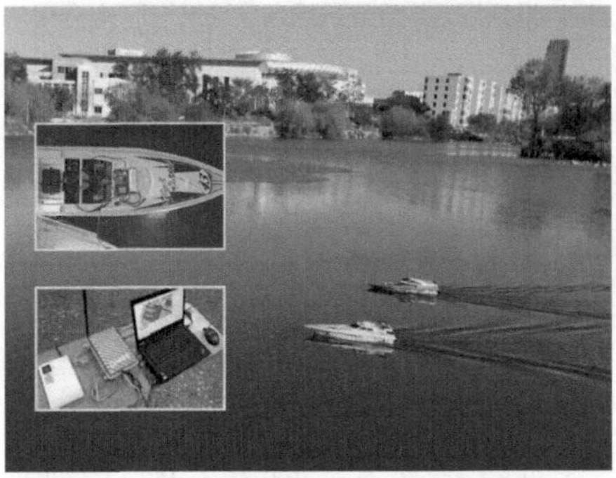

图 3.12　DH-01 型无人艇控制系统与控制平台

实验结果如图 3.13～图 3.15 所示。图 3.13 为目标无人艇和跟随无人艇的轨迹实验结果，可以看出在不同目标速度下，跟随无人艇均能实现对目标无人艇的环绕包围运动。图 3.14 和图 3.15 分别为包围距离跟踪误差和包围角跟踪误差的实验曲线，可以看出跟踪误差均都能收敛到原点的邻域内，距离稳态跟踪误差在 2m 以内，包围角稳态跟踪误差约在 ±0.3rad 以内；引起误差的主要原因是传感器精度有限以及存在测量噪声。

（a）u_t=0.25m/s

（b）u_t=0.30m/s

（c）u_t=0.60m/s

图 3.13　目标包围控制轨迹实验结果

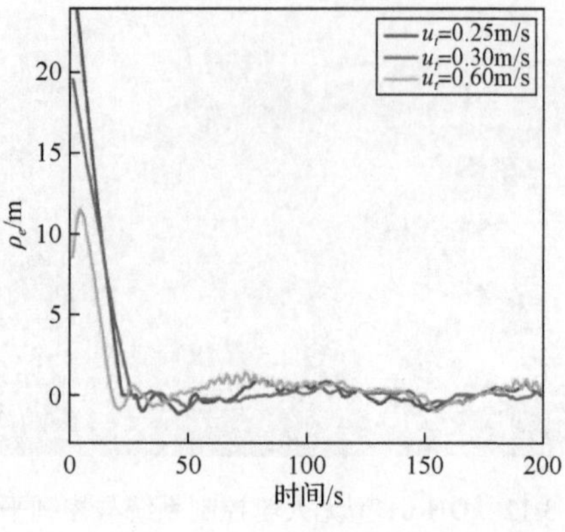

图 3.14　包围距离跟踪误差实验结果

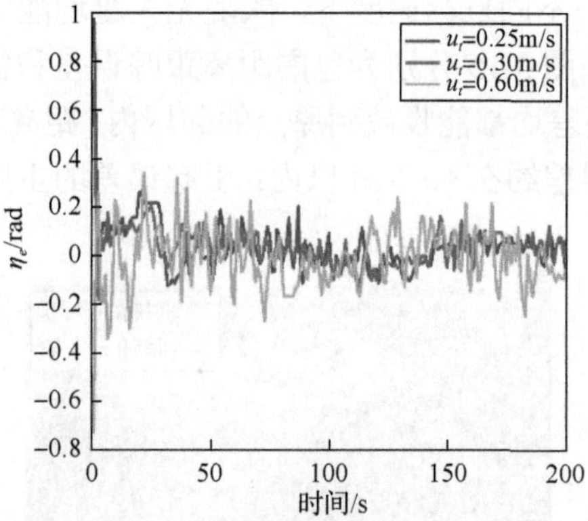

图 3.15　包围角跟踪误差实验结果

3.5　本 章 小 结

本章主要研究了目标速度未知下单无人艇的单目标包围控制问题。将制导机制引入目标包围控制器设计中，提出了一种基于视距制导原理的无人艇事件触发目标包围控制方法，实现了环境扰动下欠驱动无人艇对移动目标的环绕包围运动。在动力学设计中引入事件触发控制策略，降低了执行机构的动作次数。采用级联系统稳定性分析，证明了目标包围估计与控制闭环系统是输入-状态稳定的，系统误差信号是一致最终有界的。分析证明了基于所设计的事件触发机制，系统不存在芝诺现象。对比仿真和实船实验验证了所提基于视距制导原理的无人艇事件触发目标包围控制方法的有效性。

第 4 章　模型参数完全未知的多无人艇协同单目标包围控制

4.1　概　　述

第 3 章研究了单无人艇的单目标包围控制问题，实现了复杂海洋环境扰动下对未知时变速度目标的包围控制。单无人艇目标包围通常对无人艇的机动性能要求较高，适用于跟随无人艇速度远大于目标的场合，如对目标区域的巡逻或对缓慢移动船舶的侦察。然而，由于无人艇单体能力有限且海洋作业任务复杂多样，在实际作业中往往需要多艘无人艇协同作业。相比于单无人艇的环绕包围运动，多艘无人艇的协同包围可以在海面上全方位、多角度、同时段对目标进行信息探测或位置封锁，具有高效、灵活、鲁棒性强的优点。

近年来，协同目标包围控制问题同样在自主无人系统上得到了广泛的研究。为实现多无人系统的环绕编队控制，基于循环追踪法[36]和势能函数[99,101]的编队控制方法被相继提出，但采用这些方法无人系统的编队中心位置由个体的初始位置决定。为了实现对给定目标的协同包围，文献[104]和文献[183]分别提出了基于方位测量和角度测量的目标包围控制方法，但这些方法假定被包围目标固定不动。为实现对运动目标的协同包围，文献[106]提出一种基于辅助系统和仿射变换的编队控制方法。当目标速度时变且未知时，基于速度估计器的协同目标包围控制方法被广泛应用，如数据分散式估计器[105]、融合状态估计器[109]、预估器[184]等。上述基于分散式[104,105]或分布式[106,183]控制结构的协同目标包围策略虽然能摆脱对全交换通信的依赖，但需要假设所有个体均能获得目标信息。然而，在实际应用中由于自主无人系统的通信距离和通信带宽有限，尤其是对于在广阔海域上大规模作业的无人艇集群，目标信息的全局已知往往难以实现。另外，上述协同目标包围控制器[104-106,183]同样是针对不具有侧滑运动和环境扰动的一阶独轮车型系统设计的，考虑欠驱动无人艇运动学和动力学特性的协同目标包围控制方法仍有待研究。

针对复杂海洋环境下的无人艇控制问题，第 3 章设计了模糊预估器对模型非线性和环境扰动组成的动力学不确定性进行了逼近。然而预估器的建立依赖于系统实际或标称控制输入增益，导致控制器的设计不能完全摆脱对模型参数的依赖。对于无人艇系统，控制输入增益与无人艇惯性参数相关，实际中的精确获得需要借助复杂的实验测量过程。而且当无人艇负载变化或部分执行机构发生故障时，其惯性参数还会发生改变。因此，如何设计一种不依赖任何模型参数信息的无人艇动力学控制器是值得研究的问题。

本章研究了无人艇的协同单目标包围控制问题。其中，被包围目标速度未知，并且无人艇模型含未知侧滑速度、未知动力学不确定性、未知控制输入增益。针对此问题，在第 3 章提出的基于视距制导原理的无人艇事件触发目标包围控制方法基础上，将循环追踪控制思想和数据驱动控制技术融入控制器设计中，提出一种基于数据驱动模糊预估器的分布式协同目标包围控制方法。具体而言，设计了分布式目标估计器用于重构目标位置信息，并采用扩张状态观测器估计由未知目标速度和未知侧滑运动引入的未知运动学状态，基于重构的目标位置和估计的运动学状态，设计了距离保持制导律和相位分布制导律，分别用于实现包围运动任务和协同编队任务；提出数据驱动模糊预估器，实现了对未知输入增益和动力学不确定性的同时在线学习，基于学习的动力学信息，设计了无模型模糊控制律，实现对纵荡和艏摇方向制导信号的跟踪。通过级联系统稳定性理论证明了闭环控制系统的输入-状态稳定性。仿真验证了所提无人艇分布式协同目标包围控制方法的有效性。

4.2 问题描述

考虑由 N 艘欠驱动跟随无人艇（$N\in\mathbb{N}^+$）和一艘目标无人艇组成的多无人艇系统，如图 4.1 所示，其中，s_i 代表第 i 艘跟随无人艇，$i=1,2,\cdots,N$；o 代表目标无人艇。

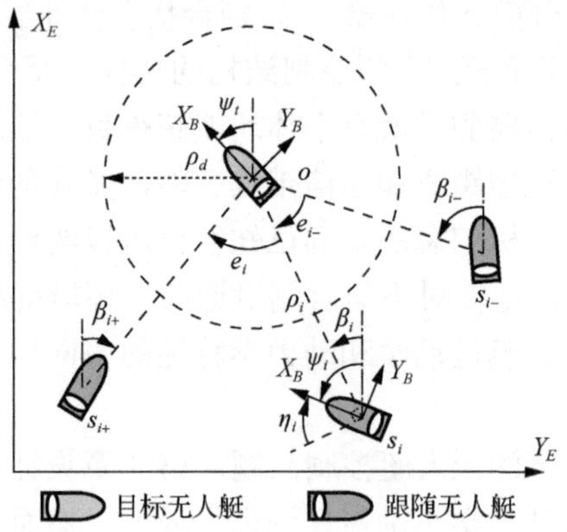

图 4.1　多无人艇协同单目标包围

目标无人艇的动态可以描述为

$$\begin{cases}\dot{x}_t = u_t\cos\psi_t - v_t\sin\psi_t \\ \dot{y}_t = u_t\sin\psi_t + v_t\cos\psi_t \\ \dot{\psi}_t = r_t\end{cases} \tag{4.1}$$

式中符号定义与式（3.1）相同。目标无人艇速度未知，并做以下假设。

假设 4.1　目标无人艇加速度是有界的，即存在常数 $\overline{u}_t^{\mathrm{d}} \in \mathbb{R}^+$ 和 $\overline{v}_t^{\mathrm{d}} \in \mathbb{R}^+$，分别满足 $|\dot{u}_t| \leqslant \overline{u}_t^{\mathrm{d}}$ 和 $|\dot{v}_t| \leqslant \overline{v}_t^{\mathrm{d}}$。

跟随无人艇 s_i 的动态可以描述为以下运动学方程

$$\begin{cases}\dot{x}_i = u_i\cos\psi_i - v_i\sin\psi_i \\ \dot{y}_i = u_i\sin\psi_i + v_i\cos\psi_i \\ \dot{\psi}_i = r_i\end{cases} \tag{4.2}$$

和动力学方程

$$\begin{cases}m_{iu}\dot{u}_i = f_{iu}(u_i, v_i, r_i) + \tau_{idu}(t) + \tau_{iu} \\ m_{iv}\dot{v}_i = f_{iv}(u_i, v_i, r_i) + \tau_{idv}(t) \\ m_{ir}\dot{r}_i = f_{ir}(u_i, v_i, r_i) + \tau_{idr}(t) + \tau_{ir}\end{cases} \tag{4.3}$$

式中，$x_i \in \mathbb{R}$ 和 $y_i \in \mathbb{R}$ 表示无人艇 s_i 在地球坐标系下的位置；$\psi_i \in (-\pi, \pi]$ 表示无人艇 s_i 的艏摇角；$u_i \in \mathbb{R}$、$v_i \in \mathbb{R}$、$r_i \in \mathbb{R}$ 分别为无人艇 s_i 在船体坐标系下的纵荡速度、横漂速度和艏摇角速度，由于流体动力学阻尼效应，横漂速度是有界的[85]；$m_{iu} \in \mathbb{R}$、$m_{iv} \in \mathbb{R}$、$m_{ir} \in \mathbb{R}$ 为惯性参数；$f_{iu}, f_{iv}, f_{ir} : \mathbb{R}^3 \to \mathbb{R}$ 表示未知非线性函数；$\tau_{idu} \in \mathbb{R}$、$\tau_{idv} \in \mathbb{R}$、$\tau_{idr} \in \mathbb{R}$ 表示时变环境扰动力和力矩；$\tau_{iu} \in \mathbb{R}$ 和 $\tau_{ir} \in \mathbb{R}$ 分别为纵荡和艏摇方向控制输入力和力矩。

各无人艇只能获得其邻居的信息，且跟随无人艇之间采用无向环形通信结构，即每艘跟随无人艇与其前一艘跟随无人艇（记为 s_{i-}）和后一艘跟随无人艇（记为 s_{i+}）通信，由 2.2 节可知通信关系可以用图 $\mathcal{G}_c$ 描述。目标无人艇位置信息仅对有限跟随无人艇已知，对目标探测的关系可以用图 $\mathcal{G}_e$ 描述。以六艘无人艇协同目标包围为例，假设目标无人艇信息仅对 s_1 已知，则其通信拓扑结构如图 4.2 所示。

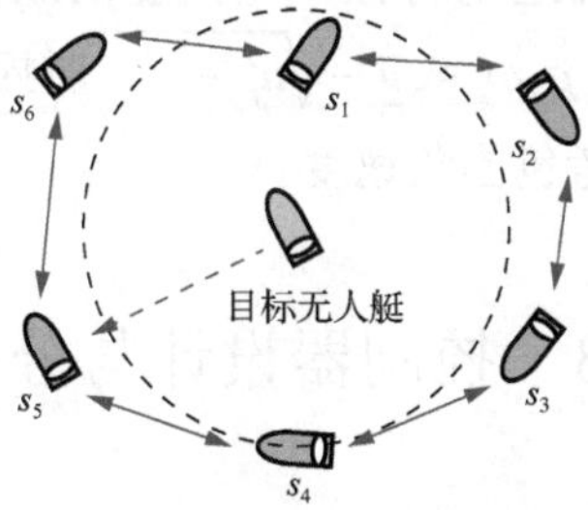

图 4.2　无人艇通信拓扑

定义跟随无人艇 s_i 与目标无人艇的相对距离 ρ_i 和相对角度 β_i 为

$$\begin{cases}\rho_i = \sqrt{(x_t - x_i)^2 + (y_t - y_i)^2} \\ \beta_i = \operatorname{atan2}(y_t - y_i, x_t - x_i)\end{cases} \tag{4.4}$$

并定义包围角 η_i 为

$$\eta_i \triangleq \left\lceil \psi_i - \beta_i + \frac{\pi}{2} \right\rceil_{\pi} \tag{4.5}$$

式中，函数 atan2 和运算符 $\lceil \cdot \rceil_{\pi}$ 的定义第 3 章相同。

定义分散相位角 e_i 为跟随无人艇 s_i 与邻居 s_{i+} 关于目标的圆心角，如图 4.1 所示，有

$$e_i = \beta_{i+} - \beta_i + \varsigma_i \tag{4.6}$$

式中，β_{i+} 表示跟随无人艇 s_{i+} 与目标无人艇的相对角度

$$\varsigma_i = \begin{cases} 0, & i+ \geqslant i \\ 2\pi, & i+ < i \end{cases} \tag{4.7}$$

本章旨在针对由运动学方程（4.2）和动力学方程（4.3）描述的欠驱动无人艇，设计分布式协同目标包围控制器，使其满足以下控制任务。

（1）包围运动任务：每艘跟随无人艇以给定距离 $\rho_d \in \mathbb{R}^+$ 围绕运动目标航行，即满足

$$\lim_{t\to\infty} \left| \rho_i - \rho_d \right| \leqslant \delta_1 \tag{4.8}$$

式中，$\delta_1 \in \mathbb{R}^+$ 是一个小常数。

（2）协同编队任务：所有跟随无人艇均匀分布于目标为中心的包围轨道上，即满足

$$\lim_{t\to\infty} \left| e_i - \frac{2\pi}{N} \right| \leqslant \delta_2 \tag{4.9}$$

式中，$\delta_2 \in \mathbb{R}^+$ 是一个小常数。

注 4.1　在协同目标包围控制中，为了保证跟随无人艇有能力以期望的角速度围绕目标航行，根据圆周运动特性，无人艇的纵荡速度的上界 $\bar{u} \in \mathbb{R}$ 和下界 $\underline{u} \in \mathbb{R}$ 需满足 $\underline{u} + \sqrt{u_t^2 + v_t^2} \leqslant \rho_d \omega_s \leqslant \bar{u} - \sqrt{u_t^2 + v_t^2}$，艏摇角速度的上界 $\bar{r} \in \mathbb{R}$ 需满足 $\bar{r} \geqslant \omega_s$，其中 $\omega_s \in \mathbb{R}^+$ 为参考包围角速度。

4.3　控制器设计与分析

为实现上述包围运动任务（4.8）和协同编队任务（4.9），本节设计了一种分布式协同目标包围控制器。所提控制器主要包括四部分设计：第一，针对不能直

接访问目标信息的无人艇，设计了分布式目标估计器用于重构未知目标位置；第二，针对包围运动任务，提出了基于视距制导原理的距离保持制导律；第三，针对协同编队任务，提出了基于循环追踪控制策略的相位分布制导律；第四，提出了基于数据驱动模糊预估器的无模型模糊控制律。所设计多无人艇协同目标包围控制系统结构如图 4.3 所示。

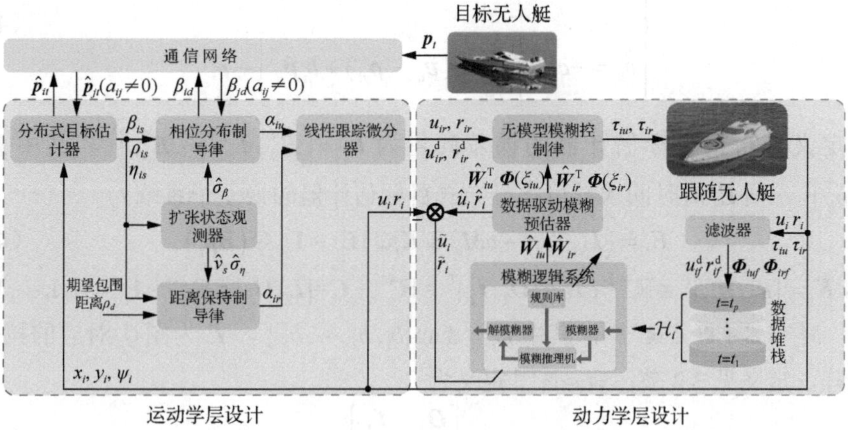

图 4.3　多无人艇协同目标包围控制系统结构

4.3.1　分布式目标估计器设计

本小节主要介绍分布式目标估计器的设计方法。定义 $\boldsymbol{p}_t=[x_t,y_t]^{\mathrm{T}}$ 为地球坐标系下的目标无人艇位置向量，只有部分跟随无人艇已知目标位置信息。对于合作目标无人艇，$\boldsymbol{p}_t$ 可以通过与目标无人艇通信获得；对于中性目标无人艇，$\boldsymbol{p}_t$ 可以通过对目标的相对距离测量结合自身位置计算获得。定义 $\boldsymbol{v}_t=[\dot{x}_t,\dot{y}_t]^{\mathrm{T}}$ 为地球坐标系下的目标无人艇速度向量，跟随无人艇对目标速度信息未知。

则设计分布式目标估计器如下

$$\begin{cases}\dot{\hat{\boldsymbol{p}}}_{it}=-c\boldsymbol{\kappa}_{t1}\left[\sum_{j=1}^{N}a_{ij}(\hat{\boldsymbol{p}}_{it}-\hat{\boldsymbol{p}}_{jt})+b_i(\hat{\boldsymbol{p}}_{it}-\boldsymbol{p}_t)\right]+\hat{\boldsymbol{v}}_{it}\\ \dot{\hat{\boldsymbol{v}}}_{it}=-c\boldsymbol{\kappa}_{t2}\left[\sum_{j=1}^{N}a_{ij}(\hat{\boldsymbol{p}}_{it}-\hat{\boldsymbol{p}}_{jt})+b_i(\hat{\boldsymbol{p}}_{it}-\boldsymbol{p}_t)\right]\end{cases}\tag{4.10}$$

式中，$\hat{\boldsymbol{p}}_{it}=[\hat{x}_{it},\hat{y}_{it}]^{\mathrm{T}}$ 表示跟随无人艇 s_i 对目标位置 $\boldsymbol{p}_t$ 的估计值；$\boldsymbol{\kappa}_{t1}\in\mathbb{R}^{2\times2}$ 和 $\boldsymbol{\kappa}_{t2}\in\mathbb{R}^{2\times2}$ 为正定参数矩阵；$c\in\mathbb{R}^{+}$ 为常数；a_{ij} 和 b_i 的定义见 2.2 节。

定义目标位置估计误差 $\tilde{\boldsymbol{p}}_{it}$ 和目标速度估计误差 $\tilde{\boldsymbol{v}}_{it}$ 分别为

$$\begin{cases}\tilde{\boldsymbol{p}}_{it}=\hat{\boldsymbol{p}}_{it}-\boldsymbol{p}_t\\ \tilde{\boldsymbol{v}}_{it}=\hat{\boldsymbol{v}}_{it}-\boldsymbol{v}_t\end{cases}\tag{4.11}$$

则根据式（4.10），$\tilde{\boldsymbol{p}}_{it}$ 和 $\tilde{\boldsymbol{v}}_{it}$ 对时间求导可得

$$\begin{cases}\dot{\tilde{\boldsymbol{p}}}_{it}=-c\boldsymbol{\kappa}_{t1}\left[\sum_{j=1}^{N}a_{ij}(\tilde{\boldsymbol{p}}_{it}-\tilde{\boldsymbol{p}}_{jt})+b_i\tilde{\boldsymbol{p}}_{it}\right]+\tilde{\boldsymbol{v}}_{it}\\ \dot{\tilde{\boldsymbol{v}}}_{it}=-c\boldsymbol{\kappa}_{t2}\left[\sum_{j=1}^{N}a_{ij}(\tilde{\boldsymbol{p}}_{it}-\tilde{\boldsymbol{p}}_{jt})+b_i\tilde{\boldsymbol{p}}_{it}\right]-\ddot{\boldsymbol{p}}_t\end{cases}\tag{4.12}$$

定义分布式目标估计器的误差向量为 $\boldsymbol{E}_t=\left[\boldsymbol{E}_{1t}^{\mathrm{T}},\boldsymbol{E}_{2t}^{\mathrm{T}},\cdots,\boldsymbol{E}_{Nt}^{\mathrm{T}}\right]^{\mathrm{T}}$，其中 $\boldsymbol{E}_{it}=[\tilde{\boldsymbol{p}}_{it}^{\mathrm{T}},\tilde{\boldsymbol{v}}_{it}^{\mathrm{T}}]^{\mathrm{T}}$，则 $\boldsymbol{E}_t$ 对时间求导可得分布式目标估计器的误差子系统为

$$\dot{\boldsymbol{E}}_t=\left(\boldsymbol{I}_N\otimes\boldsymbol{A}-c\boldsymbol{M}_t\otimes\boldsymbol{K}_t\boldsymbol{C}\right)\boldsymbol{E}_t-\boldsymbol{1}_N\otimes\left(\boldsymbol{B}\ddot{\boldsymbol{p}}_t\right)\tag{4.13}$$

式中，$\boldsymbol{K}_t=[\boldsymbol{\kappa}_{t1},\boldsymbol{\kappa}_{t2}]^{\mathrm{T}}\in\mathbb{R}^{4\times2}$；$\boldsymbol{B}=[\boldsymbol{O}_2,\boldsymbol{I}_2]^{\mathrm{T}}\in\mathbb{R}^{4\times2}$；$\boldsymbol{C}=[\boldsymbol{I}_2,\boldsymbol{O}_2]\in\mathbb{R}^{2\times4}$；$\boldsymbol{1}_N=[1,1,\cdots,1]^{\mathrm{T}}\in\mathbb{R}^N$；$\boldsymbol{M}_t=\boldsymbol{\mathcal{L}}+\boldsymbol{\mathcal{B}}_t\in\mathbb{R}^{N\times N}$，其中 $\boldsymbol{\mathcal{B}}_t=\mathrm{diag}\{b_1,b_2,\cdots,b_N\}$，$\boldsymbol{\mathcal{L}}$ 为图 $\mathcal{G}_c$ 对应的拉普拉斯矩阵，定义见 2.2 节；$\boldsymbol{A}\in\mathbb{R}^{4\times4}$ 定义为

$$\boldsymbol{A}=\begin{bmatrix}\boldsymbol{O}_2 & \boldsymbol{I}_2\\ \boldsymbol{O}_2 & \boldsymbol{O}_2\end{bmatrix}\tag{4.14}$$

对于式（4.13），假设存在正定对称矩阵 $\boldsymbol{P}_t\in\mathbb{R}^{4\times4}$，满足

$$\boldsymbol{P}_t\boldsymbol{A}+\boldsymbol{A}^{\mathrm{T}}\boldsymbol{P}_t-2\boldsymbol{C}^{\mathrm{T}}\boldsymbol{C}+\boldsymbol{Q}\leqslant\boldsymbol{0}\tag{4.15}$$

式中，$\boldsymbol{Q}\in\mathbb{R}^{4\times4}$ 为正定矩阵。

利用分布式目标估计器（4.10）重构的目标位置，与式（4.4）～式（4.7）类似，可以计算跟随无人艇与估计目标的相对距离 ρ_{is}、相对角度 β_{is}、包围角 η_{is} 和分散相位角 e_{is} 如下

$$\begin{cases}\rho_{is}=\sqrt{(\hat{x}_{it}-x_i)^2+(\hat{y}_{it}-y_i)^2}\\ \beta_{is}=\mathrm{atan2}(\hat{y}_{it}-y_i,\hat{x}_{it}-x_i)\\ \eta_{is}=\left[\psi_i-\beta_{is}+\pi/2\right]_{\pi}\\ e_{is}=\beta_{(i+)s}-\beta_{is}+\varsigma_i\end{cases}\tag{4.16}$$

令 ρ_{is} 和 β_{is} 对时间求导，并将式（4.16）代入可得

$$\begin{cases}\dot{\rho}_{is}=u_{is}\sin\eta_{is}+v_{is}\cos\eta_{is}\\ \dot{\beta}_{is}=\sigma_{i\beta}+\dfrac{1}{\rho_{is}}u_i\end{cases}\tag{4.17}$$

式中

$$\begin{cases} u_{is} = \dot{\hat{x}}_{it}\cos\psi_i + \dot{\hat{y}}_{it}\sin\psi_i - u_i \\ v_{is} = -\dot{\hat{x}}_{it}\sin\psi_i + \dot{\hat{y}}_{it}\cos\psi_i - v_i \\ \sigma_{i\beta} = \dfrac{1}{\rho_{is}}\left[-\dot{\hat{x}}_{it}\sin\beta_{is} + \dot{\hat{y}}_{it}\cos\beta_{is} - v_i\sin\eta_{is} - 2u_i\sin^2\dfrac{\eta_{is}}{2}\right] \end{cases} \tag{4.18}$$

其中，u_{is} 和 v_{is} 分别为跟随无人艇坐标系下目标相对跟随无人艇在纵荡和横漂方向的估计速度。

4.3.2　距离保持制导律设计

为实现跟随无人艇的包围运动任务，即保证误差 $\rho_{ie} \triangleq \rho_i - \rho_d$ 的收敛，本小节主要介绍针对艏摇角速度 r_i 的距离保持制导律的设计方法。首先针对跟随无人艇 s_i 定义距离跟踪误差和包围角跟踪误差为

$$\begin{cases} \rho_{iz} = \rho_{is} - \rho_d \\ \eta_{iz} = \eta_{is} - \eta_{id} \end{cases} \tag{4.19}$$

式中，$\rho_d \in \mathbb{R}^+$ 为给定常值期望包围距离；$\eta_{id} \in (-\pi, \pi]$ 为待设计的期望包围角。

令 ρ_{iz} 和 η_{iz} 对时间求导，将式（4.17）和式（4.18）代入可得

$$\begin{cases} \dot{\rho}_{iz} = -U_{is}\sin(\eta_{is} + \theta_{is}) \\ \dot{\eta}_{iz} = \sigma_{i\eta} + r_i \end{cases} \tag{4.20}$$

式中

$$\begin{cases} U_{is} = \sqrt{u_{is}^2 + v_{is}^2} \\ \theta_{is} = \mathrm{atan2}(-v_{is}, -u_{is}) \\ \sigma_{i\eta} = -\dfrac{1}{\rho_{is}}\left[-\dot{\hat{x}}_{it}\sin\beta_{is} + \dot{\hat{y}}_{it}\cos\beta_{is} + u_i\cos\eta_{is} - v_i\sin\eta_{is}\right] - \dot{\eta}_{id} \end{cases} \tag{4.21}$$

其中，θ_{is} 表示估计目标与跟随无人艇的相对速度方向角，$\sigma_{i\eta}$ 为运动学相对动态。

由于无人艇在海面上运动时存在未知侧滑运动，式（4.21）中的 θ_{is} 和 $\sigma_{i\eta}$ 以及式（4.18）中的 $\sigma_{i\beta}$ 均未知，设计扩张状态观测器对其进行估计。由于 v_{is}、$\sigma_{i\eta}$ 和 $\sigma_{i\beta}$ 是关于跟随无人艇状态、分布式目标估计器输出的函数，因此可以做出以下假设。

假设 4.2　v_{is}、$\sigma_{i\eta}$ 和 $\sigma_{i\beta}$ 的时间导数是有界的，即存在常数 $\bar{v}_s^{\mathrm{d}} \in \mathbb{R}^+$、$\bar{\sigma}_\beta^{\mathrm{d}} \in \mathbb{R}^+$ 和 $\bar{\sigma}_\eta^{\mathrm{d}} \in \mathbb{R}^+$，分别满足 $|\dot{v}_{is}| \leqslant \bar{v}_s^{\mathrm{d}}$、$|\dot{\sigma}_{i\beta}| \leqslant \bar{\sigma}_\beta^{\mathrm{d}}$ 以及 $|\dot{\sigma}_{i\eta}| \leqslant \bar{\sigma}_\eta^{\mathrm{d}}$。

定义跟随无人艇坐标系下估计目标与跟随无人艇的相对距离为

$$\begin{cases} \rho_{iu} = \rho_{is}\cos(\beta_{is} - \psi_i) \\ \rho_{iv} = \rho_{is}\sin(\beta_{is} - \psi_i) \end{cases} \tag{4.22}$$

根据式（4.16）～式（4.18），ρ_{iv} 和 η_{iz} 对时间的导数为

$$\begin{cases}\dot{\rho}_{iv}=v_{is}-\rho_{iu}r_i\\ \dot{\eta}_{iz}=\sigma_{i\eta}+r_i\end{cases}\tag{4.23}$$

则根据式（4.23）可以建立一组扩张状态观测器，利用 ρ_{iu}、ρ_{iv}、η_{iz} 和艏摇角速度 r_i 估计无人艇未知运动学状态 v_{is} 和 $\sigma_{i\eta}$ 如下

$$\begin{cases}\dot{\hat{\rho}}_{iv}=-\kappa_{i1}^{\mathrm{o}}(\hat{\rho}_{iv}-\rho_{iv})+\hat{v}_{is}-\rho_{iu}r_i\\ \dot{\hat{v}}_{is}=-\kappa_{i2}^{\mathrm{o}}(\hat{\rho}_{iv}-\rho_{iv})\\ \dot{\hat{\eta}}_{iz}=-\kappa_{i3}^{\mathrm{o}}(\hat{\eta}_{iz}-\eta_{iz})+\hat{\sigma}_{i\eta}+r_i\\ \dot{\hat{\sigma}}_{i\eta}=-\kappa_{i4}^{\mathrm{o}}(\hat{\eta}_{iz}-\eta_{iz})\end{cases}\tag{4.24}$$

式中，$\kappa_{i1}^{\mathrm{o}},\kappa_{i2}^{\mathrm{o}},\kappa_{i3}^{\mathrm{o}},\kappa_{i4}^{\mathrm{o}}\in\mathbb{R}^+$ 为扩张状态观测器参数；$\hat{\rho}_{iv},\hat{\eta}_{iz}$ 和 $\hat{v}_{is},\hat{\sigma}_{i\eta}$ 分别为 ρ_{iv},η_{iz} 和 $v_{is},\sigma_{i\eta}$ 的估计值。

定义向量 $\boldsymbol{E}_{is1}=[\tilde{\rho}_{iv},\tilde{v}_{is},\tilde{\eta}_{iz},\tilde{\sigma}_{i\eta}]^{\mathrm{T}}\in\mathbb{R}^4$，其中 $\tilde{\rho}_{iv}=\hat{\rho}_{iv}-\rho_{iv}$，$\tilde{v}_{is}=\hat{v}_{is}-v_{is}$，$\tilde{\eta}_{iz}=\hat{\eta}_{iz}-\eta_{iz}$，$\tilde{\sigma}_{i\eta}=\hat{\sigma}_{i\eta}-\sigma_{i\eta}$ 为估计误差；定义 $\boldsymbol{\sigma}_{is1}^{\mathrm{d}}=[0,\dot{v}_s,0,\dot{\sigma}_{i\eta}]^{\mathrm{T}}\in\mathbb{R}^4$。则根据式（4.23）和式（4.24），可得扩张状态观测器误差子系统如下

$$\dot{\boldsymbol{E}}_{is1}=\boldsymbol{A}_{i1}\boldsymbol{E}_{is1}-\boldsymbol{\sigma}_{is1}^{\mathrm{d}}\tag{4.25}$$

式中

$$\boldsymbol{A}_{i1}=\begin{bmatrix}-\kappa_1^{\mathrm{o}} & 1 & 0 & 0\\ -\kappa_2^{\mathrm{o}} & 0 & 0 & 0\\ 0 & 0 & -\kappa_3^{\mathrm{o}} & 1\\ 0 & 0 & -\kappa_4^{\mathrm{o}} & 0\end{bmatrix}_{4\times4}\tag{4.26}$$

矩阵 $\boldsymbol{A}_{i1}$ 为一个赫尔维茨矩阵，则存在正定对称矩阵 $\boldsymbol{P}_{i1}\in\mathbb{R}^{4\times4}$，满足

$$\boldsymbol{A}_{i1}^{\mathrm{T}}\boldsymbol{P}_{i1}+\boldsymbol{P}_{i1}^{\mathrm{T}}\boldsymbol{A}_{i1}=-\boldsymbol{I}_4\tag{4.27}$$

利用扩张状态观测器输出的估计动态，可以将式（4.20）写作

$$\begin{cases}\dot{\rho}_{iz}=-\hat{U}_{i\overline{s}}\sin(\eta_{id}+\hat{\theta}_{i\overline{s}})-q_{i\epsilon}+\hat{U}_{i\overline{s}}q_{i\eta}-\tilde{v}_s\cos\eta\\ \dot{\eta}_{iz}=\hat{\sigma}_{i\eta}+r_i-\tilde{\sigma}_{i\eta}\end{cases}\tag{4.28}$$

式中

$$\begin{cases}\hat{U}_{i\overline{s}}=\sqrt{u_{i\overline{s}}^2+\hat{v}_{is}^2}\,,\hat{\theta}_{i\overline{s}}=\operatorname{atan2}(-\hat{v}_{is},-u_{i\overline{s}})\\ u_{i\overline{s}}=\operatorname{sgn}^*(u_{is})\sqrt{u_{is}^2+\epsilon^2}\\ q_{i\epsilon}=\dfrac{\operatorname{sgn}^*(u_{is})\epsilon^2\sin\eta_{is}}{|u_{i\overline{s}}|+|u_{is}|}\\ q_{i\eta}=(1-\cos\eta_{iz})\sin\left(\eta_{id}+\hat{\theta}_{i\overline{s}}\right)-\sin\eta_{iz}\cos\left(\eta_{id}+\hat{\theta}_{i\overline{s}}\right)\end{cases}\tag{4.29}$$

其中，$\epsilon\in\mathbb{R}^+$ 是为了避免奇异性而引入的一个小常数，函数 sgn^* 的定义见式(3.21)。

由式（4.29）可知，$q_{i\epsilon}$ 有界且满足 $|q_{i\epsilon}|\leqslant\epsilon$。

为实现距离误差的收敛，根据误差动态方程（4.28），基于视距制导原理设计距离保持制导律如下

$$\begin{cases}\alpha_{ir}=-k_{i\eta}\eta_{iz}-\hat{\sigma}_{i\eta}-\dfrac{1}{\eta_{iz}}\hat{U}_{\overline{is}}q_{i\eta}\rho_{iz}\\ \eta_{id}=\arctan\left(\dfrac{\rho_{iz}}{\Delta_i}\right)-\hat{\theta}_{\overline{is}}\end{cases}\tag{4.30}$$

式中，$\alpha_{ir}\in\mathbb{R}$ 为角速度制导信号；$k_{i\eta}\in\mathbb{R}^+$ 为制导律参数；$\Delta_i\in\mathbb{R}^+$ 为前视距离。

注 4.2 本章所提协同目标包围控制器的设计采用解耦的设计思想，对无人艇艏摇方向设计距离保持制导律，利用艏摇角速度的控制实现每艘跟随无人艇围绕估计的目标做包围运动。距离保持制导律的设计中不考虑无人艇之间的协同任务，因此与第 3 章中单无人艇目标包围控制处理方式类似。由于目标的速度已经采用分布式目标估计器进行了估计，因此相比第 3 章不需要额外建立扩张状态观测器估计 u_{is}。

将 α_{ir} 作为如下线性跟踪微分器的输入信号，可以获得实际跟随无人艇参考艏摇角速度 r_{ir}

$$\begin{cases}\dot{r}_{ir}=r_{ir}^{\mathrm{d}}\\ \dot{r}_{ir}^{\mathrm{d}}=-\gamma_{i1}^2(r_{ir}-\alpha_{ir})-2\gamma_{i1}r_{ir}^{\mathrm{d}}\end{cases}\tag{4.31}$$

式中，$\gamma_{i1}\in\mathbb{R}^+$。定义变量 $q_{ir}\triangleq r_{ir}-\alpha_{ir}$，则根据跟踪微分器的收敛性质[182]，存在小常数 $\overline{q}_r\in\mathbb{R}^+$，使 $|q_{ir}|\leqslant\overline{q}_r$。

将距离保持制导律（4.30）代入误差系统（4.28），可以得到距离保持制导闭环子系统

$$\begin{cases}\dot{\rho}_{iz}=-k_{i\delta}\rho_{iz}-q_{i\epsilon}+\hat{U}_{\overline{is}}q_{i\eta}-\tilde{v}_{is}\cos\eta_{is}\\ \dot{\eta}_{iz}=-k_{i\eta}\eta_{iz}-\tilde{\sigma}_{i\eta}-\hat{U}_{\overline{is}}q_{i\eta}\rho_{iz}/\eta_{iz}+q_{ir}+r_i-r_{ir}\end{cases}\tag{4.32}$$

式中，$k_{i\delta}=\hat{U}_{\overline{is}}\Big/\sqrt{\Delta_i^2+\rho_{iz}^2}$。

4.3.3 相位分布制导律设计

为实现跟随无人艇的协同编队任务，即保证误差 $e_{ie}\triangleq e_i-2\pi/N$ 的收敛，本小节主要介绍针对纵荡速度 u_i 的相位分布制导律的设计方法。首先针对跟随无人艇 s_i 定义相对位置角跟踪误差为

$$\beta_{iz}=\beta_{is}-\beta_{id}\tag{4.33}$$

式中，β_{id} 为待设计的期望相对位置角。令 β_{iz} 对时间求导，将式（4.17）代入

可得

$$\dot{\beta}_{iz} = \sigma_{i\beta} + \frac{1}{\rho_{is}} u_i - \dot{\beta}_{id} \tag{4.34}$$

由于侧滑速度未知，式（4.34）中 $\sigma_{i\beta}$ 同样为未知动态项。则根据式（4.17）可以设计扩张状态观测器，利用 β_{is} 和纵荡速度 u_i 估计 $\sigma_{i\beta}$ 如下

$$\begin{cases} \dot{\hat{\beta}}_{is} = -\kappa_{i5}^{o}(\hat{\beta}_{is} - \beta_{is}) + \hat{\sigma}_{i\beta} + \dfrac{1}{\rho_{is}} u_i \\ \dot{\hat{\sigma}}_{i\beta} = -\kappa_{i6}^{o}(\hat{\beta}_{is} - \beta_{is}) \end{cases} \tag{4.35}$$

式中，$\kappa_{i5}^{o} \in \mathbb{R}^+$ 和 $\kappa_{i6}^{o} \in \mathbb{R}^+$ 为扩张状态观测器参数；$\hat{\beta}_{is}$ 和 $\hat{\sigma}_{i\beta}$ 分别为 β_{is} 和 $\sigma_{i\beta}$ 的估计值。

定义向量 $\boldsymbol{E}_{is2} = [\tilde{\beta}_{is}, \tilde{\sigma}_{i\beta}]^{\mathrm{T}} \in \mathbb{R}^2$，其中 $\tilde{\beta}_{is} = \hat{\beta}_{is} - \beta_{is}$，$\tilde{\sigma}_{i\beta} = \hat{\sigma}_{i\beta} - \sigma_{i\beta}$ 定义为估计误差；定义 $\boldsymbol{\sigma}_{is2}^{\mathrm{d}} = [0, \dot{\sigma}_{i\beta}]^{\mathrm{T}} \in \mathbb{R}^2$。则根据式（4.17）和式（4.35），可得扩张状态观测器误差子系统如下

$$\dot{\boldsymbol{E}}_{is2} = \boldsymbol{A}_{i2}\boldsymbol{E}_{is2} - \boldsymbol{\sigma}_{is2}^{\mathrm{d}} \tag{4.36}$$

式中

$$\boldsymbol{A}_{i2} = \begin{bmatrix} -\kappa_5^{o} & 1 \\ -\kappa_6^{o} & 0 \end{bmatrix}_{2\times 2} \tag{4.37}$$

矩阵 $\boldsymbol{A}_{i2}$ 为一个赫尔维茨矩阵，则存在正定对称矩阵 $\boldsymbol{P}_{i2} \in \mathbb{R}^{2\times 2}$，满足

$$\boldsymbol{A}_{i2}^{\mathrm{T}}\boldsymbol{P}_{i2} + \boldsymbol{P}_{i2}^{\mathrm{T}}\boldsymbol{A}_{i2} = -\boldsymbol{I}_2 \tag{4.38}$$

令 $e_{id} = \beta_{(i+)d} - \beta_{id} + \varsigma_i$，基于循环追踪控制策略设计期望相对位置角的更新律如下

$$\begin{cases} \dot{\beta}_{id} = \hat{\omega}_{is} - \omega_{ie} \\ \omega_{ie} = -\mu_i[e_{id} - e_{(i-)d}] \end{cases} \tag{4.39}$$

式中，$\mu_i \in \mathbb{R}^+$ 是更新参数；$\hat{\omega}_{is}$ 是跟随无人艇 s_i 对的参考包围角速度 ω_s 的估计值。假设常数参考包围角速度 ω_s 只对可访问目标信息的跟随无人艇已知，设计以下分布式估计器

$$\dot{\hat{\omega}}_{is} = -\gamma_{\omega}\left[\sum_{j=1}^{N} a_{ij}(\hat{\omega}_{is} - \hat{\omega}_{js}) + b_i(\hat{\omega}_{is} - \omega_s)\right] \tag{4.40}$$

式中，$\gamma_{\omega} \in \mathbb{R}^+$ 是估计器参数。定义向量 $\hat{\boldsymbol{\omega}}_s = [\hat{\omega}_{1s}, \hat{\omega}_{2s}, \cdots, \hat{\omega}_{Ns}]^{\mathrm{T}} \in \mathbb{R}^N$，则根据式（4.40），可得 $\hat{\boldsymbol{\omega}}_s$ 的时间导数满足

$$\dot{\hat{\boldsymbol{\omega}}}_s = -\gamma_{\omega}\boldsymbol{M}_t\hat{\boldsymbol{\omega}}_s + \gamma_{\omega}\mathcal{B}_t\omega_s\boldsymbol{1}_N \tag{4.41}$$

定义估计误差 $\tilde{\omega}_{is} = \hat{\omega}_{is} - \omega_s$ 和误差向量 $\tilde{\boldsymbol{\omega}}_s = \hat{\boldsymbol{\omega}}_s - \boldsymbol{\omega}_s\boldsymbol{1}_N$，则根据式（4.41）可

得包围角速度估计器误差子系统

$$\dot{\tilde{\boldsymbol{\omega}}}_s = -\gamma_\omega \boldsymbol{M}_t \tilde{\boldsymbol{\omega}}_s \tag{4.42}$$

为实现多无人艇的均匀分布，根据误差系统（4.34）、结合式（4.39）设计相位分布制导律如下

$$\alpha_{iu} = -k_{i\beta}\beta_{iz} + \rho_{is}(-\hat{\sigma}_{i\beta} + \hat{\omega}_{is} - \omega_{ie}) \tag{4.43}$$

式中，$\alpha_{iu} \in \mathbb{R}$ 为纵荡速度制导信号；$k_{i\beta} \in \mathbb{R}^+$ 为制导律系数。

注 4.3　在协同目标包围任务中，可能面临需要增加或减少编队中跟随无人艇数量的情形。由于本章所提方法是基于无人艇间的通信拓扑实现的协同编队任务，期望相对位置角更新律（4.39）和相位分布制导律（4.43）的设计中不含无人艇数量信息或编队偏差信息，因此仅通过调整通信拓扑结构便可改变编队中跟随无人艇的数量。

将 α_{iu} 输入如下线性跟踪微分器，可得无人艇参考纵荡速度 u_{ir} 如下

$$\begin{cases} \dot{u}_{ir} = u_{ir}^{\mathrm{d}} \\ \dot{u}_{ir}^{\mathrm{d}} = -\gamma_{i2}^2(u_{ir} - \alpha_{iu}) - 2\gamma_{i2}u_{ir}^{\mathrm{d}} \end{cases} \tag{4.44}$$

式中，$\gamma_{i2} \in \mathbb{R}^+$。定义变量 $q_{iu} \triangleq u_{ir} - \alpha_{iu}$，则根据跟踪微分器的收敛性质[182]，存在小常数 $\overline{q}_u \in \mathbb{R}^+$，使 $|q_{iu}| \leqslant \overline{q}_u$。

将相位分布制导律（4.43）和期望相对位置角更新律（4.39）代入误差系统（4.34），可以得到相位分布制导闭环子系统如下

$$\begin{cases} \dot{\boldsymbol{e}}_d = \boldsymbol{L}(\boldsymbol{\omega}_e - \tilde{\boldsymbol{\omega}}_s) \\ \dot{\beta}_{iz} = -k_{is}\beta_{iz} - \tilde{\sigma}_{i\beta} + (q_{iu} + u_i - u_{ir})/\rho_{is} \end{cases} \tag{4.45}$$

式中，$\boldsymbol{e}_d = [\boldsymbol{e}_{1d}, \boldsymbol{e}_{2d}, \cdots, \boldsymbol{e}_{Nd}]^{\mathrm{T}}$；$\boldsymbol{\omega}_e = [\boldsymbol{\omega}_{1e}, \boldsymbol{\omega}_{2e}, \cdots, \boldsymbol{\omega}_{Ne}]^{\mathrm{T}}$；$k_{is} = k_{i\beta}/\rho_{is}$；且

$$\boldsymbol{L} = \begin{bmatrix} 1 & -1 & 0 & \cdots & 0 \\ 0 & 1 & -1 & \cdots & 0 \\ \vdots & \ddots & \ddots & \ddots & \vdots \\ 0 & \cdots & 0 & 1 & -1 \\ -1 & 0 & \cdots & 0 & 1 \end{bmatrix}_{N\times N} \tag{4.46}$$

4.3.4　无模型模糊控制律设计

本小节介绍无模型模糊控制律的设计方法，通过对无人艇纵荡推力和艏摇力矩的控制，实现对参考速度的跟踪。将跟随无人艇动力学方程（4.3）中纵荡和艏摇方向动态重新写成如下形式

$$\begin{cases} \dot{u}_i = \sigma_{iu} + b_{iu}\tau_{iu} \\ \dot{r}_i = \sigma_{ir} + b_{ir}\tau_{ir} \end{cases} \tag{4.47}$$

式中，$\sigma_{ir}=[f_{ir}(u_i,v_i,r_i)+\tau_{idr}]/m_{ir}$；$\sigma_{iu}=[f_{iu}(u_i,v_i,r_i)+\tau_{idu}]/m_{iu}$；$b_{iu}=1/m_{iu}$；$b_{ir}=1/m_{ir}$。由于模型参数不确定性、未知非线性函数、海洋环境扰动，式（4.47）中 $b_{iu},b_{ir},\sigma_{iu},\sigma_{ir}$ 均假设不可知。根据定理 2.10，可以利用模糊逻辑系统以及无人艇输入输出数据将 σ_{iu} 和 σ_{ir} 重构如下

$$\begin{cases}\sigma_{iu}=\boldsymbol{\varXi}_{iu}^{\mathrm{T}}\boldsymbol{\varphi}(\xi_{iu})+\delta_{iu}\\ \sigma_{ir}=\boldsymbol{\varXi}_{ir}^{\mathrm{T}}\boldsymbol{\varphi}(\xi_{ir})+\delta_{ir}\end{cases}\tag{4.48}$$

式中，$\xi_{iu}=\left[u_i(t),u_i(t-t_d),\tau_{iu}\right]^{\mathrm{T}}\in\mathbb{R}^3$，$\xi_{ir}=\left[r_i(t),r_i(t-t_d),\tau_{ir}\right]^{\mathrm{T}}\in\mathbb{R}^3$，$t_d\in\mathbb{R}^+$ 为采样周期；$\boldsymbol{\varXi}_{iu}\in\mathbb{R}^m$，$\boldsymbol{\varXi}_{ir}\in\mathbb{R}^m$ 且存在常数 $\bar{\varXi}_u\in\mathbb{R}^+$，$\bar{\varXi}_r\in\mathbb{R}^+$ 满足 $\|\boldsymbol{\varXi}_{iu}\|\leqslant\bar{\varXi}_u$，$\|\boldsymbol{\varXi}_{ir}\|\leqslant\bar{\varXi}_r$；$\boldsymbol{\varphi}:\mathbb{R}^3\to\mathbb{R}^m$ 的定义见 2.3 节；$\delta_{iu}\in\mathbb{R}$，$\delta_{ir}\in\mathbb{R}$ 且存在常数 $\bar{\delta}_u\in\mathbb{R}^+$ 和 $\bar{\delta}_r\in\mathbb{R}^+$ 满足 $|\delta_{iu}|\leqslant\bar{\delta}_u$，$|\delta_{ir}|\leqslant\bar{\delta}_r$。

将式（4.48）代入式（4.47），则跟随无人艇动力学（4.47）可以表示为

$$\begin{cases}\dot{u}_i=\boldsymbol{W}_{iu}^{\mathrm{T}}\boldsymbol{\Phi}(\xi_{iu})+\delta_{iu}\\ \dot{r}_i=\boldsymbol{W}_{ir}^{\mathrm{T}}\boldsymbol{\Phi}(\xi_{ir})+\delta_{ir}\end{cases}\tag{4.49}$$

式中，$\boldsymbol{\Phi}(\xi_{iu})=[\boldsymbol{\varphi}^{\mathrm{T}}(\xi_{iu}),\tau_{iu}]^{\mathrm{T}}\in\mathbb{R}^{m+1}$；$\boldsymbol{\Phi}(\xi_{ir})=[\boldsymbol{\varphi}^{\mathrm{T}}(\xi_{ir}),\tau_{ir}]^{\mathrm{T}}\in\mathbb{R}^{m+1}$；$\boldsymbol{W}_{iu}=[\boldsymbol{\varXi}_{iu}^{\mathrm{T}},b_{iu}]^{\mathrm{T}}\in\mathbb{R}^{m+1}$；$\boldsymbol{W}_{ir}=[\boldsymbol{\varXi}_{ir}^{\mathrm{T}},b_{ir}]^{\mathrm{T}}\in\mathbb{R}^{m+1}$。

令 $\hat{u}_i$ 和 $\hat{r}_i$ 分别表示 u_i 和 r_i 的估计值，为学习无人艇动力学（4.49）中模糊逻辑系统参数 $\boldsymbol{W}_{iu}$ 和 $\boldsymbol{W}_{ir}$，提出如下的数据驱动模糊预估器

$$\begin{cases}\dot{\hat{u}}_i=-(k_{iu}+\kappa_{iu}^{\mathrm{p}})(\hat{u}_i-u_i)+\hat{\boldsymbol{W}}_{iu}^{\mathrm{T}}\boldsymbol{\Phi}(\xi_{iu})\\ \dot{\hat{r}}_i=-(k_{ir}+\kappa_{ir}^{\mathrm{p}})(\hat{r}_i-r_i)+\hat{\boldsymbol{W}}_{ir}^{\mathrm{T}}\boldsymbol{\Phi}(\xi_{ir})\end{cases}\tag{4.50}$$

式中，$\kappa_{iu}^{\mathrm{p}}\in\mathbb{R}^+$ 和 $\kappa_{ir}^{\mathrm{p}}\in\mathbb{R}^+$ 是预估器参数；$k_{iu}\in\mathbb{R}^+$ 和 $k_{ir}\in\mathbb{R}^+$ 控制律参数；$\hat{\boldsymbol{W}}_{iu}=[\hat{\boldsymbol{\varXi}}_{iu}^{\mathrm{T}},\hat{b}_{iu}]^{\mathrm{T}}$ 且 $\hat{\boldsymbol{W}}_{ir}=[\hat{\boldsymbol{\varXi}}_{ir}^{\mathrm{T}},\hat{b}_{ir}]^{\mathrm{T}}$，其中 $\hat{\boldsymbol{\varXi}}_{iu}\in\mathbb{R}^m,\hat{\boldsymbol{\varXi}}_{ir}\in\mathbb{R}^m,\hat{b}_{iu}\in\mathbb{R},\hat{b}_{ir}\in\mathbb{R}$ 分别为 $\boldsymbol{\varXi}_{iu},\boldsymbol{\varXi}_{ir},b_{iu},b_{ir}$ 的估计值。

注 4.4　根据式（4.49），参数向量 $\boldsymbol{W}_{iu}$ 和 $\boldsymbol{W}_{ir}$ 中包含了系统动力学不确定性和控制输入增益信息，因此数据驱动模糊预估器（4.50）的建立不依赖任何模型动力学参数知识。

由于无人艇加速度信息 $\dot{u}_i$ 和 $\dot{r}_i$ 可能未知，先将 $\boldsymbol{\Phi}(\xi_{iu}),\boldsymbol{\Phi}(\xi_{ir})$ 和 u_i,r_i 分别输入滤波器

$$\begin{cases}\dot{\boldsymbol{\Phi}}_{iuf}=-\gamma_u\boldsymbol{\Phi}_{iuf}+\boldsymbol{\Phi}(\xi_{iu}),\quad \boldsymbol{\Phi}_{iuf}(0)=\boldsymbol{0}_{m+1}\\ \dot{\boldsymbol{\Phi}}_{irf}=-\gamma_r\boldsymbol{\Phi}_{iuf}+\boldsymbol{\Phi}(\xi_{ir}),\quad \boldsymbol{\Phi}_{iur}(0)=\boldsymbol{0}_{m+1}\end{cases}\tag{4.51}$$

和滤波器

$$\begin{cases} u_{if}^{\mathrm{d}} = u_i - \mathrm{e}^{-\gamma_u t} u_i(0) - \gamma_u u_{if} \\ r_{if}^{\mathrm{d}} = r_i - \mathrm{e}^{-\gamma_r t} r_i(0) - \gamma_r r_{if} \\ \dot{u}_{if} = -\gamma_u u_{if} + u_i, \quad u_{if}(0) = 0 \\ \dot{r}_{if} = -\gamma_r r_{if} + r_i, \quad r_{if}(0) = 0 \end{cases} \tag{4.52}$$

式中，$\gamma_u \in \mathbb{R}^+$ 和 $\gamma_r \in \mathbb{R}^+$ 是滤波器参数；$\boldsymbol{\Phi}_{iuf} \in \mathbb{R}^{m+1}, \boldsymbol{\Phi}_{irf} \in \mathbb{R}^{m+1}, u_{if}^{\mathrm{d}} \in \mathbb{R}, r_{if}^{\mathrm{d}} \in \mathbb{R}$ 是滤波器输出。求解方程（4.51）和方程（4.52）可得

$$\begin{cases} \boldsymbol{\Phi}_{iuf}(t) = \int_0^t \mathrm{e}^{-\gamma_u \tau} \boldsymbol{\Phi}(\xi_{iu}(\tau))\,\mathrm{d}\tau, \quad u_{if}^{\mathrm{d}}(t) = \int_0^t \mathrm{e}^{-\gamma_u \tau} \dot{u}_i\,\mathrm{d}\tau \\ \boldsymbol{\Phi}_{irf}(t) = \int_0^t \mathrm{e}^{-\gamma_r \tau} \boldsymbol{\Phi}(\xi_{ir}(\tau))\,\mathrm{d}\tau, \quad r_{if}^{\mathrm{d}}(t) = \int_0^t \mathrm{e}^{-\gamma_r \tau} \dot{r}_i\,\mathrm{d}\tau \end{cases} \tag{4.53}$$

因此，根据式（4.49）和式（4.53）有以下等式关系

$$\begin{cases} u_{if}^{\mathrm{d}} = \boldsymbol{W}_{iu}^{\mathrm{T}} \boldsymbol{\Phi}_{iuf} + \delta_{iuf} \\ r_{if}^{\mathrm{d}} = \boldsymbol{W}_{ir}^{\mathrm{T}} \boldsymbol{\Phi}_{irf} + \delta_{irf} \end{cases} \tag{4.54}$$

式中，$\delta_{iuf} \in \mathbb{R}$ 和 $\delta_{irf} \in \mathbb{R}$ 分别为

$$\begin{cases} \delta_{iuf} = \mathrm{e}^{-\gamma_u t} \int_0^t \mathrm{e}^{\gamma_u \tau} \delta_{iu}(\tau)\mathrm{d}\tau \\ \delta_{irf} = \mathrm{e}^{-\gamma_r t} \int_0^t \mathrm{e}^{\gamma_r \tau} \delta_{ir}(\tau)\mathrm{d}\tau \end{cases} \tag{4.55}$$

由于 δ_{iu} 和 δ_{ir} 满足 $|\delta_{iu}| \leqslant \bar{\delta}_u$ 和 $|\delta_{ir}| \leqslant \bar{\delta}_r$，根据式（4.55）有 $|\delta_{iuf}| \leqslant \mathrm{e}^{-\gamma_u t} \int_0^t \mathrm{e}^{\gamma_u \tau} \bar{\delta}_u \mathrm{d}\tau \leqslant \bar{\delta}_u / \gamma_u$ 和 $|\delta_{irf}| \leqslant \mathrm{e}^{-\gamma_r t} \int_0^t \mathrm{e}^{\gamma_r \tau} \bar{\delta}_r \mathrm{d}\tau \leqslant \bar{\delta}_r / \gamma_u$ 成立。

为了实现对模糊逻辑系统参数向量 $\boldsymbol{W}_{iu}$ 和 $\boldsymbol{W}_{ir}$ 的学习，对于每艘跟随无人艇 s_i，建立如下数据堆栈用于存储各无人艇的历史数据

$$\mathcal{H}_i = \left\{ (u_{ifl}^{\mathrm{d}}, r_{ifl}^{\mathrm{d}}, \boldsymbol{\Phi}_{iufl}, \boldsymbol{\Phi}_{irfl}) \mid l \in \{1, 2, \cdots, p\} \right\} \tag{4.56}$$

式中，$u_{ifl}^{\mathrm{d}}, r_{ifl}^{\mathrm{d}}, \boldsymbol{\Phi}_{iufl}, \boldsymbol{\Phi}_{irfl}$ 分别表示 $u_{if}(t), r_{if}(t), \boldsymbol{\Phi}_{iuf}(t), \boldsymbol{\Phi}_{irf}(t)$ 在 $t = t_l$，$l = 1, 2, \cdots, p$ 时刻的取值，其中 $t_l \in \mathbb{R}^+$ 满足 $0 < t_1 < \cdots < t_p$，$p \in \mathbb{N}^+$ 表示堆栈长度。堆栈 $\mathcal{H}_i$ 中的变量初值设置为 $\left(u_{ifl}^{\mathrm{d}}(0), r_{ifl}^{\mathrm{d}}(0), \boldsymbol{\Phi}_{iufl}(0), \boldsymbol{\Phi}_{irfl}(0)\right) = (0, 0, \boldsymbol{0}, \boldsymbol{0})$，数据存储过程中，可采用最大奇异值法[185]等算法，使存储数据满足以下条件。

假设 4.3　存储的 $\boldsymbol{\Phi}_{iuf}(t)$ 和 $\boldsymbol{\Phi}_{irf}(t)$ 在时间序列 $(t_1, t_2, \cdots, t_p)$ 上是激励，即存在常数 $\mu_s > 0$，满足

$$\sum_{l=1}^{p} \boldsymbol{\Phi}_{iufl} \boldsymbol{\Phi}_{iufl}^{\mathrm{T}} \geqslant \mu_s \boldsymbol{I}_{m+1}, \quad \sum_{l=1}^{p} \boldsymbol{\Phi}_{irfl} \boldsymbol{\Phi}_{irfl}^{\mathrm{T}} \geqslant \mu_s \boldsymbol{I}_{m+1} \tag{4.57}$$

基于存储和实时的无人艇数据，设计$\hat{\boldsymbol{W}}_{iu}$和$\hat{\boldsymbol{W}}_{ir}$的自适应学习律如下

$$\begin{cases}\dot{\hat{\boldsymbol{W}}}_{iu}=\boldsymbol{\Gamma}_{iu}\text{Proj}\left[\hat{\boldsymbol{W}}_{iu},-\boldsymbol{\Phi}(\boldsymbol{\xi}_{iu})(\hat{u}_i-u_i)-\kappa_{iu}^{\text{w}}\sum_{l=1}^{p}\boldsymbol{\Phi}_{iufl}(\hat{\boldsymbol{W}}_{iu}^{\text{T}}\boldsymbol{\Phi}_{iufl}-u_{ifl}^{\text{d}})\right]\\ \dot{\hat{\boldsymbol{W}}}_{ir}=\boldsymbol{\Gamma}_{ir}\text{Proj}\left[\hat{\boldsymbol{W}}_{ir},-\boldsymbol{\Phi}(\boldsymbol{\xi}_{ir})(\hat{r}_i-r_i)-\kappa_{ir}^{\text{w}}\sum_{l=1}^{p}\boldsymbol{\Phi}_{irfl}(\hat{\boldsymbol{W}}_{ir}^{\text{T}}\boldsymbol{\Phi}_{irfl}-r_{ifl}^{\text{d}})\right]\end{cases}\tag{4.58}$$

式中，$\boldsymbol{\Gamma}_{iu}\in\mathbb{R}^{(m+1)\times(m+1)}$和$\boldsymbol{\Gamma}_{ir}\in\mathbb{R}^{(m+1)\times(m+1)}$为正定的自适应参数矩阵；$\kappa_{iu}^{\text{w}}\in\mathbb{R}^{+}$和$\kappa_{ir}^{\text{w}}\in\mathbb{R}^{+}$为自适应参数；投影算子$\text{Proj}(\cdot)$保证$\hat{b}_{iu}$和$\hat{b}_{ir}$非零[186]，形式如式（2.65），根据定理 2.18 投影算子参数应满足$a_{m+1}\geqslant\varepsilon$。

定义预估器的学习误差$\tilde{u}_i=\hat{u}_i-u_i$，$\tilde{r}_i=\hat{r}_i-r_i$，$\tilde{\boldsymbol{W}}_{iu}=[\tilde{\boldsymbol{\Xi}}_{iu}^{\text{T}},\tilde{b}_{iu}]^{\text{T}}$，$\tilde{\boldsymbol{W}}_{ir}=[\tilde{\boldsymbol{\Xi}}_{ir}^{\text{T}},\tilde{b}_{ir}]^{\text{T}}$，其中$\tilde{\boldsymbol{\Xi}}_{iu}=\hat{\boldsymbol{\Xi}}_{iu}-\boldsymbol{\Xi}_{iu}$，$\tilde{\boldsymbol{\Xi}}_{ir}=\hat{\boldsymbol{\Xi}}_{ir}-\boldsymbol{\Xi}_{ir}$，$\tilde{b}_{iu}=\hat{b}_{iu}-b_{iu}$，$\tilde{b}_{ir}=\hat{b}_{ir}-b_{ir}$，则根据式（4.49）、式（4.50）、式（4.58）可得数据驱动模糊预估器误差子系统

$$\begin{cases}\dot{\tilde{u}}_i=-(k_{iu}+\kappa_{iu}^{\text{p}})\tilde{u}_i+\tilde{\boldsymbol{W}}_{iu}^{\text{T}}\boldsymbol{\Phi}(\boldsymbol{\xi}_{iu})-\delta_{iu}\\ \dot{\tilde{r}}_i=-(k_{ir}+\kappa_{ir}^{\text{p}})\tilde{r}_i+\tilde{\boldsymbol{W}}_{ir}^{\text{T}}\boldsymbol{\Phi}(\boldsymbol{\xi}_{ir})-\delta_{ir}\\ \dot{\tilde{\boldsymbol{W}}}_{iu}=\boldsymbol{\Gamma}_{iu}\text{Proj}[\hat{\boldsymbol{W}}_{iu},-\boldsymbol{\Phi}(\xi_{iu})\tilde{u}_i-\kappa_{iu}^{\text{w}}\sum_{l=1}^{p}\boldsymbol{\Phi}_{iufl}(\tilde{\boldsymbol{W}}_{iu}^{\text{T}}\boldsymbol{\Phi}_{iufl}+\delta_{iufl})]\\ \dot{\tilde{\boldsymbol{W}}}_{ir}=\boldsymbol{\Gamma}_{ir}\text{Proj}[\hat{\boldsymbol{W}}_{ir},-\boldsymbol{\Phi}(\xi_{ir})\tilde{r}_i-\kappa_{ir}^{\text{w}}\sum_{l=1}^{p}\boldsymbol{\Phi}_{irfl}(\tilde{\boldsymbol{W}}_{ir}^{\text{T}}\boldsymbol{\Phi}_{irfl}+\delta_{irfl})]\end{cases}\tag{4.59}$$

接下来，定义动力学误差u_{iz}和r_{iz}如下

$$\begin{cases}u_{iz}=\hat{u}_i-u_{ir}\\ r_{iz}=\hat{r}_i-r_{ir}\end{cases}\tag{4.60}$$

则由式（4.31）、式（4.44）、式（4.50）可知，u_{iz}和r_{iz}对时间的导数为

$$\begin{cases}\dot{u}_{iz}=-(k_{iu}+\kappa_{iu}^{\text{p}})(\hat{u}_i-u_i)+\hat{\boldsymbol{\Xi}}_{iu}^{\text{T}}\boldsymbol{\varphi}(\xi_{iu})+\hat{b}_{iu}\tau_{iu}-u_{ir}^{\text{d}}\\ \dot{r}_{iz}=-(k_{ir}+\kappa_{ir}^{\text{p}})(\hat{r}_i-r_i)+\hat{\boldsymbol{\Xi}}_{ir}^{\text{T}}\boldsymbol{\varphi}(\xi_{ir})+\hat{b}_{ir}\tau_{ir}-r_{ir}^{\text{d}}\end{cases}\tag{4.61}$$

为使无人艇动力学误差收敛，设计如下无模型模糊控制律

$$\begin{cases}\tau_{iu}=\left[-k_{iu}u_{ie}-\hat{\boldsymbol{\Xi}}_{iu}^{\text{T}}\boldsymbol{\varphi}(\xi_{iu})+u_{ir}^{\text{d}}-\beta_{iz}/\rho_{is}\right]\Big/\hat{b}_{iu}\\ \tau_{ir}=\left[-k_{ir}r_{ie}-\hat{\boldsymbol{\Xi}}_{ir}^{\text{T}}\boldsymbol{\varphi}(\xi_{ir})+r_{ir}^{\text{d}}-\eta_{iz}\right]\Big/\hat{b}_{ir}\end{cases}\tag{4.62}$$

式中，$u_{ie}=u_i-u_{ir}$和$r_{ie}=r_i-r_{ir}$分别为纵荡速度跟踪误差和艏摇角速度跟踪误差。

将无人艇无模型模糊控制律（4.62）代入动力学误差系统（4.61），可以得到动力学控制闭环子系统

$$\begin{cases}\dot{u}_{iz}=-k_{iu}u_{iz}-\kappa_{iu}^{\text{p}}\tilde{u}_i-\beta_{iz}/\rho_{is}\\ \dot{r}_{iz}=-k_{ir}r_{iz}-\kappa_{ir}^{\text{p}}\tilde{r}_i-\eta_{iz}\end{cases}\tag{4.63}$$

4.3.5　稳定性分析

本小节分析所提控制方法下闭环系统的稳定性。首先，重新将分布式目标估计器误差子系统（4.13）、扩张状态观测器误差子系统［式（4.25）和式（4.36）］、包围角速度估计器误差子系统（4.42）、数据驱动模糊预估器误差子系统（4.59）、制导与控制闭环子系统［式（4.32）、式（4.45）、式（4.63）］分别写作系统 Σ_1、Σ_2、Σ_3、Σ_4 和 Σ_5，如下

$$\Sigma_1:\ \dot{\boldsymbol{E}}_t=\left(\boldsymbol{I}_N\otimes\boldsymbol{A}-c\boldsymbol{M}_t\otimes\boldsymbol{K}_t\boldsymbol{C}\right)\boldsymbol{E}_t-\boldsymbol{1}_N\otimes\left(\boldsymbol{B}\ddot{\boldsymbol{p}}_t\right)\tag{4.64}$$

$$\Sigma_2:\begin{cases}\dot{\boldsymbol{E}}_{is1}=\boldsymbol{A}_{i1}\boldsymbol{E}_{is1}-\boldsymbol{\sigma}_{is1}^{\mathrm{d}}\\ \dot{\boldsymbol{E}}_{is2}=\boldsymbol{A}_{i2}\boldsymbol{E}_{is2}-\boldsymbol{\sigma}_{is2}^{\mathrm{d}}\end{cases}\tag{4.65}$$

$$\Sigma_3:\ \dot{\tilde{\boldsymbol{\omega}}}_s=-\gamma_\omega\boldsymbol{M}_t\tilde{\boldsymbol{\omega}}_s\tag{4.66}$$

$$\Sigma_4:\begin{cases}\dot{\tilde{u}}_i=-(k_{iu}+\kappa_{iu}^{\mathrm{p}})\tilde{u}_i+\tilde{\boldsymbol{W}}_{iu}^{\mathrm{T}}\boldsymbol{\Phi}(\xi_{iu})-\delta_{iu}\\ \dot{\tilde{r}}_i=-(k_{ir}+\kappa_{ir}^{\mathrm{p}})\tilde{r}_i+\tilde{\boldsymbol{W}}_{ir}^{\mathrm{T}}\boldsymbol{\Phi}(\xi_{ir})-\delta_{ir}\\ \dot{\hat{\boldsymbol{W}}}_{iu}=\boldsymbol{\Gamma}_{iu}\mathrm{Proj}[\hat{\boldsymbol{W}}_{iu},-\boldsymbol{\Phi}(\xi_{iu})\tilde{u}_i-\kappa_{iu}^{\mathrm{w}}\sum_{l=1}^{p}\boldsymbol{\Phi}_{iufl}(\tilde{\boldsymbol{W}}_{iu}^{\mathrm{T}}\boldsymbol{\Phi}_{iufl}+\delta_{iufl})]\\ \dot{\hat{\boldsymbol{W}}}_{ir}=\boldsymbol{\Gamma}_{ir}\mathrm{Proj}[\hat{\boldsymbol{W}}_{ir},-\boldsymbol{\Phi}(\xi_{ir})\tilde{r}_i-\kappa_{ir}^{\mathrm{w}}\sum_{l=1}^{p}\boldsymbol{\Phi}_{irfl}(\tilde{\boldsymbol{W}}_{ir}^{\mathrm{T}}\boldsymbol{\Phi}_{irfl}+\delta_{irfl})]\end{cases}\tag{4.67}$$

$$\Sigma_5:\begin{cases}\dot{\boldsymbol{e}}_d=\boldsymbol{L}(\boldsymbol{\omega}_e-\tilde{\boldsymbol{\omega}}_s)\\ \dot{\rho}_{iz}=-k_{i\delta}\rho_{iz}-q_{i\epsilon}+\hat{U}_{\overline{is}}q_{i\eta}-\tilde{v}_{is}\cos\eta_{is}\\ \dot{\eta}_{iz}=-k_{i\eta}\eta_{iz}-\tilde{\sigma}_{i\eta}-\hat{U}_{\overline{is}}q_{i\eta}\rho_{iz}/\eta_{iz}+q_{ir}+r_{iz}-\tilde{r}_i\\ \dot{\beta}_{iz}=-k_{is}\beta_{iz}-\tilde{\sigma}_{i\beta}+(q_{iu}+u_{iz}-\tilde{u}_i)/\rho_{is}\\ \dot{u}_{iz}=-k_{iu}u_{iz}-\kappa_{iu}^{\mathrm{p}}\tilde{u}_i-\beta_{iz}/\rho_{is}\\ \dot{r}_{iz}=-k_{ir}r_{iz}-\kappa_{ir}^{\mathrm{p}}\tilde{r}_i-\eta_{iz}\end{cases}\tag{4.68}$$

以下引理给出子系统 Σ_1 的稳定性。

引理 4.1　在满足假设 4.1 的前提下，若满足 $\boldsymbol{K}_t=\boldsymbol{P}_t^{-1}\boldsymbol{C}^{\mathrm{T}}$ 且 $c>\max\limits_{i=1,2,\cdots,N}\{1/\lambda_{it}\}$，其中 λ_{it} 是矩阵 $\boldsymbol{M}_t$ 的第 i 个特征值，则分布式目标估计器误差子系统 Σ_1 可以看作一个以 $\boldsymbol{E}_t$ 为状态、以 $\ddot{\boldsymbol{p}}_t$ 为输入的系统，该系统是输入-状态稳定的。并且，估计误差 $\tilde{\boldsymbol{p}}_{it}$ 是一致最终有界的。

证明　考虑以下备选李雅普诺夫函数

$$V_t=\frac{1}{2}\boldsymbol{E}_t^{\mathrm{T}}(\boldsymbol{I}_N\otimes\boldsymbol{P}_t)\boldsymbol{E}_t\tag{4.69}$$

令 V_t 对时间求导，并根据式（4.64）可得

$$\dot{V}_t=\frac{1}{2}\boldsymbol{E}_t^{\mathrm{T}}\left[\boldsymbol{I}_N\otimes(\boldsymbol{P}_t\boldsymbol{A}+\boldsymbol{A}^{\mathrm{T}}\boldsymbol{P}_t)-2c\boldsymbol{M}_t\otimes\boldsymbol{P}_t\boldsymbol{K}_t\boldsymbol{C}\right]\boldsymbol{E}_t-\boldsymbol{E}_t^{\mathrm{T}}(\boldsymbol{1}_N\otimes\boldsymbol{P}_t\boldsymbol{B}\ddot{\boldsymbol{p}}_t) \tag{4.70}$$

由于图$\mathcal{G}_c$是连通的且$\boldsymbol{M}_t=\mathcal{L}+\mathcal{B}_t$，由定理 2.9 可知矩阵$\boldsymbol{M}_t$是正定对称的，因此存在酉矩阵$\boldsymbol{U}_t\in\mathbb{R}^{N\times N}$满足

$$\boldsymbol{U}_t^{\mathrm{T}}\boldsymbol{M}_t\boldsymbol{U}_t=\boldsymbol{\Lambda}_t\triangleq\mathrm{diag}\{\lambda_{1t},\lambda_{2t},\cdots,\lambda_{Nt}\} \tag{4.71}$$

运用变换$\bar{\boldsymbol{E}}_t=(\boldsymbol{U}^{\mathrm{T}}\otimes\boldsymbol{I}_4)\boldsymbol{E}_t$，并根据$\boldsymbol{K}_t=\boldsymbol{P}_t^{-1}\boldsymbol{C}^{\mathrm{T}}$，$c>\max\limits_{i=1,2,\cdots,N}\{1/\lambda_{it}\}$，则$V_t$的导数满足

$$\begin{aligned}\dot{V}_t&=\frac{1}{2}\bar{\boldsymbol{E}}_t^{\mathrm{T}}\left[\boldsymbol{I}_N\otimes(\boldsymbol{P}_t\boldsymbol{A}+\boldsymbol{A}^{\mathrm{T}}\boldsymbol{P}_t)-2c\boldsymbol{\Lambda}_t\otimes\boldsymbol{C}^{\mathrm{T}}\boldsymbol{C}\right]\bar{\boldsymbol{E}}_t-\boldsymbol{E}_t^{\mathrm{T}}(\boldsymbol{1}_N\otimes\boldsymbol{P}_t\boldsymbol{B}\ddot{\boldsymbol{p}}_t)\\&\leqslant-\frac{1}{2}\lambda_{\min}(\boldsymbol{Q})\left\|\bar{\boldsymbol{E}}_t\right\|^2+\sqrt{N}\left\|\boldsymbol{P}_t\boldsymbol{B}\right\|_{\mathrm{F}}\left\|\ddot{\boldsymbol{p}}_t\right\|\left\|\bar{\boldsymbol{E}}_t\right\|\end{aligned} \tag{4.72}$$

由式（4.72）可知，当$\bar{\boldsymbol{E}}_t$满足

$$\left\|\bar{\boldsymbol{E}}_t\right\|\geqslant\frac{2\sqrt{N}}{\bar{\theta}_1\lambda_{\min}(\boldsymbol{Q})}\left\|\boldsymbol{P}_t\boldsymbol{B}\right\|_{\mathrm{F}}\left\|\ddot{\boldsymbol{p}}_t\right\| \tag{4.73}$$

则有

$$\dot{V}_t\leqslant-\frac{1}{2}\left(1-\bar{\theta}_1\right)\lambda_{\min}(\boldsymbol{Q})\left\|\bar{\boldsymbol{E}}_t\right\|^2 \tag{4.74}$$

式中，$\bar{\theta}_1\in\mathbb{R}^+$满足$0<\bar{\theta}_1<1$。因此，根据定理 2.2，子系统$\varSigma_1$是输入-状态稳定的，且系统状态满足

$$\left\|\bar{\boldsymbol{E}}_t(t)\right\|\leqslant\max\left\{\varpi_1\left(\left\|\bar{\boldsymbol{E}}_t(0)\right\|,t\right),\hbar^{\mathrm{p}}\left(\left\|\ddot{\boldsymbol{p}}_t\right\|\right)\right\} \tag{4.75}$$

式中，ϖ_1是$\mathcal{KL}$类函数；$\hbar^{\mathrm{p}}$是$\mathcal{K}$类函数，定义为

$$\hbar^{\mathrm{p}}(s)=\frac{2\left\|\boldsymbol{P}_t\boldsymbol{B}\right\|_{\mathrm{F}}\sqrt{N\lambda_{\max}(\boldsymbol{P})}}{\bar{\theta}_1\lambda_{\min}(\boldsymbol{Q})\sqrt{\lambda_{\min}(\boldsymbol{P})}}s \tag{4.76}$$

当假设 4.1 成立时，由目标无人艇动态（4.1）可知$\left\|\ddot{\boldsymbol{p}}_t\right\|$是有界的，因此系统状态$\left\|\bar{\boldsymbol{E}}_t\right\|$是一致最终有界的。则由$\boldsymbol{E}_t=(\boldsymbol{U}\otimes\boldsymbol{I}_4)\bar{\boldsymbol{E}}_t$可知，分布式目标估计器的估计误差$\tilde{\boldsymbol{p}}_{it}$是一致最终有界的。 ■

以下引理给出子系统$\varSigma_2$的稳定性。

引理 4.2 在满足假设 4.2 的前提下，若存在正定对称矩阵$\boldsymbol{P}_{i1}$和$\boldsymbol{P}_{i2}$分别使等式（4.27）和等式（4.38）成立，则扩张状态观测器子系统$\varSigma_2$可以看作一个以$\boldsymbol{E}_{is1}$和$\boldsymbol{E}_{is2}$为状态、以$\boldsymbol{\sigma}_{is1}^{\mathrm{d}}$和$\boldsymbol{\sigma}_{is2}^{\mathrm{d}}$为输入的系统，该系统是输入-状态稳定的。

证明 考虑以下备选李雅普诺夫函数

$$V_{is}=\frac{1}{2}\left(\boldsymbol{E}_{is1}^{\mathrm{T}}\boldsymbol{P}_{i1}\boldsymbol{E}_{is1}+\boldsymbol{E}_{is2}^{\mathrm{T}}\boldsymbol{P}_{i2}\boldsymbol{E}_{is2}\right) \tag{4.77}$$

令 V_{is} 对时间求导，并将式（4.65）代入可得

$$\begin{aligned}\dot{V}_{is} &= \frac{1}{2}\left[\boldsymbol{E}_{is1}^{\mathrm{T}}\boldsymbol{P}_{i1}(\boldsymbol{A}_{i1}\boldsymbol{E}_{is1}-\boldsymbol{\sigma}_{is1}^{\mathrm{d}})+\boldsymbol{E}_{is2}^{\mathrm{T}}\boldsymbol{P}_{i2}(\boldsymbol{A}_{i2}\boldsymbol{E}_{is2}-\boldsymbol{\sigma}_{is2}^{\mathrm{d}})\right] \\ &\quad+\frac{1}{2}\left[(\boldsymbol{A}_{i1}\boldsymbol{E}_{is1}-\boldsymbol{\sigma}_{is1}^{\mathrm{d}})^{\mathrm{T}}\boldsymbol{P}_{i1}\boldsymbol{E}_{is1}+(\boldsymbol{A}_{i2}\boldsymbol{E}_{is2}-\boldsymbol{\sigma}_{is2}^{\mathrm{d}})^{\mathrm{T}}\boldsymbol{P}_{i2}\boldsymbol{E}_{is2}\right] \\ &= \frac{1}{2}\left[\boldsymbol{E}_{is1}^{\mathrm{T}}(\boldsymbol{A}_{i1}^{\mathrm{T}}\boldsymbol{P}_{i1}+\boldsymbol{P}_{i1}^{\mathrm{T}}\boldsymbol{A}_{i1})\boldsymbol{E}_{is1}+\boldsymbol{E}_{is2}^{\mathrm{T}}(\boldsymbol{A}_{i2}^{\mathrm{T}}\boldsymbol{P}_{i2}+\boldsymbol{P}_{i2}^{\mathrm{T}}\boldsymbol{A}_{i2})\boldsymbol{E}_{is2}\right] \\ &\quad-\left[\boldsymbol{E}_{is1}^{\mathrm{T}}\boldsymbol{P}_{i1}\boldsymbol{\sigma}_{is1}^{\mathrm{d}}+\boldsymbol{E}_{is2}^{\mathrm{T}}\boldsymbol{P}_{i2}\boldsymbol{\sigma}_{is2}^{\mathrm{d}}\right] \\ &= -\frac{1}{2}\left(\boldsymbol{E}_{is1}^{\mathrm{T}}\boldsymbol{E}_{is1}+\boldsymbol{E}_{is2}^{\mathrm{T}}\boldsymbol{E}_{is2}\right)-\left(\boldsymbol{E}_{is1}^{\mathrm{T}}\boldsymbol{P}_{i1}\boldsymbol{\sigma}_{is1}^{\mathrm{d}}+\boldsymbol{E}_{is2}^{\mathrm{T}}\boldsymbol{P}_{i2}\boldsymbol{\sigma}_{is2}^{\mathrm{d}}\right) \\ &\leqslant -\frac{1}{2}\|\boldsymbol{E}_{is}\|^2+\|\boldsymbol{P}_i\|_{\mathrm{F}}\|\boldsymbol{E}_{is}\|\|\boldsymbol{\sigma}_{is}^{\mathrm{d}}\|\end{aligned} \tag{4.78}$$

式中，$\boldsymbol{E}_{is}=[\boldsymbol{E}_{is1}^{\mathrm{T}},\boldsymbol{E}_{is2}^{\mathrm{T}}]^{\mathrm{T}}\in\mathbb{R}^6$；$\boldsymbol{\sigma}_{is}^{\mathrm{d}}=[(\boldsymbol{\sigma}_{is1}^{\mathrm{d}})^{\mathrm{T}},(\boldsymbol{\sigma}_{is2}^{\mathrm{d}})^{\mathrm{T}}]^{\mathrm{T}}\in\mathbb{R}^6$；$\boldsymbol{P}_i=\mathrm{diag}\{\boldsymbol{P}_{i1},\boldsymbol{P}_{i2}\}\in\mathbb{R}^{6\times6}$。

由假设 4.2 可知，向量 $\boldsymbol{\sigma}_{is}^{\mathrm{d}}$ 是有界。因此当 $\boldsymbol{E}_{is}$ 满足

$$\|\boldsymbol{E}_{is}\|\geqslant\frac{2}{\bar{\theta}_2}\|\boldsymbol{P}_i\|_{\mathrm{F}}\|\boldsymbol{\sigma}_{is}^{\mathrm{d}}\| \tag{4.79}$$

则 V_{is} 的导数满足

$$\dot{V}_{is}\leqslant-\frac{1}{2}\left(1-\bar{\theta}_2\right)\|\boldsymbol{E}_{is}\|^2 \tag{4.80}$$

式中，$\bar{\theta}_2\in\mathbb{R}^+$ 满足 $0<\bar{\theta}_2<1$。根据定理 2.2，子系统 $\varSigma_2$ 是输入-状态稳定的，且系统状态满足

$$\|\boldsymbol{E}_{is}(t)\|\leqslant\max\left\{\varpi_{i2}\left(\|\boldsymbol{E}_{is}(0)\|,t\right),\hbar_i^{\sigma}\left(\|\boldsymbol{\sigma}_{is}^{\mathrm{d}}\|\right)\right\} \tag{4.81}$$

式中，ϖ_{i2} 是 $\mathcal{KL}$ 类函数；$\hbar_i^{\sigma}$ 是 $\mathcal{K}$ 类函数，定义为

$$\hbar_i^{\sigma}(s)=\frac{2\|\boldsymbol{P}_i\|_{\mathrm{F}}\sqrt{\lambda_{\max}(\boldsymbol{P}_i)}}{\bar{\theta}_2\sqrt{\lambda_{\min}(\boldsymbol{P}_i)}}s \tag{4.82}$$

■

以下引理给出子系统 $\varSigma_3$ 的稳定性。

引理 4.3　包围角速度估计器误差子系统 $\varSigma_3$ 可以看作一个以 $\tilde{\boldsymbol{\omega}}_s$ 为状态的系统，该系统是全局一致渐近稳定的。

证明　考虑以下备选李雅普诺夫函数

$$V_{ie}=\frac{1}{2}\tilde{\boldsymbol{\omega}}_s^{\mathrm{T}}\tilde{\boldsymbol{\omega}}_s \tag{4.83}$$

令 V_{ie} 对时间求导，并将式（4.66）代入可得

$$\dot{V}_{ie}=-\gamma_{\omega}\tilde{\boldsymbol{\omega}}_s^{\mathrm{T}}\boldsymbol{M}_t\tilde{\boldsymbol{\omega}}_s\leqslant-\gamma_{\omega}\lambda_{\min}(\boldsymbol{M}_t)\|\tilde{\boldsymbol{\omega}}_s\|^2 \tag{4.84}$$

已经证明矩阵 $\boldsymbol{M}_t$ 是正定对称矩阵，所以有 $\lambda_{\min}(\boldsymbol{M}_t)>0$。因此，根据定理 2.1 可得，子系统 $\varSigma_3$ 是全局一致渐近稳定的。 ■

以下引理给出子系统 $\varSigma_4$ 的稳定性。

引理 4.4　若假设 4.3 成立，数据驱动模糊预估器误差子系统 $\varSigma_4$ 可以看作一个以 $\tilde{u}_i,\tilde{r}_i,\tilde{\boldsymbol{W}}_{iu},\tilde{\boldsymbol{W}}_{ir}$ 为状态、以 $\delta_{iu},\delta_{ir},\delta_{iuf},\delta_{irf}$ 为输入的系统，该系统是输入-状态稳定的。

证明　考虑以下备选李雅普诺夫函数

$$V_{ip}=\frac{1}{2}\left(\tilde{u}_i^2+\tilde{r}_i^2+\tilde{\boldsymbol{W}}_{iu}^{\mathrm{T}}\boldsymbol{\Gamma}_{iu}^{-1}\tilde{\boldsymbol{W}}_{iu}+\tilde{\boldsymbol{W}}_{ir}^{\mathrm{T}}\boldsymbol{\Gamma}_{ir}^{-1}\tilde{\boldsymbol{W}}_{ir}\right) \tag{4.85}$$

令 V_{ip} 对时间求导，并将式（4.67）代入可得

$$\begin{aligned}\dot{V}_2=&-(k_{iu}+\kappa_{iu})\tilde{u}_i^2-(k_{ir}+\kappa_{ir})\tilde{r}_i^2+\tilde{\boldsymbol{W}}_{iu}^{\mathrm{T}}\boldsymbol{\Phi}(\xi_{iu})\tilde{u}_i-\delta_{iu}\tilde{u}_i+\tilde{\boldsymbol{W}}_{ir}^{\mathrm{T}}\boldsymbol{\Phi}(\xi_{ir})\tilde{r}_i-\delta_{ir}\tilde{r}_i\\&+\tilde{\boldsymbol{W}}_{iu}^{\mathrm{T}}\mathrm{Proj}[\hat{\boldsymbol{W}}_{iu},-\boldsymbol{\Phi}(\xi_{iu})\tilde{u}_i-\kappa_{iu}^{\mathrm{w}}\sum_{l=1}^{p}\boldsymbol{\Phi}_{iufl}(\tilde{\boldsymbol{W}}_{iu}^{\mathrm{T}}\boldsymbol{\Phi}_{iufl}+\delta_{iufl})]\\&+\tilde{\boldsymbol{W}}_{ir}^{\mathrm{T}}\mathrm{Proj}[\hat{\boldsymbol{W}}_{ir},-\boldsymbol{\Phi}(\xi_{ir})\tilde{r}_i-\kappa_{ir}^{\mathrm{w}}\sum_{l=1}^{p}\boldsymbol{\Phi}_{irfl}(\tilde{\boldsymbol{W}}_{ir}^{\mathrm{T}}\boldsymbol{\Phi}_{irfl}+\delta_{irfl})]\end{aligned} \tag{4.86}$$

根据定理 2.17 中投影算子性质，可以推出

$$\begin{aligned}\dot{V}_{ip}\leqslant&-(k_{iu}+\kappa_{iu})\tilde{u}_i^2-(k_{ir}+\kappa_{ir})\tilde{r}_i^2-\delta_{iu}\tilde{u}_i-\delta_{ir}\tilde{r}_i\\&+\kappa_{iu}^{\mathrm{w}}\tilde{\boldsymbol{W}}_{iu}^{\mathrm{T}}\sum_{l=1}^{p}\boldsymbol{\Phi}_{iufl}(\tilde{\boldsymbol{W}}_{iu}^{\mathrm{T}}\boldsymbol{\Phi}_{iufl}+\delta_{iufl})+\kappa_{ir}^{\mathrm{w}}\tilde{\boldsymbol{W}}_{ir}^{\mathrm{T}}\sum_{l=1}^{p}\boldsymbol{\Phi}_{irfl}(\tilde{\boldsymbol{W}}_{ir}^{\mathrm{T}}\boldsymbol{\Phi}_{irfl}+\delta_{irfl})\\\leqslant&-(k_{iu}+\kappa_{iu})\tilde{u}_i^2-(k_{ir}+\kappa_{ir})\tilde{r}_i^2+\kappa_{iu}^{\mathrm{w}}\tilde{\boldsymbol{W}}_{iu}^{\mathrm{T}}\sum_{l=1}^{p}\boldsymbol{\Phi}_{iufl}\boldsymbol{\Phi}_{iufl}^{\mathrm{T}}\tilde{\boldsymbol{W}}_{iu}\\&+\kappa_{ir}^{\mathrm{w}}\tilde{\boldsymbol{W}}_{ir}^{\mathrm{T}}\sum_{l=1}^{p}\boldsymbol{\Phi}_{irfl}\boldsymbol{\Phi}_{irfl}^{\mathrm{T}}\tilde{\boldsymbol{W}}_{ir}-\tilde{u}_i\delta_{iu}-\tilde{r}_i\delta_{ir}+\kappa_{iu}^{\mathrm{w}}\tilde{\boldsymbol{W}}_{iu}^{\mathrm{T}}\sum_{l=1}^{p}\boldsymbol{\Phi}_{iufl}\delta_{iufl}\\&+\kappa_{ir}^{\mathrm{w}}\tilde{\boldsymbol{W}}_{ir}^{\mathrm{T}}\sum_{l=1}^{p}\boldsymbol{\Phi}_{irfl}\delta_{irfl}\end{aligned} \tag{4.87}$$

由式（2.20）可知 $\|\boldsymbol{\varphi}(\cdot)\|\leqslant 1$，则存在常数 $\bar{\varPhi}_{uf}\in\mathbb{R}^{+}$ 和 $\bar{\varPhi}_{rf}\in\mathbb{R}^{+}$ 满足 $\|\boldsymbol{\Phi}_{iuf}\|\leqslant\bar{\varPhi}_{uf}$ 和 $\|\boldsymbol{\Phi}_{irf}\|\leqslant\bar{\varPhi}_{rf}$。因此，$V_{ip}$ 的时间导数满足

$$\dot{V}_{ip}\leqslant-\lambda_{\min}(\boldsymbol{K}_{ip})\|\boldsymbol{E}_{ip}\|^2+\|\boldsymbol{h}_{ip}\|\|\boldsymbol{E}_{ip}\| \tag{4.88}$$

式中，$\boldsymbol{E}_{ip}=\left[\tilde{u}_{ie},\tilde{r}_{ie},\tilde{\boldsymbol{W}}_{iu}^{\mathrm{T}},\tilde{\boldsymbol{W}}_{ir}^{\mathrm{T}}\right]^{\mathrm{T}}$；$\boldsymbol{h}_{ip}=\left[\delta_{iu},\delta_{ir},\kappa_{iu}^{\mathrm{w}}\bar{\varPhi}_{uf}\sum_{l=1}^{p}\delta_{iufl},\kappa_{ir}^{\mathrm{w}}\bar{\varPhi}_{rf}\sum_{l=1}^{p}\delta_{irfl}\right]^{\mathrm{T}}$；$\boldsymbol{K}_{ip}=\mathrm{diag}\left\{k_{iu}+\kappa_{iu}^{\mathrm{p}},k_{ir}+\kappa_{ir}^{\mathrm{p}},\kappa_{iu}^{\mathrm{w}}\sum_{l=1}^{p}\boldsymbol{\Phi}_{iufl}\boldsymbol{\Phi}_{iufl}^{\mathrm{T}},\kappa_{ir}^{\mathrm{w}}\sum_{l=1}^{p}\boldsymbol{\Phi}_{irfl}\boldsymbol{\Phi}_{irfl}^{\mathrm{T}}\right\}\in\mathbb{R}^{(m+3)\times(m+3)}$。

当假设 4.3 成立时，矩阵 $\sum_{l=1}^{p}\boldsymbol{\Phi}_{iufl}\boldsymbol{\Phi}_{iufl}^{\mathrm{T}}$ 和 $\sum_{l=1}^{p}\boldsymbol{\Phi}_{irfl}\boldsymbol{\Phi}_{irfl}^{\mathrm{T}}$ 是正定的，因此矩阵 $\boldsymbol{K}_{ip}$ 是正定矩阵。根据式（4.88），当 $\boldsymbol{E}_{ip}$ 满足

$$\begin{aligned}\left\|\boldsymbol{E}_{ip}\right\| &\geqslant \frac{\left|\delta_{iu}\right|}{\bar{\theta}_3\lambda_{\min}(\boldsymbol{K}_{ip})}+\frac{\left|\delta_{iu}\right|}{\bar{\theta}_3\lambda_{\min}(\boldsymbol{K}_{ip})}+\frac{\kappa_{iu}^{\mathrm{w}}\bar{\Phi}_{uf}\sum_{l=1}^{p}\left|\delta_{iufl}\right|}{\bar{\theta}_3\lambda_{\min}(\boldsymbol{K}_{ip})}+\frac{\kappa_{ir}^{\mathrm{w}}\bar{\Phi}_{rf}\sum_{l=1}^{p}\left|\delta_{irfl}\right|}{\bar{\theta}_3\lambda_{\min}(\boldsymbol{K}_{ip})}\\ &\geqslant \frac{\left\|\boldsymbol{h}_{ip}\right\|}{\bar{\theta}_3\lambda_{\min}(\boldsymbol{K}_{ip})}\end{aligned}\tag{4.89}$$

则有

$$\dot{V}_{ip}\leqslant-\left(1-\bar{\theta}_3\right)\lambda_{\min}(\boldsymbol{K}_{ip})\left\|\boldsymbol{E}_{ip}\right\|^2\tag{4.90}$$

式中，$\bar{\theta}_3\in\mathbb{R}^+$ 满足 $0<\bar{\theta}_3<1$。由定理 2.2 可知，子系统 Σ_4 是输入-状态稳定的，且系统状态满足

$$\begin{aligned}\left\|\boldsymbol{E}_{ip}(t)\right\|\leqslant\max\Big\{&\varpi_{i3}\left(\left\|\boldsymbol{E}_{ip}(0)\right\|,t\right),\\ &\hbar_i^{\delta}\left(\left|\delta_{iu}\right|\right)+\hbar_i^{\delta}\left(\left|\delta_{ir}\right|\right)+\sum_{l=1}^{p}\hbar_i^{uf}\left(\left|\delta_{iufl}\right|\right)+\sum_{l=1}^{p}\hbar_i^{rf}\left(\left|\delta_{irfl}\right|\right)\Big\}\end{aligned}\tag{4.91}$$

式中，ϖ_{i3} 是 $\mathcal{KL}$ 类函数；$\hbar_i^{\delta}$，$\hbar_i^{uf}$ 和 $\hbar_i^{rf}$ 是 $\mathcal{K}$ 类函数，定义为

$$\begin{cases}\hbar_i^{\delta}(s)=\dfrac{\sqrt{\lambda_{\max}(\boldsymbol{S}_{ip})}}{\bar{\theta}_{i3}\lambda_{\min}(\boldsymbol{K}_{ip})\sqrt{\lambda_{\min}(\boldsymbol{S}_{ip})}}s\\ \hbar_i^{uf}(s)=\dfrac{\kappa_{iu}^{\mathrm{w}}\bar{\Phi}_{uf}\sqrt{\lambda_{\max}(\boldsymbol{S}_{ip})}}{\bar{\theta}_{i3}\lambda_{\min}(\boldsymbol{K}_{ip})\sqrt{\lambda_{\min}(\boldsymbol{S}_{ip})}}s\\ \hbar_i^{rf}(s)=\dfrac{\kappa_{ir}^{\mathrm{w}}\bar{\Phi}_{rf}\sqrt{\lambda_{\max}(\boldsymbol{S}_{ip})}}{\bar{\theta}_{i3}\lambda_{\min}(\boldsymbol{K}_{ip})\sqrt{\lambda_{\min}(\boldsymbol{S}_{ip})}}s\end{cases}\tag{4.92}$$

其中，$\boldsymbol{S}_{ip}=\mathrm{diag}\left\{1,\boldsymbol{\Gamma}_{iu}^{-1},\boldsymbol{\Gamma}_{ir}^{-1}\right\}\in\mathbb{R}^{(2m+3)\times(2m+3)}$。■

以下引理给出子系统 Σ_5 的稳定性。

引理 4.5　制导与控制闭环子系统 Σ_5 可以看作一个以 $\rho_{iz},\eta_{iz},\beta_{iz},u_{iz},r_{iz},e_{id}-e_{(i-)d}$ 为状态、以 $\tilde{v}_{is},\tilde{\sigma}_{i\eta},\tilde{\sigma}_{i\beta},q_{iu},q_{ir},q_{i\epsilon},\tilde{u}_i,\tilde{r}_i,\tilde{\omega}_s$ 为输入的系统，该系统是输入-状态稳定的。

证明　考虑以下备选李雅普诺夫函数

$$V_c=\frac{1}{2}\sum_{i=1}^{N}\left[\rho_{iz}^2+\eta_{iz}^2+\beta_{iz}^2+u_{iz}^2+r_{iz}^2+\left(e_{id}-e_{(i-)d}\right)^2\right]\tag{4.93}$$

由于$\sum_{i=1}^{N}(e_{id}-e_{(i-)d})^2=\boldsymbol{e}_d^{\mathrm{T}}\boldsymbol{L}\boldsymbol{L}^{\mathrm{T}}\boldsymbol{e}_d$，令$V_c$对时间求导，并将式（4.68）代入可得

$$
\begin{aligned}
\dot{V}_c=&\sum_{i=1}^{N}\Big[-k_{i\delta}\rho_{iz}^2-\rho_{iz}(q_{i\epsilon}+\tilde{v}_{is}\cos\eta_{is})-k_{i\eta}\eta_{iz}^2+\eta_{iz}(-\tilde{\sigma}_{i\eta}+q_{ir}-\tilde{r}_i)\\
&-k_{is}\beta_{iz}^2-\beta_{iz}\tilde{\sigma}_{i\beta}+\beta_{iz}(q_{iu}-\tilde{u}_i)/\rho_{is}-k_{iu}u_{iz}^2-\kappa_{iu}^{\mathrm{p}}\tilde{u}_iu_{iz}-k_{i2}r_{iz}^2-\kappa_{ir}^{\mathrm{p}}\tilde{r}_ir_{iz}\Big]\\
&+\frac{1}{2}(-\boldsymbol{e}_d^{\mathrm{T}}\boldsymbol{L}\boldsymbol{\mu}\boldsymbol{L}^{\mathrm{T}}\boldsymbol{L}\boldsymbol{L}^{\mathrm{T}}\boldsymbol{e}_d-\boldsymbol{e}_d^{\mathrm{T}}\boldsymbol{L}\boldsymbol{L}^{\mathrm{T}}\boldsymbol{L}\boldsymbol{\mu}\boldsymbol{L}^{\mathrm{T}}\boldsymbol{e}_d-\tilde{\boldsymbol{\omega}}_s^{\mathrm{T}}\boldsymbol{L}^{\mathrm{T}}\boldsymbol{L}\boldsymbol{L}\boldsymbol{e}_d-\boldsymbol{e}_d^{\mathrm{T}}\boldsymbol{L}\boldsymbol{L}^{\mathrm{T}}\boldsymbol{L}\tilde{\boldsymbol{\omega}}_s)\\
\leqslant&\sum_{i=1}^{N}\Big[-\lambda_{\min}(\boldsymbol{K}_{ic})\|\boldsymbol{E}_{ic}\|^2+\|\boldsymbol{E}_{ic}\|\|\boldsymbol{h}_{ic}\|\Big]-\lambda_{\min}(\boldsymbol{\mu})\|\boldsymbol{L}\|_{\mathrm{F}}^2\|\boldsymbol{L}^{\mathrm{T}}\boldsymbol{e}_d\|^2+\|\boldsymbol{L}\|_{\mathrm{F}}^2\|\tilde{\boldsymbol{\omega}}_s\|\|\boldsymbol{L}^{\mathrm{T}}\boldsymbol{e}_d\|
\end{aligned}\tag{4.94}
$$

式中，$\boldsymbol{\mu}=\mathrm{diag}\{\mu_i\}\in\mathbb{R}^N$；$\boldsymbol{E}_{ic}=[\rho_{iz},\eta_{iz},\beta_{iz},u_{iz},r_{iz}]^{\mathrm{T}}$；$\boldsymbol{h}_{ic}=[-q_{i\epsilon}-\tilde{v}_{is}\cos\eta_{is},-\tilde{\sigma}_{i\eta}+q_{ir}-\tilde{r}_i,-\tilde{\sigma}_{i\beta}+(q_{iu}-\tilde{u}_i)/\rho_{is},-\kappa_{iu}^{\mathrm{p}}\tilde{u}_i,-\kappa_{ir}^{\mathrm{p}}\tilde{r}_i]^{\mathrm{T}}$。

定义状态向量$\boldsymbol{E}_c=\Big[\|\boldsymbol{E}_{1c}\|,\|\boldsymbol{E}_{2c}\|,\cdots,\|\boldsymbol{E}_{Nc}\|,\|\boldsymbol{L}^{\mathrm{T}}\boldsymbol{e}_d\|\Big]^{\mathrm{T}}$，可以推出

$$
\dot{V}_c\leqslant-k_c\|\boldsymbol{E}_c\|^2+\left(\sum_{i=1}^{N}\|\boldsymbol{h}_{ic}\|+\|\boldsymbol{L}\|_{\mathrm{F}}^2\|\tilde{\boldsymbol{\omega}}_s\|\right)\|\boldsymbol{E}_c\|\tag{4.95}
$$

式中，$k_c=\lim\limits_{i=1,2,\cdots,N}\{\lambda_{\min}(\boldsymbol{K}_{ic}),\lambda_{\min}(\boldsymbol{\mu})\}$。

由式（4.95）可知，当$\boldsymbol{E}_c$满足

$$
\begin{aligned}
\|\boldsymbol{E}_c\|\geqslant&\sum_{i=1}^{N}\left[\frac{|q_{i\epsilon}|}{\bar{\theta}_4k_c}+\frac{|\tilde{v}_{is}|}{\bar{\theta}_4k_c}+\frac{|\tilde{\sigma}_{i\eta}|}{\bar{\theta}_4k_c}+\frac{|\tilde{\sigma}_{i\beta}|}{\bar{\theta}_4k_c}+\frac{|q_{ir}|}{\bar{\theta}_4k_c}+\frac{|q_{iu}|}{\bar{\theta}_4k_c\rho_{is}}\right.\\
&\left.+\frac{(\kappa_{ir}^{\mathrm{p}}+1)|\tilde{r}_i|}{\bar{\theta}_4k_c}+\frac{(\kappa_{iu}^{\mathrm{p}}+1/\rho_{is})|\tilde{u}_i|}{\bar{\theta}_4k_c}\right]+\frac{\|\boldsymbol{L}\|_{\mathrm{F}}^2\|\tilde{\boldsymbol{\omega}}_s\|}{\bar{\theta}_4k_c}\\
\geqslant&\frac{\sum_{i=1}^{N}\|\boldsymbol{h}_{ic}\|+\|\boldsymbol{L}\|_{\mathrm{F}}^2\|\tilde{\boldsymbol{\omega}}_s\|}{\bar{\theta}_4k_c}
\end{aligned}\tag{4.96}
$$

则有

$$
\dot{V}_c\leqslant-\left(1-\bar{\theta}_4\right)k_c\|\boldsymbol{E}_c\|^2\tag{4.97}
$$

式中，$\bar{\theta}_4\in\mathbb{R}^+$满足$0<\bar{\theta}_4<1$。由定理 2.2 可知，子系统$\varSigma_5$是输入-状态稳定的，且系统状态满足

$$
\begin{aligned}
\|\boldsymbol{E}_c(t)\|\leqslant\max\Bigg\{&\varpi_4\left(\|\boldsymbol{E}_c(0)\|,t\right),\sum_{l=1}^{p}\Big[\hbar_i^q\left(|q_{i\epsilon}|\right)+\hbar_i^q\left(|\tilde{v}_{is}|\right)+\hbar_i^q\left(|\tilde{\sigma}_{i\eta}|\right)+\hbar_i^q\left(|\tilde{\sigma}_{i\beta}|\right)\\
&+\hbar_i^q\left(|q_{ir}|\right)+\hbar_i^{qu}\left(|q_{iu}|\right)+\hbar_i^{\tilde{u}}\left(|\tilde{u}_i|\right)+\hbar_i^{\tilde{r}}\left(|\tilde{r}_i|\right)\Big]+\hbar^{\omega}\left(\|\tilde{\boldsymbol{\omega}}_s\|\right)\Bigg\}
\end{aligned}\tag{4.98}
$$

式中，ϖ_4是$\mathcal{KL}$类函数；$\hbar_i^q,\hbar_i^{qu},\hbar_i^{\tilde{u}},\hbar_i^{\tilde{r}}$和$\hbar^{\omega}$是$\mathcal{K}$类函数，定义为

$$\begin{cases} \hbar_i^q(s) = \dfrac{1}{\bar{\theta}_4 k_c} s, & \hbar_i^{qu}(s) = \dfrac{1}{\bar{\theta}_4 k_c \rho_{is}} s \\ \hbar_i^{\tilde{r}}(s) = \dfrac{(\kappa_{ir}^{\mathrm{p}} + 1)}{\bar{\theta}_4 k_c} s, & \hbar_i^{\tilde{u}}(s) = \dfrac{(\kappa_{iu}^{\mathrm{p}} + 1/\rho_{is})}{\bar{\theta}_4 k_c} s \\ \hbar^{\varpi}(s) = \dfrac{\|\boldsymbol{L}\|_{\mathrm{F}}^2}{\bar{\theta}_4 k_c} s \end{cases} \tag{4.99}$$

■

以下定理给出各子系统所构成的级联系统的稳定性结论。

定理 4.1　考虑由目标无人艇（4.1）和跟随无人艇［式（4.2）和式（4.3）］组成的多无人艇系统。在满足假设 4.1～假设 4.3 的前提下，采用分布式目标估计器（4.10）、扩张状态观测器［式（4.24）和式（4.35）］、数据驱动模糊预估器（4.50）、自适应学习律（4.58）、包围角速度估计器（4.40）、距离保持制导律（4.30）、相位分布制导律［式（4.39）和式（4.43）］和无模型模糊控制律（4.62），若参数选择满足引理 4.1 中的条件，则多无人艇协同目标包围级联系统是输入-状态稳定的，并且闭环系统中的误差均为一致最终有界的。协同目标包围控制的包围运动任务（4.8）和协同编队任务（4.9）能够被实现。

证明　引理 4.1～引理 4.5 已经指出，以 $\boldsymbol{E}_t$ 为状态、以 $\ddot{\boldsymbol{p}}_t$ 为输入的子系统 Σ_1 是输入-状态稳定的；以 $\boldsymbol{E}_{is1}$ 和 $\boldsymbol{E}_{is2}$ 为状态、以 $\boldsymbol{\sigma}_{is1}^{\mathrm{d}}$ 和 $\boldsymbol{\sigma}_{is2}^{\mathrm{d}}$ 为输入的子系统 Σ_2 是输入-状态稳定的；以 $\tilde{\boldsymbol{\omega}}_s$ 为状态的子系统 Σ_3 是全局一致渐近稳定的；以 $\tilde{u}_i, \tilde{r}_i, \tilde{\boldsymbol{W}}_{iu}, \tilde{\boldsymbol{W}}_{ir}$ 为状态、以 $\delta_{iu}, \delta_{ir}, \delta_{iuf}, \delta_{irf}$ 为输入的子系统 Σ_4 是输入-状态稳定的；以 $\rho_{iz}, \eta_{iz}, \beta_{iz}, u_{iz}, r_{iz}$，$e_{id} - e_{(i-)d}$ 为状态、以 $\tilde{v}_{is}, \tilde{\sigma}_{i\eta}, \tilde{\sigma}_{i\beta}, q_{iu}, q_{ir}, q_{i\epsilon}, \tilde{u}_i, \tilde{r}_i, \tilde{\boldsymbol{\omega}}_s$ 为输入的子系统 Σ_5 是输入-状态稳定的。根据级联系统的相关定理 2.3 和定理 2.4，由子系统 $\Sigma_2, \Sigma_3, \Sigma_4, \Sigma_5$ 构成的级联系统，可以看作一个以 $\rho_{iz}, \eta_{iz}, \beta_{iz}, u_{iz}, r_{iz}, e_{id} - e_{(i-)d}, \boldsymbol{E}_{is1}$, $\boldsymbol{E}_{is2}, \tilde{\boldsymbol{\omega}}_s, \tilde{u}_i, \tilde{r}_i, \tilde{\boldsymbol{W}}_{iu}, \tilde{\boldsymbol{W}}_{ir}$ 为状态、以 $\boldsymbol{\sigma}_{is1}^{\mathrm{d}}, \boldsymbol{\sigma}_{is2}^{\mathrm{d}}, \delta_{iu}, \delta_{ir}, \delta_{iuf}, \delta_{irf}, q_{iu}, q_{ir}, q_{i\epsilon}$ 为输入的系统，该系统是输入-状态稳定的，且存在 $\mathcal{KL}$ 类函数 ϖ 和 $\mathcal{K}$ 类函数 $\hbar$，满足

$$\|\boldsymbol{E}(t)\| \leqslant \max\left\{\varpi\left(\|\boldsymbol{E}(0)\|, t\right), \hbar\left(\|\boldsymbol{q}\|\right)\right\} \tag{4.100}$$

式中，$\boldsymbol{E} = [\boldsymbol{E}_1^{\mathrm{T}}, \boldsymbol{E}_2^{\mathrm{T}}, \cdots, \boldsymbol{E}_N^{\mathrm{T}}]^{\mathrm{T}}$；$\boldsymbol{q} = [\boldsymbol{q}_1^{\mathrm{T}}, \boldsymbol{q}_2^{\mathrm{T}}, \cdots, \boldsymbol{q}_N^{\mathrm{T}}]^{\mathrm{T}}$，其中 $\boldsymbol{E}_i = [\rho_{iz}, \eta_{iz}, \beta_{iz}, u_{iz}, r_{iz}, (e_{id} - e_{(i-)d})^{\mathrm{T}}, \boldsymbol{E}_{is1}^{\mathrm{T}}, \boldsymbol{E}_{is2}^{\mathrm{T}}, \tilde{\boldsymbol{\omega}}_s^{\mathrm{T}}, \tilde{u}_i, \tilde{r}_i, \tilde{\boldsymbol{W}}_{iu}^{\mathrm{T}}, \tilde{\boldsymbol{W}}_{ir}^{\mathrm{T}}]^{\mathrm{T}}$，$\boldsymbol{q}_i = [(\boldsymbol{\sigma}_{is1}^{\mathrm{d}})^{\mathrm{T}}, (\boldsymbol{\sigma}_{is2}^{\mathrm{d}})^{\mathrm{T}}, \delta_{iu}, \delta_{ir}, \delta_{iuf}, \delta_{irf}, q_{iu}, q_{ir}, q_{i\epsilon}]^{\mathrm{T}}$，$i = 1, 2, \cdots, N$。

由于输入 $\boldsymbol{\sigma}_{is1}^{\mathrm{d}}, \boldsymbol{\sigma}_{is2}^{\mathrm{d}}, \delta_{iu}, \delta_{ir}, \delta_{iuf}, \delta_{irf}, q_{iu}, q_{ir}, q_{i\epsilon}$ 均有界，界值为 $(\bar{v}_s^{\mathrm{d}} + \bar{\sigma}_\beta^{\mathrm{d}})$, $\bar{\delta}_u, \bar{\delta}_r, \bar{\delta}_u/\gamma_u, \bar{\delta}_r/\gamma_r, \bar{q}_u, \bar{q}_r, \epsilon$，所以闭环系统误差 $\rho_{iz}, \eta_{iz}, \beta_{iz}, u_{iz}, r_{iz}, e_{id} - e_{(i-)d}$, $\tilde{\boldsymbol{\omega}}_s, \tilde{u}_i, \tilde{r}_i, \tilde{\boldsymbol{W}}_{iu}, \tilde{\boldsymbol{W}}_{ir}$ 均是一致最终有界的。又因为 $\boldsymbol{1}_N^{\mathrm{T}} \boldsymbol{e}_d = 2\pi$，存在常数 $\delta_{id} \in \mathbb{R}^+$ 满足

$$\lim_{t\to\infty}\left|e_{id}-2\pi/N\right|\leqslant\delta_{id} \tag{4.101}$$

根据$\left|e_{is}-2\pi/N\right|\leqslant\left|e_{id}-2\pi/N\right|+\left|\beta_{(i+)z}\right|+\left|\beta_{iz}\right|$，误差$e_{is}-2\pi/N$一致最终有界。

接下来从几何上证明协同目标包围跟踪误差ρ_{ie}和e_{ie}的收敛。考虑由目标无人艇o、跟随无人艇s_i和由无人艇s_i重构的估计目标$\hat{o}$组成的三角形，如图 4.4 所示。定义o与$\hat{o}$距离为$\tilde{\rho}_{it}=\left\|\hat{\boldsymbol{p}}_{it}-\boldsymbol{p}_t\right\|$，定义$o$与$\hat{o}$关于$s_i$的角度$e_{it}=\beta_{is}-\beta_i$。则由图 4.4（a）中的几何关系可知$\rho_i\leqslant\rho_{is}+\tilde{\rho}_{it}$，因此有不等式$\left|\rho_{ie}\right|=\left|\rho_i-\rho_d\right|\leqslant\left|\rho_{is}-\rho_d\right|+\tilde{\rho}_{it}=\left|\rho_{iz}\right|+\tilde{\rho}_{it}$。由式(4.6)可知$\left|e_{ie}\right|=\left|e_i-2\pi/N\right|=\left|\beta_{i+}-\beta_i+\varsigma_i-2\pi/N\right|\leqslant\left|\beta_{(i+)s}+e_{(i+)t}-\beta_{is}-e_{it}+\varsigma_i-2\pi/N\right|\leqslant\left|e_{is}-2\pi/N\right|+\left|e_{it}\right|+\left|e_{(i+)t}\right|$，根据图 4.4（b）中的几何关系和正弦定理$\sin\left|e_{it}\right|=\tilde{\rho}_{it}/(2R_i)$，其中$R_i$为外接圆半径。因此有不等式$\left|e_{ie}\right|\leqslant\left|e_{iz}\right|+\arcsin\left(\tilde{\rho}_{(i+)t}/(2R_{i+})\right)+\arcsin\left(\tilde{\rho}_{it}/(2R_i)\right)$。根据引理 4.1，由于$\left\|\ddot{\boldsymbol{p}}_t\right\|\leqslant\sqrt{(\overline{u}_t^{\mathrm{d}})^2+(\overline{v}_t^{\mathrm{d}})^2}$，$\boldsymbol{E}_{it}$是一致最终有界的，因此$\tilde{\rho}_{it}$是一致最终有界的。则误差$\rho_{ie}$和$e_{ie}$有界，所提控制器能够实现协同目标包围控制目标［式（4.8）和式（4.9）］。

同时，由于速度跟踪误差满足

$$\begin{cases}\left|u_{ie}\right|=\left|u_{iz}-\tilde{u}_i\right|\leqslant\left|u_{iz}\right|+\left|\tilde{u}_i\right|\\\left|r_{ie}\right|=\left|r_{iz}-\tilde{r}_i\right|\leqslant\left|r_{iz}\right|+\left|\tilde{r}_i\right|\end{cases} \tag{4.102}$$

速度跟踪误差u_{ie}和r_{ie}也是一致最终有界的。 ■

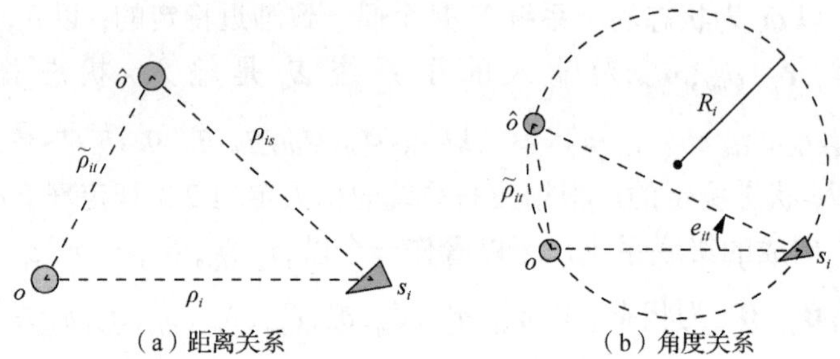

图 4.4 协同目标包围跟踪误差几何关系

4.4 仿真验证

本节对所提出的多无人艇协同目标包围控制器进行了仿真验证，证明所提方法在对运动目标协同包围时的有效性。考虑由一艘目标无人艇与六艘跟随无人艇组成的多无人艇系统，其中目标无人艇运动方程满足式（4.1），跟随无人艇动态

方程满足式（4.2）和式（4.3）。无人艇的模型基于文献[119]中 Cybership II 型无人艇的模型参数，为验证所提控制器在不同控制输入增益和模型不确定性下的性能，各跟随无人艇的惯性参数分别给定为 $m_{iu}=25.8w_{im}$，$m_{iv}=33.8w_{im}$，$m_{ir}=2.76w_{im}$，其中 $(w_{1m},w_{2m},w_{3m},w_{4m},w_{5m},w_{6m})=(1,1,0.5,2,1,1)$，各无人艇艇模型中非线性函数项给定为 $f_{iu}=-33.8v_ir_i-1.0948r_i^2+w_{if}(0.72u_i+1.33|u_i|u_i+5.87u_i^3)$，$f_{ir}=33.8u_iv_i+1.0948u_ir_i-25.8u_iv_i+w_{if}(1.90r_i-0.08|v_i|r_i+0.75|r_i|r_i)$，其中 $(w_{1f},w_{2f},w_{3f},w_{4f},w_{5f},w_{6f})=(1,1,1,1,0.5,2)$。在 $t=200\text{s}$ 时刻，跟随无人艇 s_1 惯性参数由 $m_{1u}=25.8\text{kg}$ 和 $m_{1r}=2.76\text{kg}\cdot\text{m}^2$ 突变为 $m_{1u}=10\text{kg}$ 和 $m_{1r}=1.5\text{kg}\cdot\text{m}^2$，模拟无人艇负载变化的情况。无人艇所受环境扰动建模为一阶高斯-马尔可夫过程 $\dot{\boldsymbol{\tau}}_{id}+0.5\boldsymbol{\tau}_{id}=\boldsymbol{w}_i$，其中 $\boldsymbol{\tau}_{id}=[\tau_{idu},\tau_{idv},\tau_{idr}]^{\mathrm{T}}\in\mathbb{R}^3$ 为环境扰动力矩向量，$\boldsymbol{w}_i\in\mathbb{R}^3$ 为一个白噪声向量。目标无人艇以未知且时变速度移动，目标位置信息对跟随无人艇 s_1 已知，速度给定为 $u_t=0.1+0.05\sin(\pi t/500)\ \text{m/s}$，$r_t=\pi/500\cos(\pi t/500)\ \text{rad/s}$。跟随无人艇的控制采用所设计的分布式目标估计器（4.10）、距离保持制导律（4.30）、相位分布制导律（4.43）以及无模型模糊控制律（4.62），期望包围距离 $\rho_d=10\text{m}$，参考包围角速度 $\omega_s=0.1\ \text{rad/s}$，控制参数选择见表 4.1。

表 4.1　协同单目标包围控制参数

参数名称	参数符号	参数值
分布式目标估计器参数	$(\boldsymbol{\kappa}_{i1},\boldsymbol{\kappa}_{i2},c)$	$(\text{diag}\{10,10\},\text{diag}\{25,25\},10)$
扩张状态观测器参数	$(\kappa_1^{\text{o}},\kappa_2^{\text{o}},\kappa_3^{\text{o}},\kappa_4^{\text{o}},\kappa_5^{\text{o}},\kappa_6^{\text{o}})$	$(20,100,20,100,60,900)$
制导律参数	$(k_{iB},k_{i\eta},\mu_i)$	$(2,5,5)$
视距制导前视距离	$\varDelta_i$	5m
包围角速度估计器	γ_ω	1
跟踪微分器参数	$(\gamma_{i1},\gamma_{i2})$	$(20,20)$
滤波器参数	(γ_u,γ_r)	$(1,1)$
数据驱动模糊预估器参数	$(\kappa_{iu}^{\text{p}},\kappa_{ir}^{\text{p}})$	$(30,20)$
纵荡自适应学习参数	$(\boldsymbol{\Gamma}_{iu},\kappa_{iu}^{\text{w}})$	$(\text{diag}\{100\boldsymbol{I}_{19},10\},10^{-5})$
艏摇自适应学习参数	$(\boldsymbol{\Gamma}_{ir},\ \kappa_{ir}^{\text{w}})$	$(\text{diag}\{100\boldsymbol{I}_{19},10\},10^{-4})$
数据堆栈长度	p	1000
控制律参数	(k_{iu},k_{ir})	$(0.5,2)$
其他设计参数	ϵ	0.001

仿真结果如图 4.5～图 4.11 所示。其中，图 4.5 为协同目标包围中目标无人艇和跟随无人艇的轨迹图。从图 4.5 可以看出，采用所提的分布式协同目标包围控制方法，六艘跟随无人艇能够围绕速度未知的运动目标以期望距离和编队进行环航。图 4.6 为采用所提控制方法和采用基于模型控制方法下的协同目标包围距离误差对比图。从图 4.6 可以看出，在 $t\in[0, 200\text{s})$ 时间段内，采用两种控制策略的距离误差均能收敛到原点的邻域内；在 $t\in[200\text{s}, 400\text{s}]$ 时间段内，由于模型惯性参数的变化，采用基于模型的控制方法距离误差显著增大，而采用所提方法的距离误差仍能收敛到原点较小的领域内。图 4.7 为采用所提控制方法和采用基于模型控制方法下的协同目标包围分散相位角对比图。从图 4.7 可以看出，在 $t\in[0, 200\text{s})$ 时间段内，采用两种控制策略的跟踪误差均能收敛到期望值 $\pi/3$ 的邻域内；在 $t\in[200\text{s}, 400\text{s}]$ 时间段内，采用基于模型的控制方法下的分散相位角无法准确跟踪期望值，而采用所提控制方法下的分散相位角仍能收敛到期望值 $\pi/3$ 附近。图 4.8 为扩张状态观测器估计的未知运动学状态估计值和对应的实际值曲线。从图 4.8 可以看出，设计的扩张状态观测器可以有效地对由未知目标速度与未知侧滑引入的未知运动学状态进行估计。图 4.9 为数据驱动模糊预估器对模型动力学不确定性的学习效果。从图 4.9 可以看出，所提数据驱动模糊预估器可以实现对无人艇纵荡和艏摇方向的动力学不确定性的在线学习。图 4.10 为数据驱动模糊预估器对控制输入增益、未知模型非线性、环境扰动的总学习误差曲线图。从图 4.10 可以看出，数据驱动模糊预估器可以实现对模型未知动力学的在线学习，且在系统惯性参数发生突变后，总学习误差仍能收敛到原点邻域内。图 4.11 为六艘跟随无人艇采用所提控制器的纵荡控制推力和艏摇控制力矩，可以看出控制输入信号有界，并且由于各无人艇模型参数的不同，控制输入的幅值也不相同。

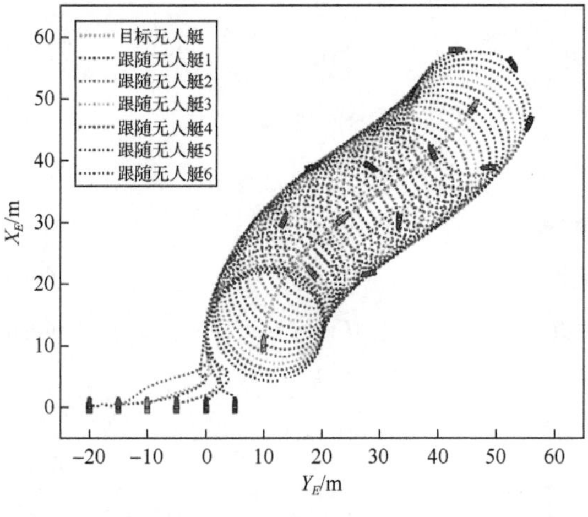

图 4.5　协同目标包围轨迹

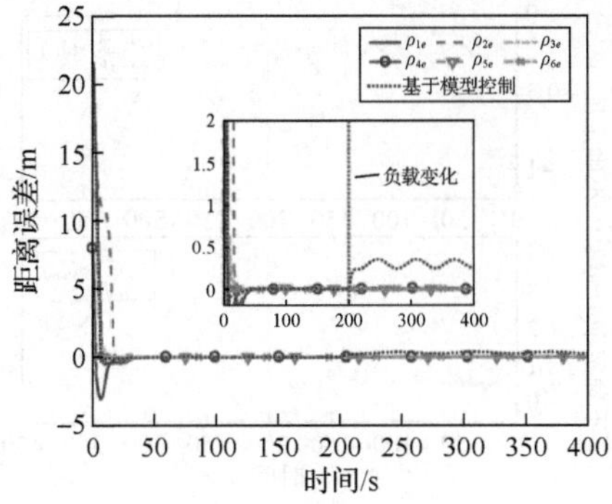

图 4.6　协同目标包围距离误差

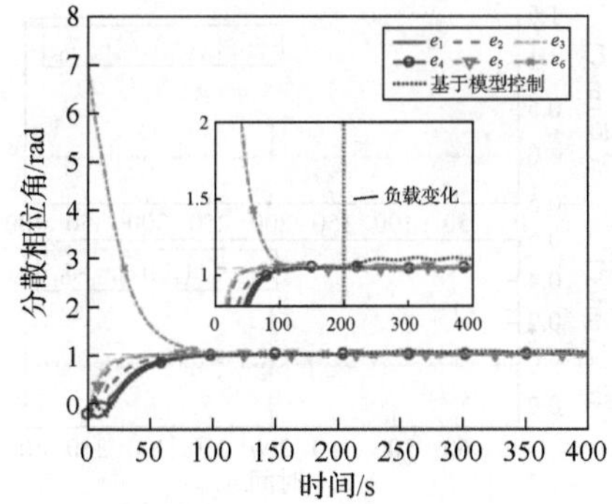

图 4.7　协同目标包围分散相位角

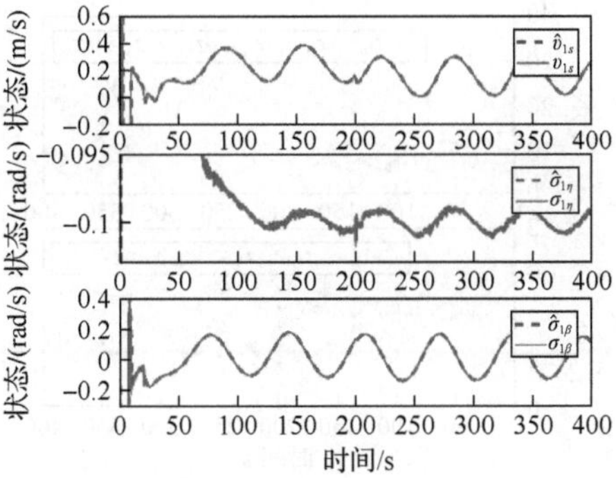

图 4.8　未知运动学状态估计

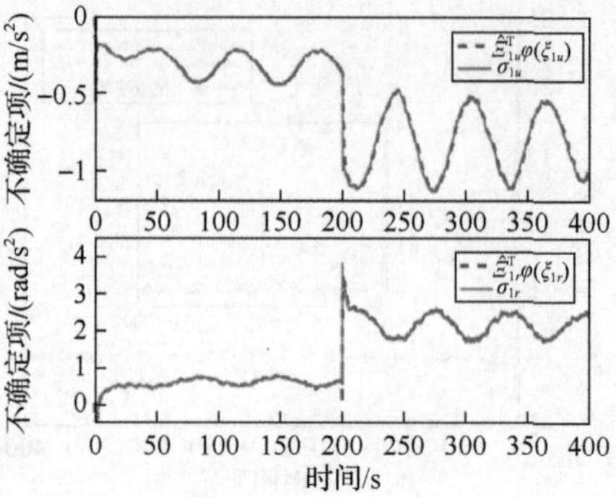

图 4.9　动力学不确定性学习效果

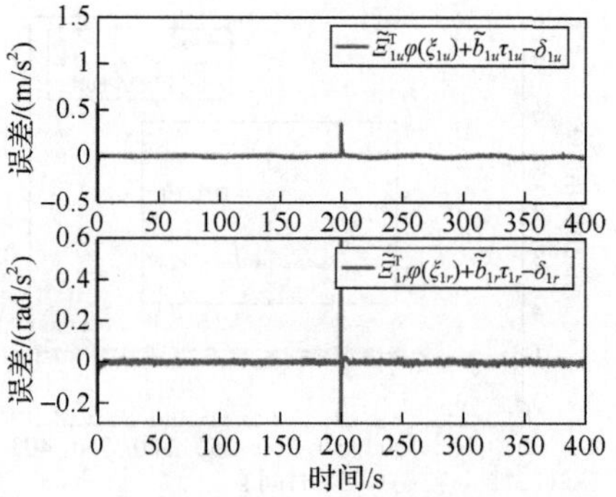

图 4.10　数据驱动模糊预估器的总学习误差

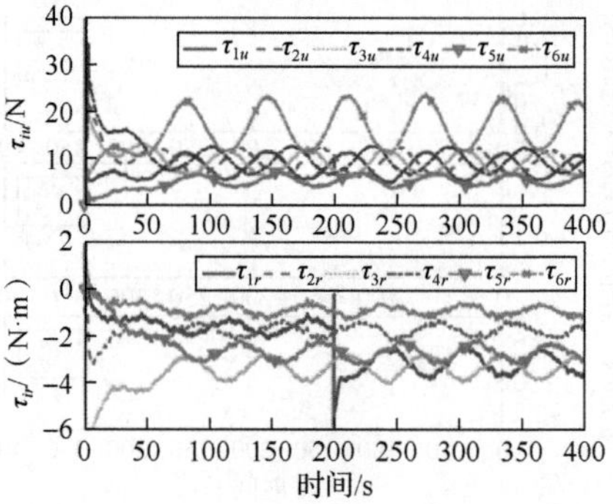

图 4.11　协同目标包围控制输入

将模糊逻辑系统输入向量写作 $\xi_{iu}=[\xi_{iu1},\xi_{iu2},\xi_{iu3}]^{\mathrm{T}}$ 和 $\xi_{ir}=[\xi_{ir1},\xi_{ir2},\xi_{ir3}]^{\mathrm{T}}$，采用如下的隶属度函数

$$\begin{cases}\mu_{F_k^l}(\xi_{iuk})=\exp\left\{-\dfrac{[\xi_{iuk}-b_{uk}(l-10)]^2}{b_{uk}^2}\right\}\\\mu_{F_k^l}(\xi_{irk})=\exp\left\{-\dfrac{[\xi_{irk}-b_{rk}(l-10)]^2}{b_{rk}^2}\right\}\end{cases}\tag{4.103}$$

式中，$i=1,2,\cdots,6$；$k=1,2,3$；$l=1,2,\cdots,19$；各参数选择为 $b_{u1}=2$，$b_{u2}=2$，$b_{u3}=10$；$b_{r1}=2,b_{r2}=2,b_{r3}=10$。

为说明所提基于数据驱动模糊预估器的无模型控制方法的有效性，仿真中与跟随无人艇 s_1 采用基于模型的控制方法进行了效果对比。所采用的基于模型控制律[119]如下

$$\begin{cases}\tau_{iu}=\left(-k_{iu}u_{ie}-\sigma_{iu}+u_{ir}^{\mathrm{d}}-\beta_{iz}/\rho_{is}\right)/b_{iu}\\\tau_{ir}=\left(-k_{ir}r_{ie}-\sigma_{ir}+r_{ir}^{\mathrm{d}}-\eta_{iz}\right)/b_{ir}\end{cases}\tag{4.104}$$

式中，控制律参数 k_{iu},k_{ir} 的选择同表 4.1；控制律（4.104）中动力学不确定项 σ_{iu} 和 σ_{ir} 均已知，控制输入增益选择为 $b_{iu}=1/25.8$ 和 $b_{ir}=1/2.76$。

为衡量所提控制策略的控制性能，本节采用绝对误差积分（integral of absolute error, IAE）这一性能指标定量描述控制系统，对一个误差信号 $e(t)\in\mathbb{R}$ 的绝对误差积分定义为

$$\mathrm{IAE}(e(t))=\int_0^t|e(t)|\mathrm{d}t\tag{4.105}$$

表 4.2 为采用两种控制策略下，跟随无人艇 s_1 误差信号 $\rho_{1e},e_{1e},u_{1e},r_{1e}$ 的绝对误差积分。可以看出针对变化的模型惯性参数，采用所提控制方法比采用基于模型的控制方法误差更小。表 4.3 为不同制导律参数下误差向量 $\boldsymbol{e}_{\rho,e}\triangleq[\rho_{1e},\rho_{2e},\cdots,\rho_{6e},e_{1e},e_{2e},\cdots,e_{6e}]^{\mathrm{T}}$ 范数的绝对误差积分。从表中可以看出，通过适当增大制导律参数 $k_{i\eta}$ 和 $k_{i\beta}$ 能够提高控制性能，然而过大的参数可能导致系统超调或振荡。

表 4.2　不同控制策略下的控制性能

误差信号	绝对误差积分	
	所提控制方法	基于模型的控制方法[119]
ρ_{1e}	158.32	176.15
e_{1e}	30.84	54.14
u_{1e}	9.92	83.61
r_{1e}	32.44	217.63

表 4.3　不同制导律参数下的控制性能

Δ	$\mathrm{IAE}(\Vert \boldsymbol{e}_{\rho,e} \Vert)$	k_{ir}	$\mathrm{IAE}(\Vert \boldsymbol{e}_{\rho,e} \Vert)$	k_{iu}	$\mathrm{IAE}(\Vert \boldsymbol{e}_{\rho,e} \Vert)$
1.0	382.45	1.0	1778.84	0.1	651.03
2.0	384.41	2.0	496.72	0.2	547.57
3.0	407.67	3.0	411.83	0.3	408.69
5.0	343.31	5.0	343.31	0.5	343.31
10.0	350.40	10.0	372.91	1.0	338.98
20.0	352.93	20.0	431.57	5.0	447.49

4.5　本 章 小 结

本章主要研究了模型参数完全未知的多无人艇协同单目标包围控制问题。将视距制导原理、循环追踪策略和数据驱动控制技术融入控制器设计中，提出一种基于数据驱动模糊预估器的分布式协同目标包围控制方法。采用解耦的制导律设计方法，设计距离保持制导律和相位分布制导律分别实现包围运动任务和协同编队任务。提出一种数据驱动模糊预估器，利用历史和实时数据同时对未知控制输入增益和模型不确定性进行在线学习。采用级联系统稳定性分析，证明了协同目标包围估计与控制闭环系统是输入-状态稳定的，系统误差信号是一致最终有界的。对比仿真验证了所提无人艇分布式协同目标包围控制方法的有效性。

第 5 章　状态和输入约束下的多无人艇协同多目标包围控制

5.1　概　　述

第 3 章和第 4 章分别研究了单无人艇的单目标环绕包围问题和多无人艇的协同单目标包围问题，所提方法能够实现对速度未知目标的环绕包围运动。值得指出，现有针对运动目标的包围控制方法具有以下局限性：第一，现有协同目标包围控制方法大多针对单个目标设计，而在一些海洋任务中可能要求多无人艇协同围绕多个运动目标航行，例如编队护航任务。第二，现有控制方法中的期望包围轨迹通常是目标参考系下的固定半径圆形轨道，然而受到航道宽度限制或多目标分布位置限制，一些任务中需要多无人艇沿其他形状轨道进行协同目标包围控制。第三，现有针对一阶系统提出的带约束的目标包围控制方法虽然考虑了速度约束，但没有解决控制推力和力矩等输入约束下的协同目标包围问题；第 3 章基于无人艇动力学系统设计的目标包围控制器虽然能够保证控制输入有界，但输入界值难以准确设定，并且没有考虑无人艇速度等约束。

另外，为处理无人艇运动控制中的状态约束和输入约束问题，辅助系统法[138]、模型预测控制[139]、指令调节器[132,140]等方法被广泛应用。其中，辅助系统法主要用于解决输入约束问题，而无法处理状态约束；模型预测控制可以同时考虑输入约束和状态约束，但其控制效果依赖于模型精度，而无人艇的建模需要烦琐的实验过程；指令调节器能够优化参考信号使其满足约束条件，并应用于带有模型不确定性的无人艇运动控制。现有方法中对纵荡速度和艏摇角速度的约束通常是分别处理的，而实际中速度约束条件往往较为复杂且相互耦合。

本章研究了状态和输入约束下的多无人艇协同多目标包围控制问题。其中，每个被包围目标速度未知，位置只对有限跟随无人艇已知，且跟随无人艇模型参数完全未知。针对此问题，在第 4 章提出的多无人艇协同单目标包围控制方法基础上，将优化控制和神经动力学优化技术融入控制器设计中，提出一种基于输入-状态安全控制障碍函数的分布式协同多目标包围控制与优化方法。具体而言，设计了分布式目标中心估计器，利用每艘跟随无人艇局部感知的目标信息估计多目标的几何中心，基于估计的目标中心位置设计了时变轨道协同包围制导律，实现了针对时变轨道半径的包围运动任务和协同编队任务；采用标称-优化的控制器设计思路，基于数据驱动模糊预估器设计了无模型标称控制律，实现了对制导信号的跟踪；根据输入约束条件和由控制障碍函数推导的状态可行条件构造二次规划问题，基于神经动力学优化技术提出了无人艇最优控制律，采用投影神经网络对控制信号进行在线优化。通过级联系统稳定性分析证明了闭环控制系统的输入-状态稳定性。对比仿真验证了所提分布式协同多目标包围控制与优化方法的有效性。

5.2 问题描述

考虑由 N 艘欠驱动跟随无人艇和 M 艘目标无人艇组成的多无人艇系统（$N, M \in \mathbb{N}^+$），如图 5.1 所示，其中，s_i 代表第 i 艘跟随无人艇，$i=1,2,\cdots,N$；o_k 代表第 k 艘目标无人艇，$k=1,2,\cdots,M$；o_c 代表 M 艘目标无人艇覆盖区域的几何中心，即目标中心。

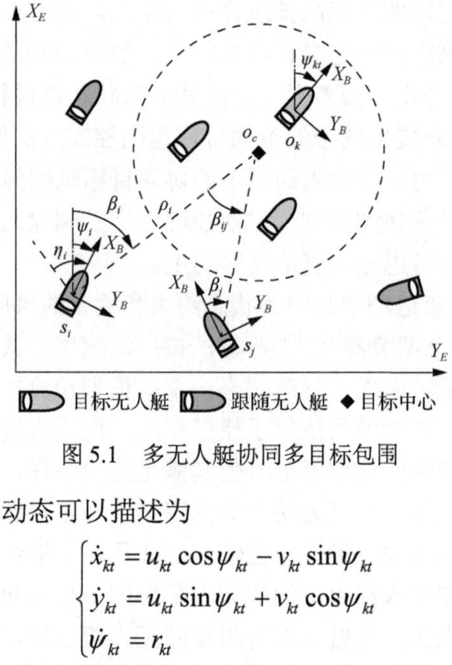

图 5.1　多无人艇协同多目标包围

目标无人艇 o_k 的动态可以描述为

$$\begin{cases}\dot{x}_{kt}=u_{kt}\cos\psi_{kt}-v_{kt}\sin\psi_{kt}\\ \dot{y}_{kt}=u_{kt}\sin\psi_{kt}+v_{kt}\cos\psi_{kt}\\ \dot{\psi}_{kt}=r_{kt}\end{cases} \tag{5.1}$$

式中，$x_{kt}\in\mathbb{R}$ 和 $y_{kt}\in\mathbb{R}$ 表示目标无人艇 o_k 在地球坐标系 X_E-Y_E 下的位置；$\psi_{kt}\in(-\pi,\pi]$ 表示目标无人艇 o_k 的艏摇角；$u_{kt}\in\mathbb{R}$、$v_{kt}\in\mathbb{R}$ 和 $r_{kt}\in\mathbb{R}$ 分别为目标无人艇 o_k 在船体坐标系 X_B-Y_B 下的纵荡速度、横漂速度和艏摇角速度。各目标无人艇速度未知，并做以下假设。

假设 5.1　各目标无人艇的速度是有界的，即存在常数 $\bar{u}_t\in\mathbb{R}^+$ 和 $\bar{v}_t\in\mathbb{R}^+$，分别满足 $|u_{kt}|\leqslant\bar{u}_t$ 和 $|v_{kt}|\leqslant\bar{v}_t$。

各目标无人艇的位置信息仅对有限跟随无人艇已知，对探测关系做以下假设。

假设 5.2　目标无人艇集合 $\mathcal{O}=\{o_1,o_2,\cdots,o_M\}$ 能够被跟随无人艇集合 $\mathcal{S}=\{s_1,s_2,\cdots,s_N\}$ 完全探测，即任何目标无人艇 $o_k\in\mathcal{O}$ 的信息至少对一艘跟随无人艇已知。

跟随无人艇 s_i 的动态可以描述为以下运动学方程

$$\begin{cases}\dot{x}_i=u_i\cos\psi_i-v_i\sin\psi_i\\ \dot{y}_i=u_i\sin\psi_i+v_i\cos\psi_i\\ \dot{\psi}_i=r_i\end{cases}\tag{5.2}$$

和动力学方程

$$\begin{cases}m_{iu}\dot{u}_i=f_{iu}(u_i,v_i,r_i)+\tau_{idu}(t)+\tau_{iu}\\ m_{iv}\dot{v}_i=f_{iv}(u_i,v_i,r_i)+\tau_{idv}(t)\\ m_{ir}\dot{r}_i=f_{ir}(u_i,v_i,r_i)+\tau_{idr}(t)+\tau_{ir}\end{cases}\tag{5.3}$$

式中符号定义与式（4.2）和式（4.3）符号定义相同。各跟随无人艇可以与其邻居通信，且通信拓扑满足以下关系。

假设 5.3　将跟随无人艇之间的通信关系用图 $\mathcal{G}_c$ 描述，则通信拓扑图 $\mathcal{G}_c$ 是无向且连通的。

令 $\boldsymbol{p}_{kt}\triangleq[x_{kt},y_{kt}]^{\mathrm{T}}\in\mathbb{R}^2$ 为目标无人艇 o_k 在地球坐标系下的位置向量，则目标中心 o_c 的位置向量 $\boldsymbol{p}_c=[x_c,y_c]^{\mathrm{T}}$ 定义为

$$\boldsymbol{p}_c=\frac{1}{M}\sum_{k=1}^{M}\boldsymbol{p}_{kt}\tag{5.4}$$

定义跟随无人艇 s_i 与目标中心 o_c 的相对距离 ρ_i 和相对角度 β_i 为

$$\begin{cases}\rho_i=\sqrt{(x_c-x_i)^2+(y_c-y_i)^2}\\ \beta_i=\operatorname{atan2}(y_c-y_i,x_c-x_i)\end{cases}\tag{5.5}$$

并定义包围角 η_i 为

$$\eta_i\triangleq\left\lceil\psi_i-\beta_i+\frac{\pi}{2}\right\rceil_{\pi}\tag{5.6}$$

式中函数 atan2 和运算符 $\lceil\cdot\rceil_{\pi}$ 的定义与第 3 章相同。定义跟随无人艇 s_i 和 s_j 关于目标中心 o_c 的圆心角为分散相位角 β_{ij}，有

$$\beta_{ij}=\lceil\beta_i-\beta_j\rceil_{\pi}\tag{5.7}$$

本章旨在针对由运动学方程（5.2）和动力学方程（5.3）描述的欠驱动无人艇，设计分布式协同多目标包围控制器，使其满足以下控制任务。

（1）包围运动任务：每艘跟随无人艇以时变给定距离 $\rho_{id}\in\mathbb{R}^+$ 围绕目标中心航行，即满足

$$\lim_{t\to\infty}\left|\rho_i-\rho_{id}\right|\leqslant\delta_1 \tag{5.8}$$

式中，$\delta_1\in\mathbb{R}^+$ 是一个小常数。

（2）协同编队任务：所有跟随无人艇在目标中心的包围轨道上形成由向量 $\boldsymbol{\alpha}_d=[\alpha_{1d},\alpha_{2d},\cdots,\alpha_{Nd}]^{\mathrm{T}}\in\mathbb{R}^N$ 描述的期望的分布编队，即满足

$$\lim_{t\to\infty}\left|\beta_{ij}-\alpha_{ijd}\right|\leqslant\delta_2 \tag{5.9}$$

式中，$\delta_2\in\mathbb{R}^+$ 是一个小常数；$\alpha_{ijd}=\alpha_{id}-\alpha_{jd}$ 是跟随无人艇 s_i 和 s_j 的期望分散角，其中 $\alpha_{id},\alpha_{jd}\in(-\pi,\pi]$，$i,j=1,2,\cdots,N$。

（3）状态和输入约束任务：在协同包围过程中，每艘跟随无人艇速度满足以下状态约束条件

$$\left(\frac{u_i-u^+}{u^-}\right)^{2c}+\left(\frac{r_i-r^+}{r^-}\right)^{2c}\leqslant 1 \tag{5.10}$$

且控制推力和力矩满足以下输入约束条件

$$\underline{\tau}_u\leqslant\tau_{iu}\leqslant\overline{\tau}_u,\ \ \underline{\tau}_r\leqslant\tau_{ir}\leqslant\overline{\tau}_r \tag{5.11}$$

式中，$c\in\mathbb{N}^+$，$u^+=(\overline{u}+\underline{u})/2$，$u^-=(\overline{u}-\underline{u})/2$，$r^+=(\overline{r}+\underline{r})/2$，$r^-=(\overline{r}-\underline{r})/2$，其中 $\overline{u},\overline{r},\overline{\tau}_u,\overline{\tau}_r\in\mathbb{R}$ 和 $\underline{u},\underline{r},\underline{\tau}_u,\underline{\tau}_r\in\mathbb{R}$ 分别表示纵荡速度、艏摇角速度、纵荡推力、艏摇力矩的上界和下界。

注 5.1　无人艇速度约束条件（5.10）是基于超椭圆方程构造的，不同于现有方法中将纵荡速度约束和艏摇角速度约束分别处理，式（5.10）中纵荡速度和艏摇角速度约束互相耦合。如图 5.2 所示，当无人艇纵荡速度较大时，艏摇角速度约束更加严格，从而避免无人艇发生急转弯失控现象。另外，由图可知当 $c\to+\infty$ 时，状态约束（5.10）退化为纵荡速度和艏摇角速度无耦合的约束条件。

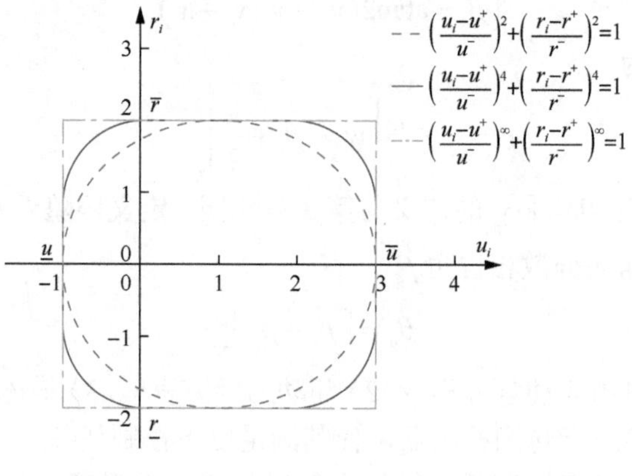

图 5.2　基于超椭圆方程的无人艇速度约束条件

注 5.2　在协同多目标包围控制中，为了保证跟随无人艇有能力围绕目标集群航行，无人艇纵荡速度的上界 $\overline{u}\in\mathbb{R}$ 和下界 $\underline{u}\in\mathbb{R}$ 需满足 $\underline{u}+\sqrt{u_t^2+v_t^2}\leqslant\rho_{id}\omega_s\leqslant\overline{u}-\sqrt{u_t^2+v_t^2}$，且给定时变包围距离 $\rho_{id}(t)$ 的最小值应大于各目标无人艇与目标中心 o_c 的最大距离。

5.3　控制器设计与分析

为实现上述包围运动任务（5.8）、协同编队任务（5.9）和约束任务［式（5.10）和式（5.11）］，本节设计了一种分布式协同多目标包围优化控制器。所提控制器主要包括四个部分设计：第一，针对分布感知的多目标无人艇信息，设计了分布式目标中心估计器用于重构目标中心位置；第二，针对时变轨道半径的包围运动任务和协同编队任务，设计了基于视距制导原理和编队控制思想的时变轨道协同包围制导律；第三，针对模型参数完全未知的跟随无人艇，设计了基于数据驱动模糊预估器的无模型标称制律；第四，针对无人艇状态约束和输入约束，基于神经动力学优化技术提出了无人艇最优控制律，采用投影神经网络对控制信号在线优化。所设计多无人艇协同多目标包围优化控制系统结构如图 5.3 所示。

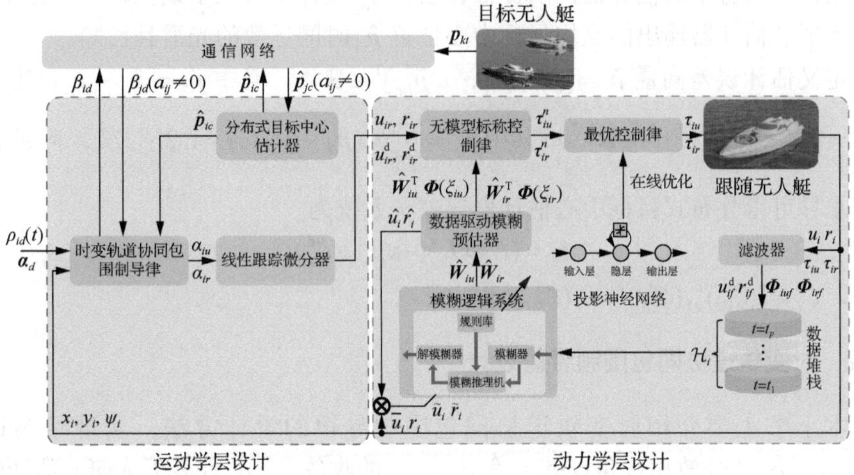

图 5.3　多无人艇协同多目标包围优化控制系统结构

5.3.1　分布式目标中心估计器设计

本小节主要介绍分布式目标中心估计器的设计方法。令 $\hat{\boldsymbol{p}}_{ic}=[\hat{x}_{ic},\hat{y}_{ic}]^{\mathrm{T}}\in\mathbb{R}^2$ 为跟随无人艇 s_i 对目标中心位置 $\boldsymbol{p}_c$ 的估计，提出如下分布式目标中心估计器

$$\hat{\boldsymbol{p}}_{ic}=\boldsymbol{\zeta}_{ie}+\boldsymbol{\zeta}_{id} \tag{5.12}$$

式中，$\boldsymbol{\zeta}_{ie}\in\mathbb{R}^2$ 和 $\boldsymbol{\zeta}_{id}\in\mathbb{R}^2$ 分别用于实现观测一致性和估计误差收敛的目的。

为实现估计器观测结果的一致性，基于分布式估计误差设计 $\boldsymbol{\zeta}_{ie}$ 如下

$$\dot{\boldsymbol{\zeta}}_{ie}=-\kappa_t\sum_{j=1}^{N}a_{ij}(\hat{\boldsymbol{p}}_{ic}-\hat{\boldsymbol{p}}_{jc}) \tag{5.13}$$

式中，$\kappa_t\in\mathbb{R}^+$ 为估计器参数；$\boldsymbol{\zeta}_{ie}(0)=\boldsymbol{0}_2$；$a_{ij}$ 的定义见 2.2 节。为实现估计器观测误差的收敛，基于分布感知的目标信息设计 $\boldsymbol{\zeta}_{id}$ 如下

$$\begin{cases}\dot{\boldsymbol{\zeta}}_{id}=\boldsymbol{\zeta}_{id}^{\mathrm{d}}\\ \dot{\boldsymbol{\zeta}}_{id}^{\mathrm{d}}=-\gamma_t^2(\boldsymbol{\zeta}_{id}-\boldsymbol{p}_{id})-2\gamma_t\boldsymbol{\zeta}_{id}^{\mathrm{d}}\\ \boldsymbol{p}_{id}=\dfrac{N}{M}\displaystyle\sum_{k=1}^{M}\dfrac{b_{ik}}{\sum_{l=1}^{N}b_{lk}}\boldsymbol{p}_{kt}\end{cases} \tag{5.14}$$

式中，$\gamma_t\in\mathbb{R}^+$ 为估计器参数；b_{ik} 的定义见 2.2 节。由假设 5.2 可知，对于任意 $k\in\{1,2,\cdots,M\}$，均有 $\sum_{l=1}^{N}b_{lk}\neq 0$。

注 5.3 所提的分布式目标中心估计器是基于文献[187]的中心估计思想设计的，相比于现有中心估计器，所提估计器在 $\boldsymbol{\zeta}_{id}$ 设计中引入了线性跟踪微分器项，从而保证了估计器输出的重构目标中心位置 $\hat{\boldsymbol{p}}_{ic}$ 时间导数的光滑且已知。

定义估计误差向量 $\tilde{\boldsymbol{p}}_c=[\tilde{\boldsymbol{p}}_{1c}^{\mathrm{T}},\tilde{\boldsymbol{p}}_{2c}^{\mathrm{T}},\cdots,\tilde{\boldsymbol{p}}_{Nc}^{\mathrm{T}}]^{\mathrm{T}}\in\mathbb{R}^{2N}$，其中 $\tilde{\boldsymbol{p}}_{ic}=\hat{\boldsymbol{p}}_{ic}-\boldsymbol{p}_c$；定义向量 $\boldsymbol{z}_c=[\boldsymbol{z}_{1c}^{\mathrm{T}},\boldsymbol{z}_{2c}^{\mathrm{T}},\cdots,\boldsymbol{z}_{Nc}^{\mathrm{T}}]^{\mathrm{T}}\in\mathbb{R}^{2N}$，其中 $\boldsymbol{z}_{ic}=\sum_{j=1}^{N}a_{ij}(\hat{\boldsymbol{p}}_{ic}-\hat{\boldsymbol{p}}_{jc}),i=1,2,\cdots,N$。向量 $\boldsymbol{z}_c$ 对时间求导可得分布式目标中心估计器误差子系统为

$$\dot{\boldsymbol{z}}_c=(\mathcal{L}\otimes\boldsymbol{I}_2)(-\kappa_t\boldsymbol{z}_c+\boldsymbol{\zeta}_d^{\mathrm{d}}) \tag{5.15}$$

式中，$\boldsymbol{\zeta}_d^{\mathrm{d}}=[(\boldsymbol{\zeta}_{1d}^{\mathrm{d}})^{\mathrm{T}},(\boldsymbol{\zeta}_{2d}^{\mathrm{d}})^{\mathrm{T}},\cdots,(\boldsymbol{\zeta}_{Nd}^{\mathrm{d}})^{\mathrm{T}}]^{\mathrm{T}}$。

5.3.2 时变轨道协同包围制导律设计

本小节主要介绍时变轨道协同包围制导律的设计方法，实现距离误差 $\rho_{ie}\triangleq\rho_i-\rho_d$ 和分散相位角误差 $e_{ij}\triangleq\beta_{ij}-\alpha_{ijd}$ 的收敛。令 $\hat{o}_{ic}$ 代表无人艇 s_i 估计的目标中心，首先定义跟随无人艇 s_i 与估计目标中心 $\hat{o}_{ic}$ 的相对距离 ρ_{is}、相对角度 β_{is} 和包围角 η_{is} 如下

$$\begin{cases}\rho_{is}=\sqrt{(\hat{x}_{ic}-x_i)^2+(\hat{y}_{ic}-y_i)^2}\\ \beta_{is}=\operatorname{atan2}(\hat{y}_{ic}-y_i,\hat{x}_{ic}-x_i)\\ \eta_{is}=\lceil\psi_i-\beta_{is}+\pi/2\rceil_{\pi}\end{cases} \tag{5.16}$$

对 $\rho_{is},\beta_{is},\eta_{is}$ 求导并将式（5.2）代入，可得

$$\begin{cases}\dot{\rho}_{is}=u_{is}\sin\eta_{is}+v_{is}\cos\eta_{is}\\ \dot{\beta}_{is}=\sigma_{i\beta}+u_i/\rho_{is}\\ \dot{\eta}_{is}=\sigma_{i\eta}+r_i\end{cases}\tag{5.17}$$

式中

$$\begin{cases}u_{is}=\dot{\hat{x}}_{ic}\cos\psi_i+\dot{\hat{y}}_{ic}\sin\psi_i-u_i\\ v_{is}=-\dot{\hat{x}}_{ic}\sin\psi_i+\dot{\hat{y}}_{ic}\cos\psi_i-v_i\\ \sigma_{i\beta}=\dfrac{1}{\rho_{is}}\left(-\dot{\hat{x}}_{ic}\sin\beta_{is}+\dot{\hat{y}}_{ic}\cos\beta_{is}-v_i\sin\eta_{is}-2u_i\sin^2\dfrac{\eta_{is}}{2}\right)\\ \sigma_{i\eta}=-\dfrac{1}{\rho_{is}}\left(-\dot{\hat{x}}_{ic}\sin\beta_{is}+\dot{\hat{y}}_{ic}\cos\beta_{is}+u_i\cos\eta_{is}-v_i\sin\eta_{is}\right)\end{cases}\tag{5.18}$$

为实现包围运动任务和协同编队任务，分别定义距离误差和角度误差为

$$\begin{cases}\rho_{iz}=\rho_{is}-\rho_{id}\\ e_{i\beta}=\sum\limits_{j=1}^{N}a_{ij}(\beta_{ijd}-\alpha_{ijd})\end{cases}\tag{5.19}$$

式中，$\beta_{ijd}=\beta_{id}-\beta_{jd}$，$\beta_{id}\in\mathbb{R}$ 和 $\beta_{jd}\in\mathbb{R}$ 分别为相对角度 β_{is} 和 β_{js} 的待设计期望值。定义向量 $\boldsymbol{e}_\beta=[e_{1\beta},e_{2\beta},\cdots,e_{N\beta}]^{\mathrm{T}}\in\mathbb{R}^N$ 和 $\boldsymbol{\beta}_d=[\beta_{1d},\beta_{2d},\cdots,\beta_{Nd}]^{\mathrm{T}}\in\mathbb{R}^N$，令 ρ_{iz} 和 $\boldsymbol{e}_\beta$ 对时间求导，可得

$$\begin{cases}\dot{\rho}_{iz}=-U_{\overline{is}}\sin(\eta_{id}+\theta_{\overline{is}})+U_{\overline{is}}q_{i\eta}-\dot{\rho}_{id}-q_{i\epsilon}\\ \dot{\boldsymbol{e}}_\beta=\mathcal{L}\dot{\boldsymbol{\beta}}_d\end{cases}\tag{5.20}$$

式中

$$\begin{cases}U_{\overline{is}}=\sqrt{u_{\overline{is}}^2+v_{is}^2},\ \theta_{\overline{is}}=\operatorname{atan2}(-v_{is},-u_{\overline{is}})\\ u_{\overline{is}}=\operatorname{sgn}^*(u_{is})\sqrt{u_{is}^2+\epsilon^2}\\ q_{i\epsilon}=\dfrac{\operatorname{sgn}^*(u_{is})\epsilon^2\sin\eta_{is}}{|u_{\overline{is}}|+|u_{is}|}\\ q_{i\eta}=\left[1-\cos(\eta_{is}-\eta_{id})\right]\sin(\eta_{id}+\theta_{\overline{is}})-\sin(\eta_{is}-\eta_{id})\cos(\eta_{id}+\theta_{\overline{is}})\end{cases}\tag{5.21}$$

其中，$\epsilon\in\mathbb{R}^+$ 是为了避免奇异性而引入的一个小常数，函数 sgn^* 的定义见式（3.21）。由式（5.21）可知，$q_{i\epsilon}$ 有界且满足 $|q_{i\epsilon}|\leqslant\epsilon$。

基于误差动态（5.20），设计期望相对角 β_{id} 的更新律和期望包围角 η_{id} 如下

$$\begin{cases}\dot{\beta}_{id}=\omega_s-\mu_i e_{i\beta}\\ \eta_{id}=\arctan\left(\dfrac{\rho_{iz}+\varrho_i}{\varDelta_i}\right)-\theta_{\overline{is}}\end{cases}\tag{5.22}$$

式中，$\mu_i \in \mathbb{R}^+$ 是更新参数；$\Delta_i \in \mathbb{R}^+$ 为制导前视距离；常数 $\omega_s \in \mathbb{R}^+$ 是无人艇的参考包围角速度，且满足 $\omega_s > \dot{\rho}_{id}/\rho_{id}$；$\varrho_i$ 为包围距离跟踪项，设计为

$$\varrho_i = \begin{cases} \dfrac{\rho_{iz}\dot{\rho}_{id}^2 - \dot{\rho}_{id}\sqrt{U_{\bar{is}}^2\rho_{iz}^2 + \Delta_i^2(U_{\bar{is}}^2 - \dot{\rho}_{id}^2)}}{U_{\bar{is}}^2 - \dot{\rho}_{id}^2}, & U_{\bar{is}}^2 \neq \dot{\rho}_{id}^2 \\ \dfrac{-\rho_{iz}^2 - \Delta_i^2}{2\rho_{iz}}, & \text{其他} \end{cases} \tag{5.23}$$

为实现对期望相对角 β_{id} 和期望包围角 η_{id} 的跟踪，定义角度误差为

$$\begin{cases} \beta_{iz} = \beta_{is} - \beta_{id} \\ \eta_{iz} = \eta_{is} - \eta_{id} \end{cases} \tag{5.24}$$

令 β_{iz} 和 η_{iz} 对时间求导并将式（5.17）和式（5.22）代入，可得

$$\begin{cases} \dot{\beta}_{iz} = \sigma_{i\beta} - \omega_s + \mu_i e_{i\beta} + u_i/\rho_{is} \\ \dot{\eta}_{iz} = \sigma_{i\eta} - \dot{\eta}_{id} + r_i \end{cases} \tag{5.25}$$

结合式（5.22），对跟随无人艇 s_i 设计如下制导律

$$\begin{cases} \alpha_{iu} = -k_{i\beta}\beta_{iz} + \rho_{is}(-\sigma_{i\beta} + \omega_s - \mu_i e_{i\beta}) \\ \alpha_{ir} = -k_{i\eta}\eta_{iz} - \sigma_{i\eta} - U_{\bar{is}} q_{i\eta}\rho_{iz}/\eta_{iz} + \dot{\eta}_{id} \end{cases} \tag{5.26}$$

式中，$\alpha_{iu} \in \mathbb{R}$ 和 $\alpha_{ir} \in \mathbb{R}$ 分别表示纵荡速度和艏摇角速度制导信号；$k_{i\beta} \in \mathbb{R}^+$ 和 $k_{i\eta} \in \mathbb{R}^+$ 为制导律参数。

注 5.4　与第 4 章针对固定包围轨道半径提出的协同制导律相比，本章所提出的时变轨道协同包围制导律引入了 ϱ_i，通过对无人艇包围角的控制实现对时变包围轨道半径的跟踪。当 $\dot{\rho}_{id} \equiv 0$ 时，由于式（5.21）中 $U_{\bar{is}} > 0$，从式（5.23）可以看出此时 $\varrho_i \equiv 0$，制导律退化为针对固定距离的协同目标包围制导律。

注 5.5　式（5.22）中期望相对角 β_{id} 的设计基于编队误差 $e_{i\beta}$，相比于第 4 章中基于循环追踪的设计方法，本章所提制导方法不依赖于环形通信结构，放松了对通信拓扑的要求。另外，相比于第 4 章中只能实现均匀分布编队的方法，本章所提制导方法可以通过改变给定向量 $\boldsymbol{\alpha}_d$ 实现其他期望分布队形。

注 5.6　在协同多目标包围过程中，当需要增加或减少编队中的跟随无人艇数量时，由于本章采用基于编队偏差的方法实现协同任务，可以通过调整期望分布队形 $\boldsymbol{\alpha}_d$ 实现对编队中跟随无人艇的增减。

将 α_{iu} 和 α_{ir} 输入以下线性跟踪微分器，获得实际跟随无人艇参考纵荡速度 u_{ir} 和艏摇角速度 r_{ir}

$$\begin{cases} \dot{u}_{ir} = u_{ir}^{\mathrm{d}} \\ \dot{u}_{ir}^{\mathrm{d}} = -\gamma_{i1}^2(u_{ir} - \alpha_{iu}) - 2\gamma_{i1}u_{ir}^{\mathrm{d}} \\ \dot{r}_{ir} = r_{ir}^{\mathrm{d}} \\ \dot{r}_{ir}^{\mathrm{d}} = -\gamma_{i2}^2(r_{ir} - \alpha_{ir}) - 2\gamma_{i2}r_{ir}^{\mathrm{d}} \end{cases} \tag{5.27}$$

式中，$\gamma_{i1} \in \mathbb{R}^+$ 和 $\gamma_{i2} \in \mathbb{R}^+$ 为跟踪微分器参数。定义变量 $q_{iu} \triangleq u_{ir} - \alpha_{iu}$ 和 $q_{ir} \triangleq r_{ir} - \alpha_{ir}$，根据跟踪微分器的收敛性质[182]，存在小常数 $\bar{q}_u \in \mathbb{R}^+$ 及 $\bar{q}_r \in \mathbb{R}^+$，满足 $|q_{iu}| \leqslant \bar{q}_u, |q_{ir}| \leqslant \bar{q}_r$。

将时变轨道协同包围制导律［式（5.26）和式（5.22）］代入系统（5.25）和系统（5.20），可以得到制导闭环子系统如下

$$\begin{cases} \dot{\boldsymbol{e}}_\beta = -\mathcal{L}\boldsymbol{\mu}\boldsymbol{e}_\beta \\ \dot{\rho}_{iz} = -k_{i\rho}\rho_{iz} + U_{\overline{is}} q_{i\eta} - q_{ie} - q_{i\epsilon} \\ \dot{\beta}_{iz} = -k_{is}\beta_{iz} + (q_{iu} + u_i - u_{ir})/\rho_{is} \\ \dot{\eta}_{iz} = -k_{i\eta}\eta_{iz} - U_{\overline{is}} q_{i\eta}\rho_{iz}/\eta_{iz} + q_{ir} + r_i - r_{ir} \end{cases} \tag{5.28}$$

式中，$k_{i\rho} = U_{\overline{is}} \Big/ \sqrt{\Delta_i^2 + (\rho_{iz} + \varrho_i)^2} \in \mathbb{R}^+$；$k_{is} = k_{i\beta}/\rho_{is} \in \mathbb{R}^+$；$\boldsymbol{\mu} = \mathrm{diag}\{\mu_1, \mu_2, \cdots, \mu_N\}$；$q_{ie} = \left(U_{\overline{is}}\varrho_i + \dot{\rho}_i\sqrt{\Delta_i^2 + (\rho_{iz} + \varrho_i)^2}\right) \Big/ \sqrt{\Delta_i^2 + (\rho_{iz} + \varrho_i)^2}$。

5.3.3　无模型标称控制律设计

本小节基于数据驱动模糊预估器设计无模型标称控制律，实现对参考速度的跟踪。将跟随无人艇动力学方程（5.3）中纵荡和艏摇方向动态写成

$$\begin{cases} \dot{u}_i = \sigma_{iu} + b_{iu}\tau_{iu} \\ \dot{r}_i = \sigma_{ir} + b_{ir}\tau_{ir} \end{cases} \tag{5.29}$$

式中，$\sigma_{iu} = [f_{iu}(u_i, v_i, r_i) + \tau_{idu}]/m_{iu}$；$\sigma_{ir} = [f_{ir}(u_i, v_i, r_i) + \tau_{idr}]/m_{ir}$；$b_{iu} = 1/m_{iu}$；$b_{ir} = 1/m_{ir}$。

由于环境扰动和模型动力学参数完全未知，设计数据驱动模糊预估器用于学习未知项 $b_{iu}, b_{ir}, \sigma_{iu}$ 和 σ_{ir}。根据定理 2.10，利用模糊逻辑系统将 σ_{iu} 和 σ_{ir} 重构如下

$$\begin{cases} \sigma_{iu} = \boldsymbol{\Xi}_{iu}^{\mathrm{T}}\boldsymbol{\varphi}(\xi_{iu}) + \delta_{iu} \\ \sigma_{ir} = \boldsymbol{\Xi}_{ir}^{\mathrm{T}}\boldsymbol{\varphi}(\xi_{ir}) + \delta_{ir} \end{cases} \tag{5.30}$$

式中，$\boldsymbol{\xi}_{iu} = [u_i(t), u_i(t-t_d), \tau_{iu}]^{\mathrm{T}} \in \mathbb{R}^3$，$\boldsymbol{\xi}_{ir} = [r_i(t), r_i(t-t_d), \tau_{ir}]^{\mathrm{T}} \in \mathbb{R}^3$，$t_d \in \mathbb{R}^+$ 为采样周期；$\boldsymbol{\Xi}_{iu} \in \mathbb{R}^m$，$\boldsymbol{\Xi}_{ir} \in \mathbb{R}^m$ 且存在常数 $\bar{\Xi}_u \in \mathbb{R}^+, \bar{\Xi}_r \in \mathbb{R}^+$ 满足 $\|\boldsymbol{\Xi}_{iu}\| \leqslant \bar{\Xi}_u$，$\|\boldsymbol{\Xi}_{ir}\| \leqslant \bar{\Xi}_r$；$\boldsymbol{\varphi}: \mathbb{R}^3 \to \mathbb{R}^m$ 的定义见 2.3 节；$\delta_{iu} \in \mathbb{R}$，$\delta_{ir} \in \mathbb{R}$ 且存在常数 $\bar{\delta}_u \in \mathbb{R}^+$，$\bar{\delta}_r \in \mathbb{R}^+$ 满足 $|\delta_{iu}| \leqslant \bar{\delta}_u, |\delta_{ir}| \leqslant \bar{\delta}_r$。则跟随无人艇动力学可以表示为

$$\begin{cases} \dot{u}_i = \boldsymbol{W}_{iu}^{\mathrm{T}}\boldsymbol{\Phi}(\xi_{iu}) + \delta_{iu} \\ \dot{r}_i = \boldsymbol{W}_{ir}^{\mathrm{T}}\boldsymbol{\Phi}(\xi_{ir}) + \delta_{ir} \end{cases} \tag{5.31}$$

式中，$\boldsymbol{W}_{iu} = [\boldsymbol{\Xi}_{iu}^{\mathrm{T}}, b_{iu}]^{\mathrm{T}} \in \mathbb{R}^{m+1}$；$\boldsymbol{W}_{ir} = [\boldsymbol{\Xi}_{ir}^{\mathrm{T}}, b_{ir}]^{\mathrm{T}} \in \mathbb{R}^{m+1}$；$\boldsymbol{\Phi}(\xi_{iu}) = [\boldsymbol{\varphi}^{\mathrm{T}}(\xi_{iu}), \tau_{iu}]^{\mathrm{T}} \in \mathbb{R}^{m+1}$；$\boldsymbol{\Phi}(\xi_{ir}) = [\boldsymbol{\varphi}^{\mathrm{T}}(\xi_{ir}), \tau_{ir}]^{\mathrm{T}} \in \mathbb{R}^{m+1}$。

为学习参数$\boldsymbol{W}_{iu}$和$\boldsymbol{W}_{ir}$信息，设计数据驱动模糊预估器如下

$$\begin{cases}\dot{\hat{u}}_i=-(k_{iu}+\kappa_{iu}^{\mathrm{p}})(\hat{u}_i-u_i)+\hat{\boldsymbol{W}}_{iu}^{\mathrm{T}}\boldsymbol{\Phi}(\boldsymbol{\xi}_{iu})\\ \dot{\hat{r}}_i=-(k_{ir}+\kappa_{ir}^{\mathrm{p}})(\hat{r}_i-r_i)+\hat{\boldsymbol{W}}_{ir}^{\mathrm{T}}\boldsymbol{\Phi}(\boldsymbol{\xi}_{ir})\end{cases} \tag{5.32}$$

式中，$\hat{u}_i\in\mathbb{R}$和$\hat{r}_i\in\mathbb{R}$分别是u_i和r_i的估计值；$\kappa_{iu}^{\mathrm{p}}\in\mathbb{R}^+$和$\kappa_{ir}^{\mathrm{p}}\in\mathbb{R}^+$是预估器参数；$k_{iu}\in\mathbb{R}^+$和$k_{ir}\in\mathbb{R}^+$是控制律参数；$\hat{\boldsymbol{W}}_{iu}=[\hat{\boldsymbol{\Xi}}_{iu}^{\mathrm{T}},\hat{b}_{iu}]^{\mathrm{T}}$，$\hat{\boldsymbol{W}}_{ir}=[\hat{\boldsymbol{\Xi}}_{ir}^{\mathrm{T}},\hat{b}_{ir}]^{\mathrm{T}}$，其中$\hat{\boldsymbol{\Xi}}_{iu}\in\mathbb{R}^m$，$\hat{\boldsymbol{\Xi}}_{ir}\in\mathbb{R}^m$和$\hat{b}_{iu}\in\mathbb{R},\hat{b}_{ir}\in\mathbb{R}$分别是$\boldsymbol{\Xi}_{iu},\boldsymbol{\Xi}_{ir}$和$b_{iu},b_{ir}$的估计。

将$u_i,r_i,\boldsymbol{\Phi}(\xi_{iu}),\boldsymbol{\Phi}(\xi_{ir})$输入下面的滤波器

$$\begin{cases}u_{if}^{\mathrm{d}}=u_i-\mathrm{e}^{-\gamma_u t}u_i(0)-\gamma_u u_{if}\\ r_{if}^{\mathrm{d}}=r_i-\mathrm{e}^{-\gamma_r t}r_i(0)-\gamma_r r_{if}\\ \dot{u}_{if}=-\gamma_u u_{if}+u_i, & u_{if}(0)=0\\ \dot{r}_{if}=-\gamma_r r_{if}+r_i, & r_{if}(0)=0\\ \dot{\boldsymbol{\Phi}}_{iuf}=-\gamma_u\boldsymbol{\Phi}_{iuf}+\boldsymbol{\Phi}(\boldsymbol{\xi}_{iu}), & \boldsymbol{\Phi}_{iuf}(0)=\boldsymbol{0}_{m+1}\\ \dot{\boldsymbol{\Phi}}_{irf}=-\gamma_r\boldsymbol{\Phi}_{irf}+\boldsymbol{\Phi}(\boldsymbol{\xi}_{ir}), & \boldsymbol{\Phi}_{irf}(0)=\boldsymbol{0}_{m+1}\end{cases} \tag{5.33}$$

式中，$\gamma_u\in\mathbb{R}^+$和$\gamma_r\in\mathbb{R}^+$是滤波器参数；$u_{if}^{\mathrm{d}}(t)\in\mathbb{R}$，$r_{if}^{\mathrm{d}}(t)\in\mathbb{R}$，$\boldsymbol{\Phi}_{iuf}(t)\in\mathbb{R}^{m+1}$，$\boldsymbol{\Phi}_{irf}(t)\in\mathbb{R}^{m+1}$是滤波器输出。则由式（4.53）～式（4.55）可知，滤波器输出量有以下等式关系

$$\begin{cases}u_{if}^{\mathrm{d}}=\boldsymbol{W}_{iu}^{\mathrm{T}}\boldsymbol{\Phi}_{iuf}+\delta_{iuf}\\ r_{if}^{\mathrm{d}}=\boldsymbol{W}_{ir}^{\mathrm{T}}\boldsymbol{\Phi}_{irf}+\delta_{irf}\end{cases} \tag{5.34}$$

式中，$\delta_{iuf}\in\mathbb{R}$和$\delta_{irf}\in\mathbb{R}$满足$|\delta_{iuf}|\leqslant\bar{\delta}_u/\gamma_u,|\delta_{irf}|<\bar{\delta}_r/\gamma_r$。

建立如下数据堆栈存储滤波器（5.33）输出的数据

$$\mathcal{H}_i=\left\{(u_{ifl}^{\mathrm{d}},r_{ifl}^{\mathrm{d}},\boldsymbol{\Phi}_{iufl},\boldsymbol{\Phi}_{irfl})\,|\,l\in\{1,2,\cdots,p\}\right\} \tag{5.35}$$

式中，$u_{ifl}^{\mathrm{d}},r_{ifl}^{\mathrm{d}},\boldsymbol{\Phi}_{iufl},\boldsymbol{\Phi}_{irfl}$分别表示$u_{if}(t),r_{if}(t),\boldsymbol{\Phi}_{iuf}(t),\boldsymbol{\Phi}_{irf}(t)$在$t=t_l$ ($l=1,2,\cdots,p$)时刻的取值，其中$t_l\in\mathbb{R}^+$满足$0<t_1<\cdots<t_p$，$p\in\mathbb{N}^+$表示堆栈长度。数据堆栈$\mathcal{H}_i$中的变量初值设置和选取方法与第4章相同，令存储数据满足以下条件。

假设 5.4 存储的$\boldsymbol{\Phi}_{iuf}(t)$和$\boldsymbol{\Phi}_{irf}(t)$在时间序列$(t_1,t_2,\cdots,t_p)$上是激励的，即存在常数$\mu_s>0$，满足

$$\sum_{l=1}^{p}\boldsymbol{\Phi}_{iufl}\boldsymbol{\Phi}_{iufl}^{\mathrm{T}}\geqslant\mu_s\boldsymbol{I}_{m+1},\quad\sum_{l=1}^{p}\boldsymbol{\Phi}_{irfl}\boldsymbol{\Phi}_{irfl}^{\mathrm{T}}\geqslant\mu_s\boldsymbol{I}_{m+1} \tag{5.36}$$

基于堆栈$\mathcal{H}_i$存储和实时的无人艇数据，设计$\hat{\boldsymbol{W}}_{iu}$和$\hat{\boldsymbol{W}}_{ir}$的自适应学习律如下

$$\begin{cases}\dot{\hat{\boldsymbol{W}}}_{iu}=\boldsymbol{\Gamma}_{iu}\mathrm{Proj}\left[\hat{\boldsymbol{W}}_{iu},-\boldsymbol{\Phi}(\xi_{iu})(\hat{u}_i-u_i)-\kappa_{iu}^{\mathrm{w}}\sum_{l=1}^{p}\boldsymbol{\Phi}_{iufl}(\hat{\boldsymbol{W}}_{iu}^{\mathrm{T}}\boldsymbol{\Phi}_{iufl}-u_{ifl}^{\mathrm{d}})\right]\\ \dot{\hat{\boldsymbol{W}}}_{ir}=\boldsymbol{\Gamma}_{ir}\mathrm{Proj}\left[\hat{\boldsymbol{W}}_{ir},-\boldsymbol{\Phi}(\xi_{ir})(\hat{r}_i-r_i)-\kappa_{ir}^{\mathrm{w}}\sum_{l=1}^{p}\boldsymbol{\Phi}_{irfl}(\hat{\boldsymbol{W}}_{ir}^{\mathrm{T}}\boldsymbol{\Phi}_{irfl}-r_{ifl}^{\mathrm{d}})\right]\end{cases}\tag{5.37}$$

式中，$\boldsymbol{\Gamma}_{iu}\in\mathbb{R}^{(m+1)\times(m+1)}$ 和 $\boldsymbol{\Gamma}_{ir}\in\mathbb{R}^{(m+1)\times(m+1)}$ 为正定的自适应参数矩阵；$\kappa_{iu}^{\mathrm{w}}\in\mathbb{R}^{+}$ 和 $\kappa_{ir}^{\mathrm{w}}\in\mathbb{R}^{+}$ 为自适应参数；$\mathrm{Proj}(\cdot)$ 为投影算子，形式见式（2.65）。

根据式（5.31）、式（5.32）、式（5.37）可得数据驱动模糊预估器误差子系统

$$\begin{cases}\dot{\tilde{u}}_i=-(k_{iu}+\kappa_{iu}^{\mathrm{p}})\tilde{u}_i+\tilde{\boldsymbol{W}}_{iu}^{\mathrm{T}}\boldsymbol{\Phi}(\xi_{iu})-\delta_{iu}\\ \dot{\tilde{r}}_i=-(k_{ir}+\kappa_{ir}^{\mathrm{p}})\tilde{r}_i+\tilde{\boldsymbol{W}}_{ir}^{\mathrm{T}}\boldsymbol{\Phi}(\xi_{ir})-\delta_{ir}\\ \dot{\tilde{\boldsymbol{W}}}_{iu}=\boldsymbol{\Gamma}_{iu}\mathrm{Proj}[\hat{\boldsymbol{W}}_{iu},-\boldsymbol{\Phi}(\xi_{iu})\tilde{u}_i-\kappa_{iu}^{\mathrm{w}}\sum_{l=1}^{p}\boldsymbol{\Phi}_{iufl}(\tilde{\boldsymbol{W}}_{iu}^{\mathrm{T}}\boldsymbol{\Phi}_{iufl}+\delta_{iufl})]\\ \dot{\tilde{\boldsymbol{W}}}_{ir}=\boldsymbol{\Gamma}_{ir}\mathrm{Proj}[\hat{\boldsymbol{W}}_{ir},-\boldsymbol{\Phi}(\xi_{ir})\tilde{r}_i-\kappa_{ir}^{\mathrm{w}}\sum_{l=1}^{p}\boldsymbol{\Phi}_{irfl}(\tilde{\boldsymbol{W}}_{ir}^{\mathrm{T}}\boldsymbol{\Phi}_{irfl}+\delta_{irfl})]\end{cases}\tag{5.38}$$

式中，$\tilde{u}_i=\hat{u}_i-u_i$；$\tilde{r}_i=\hat{r}_i-r_i$；$\tilde{\boldsymbol{W}}_{iu}=[\tilde{\boldsymbol{\Xi}}_{iu}^{\mathrm{T}},\tilde{b}_{iu}]^{\mathrm{T}}$，$\tilde{\boldsymbol{W}}_{ir}=[\tilde{\boldsymbol{\Xi}}_{ir}^{\mathrm{T}},\tilde{b}_{ir}]^{\mathrm{T}}$，其中，$\tilde{\boldsymbol{\Xi}}_{iu}=\hat{\boldsymbol{\Xi}}_{iu}-\boldsymbol{\Xi}_{iu}$，$\tilde{\boldsymbol{\Xi}}_{ir}=\hat{\boldsymbol{\Xi}}_{ir}-\boldsymbol{\Xi}_{ir}$，$\tilde{b}_{iu}=\hat{b}_{iu}-b_{iu}$，$\tilde{b}_{ir}=\hat{b}_{ir}-b_{ir}$。

定义动力学误差 $u_{iz}\triangleq\hat{u}_i-u_{ir}$ 和 $r_{iz}\triangleq\hat{r}_i-r_{ir}$，则由式（5.27）和式（5.32）可知，$u_{iz}$ 和 r_{iz} 对时间的导数为

$$\begin{cases}\dot{u}_{iz}=-(k_{iu}+\kappa_{iu}^{\mathrm{p}})(\hat{u}_i-u_i)+\hat{\boldsymbol{\Xi}}_{iu}^{\mathrm{T}}\boldsymbol{\varphi}(\xi_{iu})+\hat{b}_{iu}\tau_{iu}-u_{ir}^{\mathrm{d}}\\ \dot{r}_{iz}=-(k_{ir}+\kappa_{ir}^{\mathrm{p}})(\hat{r}_i-r_i)+\hat{\boldsymbol{\Xi}}_{ir}^{\mathrm{T}}\boldsymbol{\varphi}(\xi_{ir})+\hat{b}_{ir}\tau_{ir}-r_{ir}^{\mathrm{d}}\end{cases}\tag{5.39}$$

根据误差动态（5.39），设计如下无模型标称控制律

$$\begin{cases}\tau_{iu}^{n}=\left[-k_{iu}u_{ie}-\hat{\boldsymbol{\Xi}}_{iu}^{\mathrm{T}}\boldsymbol{\varphi}(\xi_{iu})+u_{ir}^{\mathrm{d}}-\beta_{iz}/\rho_{is}\right]/\hat{b}_{iu}\\ \tau_{ir}^{n}=\left[-k_{ir}r_{ie}-\hat{\boldsymbol{\Xi}}_{ir}^{\mathrm{T}}\boldsymbol{\varphi}(\xi_{ir})+r_{ir}^{\mathrm{d}}-\eta_{iz}\right]/\hat{b}_{ir}\end{cases}\tag{5.40}$$

式中，$u_{ie}=u_i-u_{ir}$ 和 $r_{ie}=r_i-r_{ir}$ 分别为纵荡速度跟踪误差和艏摇角速度跟踪误差。

将无模型标称控制律（5.40）代入误差动态（5.39），可以得到动力学控制闭环子系统

$$\begin{cases}\dot{u}_{iz}=-k_{iu}u_{iz}-\kappa_{iu}^{\mathrm{p}}\tilde{u}_i-\beta_{iz}/\rho_{is}+q_{i\tau u}\\ \dot{r}_{iz}=-k_{ir}r_{iz}-\kappa_{ir}^{\mathrm{p}}\tilde{r}_i-\eta_{iz}+q_{i\tau r}\end{cases}\tag{5.41}$$

式中，$q_{i\tau u}=\hat{b}_{iu}(\tau_{iu}-\tau_{iu}^{n})$；$q_{i\tau r}=\hat{b}_{ir}(\tau_{ir}-\tau_{ir}^{n})$。

5.3.4 最优控制律设计

为了实现包围运动任务（5.8）和协同编队任务（5.9），上文设计了时变轨道

协同包围制导律和无模型标称控制律。然而，设计过程中没有考虑无人艇的状态约束（5.10）和输入约束（5.11）问题，因此无法完成约束任务。本小节介绍无人艇最优控制律的设计方法，基于神经动力学优化技术对所提出的无模型标称控制律进行在线优化，使实际控制信号满足状态和输入约束条件。

定义向量 $\boldsymbol{v}_i=[u_i,r_i]^{\mathrm{T}}$ 和 $\boldsymbol{\tau}_i=[\tau_{iu},\tau_{iu}]^{\mathrm{T}}$，则无人艇动力学（5.31）可以表示为

$$\dot{\boldsymbol{v}}_i=\boldsymbol{f}_i(\boldsymbol{v}_i)+\boldsymbol{g}_i\boldsymbol{\tau}_i+\boldsymbol{d}_i \tag{5.42}$$

式中，$\boldsymbol{f}_i(\boldsymbol{v}_i)=[\hat{\boldsymbol{\Xi}}_{iu}^{\mathrm{T}}\boldsymbol{\varphi}(\xi_{iu}),\hat{\boldsymbol{\Xi}}_{ir}^{\mathrm{T}}\boldsymbol{\varphi}(\xi_{ir})]^{\mathrm{T}}$；$\boldsymbol{d}_i=[\delta_{iu}-\tilde{\boldsymbol{W}}_{iu}^{\mathrm{T}}\boldsymbol{\Phi}(\boldsymbol{\xi}_{iu}),\delta_{ir}-\tilde{\boldsymbol{W}}_{ir}^{\mathrm{T}}\boldsymbol{\Phi}(\boldsymbol{\xi}_{ir})]^{\mathrm{T}}$；$\boldsymbol{g}_i=\mathrm{diag}\{\hat{b}_{iu},\hat{b}_{ir}\}$。

为处理纵荡速度和艏摇角速度的状态约束（5.10），考虑如下的状态可行集

$$\mathcal{C}_i\triangleq\{\boldsymbol{v}_i\in\mathbb{R}^2\mid h(\boldsymbol{v}_i)\geqslant 0\} \tag{5.43}$$

式中，$h:\mathbb{R}^2\mapsto\mathbb{R}$ 是输入-状态安全控制障碍函数，设计为

$$h(\boldsymbol{v}_i)=1-\left[\frac{2u_i-(u_a+u_b)}{u_a-u_b}\right]^{2c}-\left[\frac{2r_i-(r_a+r_b)}{r_a-r_b}\right]^{2c} \tag{5.44}$$

其中，$u_a,u_b,r_a,r_b\in\mathbb{R}$ 为设计参数，满足 $u_a>\overline{u}$，$u_b<\underline{u}$，$r_a>\overline{r}$ 和 $r_b<\underline{r}$。

基于推论 2.1 中的输入-状态安全条件、跟随无人艇状态和输入约束、所设计无模型标称控制律，可以构造如下的二次规划问题，通过优化标称控制信号获得其最接近的可行控制信号。

$$\begin{aligned}
&\boldsymbol{\tau}_i^o=\underset{\boldsymbol{\tau}_i\in\mathbb{R}^2}{\arg\min}\ \frac{1}{2}\left\|\boldsymbol{\tau}_i-\boldsymbol{\tau}_i^n\right\|^2\\
&\text{s.t. } L_{\boldsymbol{f}_i}h(\boldsymbol{v}_i)+L_{\boldsymbol{g}_i}h(\boldsymbol{v}_i)\boldsymbol{\tau}_i-\frac{\partial h(\boldsymbol{v}_i)}{\partial\boldsymbol{v}_i^T}\frac{\partial h(\boldsymbol{v}_i)}{\partial\boldsymbol{v}_i}\geqslant-\alpha(h(\boldsymbol{v}_i))\\
&\left|\boldsymbol{v}_i^{\mathrm{T}}\boldsymbol{\tau}_i\right|\leqslant P_{\max},\quad \boldsymbol{\tau}_{\min}\leqslant\boldsymbol{\tau}_i\leqslant\boldsymbol{\tau}_{\max}
\end{aligned} \tag{5.45}$$

式中，$L_{\boldsymbol{f}_i}h(\boldsymbol{v}_i)$ 和 $L_{\boldsymbol{g}_i}h(\boldsymbol{v}_i)$ 分别表示函数 h 在点 $\boldsymbol{v}_i$ 上关于 $\boldsymbol{f}_i$ 和 $\boldsymbol{g}_i$ 的李导数；α 为 $\mathcal{K}_{\infty,e}$ 类函数；$\boldsymbol{\tau}_{\max}=[\overline{\tau}_u,\overline{\tau}_r]^{\mathrm{T}}$；$\boldsymbol{\tau}_{\min}=[\underline{\tau}_u,\underline{\tau}_r]^{\mathrm{T}}$；$P_{\max}\in\mathbb{R}^+$ 是考虑执行机构驱动能力而引入的约束功率。

由上述设计可知，产生满足约束任务的无人艇控制信号依赖于实时求解优化问题（5.45）。为实现这一目的，本节采用基于神经动力学优化技术的在线优化方法，利用投影神经网络实现对最优控制信号 $\boldsymbol{\tau}_i^o$ 的快速跟踪。首先定义代价函数 $J_i:\mathbb{R}^2\to\mathbb{R}$ 为

$$J_i(\boldsymbol{\tau}_i)=\frac{1}{2}\left\|\boldsymbol{\tau}_i-\boldsymbol{\tau}_i^n\right\|^2 \tag{5.46}$$

并且定义函数 $\boldsymbol{c}_i:\mathbb{R}^2\to\mathbb{R}^2$ 为

$$c_i(\tau_i)=\begin{bmatrix}-L_{f_i}h(v_i)-L_{g_i}h(v_i)\tau_i+[\partial h(v_i)/\partial v_i^{\mathrm{T}}][\partial h(v_i)/\partial v_i]-\alpha(h(v_i))\\ \left(v_i^{\mathrm{T}}\tau_i\right)^2-P_{\max}^2\end{bmatrix}\tag{5.47}$$

则基于投影神经网络设计如下无人艇最优控制律

$$\frac{\mathrm{d}}{\mathrm{d}t}\begin{bmatrix}\tau_i\\ z_i\end{bmatrix}=\gamma_o\begin{bmatrix}-\tau_i+P_\tau\{\tau_i-[\nabla J_i(\tau_i)+\nabla c_i(\tau_i)z_i]\}\\ -z_i+(z_i+c_i(\tau_i))^+\end{bmatrix}\tag{5.48}$$

式中，$\gamma_o\in\mathbb{R}^+$ 为收敛参数；$z_i\in\mathbb{R}^2$；运算 $(\cdot)^+$ 定义为 $(z)^+=[(z_1)^+,(z_2)^+,\cdots,(z_n)^+]^{\mathrm{T}}$，其中 $z=[z_1,z_2,\cdots,z_n]^{\mathrm{T}}\in\mathbb{R}^n$，$(z_l)^+=\max\{0,z_l\}$，$l=1,2,\cdots,n$；$P_\tau:\mathbb{R}^2\to\mathcal{T}$ 为投影激活函数，定义为

$$P_\tau(\tau_i)=\underset{\tau\in\mathcal{T}}{\arg\min}\|\tau-\tau_i\|\tag{5.49}$$

其中，控制可行集 $\mathcal{T}$ 定义为 $\mathcal{T}=\left\{\tau_i\triangleq[\tau_{i1},\tau_{i2}]^{\mathrm{T}}\in\mathbb{R}^2\mid\underline{\tau}_u\leqslant\tau_{i1}\leqslant\overline{\tau}_u,\underline{\tau}_r\leqslant\tau_{i2}\leqslant\overline{\tau}_r\right\}$。

5.3.5 稳定性分析

本小节分析所提控制与优化方法下闭环系统的稳定性。首先，重新将分布式目标中心估计器误差子系统（5.15）、数据驱动模糊预估器误差子系统（5.38）、制导与控制闭环子系统［式（5.28）和式（5.41）］写作系统 $\varSigma_1$、$\varSigma_2$ 和 $\varSigma_3$，如下

$$\varSigma_1:\quad \dot{z}_c=(\mathcal{L}\otimes I_2)(-\kappa_t z_c+\zeta_d^{\mathrm{d}})\tag{5.50}$$

$$\varSigma_2:\begin{cases}\dot{\tilde{u}}_i=-(k_{iu}+\kappa_{iu}^{\mathrm{p}})\tilde{u}_i+\tilde{W}_{iu}^{\mathrm{T}}\Phi(\xi_{iu})-\delta_{iu}\\ \dot{\tilde{r}}_i=-(k_{ir}+\kappa_{ir}^{\mathrm{p}})\tilde{r}_i+\tilde{W}_{ir}^{\mathrm{T}}\Phi(\xi_{ir})-\delta_{ir}\\ \dot{\hat{W}}_{iu}=\Gamma_{iu}\mathrm{Proj}[\hat{W}_{iu},-\Phi(\xi_{iu})\tilde{u}_i-\kappa_{iu}^{\mathrm{w}}\sum_{l=1}^{p}\Phi_{iufl}(\tilde{W}_{iu}^{\mathrm{T}}\Phi_{iufl}+\delta_{iufl})]\\ \dot{\hat{W}}_{ir}=\Gamma_{ir}\mathrm{Proj}[\hat{W}_{ir},-\Phi(\xi_{ir})\tilde{r}_i-\kappa_{ir}^{\mathrm{w}}\sum_{l=1}^{p}\Phi_{irfl}(\tilde{W}_{ir}^{\mathrm{T}}\Phi_{irfl}+\delta_{irfl})]\end{cases}\tag{5.51}$$

$$\varSigma_3:\begin{cases}\dot{e}_\beta=-\mathcal{L}\mu e_\beta\\ \dot{\rho}_{iz}=-k_{i\rho}\rho_{iz}+U_{\bar{is}}q_{i\eta}-q_{ie}-q_{i\epsilon}\\ \dot{\beta}_{iz}=-k_{is}\beta_{iz}+(q_{iu}+u_{iz}-\tilde{u}_i)/\rho_{is}\\ \dot{\eta}_{iz}=-k_{i\eta}\eta_{iz}-U_{\bar{is}}q_{i\eta}\rho_{iz}/\eta_{iz}+q_{ir}+r_{iz}-\tilde{r}_i\\ \dot{u}_{iz}=-k_{iu}u_{iz}-\kappa_{iu}^{\mathrm{p}}\tilde{u}_i-\beta_{iz}/\rho_{is}+q_{i\tau u}\\ \dot{r}_{iz}=-k_{ir}r_{iz}-\kappa_{ir}^{\mathrm{p}}\tilde{r}_i-\eta_{iz}+q_{i\tau r}\end{cases}\tag{5.52}$$

以下引理给出子系统 $\varSigma_1$ 的稳定性。

引理 5.1　在满足假设 5.1～假设 5.3 的前提下，分布式目标中心估计器误差子系统 $\varSigma_1$ 可以看作一个以 z_c 为状态、以 ζ_d^{d} 为输入的系统，该系统是输入-状态稳定的。并且，估计误差 $\tilde{p}_{ic}$ 是一致最终有界的。

证明 考虑备选李雅普诺夫函数

$$V_t=\frac{1}{2}\hat{\boldsymbol{p}}_c^{\mathrm{T}}(\boldsymbol{\mathcal{L}}\otimes\boldsymbol{I}_2)\hat{\boldsymbol{p}}_c \tag{5.53}$$

式中，$\hat{\boldsymbol{p}}_c=[\hat{\boldsymbol{p}}_{1c}^{\mathrm{T}},\hat{\boldsymbol{p}}_{2c}^{\mathrm{T}},\cdots,\hat{\boldsymbol{p}}_{Nc}^{\mathrm{T}}]^{\mathrm{T}}$。若假设 5.3 成立，则$\mathcal{G}_c$是无向且连通的。根据定理 2.7，以及$\boldsymbol{z}_{ic}=\sum_{j=1}^{N}a_{ij}(\hat{\boldsymbol{p}}_{ic}-\hat{\boldsymbol{p}}_{jc})$，存在正定矩阵$\boldsymbol{P}_t\in\mathbb{R}^{2N\times 2N}$，满足

$$V_t=\frac{1}{2}\hat{\boldsymbol{p}}_c^{\mathrm{T}}(\boldsymbol{\mathcal{L}}\otimes\boldsymbol{I}_2)\hat{\boldsymbol{p}}_c=\frac{1}{2}\boldsymbol{z}_c^{\mathrm{T}}\boldsymbol{P}_t\boldsymbol{z}_c\geqslant 0 \tag{5.54}$$

令V_t对时间求导，并根据式（5.50）可得

$$\dot{V}_t=\hat{\boldsymbol{p}}_c^{\mathrm{T}}(\boldsymbol{\mathcal{L}}\otimes\boldsymbol{I}_2)(-\kappa_t\boldsymbol{z}_c+\boldsymbol{\zeta}_d^{\mathrm{d}})=-\kappa_t\boldsymbol{z}_c^{\mathrm{T}}\boldsymbol{z}_c+\boldsymbol{z}_c^{\mathrm{T}}\boldsymbol{\zeta}_d^{\mathrm{d}}\leqslant-\kappa_t\|\boldsymbol{z}_c\|^2+\|\boldsymbol{z}_c\|\|\boldsymbol{\zeta}_d^{\mathrm{d}}\| \tag{5.55}$$

由式（5.55）可知，当满足$\|\boldsymbol{z}_c\|\geqslant\|\boldsymbol{\zeta}_d^{\mathrm{d}}\|/(\bar{\theta}_1\kappa_t)$，则有

$$\dot{V}_t\leqslant-(1-\bar{\theta}_1)\kappa_t\|\boldsymbol{z}_c\|^2 \tag{5.56}$$

式中，$\bar{\theta}_1\in\mathbb{R}^+$满足$0<\bar{\theta}_1<1$。因此，根据定理 2.2，子系统$\varSigma_1$是输入-状态稳定的，且系统状态满足

$$\|\boldsymbol{z}_c(t)\|\leqslant\max\left\{\varpi_1(\|\boldsymbol{z}_c(0)\|,t),\hbar^{\zeta}(\|\boldsymbol{\zeta}_d^{\mathrm{d}}\|)\right\} \tag{5.57}$$

式中，ϖ_1是$\mathcal{KL}$类函数；$\hbar^{\zeta}$是$\mathcal{K}$类函数，定义为

$$\hbar^{\zeta}(s)=\frac{\sqrt{\lambda_{\max}(\boldsymbol{P}_t)}}{\bar{\theta}_1\kappa_t\sqrt{\lambda_{\min}(\boldsymbol{P}_t)}}s \tag{5.58}$$

根据跟踪微分器的收敛性质[182]，存在小常数$\bar{q}_{\zeta}\in\mathbb{R}^+$和$\bar{q}_{\zeta}^{\mathrm{d}}\in\mathbb{R}^+$，使

$$\|\boldsymbol{\zeta}_{id}-\boldsymbol{p}_{id}\|\leqslant\bar{q}_{\zeta},\quad\|\boldsymbol{\zeta}_{id}^{\mathrm{d}}-\dot{\boldsymbol{p}}_{id}\|\leqslant\bar{q}_{\zeta}^{\mathrm{d}} \tag{5.59}$$

当假设 5.1 和假设 5.2 成立时，由式（5.14）可知$\|\dot{\boldsymbol{p}}_{id}\|$是有界的。根据式（5.59）有常数$\bar{\zeta}_d^{\mathrm{d}}\in\mathbb{R}^+$满足$\|\boldsymbol{\zeta}_{id}^{\mathrm{d}}\|\leqslant\bar{\zeta}_d^{\mathrm{d}}$，因此状态$\boldsymbol{z}_c$是一致最终有界的。

定义向量$\hat{\boldsymbol{x}}_c=[\hat{x}_{1c},\hat{x}_{2c},\cdots,\hat{x}_{Nc}]^{\mathrm{T}}$和$\hat{\boldsymbol{y}}_c=[\hat{y}_{1c},\hat{y}_{2c},\cdots,\hat{y}_{Nc}]^{\mathrm{T}}$，由于矩阵$\boldsymbol{\mathcal{L}}$对称，根据定理 2.8，有

$$\begin{aligned}&\lambda^*\left\|\hat{\boldsymbol{x}}_c-\boldsymbol{1}_N\frac{1}{N}\sum_{i=1}^{N}\hat{x}_{ic}\right\|^2+\lambda^*\left\|\hat{\boldsymbol{y}}_c-\boldsymbol{1}_N\frac{1}{N}\sum_{i=1}^{N}\hat{y}_{ic}\right\|^2\\&\leqslant\hat{\boldsymbol{x}}_c^{\mathrm{T}}\boldsymbol{\mathcal{L}}\hat{\boldsymbol{x}}_c+\hat{\boldsymbol{y}}_c^{\mathrm{T}}\boldsymbol{\mathcal{L}}\hat{\boldsymbol{y}}_c=\hat{\boldsymbol{p}}_c^{\mathrm{T}}(\boldsymbol{\mathcal{L}}\otimes\boldsymbol{I}_2)\hat{\boldsymbol{p}}_c=\boldsymbol{z}_c^{\mathrm{T}}\boldsymbol{P}_t\boldsymbol{z}_c\end{aligned} \tag{5.60}$$

式中，λ^*为矩阵$\boldsymbol{\mathcal{L}}$的最小非零特征值；$\boldsymbol{1}_N=[1,1,\cdots,1]^{\mathrm{T}}\in\mathbb{R}^{\mathrm{N}}$。

由式（5.57）和式（5.60）可知，存在常数$\delta_t\in\mathbb{R}^+$满足

$$\left\|\hat{\boldsymbol{p}}_c-(\boldsymbol{1}_N\otimes\boldsymbol{I}_2)\frac{1}{N}\sum_{i=1}^{N}\hat{\boldsymbol{p}}_{ic}\right\|^2\leqslant\delta_t \tag{5.61}$$

另外，由于

$$\begin{aligned}\frac{1}{N}\sum_{i=1}^{N}\boldsymbol{p}_{id}&=\frac{1}{M}\sum_{i=1}^{N}\left[\sum_{k=1}^{M}\frac{b_{ik}}{\sum_{l=1}^{N}b_{lk}}\boldsymbol{p}_{kt}\right]\\&=\frac{1}{M}\sum_{k=1}^{M}\frac{\sum_{i=1}^{N}b_{ik}}{\sum_{l=1}^{N}b_{lk}}\boldsymbol{p}_{kt}\\&=\frac{1}{M}\sum_{k=1}^{M}\boldsymbol{p}_{kt}=\boldsymbol{p}_c\end{aligned}\tag{5.62}$$

且有 $\sum_{i=1}^{N}\boldsymbol{z}_{ic}=\boldsymbol{0}_2$，可以推导出

$$\begin{aligned}\frac{1}{N}\sum_{i=1}^{N}\hat{\boldsymbol{p}}_{ic}&=\frac{1}{N}\left(\sum_{i=1}^{N}\boldsymbol{\zeta}_{ie}+\sum_{i=1}^{N}\boldsymbol{\zeta}_{id}\right)\\&=\frac{1}{N}\left[-\kappa_t\int_0^t\sum_{i=1}^{N}\boldsymbol{z}_{ic}\mathrm{d}t+\sum_{i=1}^{N}\boldsymbol{\zeta}_{ie}(0)+\sum_{i=1}^{N}\boldsymbol{p}_{id}+\sum_{i=1}^{N}\left(\boldsymbol{\zeta}_{id}-\boldsymbol{p}_{id}\right)\right]\\&=\boldsymbol{p}_c+\frac{1}{N}\sum_{i=1}^{N}\left(\boldsymbol{\zeta}_{id}-\boldsymbol{p}_{id}\right)\end{aligned}\tag{5.63}$$

因此，估计误差向量满足

$$\begin{aligned}\|\tilde{\boldsymbol{p}}_c\|&=\|\hat{\boldsymbol{p}}_c-(\boldsymbol{1}_N\otimes\boldsymbol{I}_2)\boldsymbol{p}_c\|\\&\leqslant\left\|\hat{\boldsymbol{p}}_c-(\boldsymbol{1}_N\otimes\boldsymbol{I}_2)\sum_{i=1}^{N}\hat{\boldsymbol{p}}_{ic}/N\right\|+\left\|(\boldsymbol{1}_N\otimes\boldsymbol{I}_2)\sum_{i=1}^{N}\left(\boldsymbol{\zeta}_{id}-\boldsymbol{p}_{id}\right)/N\right\|\\&\leqslant\delta_p\end{aligned}\tag{5.64}$$

式中，$\delta_p=\delta_t+\sqrt{N}\bar{q}_\zeta$。则估计误差 $\tilde{\boldsymbol{p}}_{ic}$ 是一致最终有界的。■

以下引理给出子系统 Σ_2 的稳定性。

引理 5.2　在满足假设 5.4 的前提下，数据驱动模糊预估器误差子系统 Σ_2 可以看作一个以 $\tilde{u}_i,\tilde{r}_i,\tilde{\boldsymbol{W}}_{iu},\tilde{\boldsymbol{W}}_{ir}$ 为状态、以 $\delta_{iu},\delta_{ir},\delta_{iuf},\delta_{irf}$ 为输入的系统，该系统是输入-状态稳定的。

证明　引理 5.2 的证明过程与引理 4.4 的证明过程类似，因此省略。定义系统状态向量 $\boldsymbol{E}_{ip}=\left[\tilde{u}_{ie},\tilde{r}_{ie},\tilde{\boldsymbol{W}}_{iu}^{\mathrm{T}},\tilde{\boldsymbol{W}}_{ir}^{\mathrm{T}}\right]^{\mathrm{T}}$，可以得到结论

$$\begin{aligned}\left\|\boldsymbol{E}_{ip}(t)\right\|\leqslant\max\Big\{&\varpi_{i2}\left(\left\|\boldsymbol{E}_{ip}(0)\right\|,t\right),\ \hbar_i^{\delta}\left(\left|\delta_{iu}\right|\right)+\hbar_i^{\delta}\left(\left|\delta_{ir}\right|\right)\\&+\sum_{l=1}^{p}\hbar_i^{uf}\left(\left|\delta_{iufl}\right|\right)+\sum_{l=1}^{p}\hbar_i^{rf}\left(\left|\delta_{iufl}\right|\right)\Big\}\end{aligned}\tag{5.65}$$

式中，ϖ_{i2} 是 $\mathcal{KL}$ 类函数；$\hbar_i^{\delta},\hbar_i^{uf}$ 和 $\hbar_i^{rf}$ 是 $\mathcal{K}$ 类函数，定义为

$$\begin{cases}\hbar_i^{\delta}(s)=\dfrac{\sqrt{\lambda_{\max}(\boldsymbol{S}_{ip})}}{\bar{\theta}_{i2}\lambda_{\min}(\boldsymbol{K}_{ip})\sqrt{\lambda_{\min}(\boldsymbol{S}_{ip})}}s\\ \hbar_i^{uf}(s)=\dfrac{\kappa_{iu}^{\mathrm{w}}\bar{\varPhi}_{uf}\sqrt{\lambda_{\max}(\boldsymbol{S}_{ip})}}{\bar{\theta}_{i2}\lambda_{\min}(\boldsymbol{K}_{ip})\sqrt{\lambda_{\min}(\boldsymbol{S}_{ip})}}s\\ \hbar_i^{rf}(s)=\dfrac{\kappa_{ir}^{\mathrm{w}}\bar{\varPhi}_{rf}\sqrt{\lambda_{\max}(\boldsymbol{S}_{ip})}}{\bar{\theta}_{i2}\lambda_{\min}(\boldsymbol{K}_{ip})\sqrt{\lambda_{\min}(\boldsymbol{S}_{ip})}}s\end{cases} \tag{5.66}$$

其中，$\boldsymbol{S}_{ip}=\mathrm{diag}\left\{1,\varGamma_{iu}^{-1},\varGamma_{ir}^{-1}\right\}\in\mathbb{R}^{(2m+3)\times(2m+3)}$，$\bar{\theta}_{i2}\in\mathbb{R}^{+}$ 满足 $0<\bar{\theta}_{i2}<1$。 ■

以下引理给出子系统 $\varSigma_3$ 的稳定性。

引理 5.3 制导与控制闭环子系统 $\varSigma_3$ 可以看作一个以 $\boldsymbol{e}_{\beta},\rho_{iz},\beta_{iz},\eta_{iz},u_{iz},r_{iz}$ 为状态、以 $q_{i\epsilon},q_{iu},q_{ir},\tilde{u}_i,\tilde{r}_i,q_{i\tau u},q_{i\tau r}$ 为输入的系统，该系统是输入-状态稳定的。

证明 考虑以下备选李雅普诺夫函数

$$V_c=\frac{1}{2}\sum_{i=1}^{N}\left(\rho_{iz}^2+\eta_{iz}^2+\beta_{iz}^2+u_{iz}^2+r_{iz}^2\right)+\frac{1}{2}(\boldsymbol{\beta}_d-\boldsymbol{\alpha}_d)^{\mathrm{T}}\boldsymbol{\mathcal{L}}(\boldsymbol{\beta}_d-\boldsymbol{\alpha}_d) \tag{5.67}$$

由于 $\alpha_{ijd}=\alpha_{id}-\alpha_{jd}$ 和 $\beta_{ijd}=\beta_{id}-\beta_{jd}$，式（5.19）可以写作

$$e_{i\beta}=\sum_{j=1}^{N}a_{ij}\left[(\beta_{id}-\alpha_{id})-(\beta_{jd}-\alpha_{jd})\right] \tag{5.68}$$

因此根据定理 2.7 和式（5.67），存在正定矩阵 $\boldsymbol{P}_c$ 满足

$$V_c=\frac{1}{2}\sum_{i=1}^{N}\left(\rho_{iz}^2+\eta_{iz}^2+\beta_{iz}^2+u_{iz}^2+r_{iz}^2\right)+\frac{1}{2}\boldsymbol{e}_{\beta}^{\mathrm{T}}\boldsymbol{P}_c\boldsymbol{e}_{\beta}\geqslant 0 \tag{5.69}$$

根据式（5.22）有 $\dot{\boldsymbol{\beta}}_d=\omega_s\mathbf{1}_N-\boldsymbol{\mu}\boldsymbol{e}_{\beta}$，则式（5.67）对时间求导并将式（5.52）代入，得

$$\begin{aligned}\dot{V}_c=\sum_{i=1}^{N}\Big[&-k_{i\rho}\rho_{iz}^2-(q_{ie}+q_{i\epsilon})\rho_{iz}-k_{is}\beta_{iz}^2+(q_{iu}-\tilde{u}_i)\beta_{iz}/\rho_{is}-k_{i\eta}\eta_{iz}^2+(q_{ir}-\tilde{r}_i)\eta_{iz}\\&-k_{iu}u_{iz}^2-\kappa_{iu}^{\mathrm{p}}\tilde{u}_iu_{iz}+q_{i\tau u}u_{iz}-k_{ir}r_{iz}^2-\kappa_{ir}^{\mathrm{p}}\tilde{r}_ir_{iz}+q_{i\tau r}r_{iz}\Big]-(\boldsymbol{\beta}_d-\boldsymbol{\alpha}_d)^{\mathrm{T}}\boldsymbol{\mathcal{L}}\boldsymbol{\mu}\boldsymbol{e}_{\beta}\end{aligned} \tag{5.70}$$

由于跟随无人艇的参考包围角速度设计满足 $\omega_s>\dot{\rho}_{id}/\rho_{id}$，分布式目标中心估计器稳定后有 $U_{i\overline{s}}\geqslant\dot{\rho}_{id}$，式（5.23）中设计的 ϱ_i 可使 $U_{i\overline{s}}\varrho_i+\dot{\rho}_i\sqrt{\varDelta_i^2+(\rho_{iz}+\varrho_i)^2}=0$ 成立，因此有 $q_{ie}=\left(U_{i\overline{s}}\varrho_i+\dot{\rho}_i\sqrt{\varDelta_i^2+(\rho_{iz}+\varrho_i)^2}\right)\Big/\sqrt{\varDelta_i^2+(\rho_{iz}+\varrho_i)^2}=0$。又根据 $\boldsymbol{e}_{\beta}=\boldsymbol{\mathcal{L}}(\boldsymbol{\beta}_d-\boldsymbol{\alpha}_d)$，则 V_c 的时间导数满足

$$
\begin{aligned}
\dot{V}_c = & \sum_{i=1}^{N}\Big[-k_{i\rho}\rho_{iz}^2 - k_{is}\beta_{iz}^2 - k_{i\eta}\eta_{iz}^2 - k_{iu}u_{iz}^2 - k_{ir}r_{iz}^2 - q_{i\epsilon}\rho_{iz} + (q_{iu}-\tilde{u}_i)\beta_{iz}/\rho_{is} \\
& +(q_{ir}-\tilde{r}_i)\eta_{iz} + (-\kappa_{iu}^{\mathrm{p}}\tilde{u}_i + q_{i\tau u})u_{iz} + (-\kappa_{ir}^{\mathrm{p}}\tilde{r}_i + q_{i\tau r})r_{iz}\Big] - \boldsymbol{e}_{\beta}^{\mathrm{T}}\boldsymbol{\mu}\boldsymbol{e}_{\beta} \\
= & \sum_{i=1}^{N}\Big(-\boldsymbol{E}_{ic}^{\mathrm{T}}\boldsymbol{K}_{ic}\boldsymbol{E}_{ic} + \boldsymbol{h}_{ic}\boldsymbol{E}_{ic}\Big) - \boldsymbol{e}_{\beta}^{\mathrm{T}}\boldsymbol{\mu}\boldsymbol{e}_{\beta}
\end{aligned} \tag{5.71}
$$

式中，$\boldsymbol{E}_{ic} = [\rho_{iz}, \beta_{iz}, \eta_{iz}, u_{iz}, r_{iz}]^{\mathrm{T}}$；$\boldsymbol{h}_{ic} = [-q_{i\epsilon}, (q_{iu}-\tilde{u}_i)/\rho_{is}, q_{ir}-\tilde{r}_i, -\kappa_{iu}\tilde{u}_i + q_{i\tau u}, -\kappa_{ir}\tilde{r}_i + q_{i\tau r}]^{\mathrm{T}}$；$\boldsymbol{K}_{ic} = \mathrm{diag}\{k_{i\rho}, k_{is}, k_{i\eta}, k_{iu}, k_{ir}\}$。定义向量 $\boldsymbol{E}_c = [\boldsymbol{E}_{1c}^{\mathrm{T}}, \boldsymbol{E}_{2c}^{\mathrm{T}}, \cdots, \boldsymbol{E}_{Nc}^{\mathrm{T}}, \boldsymbol{e}_{\beta}^{\mathrm{T}}]^{\mathrm{T}}$ 和 $\boldsymbol{h}_c = [\boldsymbol{h}_{1c}^{\mathrm{T}}, \boldsymbol{h}_{2c}^{\mathrm{T}}, \cdots, \boldsymbol{h}_{Nc}^{\mathrm{T}}, \boldsymbol{0}_N^{\mathrm{T}}]^{\mathrm{T}}$，则根据式（5.71）有

$$
\dot{V}_c \leqslant -k_c\|\boldsymbol{E}_c\|^2 + \|\boldsymbol{h}_c\|\|\boldsymbol{E}_c\| \tag{5.72}
$$

式中，$k_c = \min\limits_{i=1,2,\cdots,N}\{\lambda_{\min}(\boldsymbol{K}_{ic}), \lambda_{\min}(\boldsymbol{\mu})\}$。由式（5.72）可知，当 $\boldsymbol{E}_c$ 满足

$$
\begin{aligned}
\|\boldsymbol{E}_c\| \geqslant & \sum_{i=1}^{N}\left[\frac{|q_{i\epsilon}|}{\bar{\theta}_3 k_c} + \frac{|q_{iu}|}{\bar{\theta}_3 k_c \rho_{is}} + \frac{|q_{ir}|}{\bar{\theta}_3 k_c} + \frac{(\kappa_{iu}^{\mathrm{p}} + 1/\rho_{is})|\tilde{u}_i|}{\bar{\theta}_3 k_c}\mathcal{K}\right. \\
& \left. + \frac{(\kappa_{ir}^{\mathrm{p}}+1)|\tilde{r}_i|}{\bar{\theta}_3 k_c} + \frac{|q_{i\tau u}|}{\bar{\theta}_3 k_c} + \frac{|q_{i\tau r}|}{\bar{\theta}_3 k_c}\right] \geqslant \frac{\|\boldsymbol{h}_c\|}{\bar{\theta}_3 k_c}
\end{aligned} \tag{5.73}
$$

则有

$$
\dot{V}_c \leqslant -(1-\bar{\theta}_3)k_c\|\boldsymbol{E}_c\|^2 \tag{5.74}
$$

式中，$\bar{\theta}_3 \in \mathbb{R}^+$ 满足 $0 < \bar{\theta}_3 < 1$。由定理 2.2 可知，子系统 Σ_3 是输入-状态稳定的，且系统状态满足

$$
\begin{aligned}
\|\boldsymbol{E}_c(t)\| \leqslant \max\Big\{ & \varpi_3(\|\boldsymbol{E}_c(0)\|, t), \sum_{l=1}^{p}\Big[\hbar_i^q(|q_{i\epsilon}|) + \hbar_i^{qu}(|q_{iu}|) + \hbar_i^q(|q_{ir}|) \\
& + \hbar_i^{\tilde{u}}(|\tilde{u}_i|) + \hbar_i^{\tilde{r}}(|\tilde{r}_i|) + \hbar_i^q(|q_{i\tau u}|) + \hbar_i^q(|q_{i\tau r}|)\Big]\Big\}
\end{aligned} \tag{5.75}
$$

式中，ϖ_3 是 $\mathcal{KL}$ 类函数；$\hbar_i^q, \hbar_i^{qu}, \hbar_i^{\tilde{u}}$ 和 $\hbar_i^{\tilde{r}}$ 是 $\mathcal{K}$ 类函数，定义为

$$
\begin{cases}
\hbar_i^q(s) = \dfrac{1}{\bar{\theta}_3 k_c}s \\
\hbar_i^{qu}(s) = \dfrac{1}{\bar{\theta}_3 k_c \rho_{is}}s \\
\hbar_i^{\tilde{r}}(s) = \dfrac{(\kappa_{ir}^{\mathrm{p}}+1)}{\bar{\theta}_3 k_c}s \\
\hbar_i^{\tilde{u}}(s) = \dfrac{(\kappa_{iu}^{\mathrm{p}}+1/\rho_{is})}{\bar{\theta}_3 k_c}s
\end{cases} \tag{5.76}
$$

■

以下引理给出基于投影神经网络的神经动力学优化收敛结论。

引理 5.4　对于投影神经网络（5.48），如果初始状态 $\left(\boldsymbol{\tau}_i(t_0), z_i(t_0)\right)$ 满足 $\boldsymbol{\tau}_i(t_0) \in \mathcal{T}$，$z_i(t_0) \triangleq \left[z_{i1}(t_0), z_{i2}(t_0)\right]^{\mathrm{T}}$ 满足 $z_{i1}(t_0) > 0$ 和 $z_{i2}(t_0) > 0$，则投影神经网络输出 $\boldsymbol{\tau}_i(t)$ 能够指数收敛至二次规划问题（5.45）的最优解 $\boldsymbol{\tau}_i^o$。

证明　证明过程见文献[188]，此处省略。 ■

以下定理给出各子系统所构成的级联系统的稳定性和状态可行性结论。

定理 5.1　考虑由目标无人艇（5.1）和跟随无人艇［式（5.2）和式（5.3）］组成的多无人艇系统，在满足假设 5.1～假设 5.4 的前提下，采用分布式目标中心估计器［式（5.12）～式（5.14）］、数据驱动模糊预估器（5.32）、自适应学习律（5.37）、时变轨道协同包围制导律［式（5.22）和式（5.26）］、无模型标称控制律（5.40）和最优控制律（5.48），则多无人艇协同多目标包围级联系统是输入-状态稳定的，系统中的误差均为一致最终有界的。同时，控制过程中多跟随无人艇系统在集合 $\mathcal{C}_i$ 上是输入-状态安全的，并且控制信号不违背输入约束。协同多目标包围控制的包围运动任务（5.8）、协同编队任务（5.9）和约束任务［式（5.10）和式（5.11）］能够被实现。

证明　引理 5.1～引理 5.3 已经指出，以 $\boldsymbol{z}_c$ 为状态、以 $\boldsymbol{\zeta}_d^{\mathrm{d}}$ 为输入的子系统 Σ_1 是输入-状态稳定的；以 $\tilde{u}_i, \tilde{r}_i, \tilde{\boldsymbol{W}}_{iu}, \tilde{\boldsymbol{W}}_{ir}$ 为状态、以 $\delta_{iu}, \delta_{ir}, \delta_{iuf}, \delta_{irf}$ 为输入的子系统 Σ_2 是输入-状态稳定的；以 $\boldsymbol{e}_\beta, \rho_{iz}, \beta_{iz}, \eta_{iz}, u_{iz}, r_{iz}$ 为状态、以 $q_{i\epsilon}, q_{iu}, q_{ir}, \tilde{u}_i, \tilde{r}_i, q_{i\tau u}, q_{i\tau r}$ 为输入的子系统 Σ_3 是输入-状态稳定的。根据级联系统的相关定理 2.3，由子系统 Σ_2, Σ_3 构成的级联系统可以看作一个以 $\boldsymbol{e}_\beta, \rho_{iz}, \beta_{iz}, \eta_{iz}, u_{iz}, r_{iz}, \tilde{u}_i, \tilde{r}_i, \tilde{\boldsymbol{W}}_{iu}, \tilde{\boldsymbol{W}}_{ir}$ 为状态、以 $q_{i\epsilon}, q_{iu}$，$q_{ir}, q_{i\tau u}, q_{i\tau r}, \delta_{iu}, \delta_{ir}, \delta_{iuf}, \delta_{irf}$ 为输入的系统，该系统是输入-状态稳定的，且存在 $\mathcal{KL}$ 类函数 ϖ 和 $\mathcal{K}$ 类函数 $\hbar$，满足

$$\|\boldsymbol{E}(t)\| \leqslant \max\left\{\varpi\left(\|\boldsymbol{E}(0)\|, t\right), \hbar\left(\|\boldsymbol{q}\|\right)\right\} \tag{5.77}$$

式中，$\boldsymbol{E} = [\boldsymbol{E}_1^{\mathrm{T}}, \boldsymbol{E}_2^{\mathrm{T}}, \cdots, \boldsymbol{E}_N^{\mathrm{T}}]^{\mathrm{T}}$，$\boldsymbol{q} = [\boldsymbol{q}_1^{\mathrm{T}}, \boldsymbol{q}_2^{\mathrm{T}}, \cdots, \boldsymbol{q}_N^{\mathrm{T}}]^{\mathrm{T}}$，其中 $\boldsymbol{E}_i = [\boldsymbol{e}_{i\beta}, \rho_{iz}, \beta_{iz}, \eta_{iz}, u_{iz}, r_{iz}, \tilde{u}_i, \tilde{r}_i, \tilde{\boldsymbol{W}}_{iu}^{\mathrm{T}}, \tilde{\boldsymbol{W}}_{ir}^{\mathrm{T}}]^{\mathrm{T}}$，$\boldsymbol{q}_i = [q_{i\epsilon}, q_{iu}, q_{ir}, q_{i\tau u}, q_{i\tau r}, \delta_{iu}, \delta_{ir}, \delta_{iuf}, \delta_{irf}]^{\mathrm{T}}$，$i = 1, 2, \cdots, N$。

根据引理 5.4，采用最优控制律（5.48）进行在线优化能够使式（5.46）中 $J_i(\boldsymbol{\tau}_i)$ 最小，因此存在常数 $\bar{q}_{\tau u} \in \mathbb{R}^+$ 和 $\bar{q}_{\tau r} \in \mathbb{R}^+$ 满足 $|q_{i\tau u}| \leqslant \bar{q}_{\tau u}$ 和 $|q_{i\tau r}| \leqslant \bar{q}_{\tau r}$，又由于其他系统输入 $q_{i\epsilon}, q_{iu}, q_{ir}, \delta_{iu}, \delta_{ir}, \delta_{iuf}, \delta_{irf}$ 均有界，界值为 $\epsilon, \bar{q}_u, \bar{q}_r, \bar{\delta}_u, \bar{\delta}_r, \bar{\delta}_u/\gamma_u, \bar{\delta}_r/\gamma_r$，所以闭环系统误差 $\boldsymbol{e}_{i\beta}, \rho_{iz}, \beta_{iz}, \eta_{iz}, u_{iz}, r_{iz}, \tilde{u}_i, \tilde{r}_i, \tilde{\boldsymbol{W}}_{iu}^{\mathrm{T}}, \tilde{\boldsymbol{W}}_{ir}^{\mathrm{T}}$ 均是一致最终有界的。

考虑由目标中心 o_c、跟随无人艇 s_i、估计目标中心 $\hat{o}_{ic}$ 组成的三角形，定义 o_c 与 $\hat{o}_{ic}$ 距离为 $\tilde{\rho}_{it} = \|\hat{\boldsymbol{p}}_{ic} - \boldsymbol{p}_c\|$，定义 o_c 与 $\hat{o}_{ic}$ 关于 s_i 的角度为 $e_{it} = \beta_{is} - \beta_i$。根据定理 4.1 证明，存在常数 $R_i \in \mathbb{R}^+$ 使 $\sin|e_{it}| = \tilde{\rho}_{it}/(2R_i)$，且有不等式 $|\rho_{ie}| \leqslant |\rho_{iz}| + \tilde{\rho}_{it}$。根据引

理 5.1，估计误差 $\tilde{\boldsymbol{p}}_{ic}$ 是一致最终有界的，因此 $\tilde{\rho}_{it}$ 和 e_{it} 是一致最终有界的。将式（5.19）写作 $e_{i\beta}=\sum_{j=1}^{N}a_{ij}\left[(\beta_{id}-\alpha_{id})-(\beta_{jd}-\alpha_{jd})\right]$，根据定理 2.7 和定理 2.8，有

$$\lambda^*\left\|(\boldsymbol{\beta}_d-\boldsymbol{\alpha}_d)-\mathbf{1}_N\frac{1}{N}\sum_{i=1}^{N}(\beta_{id}-\alpha_{id})\right\|^2\leqslant \boldsymbol{e}_\beta^{\mathrm{T}}\boldsymbol{P}_c\boldsymbol{e}_\beta \tag{5.78}$$

由于 $\boldsymbol{e}_\beta$ 一致最终有界，可知 $\beta_{ijd}-\alpha_{ijd}$ 是一致最终有界的，根据

$$\begin{cases}|\rho_{ie}|\leqslant|\rho_{iz}|+\tilde{\rho}_{it}\\ |e_{ij}|=|\beta_{ijd}-\alpha_{ijd}+\beta_{iz}-\beta_{jz}+e_{it}-e_{jt}|\\ \qquad\leqslant|\beta_{ijd}-\alpha_{ijd}|+|\beta_{iz}|+|\beta_{jz}|+|e_{it}|+|e_{jt}|\end{cases} \tag{5.79}$$

且已经证明 $\rho_{iz},\tilde{\rho}_{it},\beta_{ijd}-\alpha_{ijd},\beta_{iz},e_{it}$ 均一致最终有界，则误差 ρ_{ie} 和 e_{ij} 有界，所提控制器能够实现包围运动任务（5.8）和协同编队任务（5.9）。另外，由于速度跟踪误差满足

$$\begin{cases}|u_{ie}|=|u_{iz}-\tilde{u}_i|\leqslant|u_{iz}|+|\tilde{u}_i|\\ |r_{ie}|=|r_{iz}-\tilde{r}_i|\leqslant|r_{iz}|+|\tilde{r}_i|\end{cases} \tag{5.80}$$

可知速度跟踪误差 u_{ie} 和 r_{ie} 也是有界的。

由于最优控制律（5.48）中投影激活函数的作用，控制信号 $\boldsymbol{\tau}_i$ 的导数有界，则控制输入是利普希茨连续的。因此根据推论 2.1 和引理 5.4，控制输入 $\boldsymbol{\tau}_i$ 能够指数收敛到二次规划问题（5.45）的最优解 $\boldsymbol{\tau}_i^o$，即无人艇系统关于状态可行集 $\mathcal{C}_i$ 是输入-状态安全的，且满足 $\boldsymbol{\tau}\in\mathcal{T}$，可实现约束任务［式（5.10）和式（5.11）］。■

5.4　仿 真 验 证

本节对所提出的多无人艇协同多目标包围优化控制器进行了仿真验证，证明所提方法在协同包围多个运动目标时的有效性。考虑由四艘目标无人艇与六艘跟随无人艇组成的多无人艇系统，其中目标无人艇运动方程满足式（5.1），跟随无人艇动态方程满足式（5.2）和式（5.3）。无人艇之间通信拓扑结构如图 5.4 所示，满足假设 5.2 和假设 5.3。无人艇的模型采用文献[119]中 Cybership II 型无人艇的模型参数。各无人艇所受环境扰动建模为一阶高斯-马尔可夫过程 $\dot{\boldsymbol{\tau}}_{id}+0.5\boldsymbol{\tau}_{id}=\boldsymbol{w}_i$，其中，$\boldsymbol{\tau}_{id}=[\tau_{idu},\tau_{idv},\tau_{idr}]^{\mathrm{T}}\in\mathbb{R}^3$ 为环境扰动力矩向量，$\boldsymbol{w}_i\in\mathbb{R}^3$ 为一个白噪声向量。无人艇状态和输入约束给定为 $\bar{u}=3\mathrm{m/s}$, $\underline{u}=-1\mathrm{m/s}$, $\bar{r}=2\,\mathrm{rad/s}$, $\underline{r}=-2\,\mathrm{rad/s}$, $\bar{\tau}_u=30\mathrm{N}$, $\underline{\tau}_u=-15\mathrm{N}$, $\bar{\tau}_r=15\mathrm{N\cdot m}$, $\underline{\tau}_r=-15\mathrm{N\cdot m}$。目标无人艇速度为 $u_{kt}=0.1+0.05\sin(\pi t/500)\mathrm{m/s}$，$r_{kt}=\pi/500\cos(\pi t/500)\,\mathrm{rad/s}$，$k=1,2,3,4$；目标无人艇初始位置

设定为 $\boldsymbol{p}_{1t}(0)=[12.5,12.5]^{\mathrm{T}}$，$\boldsymbol{p}_{2t}(0)=[11.5,8.5]^{\mathrm{T}}$，$\boldsymbol{p}_{3t}(0)=[7.5,7.5]^{\mathrm{T}}$，$\boldsymbol{p}_{4t}(0)=[8.5,11.5]^{\mathrm{T}}$。跟随无人艇采用所设计的分布式目标中心估计器［式（5.12）～式（5.14）］、数据驱动模糊预估器（5.32）、自适应学习律（5.37）、时变轨道协同包围制导律［式（5.22）和式（5.26）］、无模型标称控制律（5.40）和最优控制律（5.48），围绕多艘目标无人艇协同运动。为验证所提方法的控制效果，本节研究了两种协同多目标包围控制的任务场景，分别为椭圆轨道多目标包围场景和切换轨道多目标包围场景。

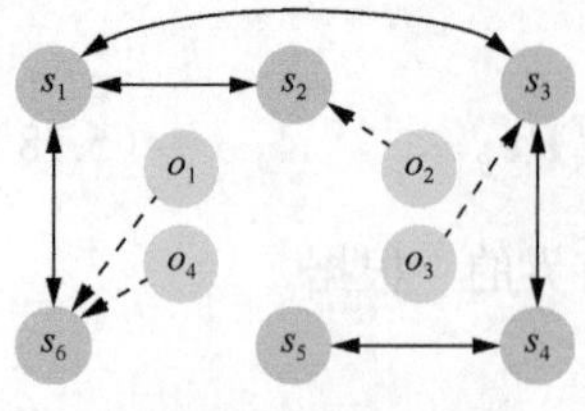

图 5.4 通信拓扑

5.4.1 椭圆轨道多目标包围研究

本小节中研究六艘无人艇围绕目标中心形成椭圆形轨道的任务场景，期望分布队形向量给定为 $\boldsymbol{\alpha}_d=[-2\pi/3,-\pi/3,0,\pi/3,2\pi/3,\pi]^{\mathrm{T}}$，期望环绕角速度给定为 $\omega_s=0.1\mathrm{rad/s}$，时变期望包围距离给定为

$$\rho_{id}(t)=\frac{ab}{\sqrt{a^2\sin^2(\beta_i-\Delta\psi_i)+b^2\cos^2(\beta_i-\Delta\psi_i)}} \tag{5.81}$$

式中，$a=10$；$b=6$；$\Delta\psi_i=\mathrm{atan2}(\dot{y}_{ic},\dot{x}_{ic})+\psi_0, i=1,2,\cdots,6$。协同多目标包围控制参数见表 5.1。

表 5.1 协同多目标包围控制参数

参数名称	参数符号	参数值
分布式目标中心估计器参数	(κ_t,γ_t)	(10, 20)
制导律参数	$(k_{i\beta},k_{i\eta},\mu_i)$	(2, 8, 5)
视距制导前视距离	Δ	5m
跟踪微分器参数	$(\gamma_{i1},\gamma_{i2})$	(20, 20)
滤波器参数	(γ_u,γ_r)	(1, 1)
数据驱动模糊预估器参数	$(\kappa_{iu}^{\mathrm{p}},\kappa_{ir}^{\mathrm{p}})$	(30, 20)
纵荡自适应学习参数	$\boldsymbol{\Gamma}_{iu},\kappa_{iu}^{\mathrm{w}}$	$\mathrm{diag}\{120\boldsymbol{I}_{19},10\},10^{-5}$
艏摇自适应学习参数	$\boldsymbol{\Gamma}_{ir},\kappa_{ir}^{\mathrm{w}}$	$\mathrm{diag}\{120\boldsymbol{I}_{19},10\},10^{-5}$
数据堆栈长度	p	1000
控制律参数	(k_{iu},k_{ir})	(8, 8)
状态可行集参数	(u_a,u_b,r_a,r_b)	(2.8, −0.8, 1.8, −1.8)
约束功率	$P_{\max}$	50W
神经动力学优化参数	γ_o	200

令模糊逻辑系统输入向量$\xi_{iu}=\left[\xi_{iu1},\xi_{iu2},\xi_{iu3}\right]^{\mathrm{T}}$和$\xi_{ir}=\left[\xi_{ir1},\xi_{ir2},\xi_{ir3}\right]^{\mathrm{T}}$，采用如下的隶属度函数

$$\begin{cases}\mu_{F_k^l}(\xi_{iuk})=\exp\left\{-\dfrac{[\xi_{iuk}-b_{uk}(l-10)]^2}{b_{uk}^2}\right\}\\ \mu_{F_k^l}(\xi_{irk})=\exp\left\{-\dfrac{[\xi_{irk}-b_{rk}(l-10)]^2}{b_{rk}^2}\right\}\end{cases}\tag{5.82}$$

式中，$i=1,2,\cdots,6$；$k=1,2,3$；$l=1,2,\cdots,19$；参数选择为$b_{u1}=4$，$b_{u2}=4$，$b_{u3}=30$，$b_{r1}=3$，$b_{r2}=3$，$b_{r3}=15$。状态可行条件中的函数α选择为$\alpha(s)=s$。

仿真结果如图 5.5～图 5.10 所示。其中，图 5.5 为多跟随无人艇的协同多目标包围轨迹图。从图中可以看出，采用所提分布式协同多目标包围控制与优化方法，六艘跟随无人艇能够围绕四艘目标无人艇覆盖范围的几何中心以椭圆轨道和均匀分布编队进行环航。图 5.6 和图 5.7 分别为协同多目标包围距离误差和分散相位角误差曲线。从图中可以看出，六艘跟随无人艇的距离误差和分散相位角误差均能收敛到原点的邻域内，因此能够实现包围运动任务和协同编队任务。图 5.8 为跟随无人艇纵荡和艏摇方向速度曲线，展示了参考速度、实际速度以及速度约束。从图中可以看出，虽然设计的参考速度不满足无人艇速度约束，但采用所提最优控制律能够保证无人艇实际速度满足约束条件，因此能够实现状态约束任务。图 5.9 为跟随无人艇纵荡和艏摇方向控制输入曲线，展示了标称控制信号、实际控制输入信号以及推力和力矩约束。从图中可以看出，标称控制信号的设计没有考虑执行机构推力和力矩的约束，而采用所提神经动力学的优化控制律能够保证实际纵荡推力和艏摇力矩在约束范围内，因此能够实现输入约束任务。图 5.10 为数据驱动模糊预估器对模型动力学不确定性的学习结果。数据驱动模糊预估器可以实现对无人艇纵荡和艏摇方向的动力学不确定性的在线学习。

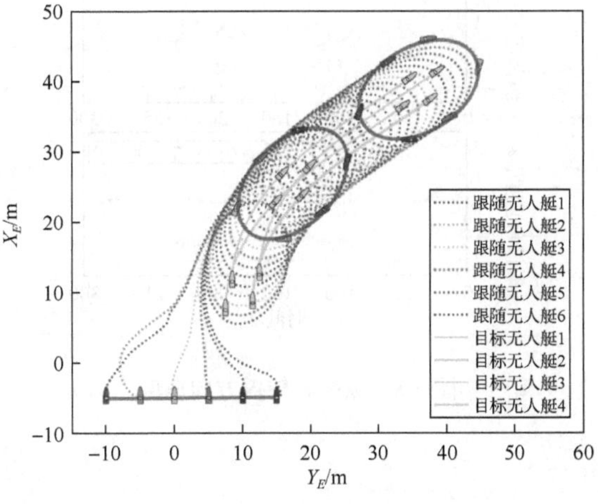

图 5.5　协同多目标包围轨迹

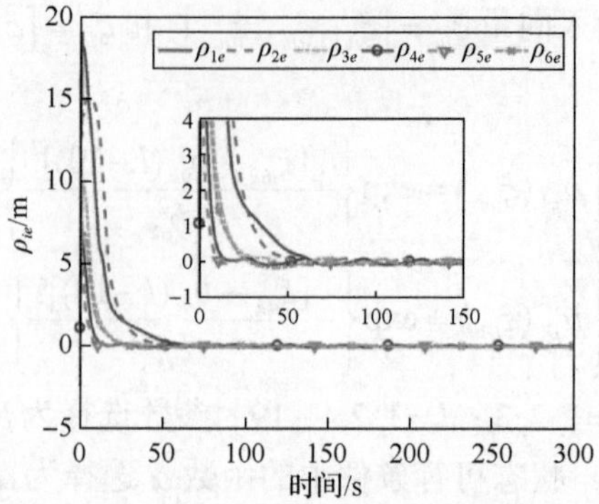

图 5.6 协同多目标包围距离误差

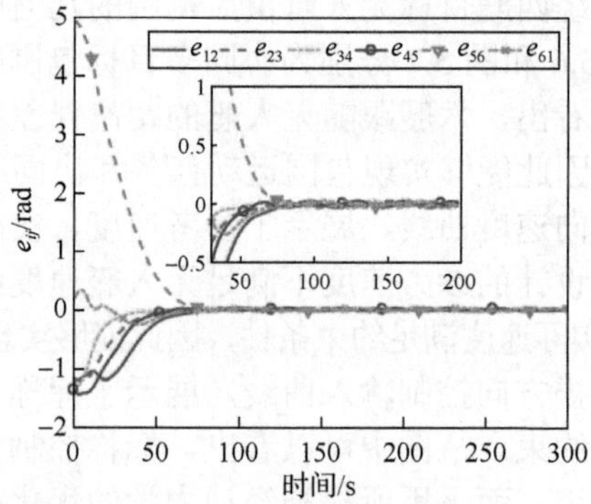

图 5.7 协同多目标包围分散相位角误差

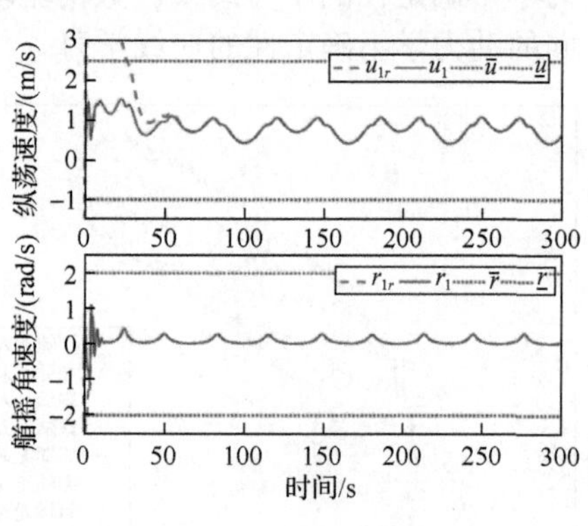

图 5.8 纵荡和艏摇方向速度

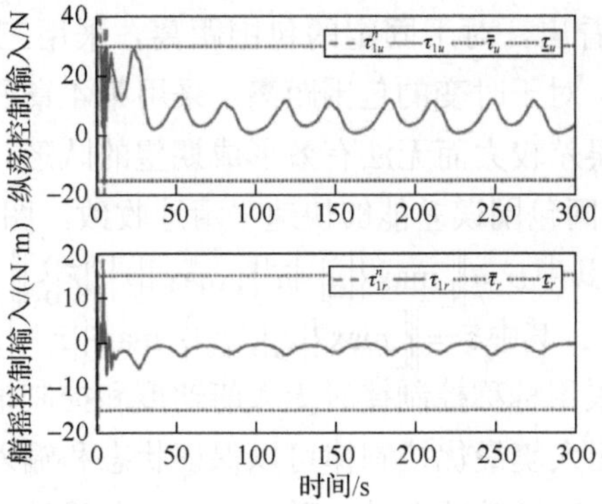

图 5.9 纵荡和艏摇方向控制输入

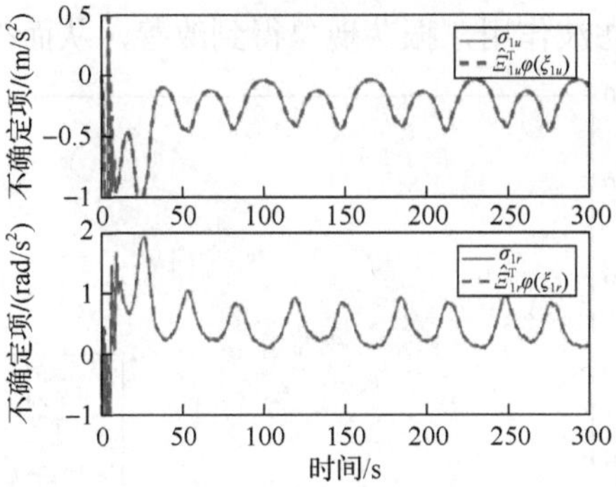

图 5.10 数据驱动模糊预估器学习的动力学不确定性

5.4.2 切换轨道多目标包围研究

本小节的研究中，多跟随无人艇协同包围轨道由圆形轨道切换为椭圆形轨道，即式（5.81）中包围半径在 $t=150\text{s}$ 时刻由 $a=b=10$ 变为 $a=10$，$b=6$。为对比说明所提方法的有效性，分别采用如下三种控制方案（参数选择同 5.4.1 小节）。

方案一：运动学采用针对固定轨道半径设计的距离保持制导律（4.30），动力学采用未经过优化的无模型模糊控制律（4.62），即第 4 章所提方法。

方案二：运动学采用时变轨道协同包围制导律［式（5.22）和式（5.26）］，动力学采用未经过优化的无模型模糊控制律（5.40）。

方案三：运动学采用时变轨道协同包围制导律［式（5.23）和式（5.26）］，动力学采用最优控制律（5.48），即本章所提方法。

仿真结果如图 5.11～图 5.14 所示。其中，图 5.11 为采用本章所提方法下多目标无人艇和多跟随无人艇的移动轨迹曲线图。从图中可以看出，本章所提方法能够实现沿不同形状轨道的协同包围运动。图 5.12 给出了采用三种不同控制方案下，跟随无人艇协同包围误差 $z_{ie}\triangleq[\rho_{ie},e_{i(i+)}]^{\mathrm{T}}$ 的效果图，其中 $i+$ 定义与第 4

章相同。从图中可以看出，对于固定的包围距离，采用三种控制方案均能实现协同包围误差的收敛；对于时变的包围距离，采用第 4 章所提的针对固定包围距离的制导律系统包围误差较大而无法有效形成期望的队形，而采用本章所提方法在 $t\in(150,300]$ 时，协同包围误差能够快速平滑地收敛。图 5.13 为采用三种控制方案下的无人艇速度，其中 $\bar{\upsilon}=\left\|\left[\max\{|\underline{u}|,|\overline{u}|\},\max\{|\underline{r}|,|\overline{r}|\}\right]\right\|$，图 5.14 给出三种控制方案下的控制输入信号，其中 $\bar{\tau}=\left\|\left[\max\{|\overline{\tau}_u|,|\underline{\tau}_u|\},\max\{|\overline{\tau}_r|,|\underline{\tau}_r|\}\right]\right\|$。从图 5.13 和图 5.14 中可以看出，只采用标称控制律时无人艇速度和控制输入均不能满足约束条件，而采用本章所提无人艇最优控制律可以保证状态和输入约束的满足。另外，从图中可以看出，当控制增益较大时，采用第 4 章所设计的无优化制导与控制方法系统状态可能发生振荡；而采用所提基于投影神经网络的最优控制律，由于投影神经网络的限幅和滤波作用，振荡现象得到改善，从而控制效果得到提升。

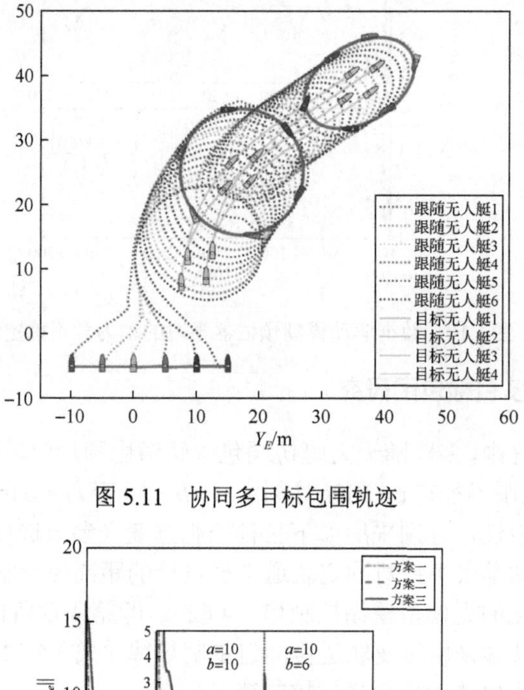

图 5.11　协同多目标包围轨迹

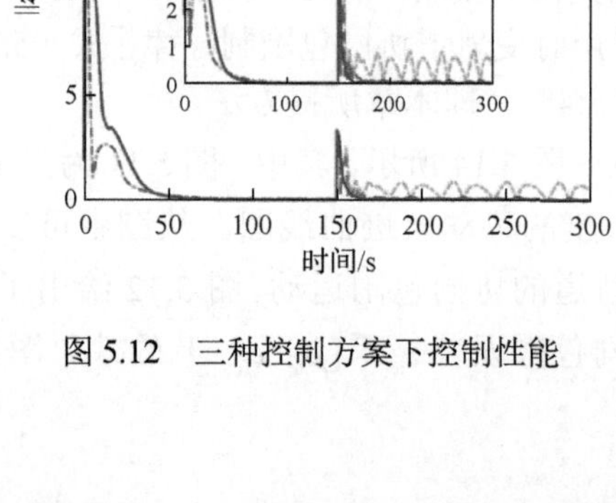

图 5.12　三种控制方案下控制性能

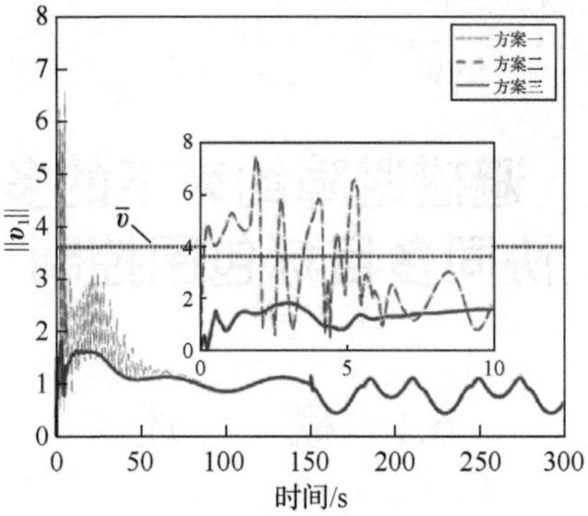

图 5.13　三种控制方案下无人艇速度

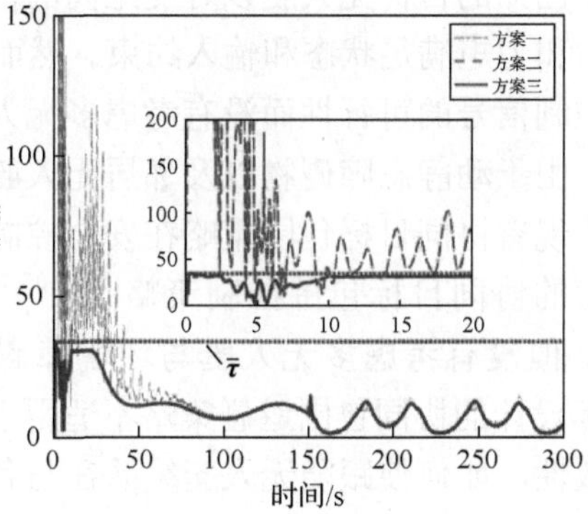

图 5.14　三种控制方案下控制输入

5.5　本 章 小 结

本章主要研究了状态和输入约束下多无人艇的时变距离协同多目标包围问题。将优化控制思想和神经动力学优化技术融入控制器设计中，本章提出一种基于输入-状态安全控制障碍函数的分布式协同多目标包围控制与优化方法。基于分布式观测技术提出分布式目标中心估计器重构目标位置，并针对包围运动任务和协同编队任务设计时变轨道协同包围制导律；动力学层采用标称-优化的控制器设计思路，提出无模型标称控制律和基于投影神经网络的最优控制律，分别实现参考速度跟踪和约束任务。基于级联系统稳定性分析，证明了协同多目标包围估计与控制闭环系统是输入-状态稳定的，系统误差信号是一致最终有界的。基于安全性理论证明了控制过程中多跟随无人艇系统在状态可行集上是输入-状态安全的，并且控制信号不违背输入约束。对比仿真验证了所提无人艇分布式协同多目标包围控制与优化方法的有效性。

第 6 章　避碰避障约束下的多无人艇协同多目标包围控制

6.1　概　述

第 5 章研究了多无人艇的协同多目标包围问题，所提方法能够实现对多艘速度未知、位置信息局部已知的目标无人艇以时变距离的协同包围运动，并保证无人艇速度以及控制推力和力矩满足状态和输入约束。然而，第 5 章的控制器设计过程中只考虑了设计控制信号的可行性而没有考虑多无人艇系统的安全性。无人艇在海上协同作业时，由于动静态障碍物以及邻居无人艇的存在，基于避碰避障的安全控制至关重要。现有协同目标包围策略在安全控制方面存在以下局限性：第一，现有带避碰能力的协同目标包围控制策略[104,105,189]虽然能够避免无人系统个体之间发生碰撞，但没有考虑多无人艇与环境障碍物之间的避碰问题；第二，现有针对单个目标设计的协同包围避碰策略不适用于多目标安全包围控制问题，由于多目标的分散性，如何使跟随无人艇编队在与各目标避碰的同时保持对目标集群的协同包围尚未得到解决；第三，现有协同目标包围策略仅在制导层解决安全控制问题，而没有考虑环境扰动等因素所导致的动力学跟踪误差对系统安全性的影响，同时无法处理执行器推力和力矩等输入约束下的避碰避障控制问题。

在安全控制方面，控制障碍函数由于能够实时保证系统状态前向不变性，因而被广泛应用于无人系统避碰避障控制中。通过将控制障碍函数与控制李雅普诺夫函数或标称控制律的结合，能够在保证系统安全的前提下实现预期的控制目标。为了处理各类非线性系统的安全控制问题，国内外学者提出了多种控制障碍函数，如高阶控制障碍函数[159]、积分控制障碍函数[190]、鲁棒自适应控制障碍函数[191]等。尤其是针对受未知扰动的系统，文献[157]将输入-状态安全的概念融入控制障碍函数理论，提出一种输入-状态安全控制障碍函数。由于无人艇动力学系统存在内部模型不确定性和外部环境扰动，因此可以采用输入-状态安全刻画系统安全性。然而，现有输入-状态安全控制障碍函数对于控制系统的相对阶仅为一阶，难以用于处理含动力学的二阶无人艇系统安全控制问题。

本章研究了避碰避障约束下的无人艇协同多目标包围控制问题，其中每艘跟随无人艇模型参数完全未知，且受到输入约束和环境扰动影响。针对此问题，在

第 5 章提出的分布式协同多目标包围控制与优化方法基础上，结合安全控制思想和神经动力学优化技术，提出一种基于输入-状态安全高阶控制障碍函数和有限时间模糊预估器的协同多目标包围控制与优化方法。具体而言，本章设计了分布式目标中心估计器，利用局部感知的目标信息重构多目标的几何中心，针对无人艇未知动力学提出了有限时间模糊预估器，实现了对系统控制输入增益、未知非线性和环境扰动的快速学习；基于制导控制一体化设计提出了协同多目标包围标称控制律，在设计中引入协同优化项，提高了避碰避障过程中包围运动的平滑性，为避免跟随无人艇与邻居无人艇、目标无人艇、环境障碍物发生碰撞，结合第 2 章中的输入-状态安全高阶控制障碍函数，推导出各无人艇的避碰避障安全条件，根据安全条件约束和输入约束条件构造二次规划问题，基于神经动力学优化技术提出了无人艇最优安全控制律，采用投影神经网络对控制信号进行实时优化。通过级联系统稳定性理论证明了闭环控制系统的输入-状态稳定性，采用安全性理论证明了多无人艇系统在控制过程中的输入-状态安全性。通过对比仿真验证了所提安全协同多目标包围优化控制方法的有效性。

6.2　问 题 描 述

与第 5 章类似，考虑由 N 艘欠驱动跟随无人艇和 M 艘目标无人艇组成的多无人艇系统（$N, M \in \mathbb{N}^+$）。在此基础上，考虑海面上存在环境障碍物，如图 6.1 所示，其中，s_i 代表第 i 艘跟随无人艇，$i = 1, 2, \cdots, N$；o_k 代表第 k 艘目标无人艇，$k = 1, 2, \cdots, M$；o_c 代表目标中心；O_l 代表第 l 个环境障碍物，$l = 1, 2, \cdots, L$，$L \in \mathbb{N}^+$。

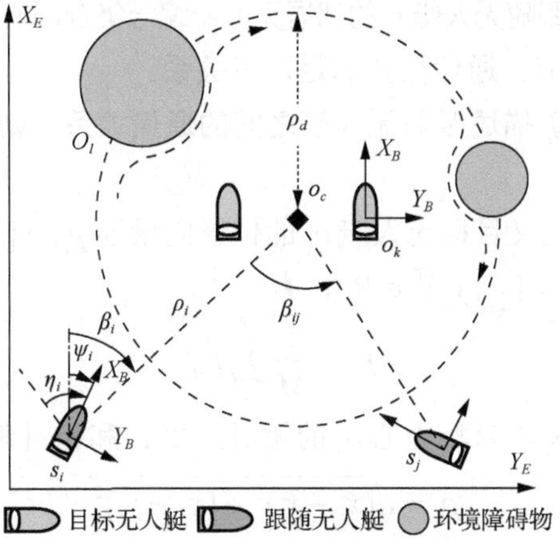

图 6.1　多无人艇协同多目标包围

目标无人艇 o_k 的动态可以描述为

$$\begin{cases}\dot{x}_{kt} = u_{kt}\cos\psi_{kt} - v_{kt}\sin\psi_{kt} \\ \dot{y}_{kt} = u_{kt}\sin\psi_{kt} + v_{kt}\cos\psi_{kt} \\ \dot{\psi}_{kt} = r_{kt}\end{cases} \tag{6.1}$$

式中符号定义与式（5.1）符号定义相同，并同样做以下假设。

假设 6.1　各目标无人艇的速度是有界的，即存在常数 $\bar{u}_t \in \mathbb{R}^+$ 和 $\bar{v}_t \in \mathbb{R}^+$，分别满足 $|u_{kt}| \leqslant \bar{u}_t$ 和 $|v_{kt}| \leqslant \bar{v}_t$。

目标无人艇的位置信息对有限跟随无人艇局部已知，定义集合 $\bar{\mathcal{N}}_k^t$ 表示能探测到目标无人艇 o_k 的跟随无人艇编号集合，即 $\bar{\mathcal{N}}_k^t = \left\{i \in \mathbb{N}^+ \mid b_{ik} = 1\right\}$，其中 b_{ik} 的定义见 2.2 节。对探测关系做以下假设。

假设 6.2　目标无人艇集合 $\mathcal{O} = \{o_1, o_2, \cdots, o_M\}$ 能够被跟随无人艇集合 $\mathcal{S} = \{s_1, s_2, \cdots, s_N\}$ 完全探测，即 $\mathcal{N}_k^t \neq \varnothing$，$k = 1, 2, \cdots, M$。

跟随无人艇 s_i 的动态可以描述为运动学方程

$$\begin{cases}\dot{x}_i = u_i\cos\psi_i - v_i\sin\psi_i \\ \dot{y}_i = u_i\sin\psi_i + v_i\cos\psi_i \\ \dot{\psi}_i = r_i\end{cases} \tag{6.2}$$

和动力学方程

$$\begin{cases}m_{iu}\dot{u}_i = f_{iu}(u_i, v_i, r_i) + \tau_{idu}(t) + \tau_{iu} \\ m_{iv}\dot{v}_i = f_{iv}(u_i, v_i, r_i) + \tau_{idv}(t) \\ m_{ir}\dot{r}_i = f_{ir}(u_i, v_i, r_i) + \tau_{idr}(t) + \tau_{ir}\end{cases} \tag{6.3}$$

式中符号定义与式（4.2）和式（4.3）的符号定义相同。各跟随无人艇可以与其邻居通信，定义集合 $\mathcal{N}_j$ 表示跟随无人艇 s_i 的邻居无人艇编号集合，即 $\mathcal{N}_j = \left\{j \in \mathbb{N}^+ \mid a_{ij} = 1\right\}$，其中 a_{ij} 的定义见 2.2 节。通信拓扑满足以下关系。

假设 6.3　用图 $\mathcal{G}_c$ 描述跟随无人艇之间的通信关系，则通信拓扑图 $\mathcal{G}_c$ 是无向且连通的。

与第 5 章类似，定义目标无人艇 o_k 的位置向量为 $\boldsymbol{p}_{kt} = [x_{kt}, y_{kt}]^{\mathrm{T}} \in \mathbb{R}^2$，目标中心 o_c 的位置向量为 $\boldsymbol{p}_c = [x_c, y_c]^{\mathrm{T}} \in \mathbb{R}^2$，有

$$\boldsymbol{p}_c = \frac{1}{M}\sum_{k=1}^{M}\boldsymbol{p}_{kt} \tag{6.4}$$

定义跟随无人艇 s_i 与目标中心 o_c 的相对距离 ρ_i 和相对角度 β_i 为

$$\begin{cases}\rho_i = \sqrt{(x_c - x_i)^2 + (y_c - y_i)^2} \\ \beta_i = \operatorname{atan2}(y_c - y_i, x_c - x_i)\end{cases} \tag{6.5}$$

并定义包围角 η_i 为

$$\eta_i \triangleq \left\lceil \psi_i - \beta_i + \frac{\pi}{2} \right\rceil_\pi \tag{6.6}$$

式中函数 atan2 和运算符$\lceil \cdot \rceil_\pi$的定义与第 3 章相同。定义跟随无人艇s_i和s_j关于目标中心o_c的圆心角为分散相位角β_{ij}，有

$$\beta_{ij} = \lceil \beta_i - \beta_j \rceil_\pi \tag{6.7}$$

本章旨在针对由运动学方程（6.2）和动力学方程（6.3）描述的欠驱动无人艇，设计分布式协同多目标包围控制器，使其满足以下控制和安全任务。

（1）包围运动任务：每艘跟随无人艇以给定距离$\rho_d \in \mathbb{R}^+$围绕目标中心航行，即满足

$$\lim_{t\to\infty} |\rho_i - \rho_d| \leqslant \delta_1 \tag{6.8}$$

式中，$\delta_1 \in \mathbb{R}^+$是一个小常数。

（2）协同编队任务：所有跟随无人艇在目标中心的包围轨道上形成由向量$\boldsymbol{\alpha}_d = [\alpha_{1d}, \alpha_{2d}, \cdots, \alpha_{Nd}]^{\mathrm{T}} \in \mathbb{R}^N$描述的期望的分布编队，即满足

$$\lim_{t\to\infty} |\beta_{ij} - \alpha_{ijd}| \leqslant \delta_2 \tag{6.9}$$

式中，$\delta_2 \in \mathbb{R}^+$是一个小常数；$\alpha_{ijd} = \alpha_{id} - \alpha_{jd}$是跟随无人艇$s_i$和$s_j$的期望分散角，其中$\alpha_{id}, \alpha_{jd} \in (-\pi, \pi]$，$i, j = 1, 2, \cdots, N$。

（3）避碰避障任务：每艘跟随无人艇与邻居无人艇、目标无人艇、环境障碍物距离大于安全距离，即满足

$$\begin{cases} \rho_{ij} \leqslant R_a, & i = 1, 2, \cdots, N, j \in \mathcal{N}_i \\ \rho_{ik}^t \leqslant R_t, & k = 1, 2, \cdots, M \\ \rho_{il}^o \leqslant R_o, & l = 1, 2, \cdots, L \end{cases} \tag{6.10}$$

式中，$\rho_{ij} \in \mathbb{R}^+, \rho_{ik}^t \in \mathbb{R}^+, \rho_{il}^o \in \mathbb{R}^+$分别表示无人艇$s_i$与邻居无人艇$s_j$、目标无人艇$o_k$、环境障碍物$O_l$的距离，定义为$\rho_{ij} \triangleq \sqrt{(x_j - x_i)^2 + (y_j - y_i)^2}$，$\rho_{ik}^t \triangleq \sqrt{(x_{kt} - x_i)^2 + (y_{kt} - y_i)^2}$，$\rho_{il}^o \triangleq \sqrt{(x_{lo} - x_i)^2 + (y_{lo} - y_i)^2}$，其中$x_{lo} \in \mathbb{R}$和$y_{lo} \in \mathbb{R}$为环境障碍物$O_l$在地球坐标系下的位置；$R_a \in \mathbb{R}^+, R_t \in \mathbb{R}^+, R_o \in \mathbb{R}^+$表示安全距离。

（4）输入约束任务：在协同多目标包围过程中，无人艇控制推力和力矩满足

$$\underline{\tau}_u \leqslant \tau_{iu} \leqslant \overline{\tau}_u,\quad \underline{\tau}_r \leqslant \tau_{ir} \leqslant \overline{\tau}_r \tag{6.11}$$

式中，$\overline{\tau}_u, \overline{\tau}_r \in \mathbb{R}$和$\underline{\tau}_u, \underline{\tau}_r \in \mathbb{R}$分别表示纵荡推力、艏摇力矩的上界和下界。

本章考虑在执行避碰任务时，当跟随无人艇接近目标无人艇或障碍物时，能够采用通信或测量等感知方式获得其位置和状态信息，且感知范围大于相应安全距离。定义跟随无人艇s_i可探测的目标无人艇编号集合为$\mathcal{N}_i^t$，定义跟随无人艇s_i可探测的环境障碍物编号集合为$\mathcal{N}_i^o$。

注 6.1　在协同多目标包围控制中，为了保证航行轨道能够完全包络分散的多艘目标无人艇，给定距离 ρ_d 应满足 $\rho_d + 2R_t \geqslant \overline{\rho}_t$，其中 $\overline{\rho}_t$ 为各目标无人艇与目标中心的最大距离。

6.3　控制器设计与分析

为实现上述包围运动任务（6.8）、协同编队任务（6.9）避碰避障任务（6.10）和输入约束任务（6.11），本节设计了一种分布式安全协同多目标包围优化控制器。所提控制器主要包括四部分设计：第一，针对分布感知的多目标无人艇信息，设计了分布式目标中心估计器用于重构目标中心位置；第二，针对包含内部模型不确定性和外部环境扰动的无人艇未知动力学，提出了有限时间模糊预估器；第三，针对时变距离的包围运动任务和协同编队任务，设计了协同多目标包围标称控制律；第四，针对无人艇避碰避障约束和控制输入约束，基于神经动力学优化技术提出了最优安全控制律，采用投影神经网络对控制信号在线优化。所设计多无人艇安全协同多目标包围优化控制系统结构如图 6.2 所示。

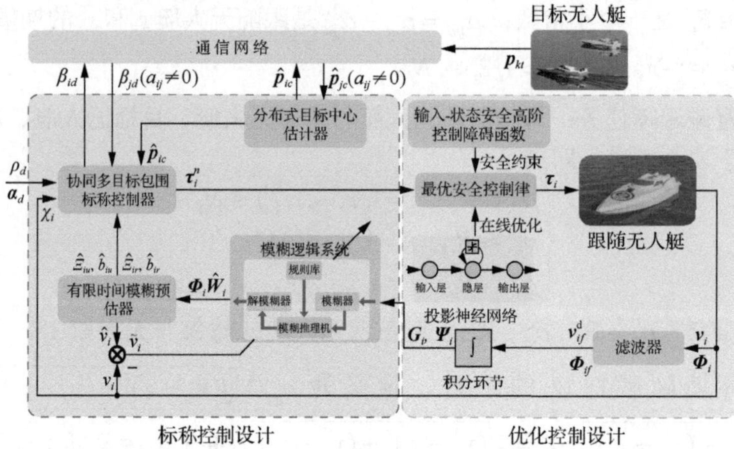

图 6.2　多无人艇安全协同多目标包围优化控制系统结构

6.3.1　分布式目标中心估计器设计

本小节设计分布式目标中心估计器以获得目标中心信息。定义 $\hat{\boldsymbol{p}}_{ic} = [\hat{x}_{ic}, \hat{y}_{ic}]^{\mathrm{T}} \in \mathbb{R}^2$ 为跟随无人艇 s_i 对目标中心位置 $\boldsymbol{p}_c$ 的估计，设计分布式目标中心估计器

$$\hat{\boldsymbol{p}}_{ic} = \boldsymbol{\zeta}_{ie} + \boldsymbol{\zeta}_{id} \tag{6.12}$$

式中，$\boldsymbol{\zeta}_{ie} \in \mathbb{R}^2$ 和 $\boldsymbol{\zeta}_{id} \in \mathbb{R}^2$ 分别用于实现观测一致性和估计误差收敛的目的。

基于分布式估计误差设计 $\boldsymbol{\zeta}_{ie}$ 为

$$\dot{\boldsymbol{\zeta}}_{ie} = -\kappa_t \sum_{j=1}^{N} a_{ij} (\hat{\boldsymbol{p}}_{ic} - \hat{\boldsymbol{p}}_{jc}) \tag{6.13}$$

式中，$\kappa_t \in \mathbb{R}^+$ 为估计器参数；$\boldsymbol{\zeta}_{ie}(0) = \mathbf{0}_2$；$a_{ij}$ 的定义见 2.2 节。基于分布感知设计 $\boldsymbol{\zeta}_{id}$ 为

$$\begin{cases} \dot{\boldsymbol{\zeta}}_{id} = \boldsymbol{\zeta}_{id}^{\mathrm{d}} \\ \dot{\boldsymbol{\zeta}}_{id}^{\mathrm{d}} = -\gamma_t^2 (\boldsymbol{\zeta}_{id} - \boldsymbol{p}_{id}) - 2\gamma_t \boldsymbol{\zeta}_{id}^{\mathrm{d}} \\ \boldsymbol{p}_{id} = \dfrac{N}{M} \displaystyle\sum_{k=1}^{M} \dfrac{b_{ik}}{\sum_{l=1}^{N} b_{lk}} \boldsymbol{p}_{kt} \end{cases} \tag{6.14}$$

式中，$\gamma_t \in \mathbb{R}^+$ 为估计器参数；b_{ik} 的定义见 2.2 节。根据假设 6.2，对于任意 $k \in \{1, 2, \cdots, M\}$，均有 $\sum_{l=1}^{N} b_{lk} \neq 0$。

定义估计误差向量 $\tilde{\boldsymbol{p}}_c = [\tilde{\boldsymbol{p}}_{1c}^{\mathrm{T}}, \tilde{\boldsymbol{p}}_{2c}^{\mathrm{T}}, \cdots, \tilde{\boldsymbol{p}}_{Nc}^{\mathrm{T}}]^{\mathrm{T}} \in \mathbb{R}^{2N}$，其中 $\tilde{\boldsymbol{p}}_{ic} = \hat{\boldsymbol{p}}_{ic} - \boldsymbol{p}_c$；定义向量 $\boldsymbol{z}_c = [\boldsymbol{z}_{1c}^{\mathrm{T}}, \boldsymbol{z}_{2c}^{\mathrm{T}}, \cdots, \boldsymbol{z}_{Nc}^{\mathrm{T}}]^{\mathrm{T}} \in \mathbb{R}^{2N}$，其中 $\boldsymbol{z}_{ic} = \sum_{j=1}^{N} a_{ij} (\hat{\boldsymbol{p}}_{ic} - \hat{\boldsymbol{p}}_{jc}), i = 1, 2, \cdots, N$。可得分布式目标中心估计器误差子系统

$$\dot{\boldsymbol{z}}_c = (\boldsymbol{\mathcal{L}} \otimes \boldsymbol{I}_2)(-\kappa_t \boldsymbol{z}_c + \boldsymbol{\zeta}_d^{\mathrm{d}}) \tag{6.15}$$

式中，$\boldsymbol{\zeta}_d^{\mathrm{d}} = [(\boldsymbol{\zeta}_{1d}^{\mathrm{d}})^{\mathrm{T}}, (\boldsymbol{\zeta}_{2d}^{\mathrm{d}})^{\mathrm{T}}, \cdots, (\boldsymbol{\zeta}_{Nd}^{\mathrm{d}})^{\mathrm{T}}]^{\mathrm{T}}$。

6.3.2 有限时间模糊预估器设计

本小节介绍有限时间模糊预估器的设计方法，利用输入和输出数据对无人艇未知动力学进行在线学习。首先，定义无人艇速度向量 $\boldsymbol{v}_i = [u_i, v_i, r_i]^{\mathrm{T}} \in \mathbb{R}^3$ 和控制输入向量 $\boldsymbol{\tau}_i = [\tau_{iu}, \tau_{ir}]^{\mathrm{T}} \in \mathbb{R}^2$，则动力学方程（6.3）可以表示为

$$\dot{\boldsymbol{v}}_i = \boldsymbol{\sigma}_i + \boldsymbol{b}_i \boldsymbol{\tau}_i \tag{6.16}$$

式中，$\boldsymbol{\sigma}_i = [\sigma_{iu}, \sigma_{iv}, \sigma_{ir}]^{\mathrm{T}}$，$\sigma_{iu} = [f_{iu}(u_i, v_i, r_i) + \tau_{idu}]/m_{iu}$，$\sigma_{iv} = [f_{iv}(u_i, v_i, r_i) + \tau_{idv}]/m_{iv}$，$\sigma_{ir} = [f_{ir}(u_i, v_i, r_i) + \tau_{idr}]/m_{ir}$；$\boldsymbol{b}_i = [b_{iu}, 0; 0, 0; 0, b_{ir}] \in \mathbb{R}^{3\times 2}$，$b_{iu} = 1/m_{iu}$，$b_{ir} = 1/m_{ir}$。由于无人艇模型的动力学方程中未知模型参数、未知非线性、未知环境扰动，式（6.16）中 $\boldsymbol{\sigma}_i$ 和 $\boldsymbol{b}_i$ 均为待学习的未知量。

根据定理 2.10，利用模糊逻辑系统逼近未知函数项 $\sigma_{iu}, \sigma_{iv}, \sigma_{ir}$ 可得

$$\begin{cases} \sigma_{iu} = \boldsymbol{\Xi}_{iu}^{\mathrm{T}} \boldsymbol{\varphi}(\boldsymbol{\xi}_{iu}) + \delta_{iu} \\ \sigma_{iv} = \boldsymbol{\Xi}_{iv}^{\mathrm{T}} \boldsymbol{\varphi}(\boldsymbol{\xi}_{iv}) + \delta_{iv} \\ \sigma_{ir} = \boldsymbol{\Xi}_{ir}^{\mathrm{T}} \boldsymbol{\varphi}(\boldsymbol{\xi}_{ir}) + \delta_{ir} \end{cases} \tag{6.17}$$

式中，$\xi_{iu}=[u_i(t),u_i(t-t_d),\tau_{iu}]^{\mathrm{T}}$，$\xi_{iv}=[v_i(t),v_i(t-t_d),\tau_{iv}]^{\mathrm{T}}$，$\xi_{ir}=[r_i(t),r_i(t-t_d),\tau_{ir}]^{\mathrm{T}}$，$t_d\in\mathbb{R}^+$ 为采样周期；$\boldsymbol{\varXi}_{iu}\in\mathbb{R}^m$，$\boldsymbol{\varXi}_{iv}\in\mathbb{R}^m$，$\boldsymbol{\varXi}_{ir}\in\mathbb{R}^m$ 为模糊系统参数；函数 $\boldsymbol{\varphi}:\mathbb{R}^3\to\mathbb{R}^m$ 的定义见 2.3 节；$\delta_{iu}\in\mathbb{R}$，$\delta_{iv}\in\mathbb{R}$，$\delta_{ir}\in\mathbb{R}$，且存在常数 $\bar{\delta}\in\mathbb{R}^+$ 满足 $\|[\delta_{iu},\delta_{iv},\delta_{ir}]\|\leqslant\bar{\delta}$。可以将动力学方程（6.3）重构如下

$$\dot{\boldsymbol{v}}_i=\boldsymbol{\Phi}(\xi_{iu},\xi_{iv},\xi_{ir},\boldsymbol{\tau}_i)\boldsymbol{W}_i+\boldsymbol{\delta}_i \tag{6.18}$$

式中，$\boldsymbol{W}_i=[\boldsymbol{\varXi}_{iu}^{\mathrm{T}},\boldsymbol{\varXi}_{iv}^{\mathrm{T}},\boldsymbol{\varXi}_{ir}^{\mathrm{T}},b_{iu},b_{ir}]^{\mathrm{T}}\in\mathbb{R}^{3m+2}$；$\boldsymbol{\delta}_i=[\delta_{iu},\delta_{iv},\delta_{ir}]^{\mathrm{T}}\in\mathbb{R}^3$；$\boldsymbol{\Phi}(\xi_{iu},\xi_{iv},\xi_{ir},\boldsymbol{\tau}_i)$ 定义为

$$\boldsymbol{\Phi}(\xi_{iu},\xi_{iv},\xi_{ir},\boldsymbol{\tau}_i)=\begin{bmatrix}\boldsymbol{\varphi}^{\mathrm{T}}(\xi_{iu}) & \boldsymbol{0}_m^{\mathrm{T}} & \boldsymbol{0}_m^{\mathrm{T}} & \tau_{iu} & 0\\ \boldsymbol{0}_m^{\mathrm{T}} & \boldsymbol{\varphi}^{\mathrm{T}}(\xi_{iv}) & \boldsymbol{0}_m^{\mathrm{T}} & 0 & 0\\ \boldsymbol{0}_m^{\mathrm{T}} & \boldsymbol{0}_m^{\mathrm{T}} & \boldsymbol{\varphi}^{\mathrm{T}}(\xi_{ir}) & 0 & \tau_{ir}\end{bmatrix} \tag{6.19}$$

将 $\boldsymbol{\Phi}(\xi_{iu},\xi_{iv},\xi_{ir},\boldsymbol{\tau}_i)$ 简化记作 $\boldsymbol{\Phi}_i$，并定义估计向量 $\hat{\boldsymbol{v}}_i=[\hat{u}_i,\hat{v}_i,\hat{r}_i]^{\mathrm{T}}\in\mathbb{R}^3$，其中 $\hat{u}_i$，$\hat{v}_i$ 和 $\hat{r}_i$ 分别代表无人艇速度 u_i,v_i 和 r_i 的估计，为学习包含未知动力学信息的参数向量 $\boldsymbol{W}_i$，提出有限时间模糊预估器如下

$$\dot{\hat{\boldsymbol{v}}}_i=-(k_i+\boldsymbol{\kappa}_i^{\mathrm{p}})(\hat{\boldsymbol{v}}_i-\boldsymbol{v}_i)-\gamma_i\mathrm{sgn}(\hat{\boldsymbol{v}}_i-\boldsymbol{v}_i)+\boldsymbol{\Phi}_i\hat{\boldsymbol{W}}_i \tag{6.20}$$

式中，$k_i\in\mathbb{R}^+$ 为控制律参数；$\boldsymbol{\kappa}_i^{\mathrm{p}},\gamma_i\in\mathbb{R}^+$ 为预估器参数；$\hat{\boldsymbol{W}}_i=[\hat{\boldsymbol{\varXi}}_{iu}^{\mathrm{T}},\hat{\boldsymbol{\varXi}}_{iv}^{\mathrm{T}},\hat{\boldsymbol{\varXi}}_{ir}^{\mathrm{T}},\hat{b}_{iu},\hat{b}_{ir}]^{\mathrm{T}}\in\mathbb{R}^{3m+2}$，其中向量 $\hat{\boldsymbol{\varXi}}_{iu}^{\mathrm{T}},\hat{\boldsymbol{\varXi}}_{iv}^{\mathrm{T}},\hat{\boldsymbol{\varXi}}_{ir}^{\mathrm{T}}$ 和 $\hat{b}_{iu},\hat{b}_{ir}$ 分别为 $\boldsymbol{\varXi}_{iu}^{\mathrm{T}},\boldsymbol{\varXi}_{iv}^{\mathrm{T}},\boldsymbol{\varXi}_{ir}^{\mathrm{T}}$ 和 b_{iu},b_{ir} 的估计。

为设计参数学习自适应律，首先将 $\boldsymbol{v}_i,\boldsymbol{\Phi}_i$ 输入滤波器

$$\begin{cases}\boldsymbol{v}_{if}^{\mathrm{d}}=\boldsymbol{v}_i-\mathrm{e}^{-\gamma_f t}\boldsymbol{v}_i(0)-\gamma_f\boldsymbol{v}_{if}\\ \dot{\boldsymbol{v}}_{if}=-\gamma_f\boldsymbol{v}_{if}+\boldsymbol{v}_i, & \boldsymbol{v}_{if}(0)=\boldsymbol{0}_3\\ \dot{\boldsymbol{\Phi}}_{if}=-\gamma_f\boldsymbol{\Phi}_{if}+\boldsymbol{\Phi}_i, & \boldsymbol{\Phi}_{if}(0)=\boldsymbol{0}_{3\times(3m+2)}\end{cases} \tag{6.21}$$

式中，$\boldsymbol{v}_{if}^{\mathrm{d}},\boldsymbol{\Phi}_{if}$ 分别为 $\dot{\boldsymbol{v}}_i,\boldsymbol{\Phi}_i$ 的滤波信号。无人艇状态向量满足以下条件。

假设 6.4 向量 $\boldsymbol{\Phi}_{if}(t)$ 在时间区间 $[0,t_\epsilon]$ 上是激励的，即存在常数 $\mu_s>0$ 和 $t_\epsilon>0$，满足

$$\int_0^{t_\epsilon}\boldsymbol{\Phi}_{if}^{\mathrm{T}}(s)\boldsymbol{\Phi}_{if}(s)\mathrm{d}s\geqslant\mu_s\boldsymbol{I}_{(3m+2)\times(3m+2)} \tag{6.22}$$

接下来，为了获得和利用无人艇输入和输出数据的历史信息，对 $\boldsymbol{v}_{if}^{\mathrm{d}}$ 和 $\boldsymbol{\Phi}_{if}$ 采用如下连续时间积分

$$\begin{cases}\boldsymbol{\varPsi}_i(t)=\int_0^t\boldsymbol{\Phi}_{if}^{\mathrm{T}}(s)\boldsymbol{\Phi}_{if}(s)\mathrm{d}s\\ \boldsymbol{G}_i(t)=\int_0^t\boldsymbol{\Phi}_{if}^{\mathrm{T}}(s)\boldsymbol{v}_{if}^{\mathrm{d}}(s)\mathrm{d}s\end{cases} \tag{6.23}$$

求解滤波方程（6.21）与式（4.53）～式（4.55）类似，然后代入式（6.23）可以得到以下等式关系

$$\boldsymbol{G}_i=\boldsymbol{\varPsi}_i\boldsymbol{W}_i+\boldsymbol{\varDelta}_{i\delta} \tag{6.24}$$

式中，$\boldsymbol{\Delta}_{i\delta} \in \mathbb{R}^{3m+2}$ 为关于逼近精度 $\boldsymbol{\delta}_i$ 的积分向量，定义为

$$\begin{cases} \boldsymbol{\Delta}_{i\delta}(t) = \int_0^t \boldsymbol{\Phi}_{if}^{\mathrm{T}}(s)\boldsymbol{\delta}_{if}(s)\mathrm{d}s \\ \dot{\boldsymbol{\delta}}_{if} = -\gamma_f \boldsymbol{\delta}_{if} + \boldsymbol{\delta}_i, \qquad \boldsymbol{\delta}_{if}(0) = \mathbf{0}_3 \end{cases} \tag{6.25}$$

基于积分矩阵 $\boldsymbol{\Psi}_i$ 和向量 $\boldsymbol{G}_i$，设计估计参数 $\hat{\boldsymbol{W}}_i$ 的有限时间收敛自适应律如下

$$\dot{\hat{\boldsymbol{W}}}_i = \boldsymbol{\Gamma}_i \mathrm{Proj}\left[\hat{\boldsymbol{W}}_i, -\boldsymbol{\Phi}_i^{\mathrm{T}}(\hat{\boldsymbol{v}}_i - \boldsymbol{v}_i) + \kappa_i^{\mathrm{w}} \boldsymbol{\Psi}_i^{\mathrm{T}}(\boldsymbol{G}_i - \boldsymbol{\Psi}_i \hat{\boldsymbol{W}}_i) + \gamma_i^{\mathrm{w}} \frac{\boldsymbol{\Psi}_i^{\mathrm{T}}(\boldsymbol{G}_i - \boldsymbol{\Psi}_i \hat{\boldsymbol{W}}_i)}{\left\|\boldsymbol{G}_i - \boldsymbol{\Psi}_i \hat{\boldsymbol{W}}_i\right\|}\right] \tag{6.26}$$

式中，$\boldsymbol{\Gamma}_i \in \mathbb{R}^{(3m+2)\times(3m+2)}$ 为正定参数矩阵；$\kappa_i^{\mathrm{w}} \in \mathbb{R}^+$ 和 $\gamma_i^{\mathrm{w}} \in \mathbb{R}^+$ 为自适应参数；投影算子 $\mathrm{Proj}(\cdot)$ 保证 $\hat{b}_{iu}$ 和 $\hat{b}_{ir}$ 非零[186]，形式见式（2.65）。

定义预估器状态估计误差 $\tilde{\boldsymbol{v}}_i$=$[\tilde{u}_i,\tilde{v}_i,\tilde{r}_i]^{\mathrm{T}}$ 和参数学习误差 $\tilde{\boldsymbol{W}}_i$=$[\tilde{\boldsymbol{\Xi}}_{iu}^T,\tilde{\boldsymbol{\Xi}}_{iv}^T,\tilde{\boldsymbol{\Xi}}_{ir}^T,\tilde{b}_{iu},\tilde{b}_{ir}]^{\mathrm{T}}$，其中 $\tilde{u}_i = \hat{u}_i - u_i$，$\tilde{v}_i = \hat{v}_i - v_i$，$\tilde{r}_i = \hat{r}_i - r$，$\tilde{\boldsymbol{\Xi}}_{iu} = \hat{\boldsymbol{\Xi}}_{iu} - \boldsymbol{\Xi}_{iu}$，$\tilde{\boldsymbol{\Xi}}_{iv} = \hat{\boldsymbol{\Xi}}_{iv} - \boldsymbol{\Xi}_{iv}$，$\tilde{\boldsymbol{\Xi}}_{ir} = \hat{\boldsymbol{\Xi}}_{ir} - \boldsymbol{\Xi}_{ir}$，$\tilde{b}_{iu} = \hat{b}_{iu} - b_{iu}$，$\tilde{b}_{ir} = \hat{b}_{ir} - b_{ir}$，则根据式（6.18）～式（6.26）可得有限时间模糊预估器误差子系统

$$\begin{cases} \dot{\tilde{\boldsymbol{v}}}_i = -(k_i + \kappa_i^{\mathrm{p}})\tilde{\boldsymbol{v}}_i - \gamma_i \mathrm{sgn}(\tilde{\boldsymbol{v}}_i) + \boldsymbol{\Phi}_i \tilde{\boldsymbol{W}}_i - \boldsymbol{\delta}_i \\ \dot{\tilde{\boldsymbol{W}}}_i = \boldsymbol{\Gamma}_i \mathrm{Proj}\left[\hat{\boldsymbol{W}}_i, -\boldsymbol{\Phi}_i^{\mathrm{T}}\tilde{\boldsymbol{v}}_i + \kappa_i^{\mathrm{w}} \boldsymbol{\Psi}_i^{\mathrm{T}}(\boldsymbol{\Delta}_{i\delta} - \boldsymbol{\Psi}_i \tilde{\boldsymbol{W}}_i) + \gamma_i^{\mathrm{w}} \frac{\boldsymbol{\Psi}_i^{\mathrm{T}}(\boldsymbol{\Delta}_{i\delta} - \boldsymbol{\Psi}_i \tilde{\boldsymbol{W}}_i)}{\left\|\boldsymbol{\Delta}_{i\delta} - \boldsymbol{\Psi}_i \tilde{\boldsymbol{W}}_i\right\|}\right] \end{cases} \tag{6.27}$$

注 6.2　相比于现有在线自适应估计和控制方法中参数的收敛依赖于严格的持续激励条件[192]，所提有限时间模糊预估器通过引入时间积分收集和利用历史信息，只需要系统状态在有限长度的初始时间区间内激励，放松了参数收敛条件；相比于第 4 章所提的数据驱动模糊预估器，本章所提预估器不需要额外的内存空间存储历史数据。

注 6.3　不同于第 3 章至第 5 章中所提出的模糊预估器只估计纵荡和艏摇两个方向的未知动力学，本章所提的有限时间模糊预估器同时学习了无人艇纵荡、横漂、艏摇方向的未知动力学，增加对横漂方向不确定性的学习是为了满足后文中安全优化控制器的设计需求。

6.3.3　协同多目标包围标称控制律设计

本小节介绍协同多目标包围标称控制律的设计过程，采用制导控制一体化设计，基于所估计的目标中心信息和学习的无人艇未知动力学实现距离误差 $\rho_{ie} \triangleq \rho_i - \rho_d$ 和分散相位角误差 $e_{ij} \triangleq \beta_{ij} - \alpha_{ijd}$ 的收敛。

定义 ρ_{is} 和 β_{is} 为跟随无人艇 s_i 和估计目标中心 $\hat{o}_{ic}$ 的相对距离和角度，定义 η_{is} 为包围角，有

$$\begin{cases}\rho_{is}=\sqrt{(\hat{x}_{ic}-x_i)^2+(\hat{y}_{ic}-y_i)^2}\\ \beta_{is}=\operatorname{atan2}(\hat{y}_{ic}-y_i,\hat{x}_{ic}-x_i)\\ \eta_{is}=\lceil\psi_i-\beta_{is}+\pi/2\rceil_{\pi}\end{cases}\tag{6.28}$$

令式（6.28）对时间求导，可得

$$\begin{cases}\dot{\rho}_{is}=u_{is}\sin\eta_{is}+v_{is}\cos\eta_{is}\\ \dot{\beta}_{is}=\sigma_{i\beta}+u_i/\rho_{is}\\ \dot{\eta}_{is}=\sigma_{i\eta}+r_i\end{cases}\tag{6.29}$$

式中

$$\begin{cases}u_{is}=\dot{\hat{x}}_{ic}\cos\psi_i+\dot{\hat{y}}_{ic}\sin\psi_i-u_i\\ v_{is}=-\dot{\hat{x}}_{ic}\sin\psi_i+\dot{\hat{y}}_{ic}\cos\psi_i-v_i\\ \sigma_{i\beta}=\dfrac{1}{\rho_{is}}\left(-\dot{\hat{x}}_{ic}\sin\beta_{is}+\dot{\hat{y}}_{ic}\cos\beta_{is}-v_i\sin\eta_{is}-2u_i\sin^2\dfrac{\eta_{is}}{2}\right)\\ \sigma_{i\eta}=-\dfrac{1}{\rho_{is}}\left(-\dot{\hat{x}}_{ic}\sin\beta_{is}+\dot{\hat{y}}_{ic}\cos\beta_{is}+u_i\cos\eta_{is}-v_i\sin\eta_{is}\right)\end{cases}\tag{6.30}$$

为实现包围运动任务（6.8）和协同编队任务（6.9），基于上述系统动态设计协同多目标包围标称控制律，设计过程包括以下步骤。

步骤 1　根据式（6.8）和式（6.9），首先定义距离误差和角度误差

$$\begin{cases}\rho_{iz}=\rho_{is}-\rho_{id}\\ e_{i\beta}=\sum\limits_{j=1}^{N}a_{ij}(\beta_{ijd}-\alpha_{ijd})\end{cases}\tag{6.31}$$

式中，$\beta_{ijd}=\beta_{id}-\beta_{jd}$，$\beta_{id}$，$\beta_{jd}\in\mathbb{R}$ 分别为跟随无人艇 s_i 和 s_j 待设计的期望相对角度。令 $\boldsymbol{e}_{\beta}=[e_{1\beta},e_{2\beta},\cdots,e_{N\beta}]^{\mathrm{T}}\in\mathbb{R}^N$ 和 $\boldsymbol{\beta}_d=[\beta_{1d},\beta_{2d},\cdots,\beta_{Nd}]^{\mathrm{T}}\in\mathbb{R}^N$，式（6.31）对时间求导可得

$$\begin{cases}\dot{\rho}_{iz}=-U_{\overline{is}}\sin(\eta_{id}+\theta_{\overline{is}})+U_{\overline{is}}q_{i\eta}-q_{i\epsilon}\\ \dot{\boldsymbol{e}}_{\beta}=\boldsymbol{\mathcal{L}}\dot{\boldsymbol{\beta}}_d\end{cases}\tag{6.32}$$

式中

$$\begin{cases}U_{\overline{is}}=\sqrt{u_{\overline{is}}^2+v_{is}^2}\ ,\theta_{\overline{is}}=\operatorname{atan2}(-v_{is},-u_{\overline{is}})\\ u_{\overline{is}}=\operatorname{sgn}^*(u_{is})\sqrt{u_{is}^2+\epsilon^2}\\ q_{i\epsilon}=\dfrac{\operatorname{sgn}^*(u_{is})\epsilon^2\sin\eta_{is}}{|u_{\overline{is}}|+|u_{is}|}\\ q_{i\eta}=\left[1-\cos(\eta_{is}-\eta_{id})\right]\sin(\eta_{id}+\theta_{\overline{is}})-\sin(\eta_{is}-\eta_{id})\cos(\eta_{id}+\theta_{\overline{is}})\end{cases}\tag{6.33}$$

其中，$\epsilon\in\mathbb{R}^+$ 是为了避免奇异性而引入的一个小常数，函数 sgn^* 的定义见式(3.21)。

容易得到，$q_{i\epsilon}$ 有界且满足 $|q_{i\epsilon}| \leqslant \epsilon$。

根据式（6.32），将期望相对角 β_{id} 更新律和期望包围角 η_{id} 设计如下

$$\begin{cases}\dot{\beta}_{id} = -\mu_i e_{i\beta} + \mu_i(\beta_{is} - \beta_{id}) + \omega_s \\ \eta_{id} = \arctan\left(\dfrac{\rho_{iz}}{\varDelta_i}\right) - \theta_{\overline{is}}\end{cases} \tag{6.34}$$

式中，$\mu_i \in \mathbb{R}^+$ 是更新参数；$\varDelta_i \in \mathbb{R}^+$ 为制导前视距离；常数 $\omega_s \in \mathbb{R}^+$ 是跟随无人艇的参考包围角速度。

步骤 2　为实现对期望相对角 β_{id} 和期望包围角 η_{id} 的跟踪，接下来定义角度误差 β_{iz} 和 η_{iz} 如下

$$\begin{cases}\beta_{iz} = \beta_{is} - \beta_{id} \\ \eta_{iz} = \eta_{is} - \eta_{id}\end{cases} \tag{6.35}$$

令式（6.35）对时间求导并代入式（6.29），可得

$$\begin{cases}\dot{\beta}_{iz} = \sigma_{i\beta} - \dot{\beta}_{id} + u_i/\rho_{is} \\ \dot{\eta}_{iz} = \sigma_{i\eta} - \dot{\eta}_{id} + r_i\end{cases} \tag{6.36}$$

则根据误差动态（5.25），对跟随无人艇 s_i 纵荡速度和艏摇角速度设计如下协同包围制导律

$$\begin{cases}\alpha_{iu} = -k_{i\beta}\beta_{iz} + \rho_{is}(-\sigma_{i\beta} + \omega_s) \\ \alpha_{ir} = -k_{i\eta}\eta_{iz} - \sigma_{i\eta} - U_{\overline{is}}q_{i\eta}\rho_{iz}/\eta_{iz} + \dot{\eta}_{id}\end{cases} \tag{6.37}$$

式中，$\alpha_{iu} \in \mathbb{R}$ 和 $\alpha_{ir} \in \mathbb{R}$ 分别为纵荡和艏摇方向速度制导信号；$k_{i\beta} \in \mathbb{R}^+$ 和 $k_{i\eta} \in \mathbb{R}^+$ 为制导律参数。然后将制导信号 α_{iu} 和 α_{ir} 输入下列线性跟踪微分器中，以获得无人艇参考速度 u_{ir} 和 r_{ir}。

$$\begin{cases}\dot{u}_{ir} = u_{ir}^{\mathrm{d}} \\ \dot{u}_{ir}^{\mathrm{d}} = -\gamma_{i1}^2(u_{ir} - \alpha_{iu}) - 2\gamma_{i1}u_{ir}^{\mathrm{d}} \\ \dot{r}_{ir} = r_{ir}^{\mathrm{d}} \\ \dot{r}_{ir}^{\mathrm{d}} = -\gamma_{i2}^2(r_{ir} - \alpha_{ir}) - 2\gamma_{i2}r_{ir}^{\mathrm{d}}\end{cases} \tag{6.38}$$

式中，$\gamma_{i1} \in \mathbb{R}^+$ 和 $\gamma_{i2} \in \mathbb{R}^+$ 为跟踪微分器参数。定义跟踪微分器误差 $q_{iu} \triangleq u_{ir} - \alpha_{iu}$ 和 $q_{ir} \triangleq r_{ir} - \alpha_{ir}$，根据跟踪微分器的收敛性质[182]，存在小常数 $\overline{q}_u \in \mathbb{R}^+$ 及 $\overline{q}_r \in \mathbb{R}^+$，满足 $|q_{iu}| \leqslant \overline{q}_u, |q_{ir}| \leqslant \overline{q}_r$。

步骤 3　为实现对参考纵荡速度 u_{ir} 和参考艏摇角速度 r_{ir} 的跟踪，定义动力学误差 u_{ie} 和 r_{ie} 如下

$$\begin{cases}u_{ie} = u_i - u_{ir} \\ r_{ie} = r_i - r_{ir}\end{cases} \tag{6.39}$$

令式（6.39）对时间求导并将式（6.18）代入，可得

$$\begin{cases}\dot{u}_{ie}=\boldsymbol{\Xi}_{iu}^{\mathrm{T}}\boldsymbol{\varphi}(\xi_{iu})+b_{iu}\tau_{iu}-\dot{u}_{ir}+\delta_{iu}\\ \dot{r}_{ie}=\boldsymbol{\Xi}_{ir}^{\mathrm{T}}\boldsymbol{\varphi}(\xi_{ir})+b_{ir}\tau_{ir}-\dot{r}_{ir}+\delta_{ir}\end{cases}\tag{6.40}$$

则根据动力学误差动态（5.25），对跟随无人艇 s_i 设计如下无模型标称控制律

$$\begin{cases}\tau_{iu}^{n}=\left[-k_i u_{ie}-\hat{\boldsymbol{\Xi}}_{iu}^{\mathrm{T}}\boldsymbol{\varphi}(\xi_{iu})+u_{ir}^{\mathrm{d}}-\beta_{iz}/\rho_{is}\right]\Big/\hat{b}_{iu}\\ \tau_{ir}^{n}=\left[-k_i r_{ie}-\hat{\boldsymbol{\Xi}}_{ir}^{\mathrm{T}}\boldsymbol{\varphi}(\xi_{ir})+r_{ir}^{\mathrm{d}}-\eta_{iz}\right]\Big/\hat{b}_{ir}\end{cases}\tag{6.41}$$

结合上述期望角度更新律（6.34）、协同包围制导律（6.37）和无模型标称控制律（6.41），则协同多目标包围标称控制律设计完成。

注 6.4 相比于第 4 章和第 5 章所提的期望相对角更新律，为克服避碰避障过程中编队误差过大而引起的控制性能下降问题，本章所提协同多目标包围标称控制律中的期望相对角更新律（6.34）中引入了协同优化项，利用角度跟踪误差调节期望相对角，以提高安全控制过程中协同包围运动的平滑性。

将期望角度更新律（6.34）、协同包围制导律（6.37）、无模型标称控制律（6.41）代入误差系统［式（6.32）、式（6.36）、式（6.40）］，可以得到制导与控制闭环子系统

$$\begin{cases}\dot{\boldsymbol{e}}_{\beta}=-\boldsymbol{\mathcal{L}}\boldsymbol{\mu}\boldsymbol{e}_{\beta}+\boldsymbol{\mathcal{L}}\boldsymbol{\mu}\boldsymbol{\beta}_{z}\\ \dot{\rho}_{iz}=-k_{i\rho}\rho_{iz}+U_{i\overline{s}}q_{i\eta}-q_{i\epsilon}\\ \dot{\beta}_{iz}=-k_{is}\beta_{iz}+\mu_i(e_{i\beta}-\beta_{iz})+(q_{iu}+u_{ie})/\rho_{is}\\ \dot{\eta}_{iz}=-k_{i\eta}\eta_{iz}-U_{i\overline{s}}q_{i\eta}\rho_{iz}/\eta_{iz}+q_{ir}+r_{ie}\\ \dot{u}_{ie}=-k_{iu}u_{ie}-\tilde{\boldsymbol{\Xi}}_{iu}^{\mathrm{T}}\boldsymbol{\varphi}(\xi_{iu})-\beta_{iz}/\rho_{is}+q_{i\tau u}-q_{ibu}+\delta_{iu}\\ \dot{r}_{ie}=-k_{ir}r_{ie}-\tilde{\boldsymbol{\Xi}}_{ir}^{\mathrm{T}}\boldsymbol{\varphi}(\xi_{ir})-\eta_{iz}+q_{i\tau r}-q_{ibr}+\delta_{ir}\end{cases}\tag{6.42}$$

式中，$\boldsymbol{\beta}_z=[\beta_{1z},\beta_{2z},\cdots,\beta_{Nz}]^{\mathrm{T}}\in\mathbb{R}^N$；$k_{i\rho}=U_{i\overline{s}}\Big/\sqrt{\Delta_i^2+\rho_{iz}^2}\in\mathbb{R}^+$；$k_{is}=k_{i\beta}/\rho_{is}\in\mathbb{R}^+$；$\boldsymbol{\mu}=\mathrm{diag}\{\mu_1,\mu_2,\cdots,\mu_N\}\in\mathbb{R}^N$；$q_{i\tau u}=\hat{b}_{iu}(\tau_{iu}-\tau_{iu}^n)$；$q_{i\tau r}=\hat{b}_{ir}(\tau_{ir}-\tau_{ir}^n)$；$q_{ibu}=\tilde{b}_{iu}\tau_{iu}$；$q_{ibr}=\tilde{b}_{ir}\tau_{ir}$。

6.3.4 最优安全控制律设计

为了实现包围运动任务（6.8）和协同编队任务（6.9），6.3.3 小节设计了协同多目标包围标称控制律。为了进一步实现避碰避障任务（6.10）和输入约束任务（6.11），本小节介绍最优安全控制律的设计过程。针对环境扰动下的无人艇系统的安全控制问题，本小节基于输入-状态安全高阶控制障碍函数和输入约束条件，提出了无人艇最优安全控制律，采用投影神经网络对所提协同多目标包围标称控制律进行在线优化，使实际控制信号满足避碰避障和输入约束条件。

在推导无人艇安全约束条件之前，首先定义向量 $\boldsymbol{\chi}_i=[x_i,y_i,\psi_i,u_i,v_i,r_i]^{\mathrm{T}}\in\mathbb{R}^6$ 和 $\boldsymbol{\tau}_i=[\tau_{iu},\tau_{ir}]^{\mathrm{T}}\in\mathbb{R}^2$，则跟随无人艇动态方程［式（6.2）和式（6.3）］可以表示成

$$\dot{\boldsymbol{\chi}}_i=\boldsymbol{f}_i(\boldsymbol{\chi}_i)+\boldsymbol{g}_i\boldsymbol{\tau}_i+\boldsymbol{d}_i \tag{6.43}$$

式中，$\boldsymbol{d}_i=[\boldsymbol{0}_3^{\mathrm{T}},\boldsymbol{\delta}_i^{\mathrm{T}}-\tilde{\boldsymbol{W}}_i^{\mathrm{T}}\boldsymbol{\Phi}_i^{\mathrm{T}}]^{\mathrm{T}}\in\mathbb{R}^6$；$\boldsymbol{f}_i(\boldsymbol{\chi}_i)=[u_i\cos\psi_i-v_i\sin\psi_i,u_i\sin\psi_i+v_i\cos\psi_i,r_i,\hat{\boldsymbol{\Xi}}_{iu}^{\mathrm{T}}\boldsymbol{\varphi}(\boldsymbol{\xi}_{iu}),\hat{\boldsymbol{\Xi}}_{iv}^{\mathrm{T}}\boldsymbol{\varphi}(\boldsymbol{\xi}_{iv}),\hat{\boldsymbol{\Xi}}_{ir}^{\mathrm{T}}\boldsymbol{\varphi}(\boldsymbol{\xi}_{ir})]^{\mathrm{T}}\in\mathbb{R}^6$；$\boldsymbol{g}_i\in\mathbb{R}^{6\times2}$ 定义为

$$\boldsymbol{g}_i=\begin{bmatrix}0&0&0&\hat{b}_{iu}&0&0\\0&0&0&0&0&\hat{b}_{ir}\end{bmatrix}^{\mathrm{T}} \tag{6.44}$$

在跟随无人艇的避碰避障控制中，控制障碍函数的构造基于无人艇与碍航物的相对距离或相对角度。由相对阶定义 2.14 可知，基于位置和航向的控制障碍函数对于无人艇系统动态方程（6.43）的相对阶为 2。然而现有输入-状态安全控制障碍函数只能处理相对阶为 1 的安全问题，因此无法用于跟随无人艇的避碰避障控制。针对此问题，本书将高阶控制障碍函数概念引入输入-状态安全控制障碍函数设计中，提出了一种输入-状态安全高阶控制障碍函数，能够处理环境扰动下任意相对阶系统安全问题。所提输入-状态安全高阶控制障碍函数的相关定义和定理及证明见 2.4.3 小节。

为保证协同包围任务的有效性，针对邻居无人艇、目标无人艇、环境障碍物避碰场景，分别采用轨道上避碰策略、左转避碰策略和右转避碰策略，如图 6.3 所示。为实现上述避碰行为，针对二阶跟随无人艇系统（6.43），构造如下基于输入-状态安全高阶控制障碍函数的避碰避障约束条件。

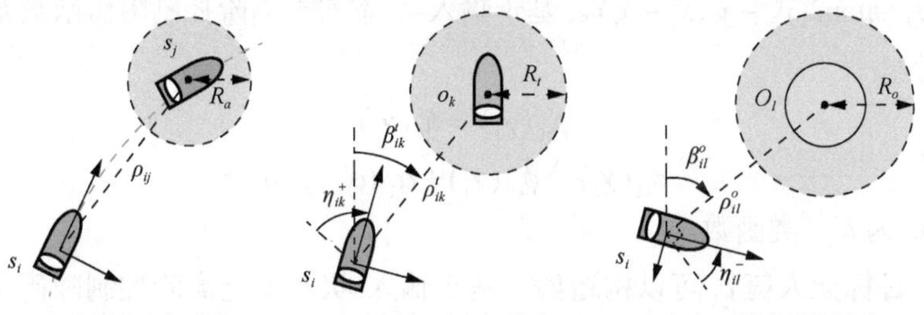

（a）邻居无人艇避碰　（b）目标无人艇避碰　（c）环境障碍物避碰

图 6.3　跟随无人艇避碰策略

（1）邻居无人艇避碰：为避免相位角相近的跟随无人艇发生碰撞，对于编队中邻居无人艇 s_j，考虑安全集

$$\mathcal{C}_{ij}=\{\boldsymbol{\chi}_i\in\mathbb{R}^6\mid h_j(\boldsymbol{\chi}_i)\geqslant 0\},\ j\in\mathcal{N}_i \tag{6.45}$$

式中，输入-状态安全高阶控制障碍函数选择为

$$h_j(\boldsymbol{\chi}_i)=\rho_{ij}-R_a \tag{6.46}$$

基于函数 h_j 定义如下函数组

$$\phi_{j0}(\boldsymbol{\chi}_i) \triangleq h_j(\boldsymbol{\chi}_i) \tag{6.47}$$

$$\phi_{j1}(\boldsymbol{\chi}_i) \triangleq \dot{\phi}_{j0}(\boldsymbol{\chi}_i) + \alpha_{1a}(\phi_{j0}(\boldsymbol{\chi}_i)) \tag{6.48}$$

式中，α_{1a} 为 $\mathcal{K}_{\infty,e}$ 类函数。

根据推论 2.2，对于邻居无人艇 s_j 可以构造如下基于输入-状态安全高阶控制障碍函数的安全约束条件

$$\bar{\phi}_j(\boldsymbol{\chi}_i,\boldsymbol{\tau}_i) \triangleq L_{f_i}\phi_{j1}(\boldsymbol{\chi}_i) + L_{g_i}\phi_{j1}(\boldsymbol{\chi}_i)\boldsymbol{\tau}_i - \frac{\partial \phi_{j1}(\boldsymbol{\chi}_i)}{\partial \boldsymbol{\chi}_i^T}\frac{\partial \phi_{j1}(\boldsymbol{\chi}_i)}{\partial \boldsymbol{\chi}_i} + \alpha_{2a}(\phi_{j1}(\boldsymbol{\chi}_i)) \geqslant 0 \tag{6.49}$$

式中，$L_{f_i}\phi_{j1}(\boldsymbol{\chi}_i)$ 和 $L_{g_i}\phi_{j1}(\boldsymbol{\chi}_i)$ 分别表示函数 ϕ_{j1} 在点 $\boldsymbol{\chi}_i$ 上关于函数 $\boldsymbol{f}_i$ 和 $\boldsymbol{g}_i$ 的李导数；α_{2a} 为 $\mathcal{K}_{\infty,e}$ 类函数。

（2）目标无人艇避碰：为避免跟随无人艇与分散的多目标无人艇发生碰撞，对于目标无人艇 o_k，考虑安全集

$$\mathcal{C}_{ik}^t = \{\boldsymbol{\chi}_i \in \mathbb{R}^6 \mid h_k^t(\boldsymbol{\chi}_i) \geqslant 0\},\ k \in \mathcal{N}_i^t \tag{6.50}$$

式中，输入-状态安全高阶控制障碍函数选择为

$$h_k^t(\boldsymbol{\chi}_i) = \rho_{ik}^t - \sqrt{R_t^2 + \mu_t(\eta_{ik}^+)^2} \tag{6.51}$$

其中，$\mu_t \in \mathbb{R}^+$ 为设计参数，$\eta_{ik}^+ \in (-\pi,\pi]$ 为待设计避碰转向角。基于跟随无人艇对目标左转避碰策略，将避碰转向角设计如下

$$\eta_{ik}^+ = \left\lceil \psi_i - \beta_{ik}^t + \pi/2 \right\rceil_{\pi} \tag{6.52}$$

式中，$\beta_{ik}^t = \mathrm{atan2}(y_k^t - y_i, x_k^t - x_i)$。基于输入-状态安全高阶控制障碍函数 h_k^t，定义如下函数组

$$\phi_{k0}^t(\boldsymbol{\chi}_i) \triangleq h_k^t(\boldsymbol{\chi}_i) \tag{6.53}$$

$$\phi_{k1}^t(\boldsymbol{\chi}_i) \triangleq \dot{\phi}_{k0}^t(\boldsymbol{\chi}_i) + \alpha_{1t}(\phi_{k0}^t(\boldsymbol{\chi}_i)) \tag{6.54}$$

式中，α_{1t} 为 $\mathcal{K}_{\infty,e}$ 类函数。

对于目标无人艇 o_k 可以构造如下基于输入-状态安全高阶控制障碍函数的安全约束条件

$$\bar{\phi}_k^t(\boldsymbol{\chi}_i,\boldsymbol{\tau}_i) \triangleq L_{f_i}\phi_{k1}^t(\boldsymbol{\chi}_i) + L_{g_i}\phi_{k1}^t(\boldsymbol{\chi}_i)\boldsymbol{\tau}_i - \frac{\partial \phi_{k1}^t(\boldsymbol{\chi}_i)}{\partial \boldsymbol{\chi}_i^T}\frac{\partial \phi_{k1}^t(\boldsymbol{\chi}_i)}{\partial \boldsymbol{\chi}_i} + \alpha_{2t}(\phi_{k1}^t(\boldsymbol{\chi}_i)) \geqslant 0 \tag{6.55}$$

式中，$L_{f_i}\phi_{k1}^t(\boldsymbol{\chi}_i)$ 和 $L_{g_i}\phi_{k1}^t(\boldsymbol{\chi}_i)$ 分别表示函数 ϕ_{k1}^t 在点 $\boldsymbol{\chi}_i$ 上关于函数 $\boldsymbol{f}_i$ 和 $\boldsymbol{g}_i$ 的李导数；α_{2t} 为 $\mathcal{K}_{\infty,e}$ 类函数。

（3）环境障碍物避碰：对于固定或运动的环境障碍物 O_l，考虑安全集

$$\mathcal{C}_{il}^o = \{\boldsymbol{\chi}_i \in \mathbb{R}^6 \mid h_l^o(\boldsymbol{\chi}_i) \geqslant 0\},\ l \in \mathcal{N}_i^o \tag{6.56}$$

式中，输入-状态安全高阶控制障碍函数选择为

$$h_l^o(\boldsymbol{\chi}_i)=\rho_{il}^o-\sqrt{R_o^2+\mu_o(\eta_{il}^-)^2} \tag{6.57}$$

其中，$h_l^o(\boldsymbol{\chi}_i)=\rho_{il}^o-\sqrt{R_o^2+\mu_o(\eta_{il}^-)^2}$ 为设计参数，$\eta_{il}^-\in(-\pi,\pi]$ 为待设计避碰转向角。基于跟随无人艇对环境障碍的右转避碰策略，将避碰转向角设计如下

$$\eta_{il}^-=\left\lceil \psi_i-\beta_{il}^o-\pi/2\right\rceil_\pi \tag{6.58}$$

式中，β_{il}^o=atan2$(y_l^o-y_i,x_l^o-x_i)$。基于输入-状态安全高阶控制障碍函数 h_l^o，定义如下函数组

$$\phi_{l0}^o(\boldsymbol{\chi}_i)\triangleq h_l^o(\boldsymbol{\chi}_i) \tag{6.59}$$

$$\phi_{l1}^o(\boldsymbol{\chi}_i)\triangleq\dot{\phi}_{l0}(\boldsymbol{\chi}_i)+\alpha_{1o}(\phi_{l0}^o(\boldsymbol{\chi}_i)) \tag{6.60}$$

式中，α_{1o} 为 $\mathcal{K}_{\infty,e}$ 类函数。

对于环境障碍物 O_l 可以构造如下基于输入-状态安全高阶控制障碍函数的安全约束条件

$$\overline{\phi}_l^o(\boldsymbol{\chi}_i,\boldsymbol{\tau}_i)\triangleq L_{f_i}\phi_{l1}^o(\boldsymbol{\chi}_i)+L_{g_i}\phi_{l1}^o(\boldsymbol{\chi}_i)\boldsymbol{\tau}_i-\frac{\partial\phi_{l1}^o(\boldsymbol{\chi}_i)}{\partial\boldsymbol{\chi}_i^{\mathrm{T}}}\frac{\partial\phi_{l1}^o(\boldsymbol{\chi}_i)}{\partial\boldsymbol{\chi}_i}+\alpha_{2o}(\phi_{l1}^o(\boldsymbol{\chi}_i))\geqslant 0 \tag{6.61}$$

式中，$L_{f_i}\phi_{l1}^o(\boldsymbol{\chi}_i)$ 和 $L_{g_i}\phi_{l1}^o(\boldsymbol{\chi}_i)$ 分别表示函数 ϕ_{l1}^o 在点 $\boldsymbol{\chi}_i$ 上关于函数 $\boldsymbol{f}_i$ 和 $\boldsymbol{g}_i$ 的李导数；α_{2o} 为 $\mathcal{K}_{\infty,e}$ 类函数。

注 6.5　相比于现有安全控制器大多只采用单一的避碰策略，本章所提安全优化控制方法面向多目标包围问题，针对不同海洋碍航物避碰场景提出三种不同的避碰策略。第一，由于协同多目标包围标称控制律的解耦设计特性，纵荡和艏摇方向设计分别用于实现协同编队任务和包围运动任务，纵荡推力 τ_{iu} 决定跟随无人艇个体间距离而艏摇力矩 τ_{ir} 决定包围距离。因此，针对邻居无人艇避碰问题，宜采用轨道上避碰策略，基于无人艇间相对距离 ρ_{ij} 设计输入-状态安全高阶控制障碍函数 h_j，安全优化控制器只对纵荡推力 τ_{iu} 优化而不影响艏摇方向控制信号，避免了集群成员间避碰对包围距离误差的影响。第二，由于所提协同多目标包围控制方法中跟随无人艇编队采用顺时针的围绕航行模式，为保证各目标始终处于跟随无人艇航行轨道包络范围内，跟随无人艇在躲避目标无人艇过程中应采用左转的避碰策略。因此，针对目标无人艇的避碰问题，在输入-状态安全高阶控制障碍函数 h_k^t 的设计中引入左侧转向角 η_{ik}^+，通过对推力 τ_{iu} 和力矩 τ_{ir} 的优化，在与目标无人艇避碰过程中保证协同包围任务的有效性。第三，当顺时针运动的包围编队遭遇环境障碍物时，考虑障碍物形状体积未知，宜采用右转避碰策略保证障碍物处于跟随无人艇航行轨道包络范围外。当环境障碍物为海上其他航行船只时，

右转避让符合海上避碰规则。因此，针对环境障碍物的避碰问题，在输入-状态安全高阶控制障碍函数 h_l^o 的设计中引入右侧转向角 η_{il}^-，通过纵荡推力 τ_{iu} 和艏摇力矩 τ_{ir} 进行优化，从而保证与各类环境障碍物避碰的可行性与合理性。

根据上述基于输入-状态安全高阶控制障碍函数推导的安全约束条件以及跟随无人艇控制输入约束条件，可以构造如下的二次规划问题，通过优化标称控制信号获得其最接近的安全控制信号。

$$\begin{aligned} \boldsymbol{\tau}_i^o = \arg\min_{\boldsymbol{\tau}_i \in \mathbb{R}^2} & \frac{1}{2}\left\|\boldsymbol{\tau}_i - \boldsymbol{\tau}_i^n\right\|^2 \\ \text{s.t. } & \bar{\phi}_j(\boldsymbol{\chi}_i, \boldsymbol{\tau}_i) \geqslant 0, \quad \forall j \in \mathcal{N}_i \\ & \bar{\phi}_k^t(\boldsymbol{\chi}_i, \boldsymbol{\tau}_i) \geqslant 0, \quad \forall k \in \mathcal{N}_i^t \\ & \bar{\phi}_l^o(\boldsymbol{\chi}_i, \boldsymbol{\tau}_i) \geqslant 0, \quad \forall l \in \mathcal{N}_i^o \\ & \boldsymbol{\tau}_{\min} \leqslant \boldsymbol{\tau}_i \leqslant \boldsymbol{\tau}_{\max} \end{aligned} \tag{6.62}$$

式中，$\boldsymbol{\tau}_{\max} = [\bar{\tau}_u, \bar{\tau}_r]^{\mathrm{T}}$ 和 $\boldsymbol{\tau}_{\min} = [\underline{\tau}_u, \underline{\tau}_r]^{\mathrm{T}}$ 分别为控制输入的上界和下界。

针对二次规划问题（6.62），基于神经动力学优化技术，利用投影神经网络在线优化控制信号。定义代价函数 $J_i : \mathbb{R}^2 \to \mathbb{R}$ 如下

$$J_i(\boldsymbol{\tau}_i) = \frac{1}{2}\left\|\boldsymbol{\tau}_i - \boldsymbol{\tau}_i^n\right\|^2 \tag{6.63}$$

令 $d_i \in \mathbb{R}^+$、$d_i^t \in \mathbb{R}^+$ 和 $d_i^o \in \mathbb{R}^+$ 分别表示集合 $\mathcal{N}_{\mathrm{i}}$、$\mathcal{N}_i^t$ 和 $\mathcal{N}_i^o$ 中的元素个数，且 $D_i \triangleq d_i + d_i^t + d_i^o$，然后定义函数 $\boldsymbol{c}_i : \mathbb{R}^2 \to \mathbb{R}^{D_i}$ 如下

$$\begin{aligned} \boldsymbol{c}_i(\boldsymbol{\tau}_i) = -\Big[& \bar{\phi}_1(\boldsymbol{\chi}_i, \boldsymbol{\tau}_i), \cdots, \bar{\phi}_{d_i}(\boldsymbol{\chi}_i, \boldsymbol{\tau}_i), \bar{\phi}_1^t(\boldsymbol{\chi}_i, \boldsymbol{\tau}_i), \cdots, \bar{\phi}_{d_i^t}^t(\boldsymbol{\chi}_i, \boldsymbol{\tau}_i), \\ & \bar{\phi}_1^o(\boldsymbol{\chi}_i, \boldsymbol{\tau}_i), \cdots, \bar{\phi}_{d_i^o}^o(\boldsymbol{\chi}_i, \boldsymbol{\tau}_i) \Big]^{\mathrm{T}} \end{aligned} \tag{6.64}$$

则基于投影神经网络设计如下无人艇最优安全控制律

$$\frac{\mathrm{d}}{\mathrm{d}t}\begin{bmatrix} \boldsymbol{\tau}_i \\ z_i \end{bmatrix} = \gamma_o \begin{bmatrix} -\boldsymbol{\tau}_i + \boldsymbol{P}_\tau\left\{\boldsymbol{\tau}_i - \left[\nabla J_i(\boldsymbol{\tau}_i) + \nabla \boldsymbol{c}_i(\boldsymbol{\tau}_i) z_i\right]\right\} \\ -z_i + (z_i + \boldsymbol{c}_i(\boldsymbol{\tau}_i))^+ \end{bmatrix} \tag{6.65}$$

式中，$\gamma_o \in \mathbb{R}^+$ 为收敛参数；$\boldsymbol{z}_i \in \mathbb{R}^{D_i}$；运算 $(\cdot)^+$ 定义为 $(\boldsymbol{z})^+ = [(z_1)^+, (z_2)^+, \cdots, (z_{D_i})^+]^{\mathrm{T}}$，其中 $\boldsymbol{z} = [z_1, z_2, \cdots, z_{D_i}]^{\mathrm{T}} \in \mathbb{R}^{D_i}$，$(z_p)^+ = \max\{0, z_p\}$，$p = 1, 2, \cdots, D_i$；$\boldsymbol{P}_\tau : \mathbb{R}^2 \to \mathcal{T}$ 为投影激活函数，定义为

$$\boldsymbol{P}_\tau(\boldsymbol{\tau}_i) = \arg\min_{\boldsymbol{\tau} \in \mathcal{T}} \left\|\boldsymbol{\tau} - \boldsymbol{\tau}_i\right\| \tag{6.66}$$

式中，$\mathcal{T} = \left\{\boldsymbol{\tau}_i \triangleq [\tau_{i1}, \tau_{i2}]^{\mathrm{T}} \in \mathbb{R}^2 \mid \underline{\tau}_u \leqslant \tau_{i1} \leqslant \bar{\tau}_u, \underline{\tau}_r \leqslant \tau_{i2} \leqslant \bar{\tau}_r\right\}$。

6.3.5 稳定性和安全性分析

本小节分析所提控制与优化方法下闭环系统的稳定性和多无人艇系统的安全性。将分布式目标中心估计器误差子系统（6.15）、有限时间模糊预估器误差子系统(6.27)、制导与控制闭环子系统(6.42)分别写作系统 Σ_1、Σ_2 和 Σ_3，如下

$$\Sigma_1:\quad \dot{\boldsymbol{z}}_c = (\boldsymbol{\mathcal{L}} \otimes \boldsymbol{I}_2)(-\kappa_t \boldsymbol{z}_c + \boldsymbol{\zeta}_d^{\mathrm{d}}) \tag{6.67}$$

$$\Sigma_2:\begin{cases}\dot{\tilde{\boldsymbol{v}}}_i = -(k_i + \kappa_i^{\mathrm{p}})\tilde{\boldsymbol{v}}_i - \gamma_i \mathrm{sgn}(\tilde{\boldsymbol{v}}_i) + \boldsymbol{\Phi}_i \tilde{\boldsymbol{W}}_i - \boldsymbol{\delta}_i \\ \dot{\tilde{\boldsymbol{W}}}_i = \boldsymbol{\Gamma}_i \mathrm{Proj}\left[\hat{\boldsymbol{W}}_i, -\boldsymbol{\Phi}_i^{\mathrm{T}}\tilde{\boldsymbol{v}}_i + \kappa_i^{\mathrm{w}}\boldsymbol{\Psi}_i^{\mathrm{T}}(\boldsymbol{\Delta}_{i\delta} - \boldsymbol{\Psi}_i\tilde{\boldsymbol{W}}_i) + \gamma_i^{\mathrm{w}}\dfrac{\boldsymbol{\Psi}_i^{\mathrm{T}}(\boldsymbol{\Delta}_{i\delta} - \boldsymbol{\Psi}_i\tilde{\boldsymbol{W}}_i)}{\left\|\boldsymbol{\Delta}_{i\delta} - \boldsymbol{\Psi}_i\tilde{\boldsymbol{W}}_i\right\|}\right]\end{cases} \tag{6.68}$$

$$\Sigma_3:\begin{cases}\dot{\boldsymbol{e}}_\beta = -\boldsymbol{\mathcal{L}}\boldsymbol{\mu}\boldsymbol{e}_\beta + \boldsymbol{\mathcal{L}}\boldsymbol{\mu}\boldsymbol{\beta}_z \\ \dot{\rho}_{iz} = -k_{i\rho}\rho_{iz} + U_{\overline{is}}q_{i\eta} - q_{i\epsilon} \\ \dot{\beta}_{iz} = -k_{is}\beta_{iz} + \mu_i(e_{i\beta} - \beta_{iz}) + (q_{iu} + u_{ie})/\rho_{is} \\ \dot{\eta}_{iz} = -k_{i\eta}\eta_{iz} - U_{\overline{is}}q_{i\eta}\rho_{iz}/\eta_{iz} + q_{ir} + r_{ie} \\ \dot{u}_{ie} = -k_i u_{ie} - \tilde{\boldsymbol{\Xi}}_{iu}^{\mathrm{T}}\boldsymbol{\varphi}(\xi_{iu}) - \beta_{iz}/\rho_{is} + q_{i\tau u} - q_{ibu} + \delta_{iu} \\ \dot{r}_{ie} = -k_i r_{ie} - \tilde{\boldsymbol{\Xi}}_{ir}^{\mathrm{T}}\boldsymbol{\varphi}(\xi_{ir}) - \eta_{iz} + q_{i\tau r} - q_{ibr} + \delta_{ir}\end{cases} \tag{6.69}$$

以下引理给出子系统 Σ_1 的稳定性。

引理 6.1　在满足假设 6.1～假设 6.3 的前提下，分布式目标中心估计器误差子系统 Σ_1 可以看作一个以 $\boldsymbol{z}_c$ 为状态、以 $\boldsymbol{\zeta}_d^{\mathrm{d}}$ 为输入的系统，该系统是输入-状态稳定的。并且，估计误差 $\tilde{\boldsymbol{p}}_{ic}$ 是一致最终有界的。

证明　引理 6.1 的证明过程与引理 5.1 的证明过程类似，因此省略。可以得到结论，估计误差 $\tilde{\boldsymbol{p}}_{ic}$ 是一致最终有界的，且存在常数 $\delta_p \in \mathbb{R}^+$，使估计误差向量 $\tilde{\boldsymbol{p}}_c$ 满足不等式 $\|\tilde{\boldsymbol{p}}_c\| \leqslant \delta_p$。 ■

以下引理给出子系统 Σ_2 的稳定性。

引理 6.2　在满足假设 6.4 的前提下，有限时间模糊预估器误差子系统 Σ_2 可以看作一个以 $\tilde{\boldsymbol{v}}_i$ 和 $\tilde{\boldsymbol{W}}_i$ 为状态、以 $\boldsymbol{\delta}_i$ 和 $\boldsymbol{\Delta}_{i\delta}$ 为输入的系统，该系统是有限时间输入-状态稳定的。

证明　考虑以下备选李雅普诺夫函数

$$V_{ip} = \frac{1}{2}\left(\tilde{\boldsymbol{v}}_i^{\mathrm{T}}\tilde{\boldsymbol{v}}_i + \tilde{\boldsymbol{W}}_i^{\mathrm{T}}\boldsymbol{\Gamma}_i^{-1}\tilde{\boldsymbol{W}}_i\right) \tag{6.70}$$

根据式（6.27）对 V_{ip} 求时间导数，并利用定理 2.17 中投影算子性质，可得

$$\begin{aligned}\dot{V}_{ip}&=-(k_i+\kappa_i^{\mathrm{p}})\tilde{\boldsymbol{v}}_i^{\mathrm{T}}\tilde{\boldsymbol{v}}_i-\gamma_i\tilde{\boldsymbol{v}}_i^{\mathrm{T}}\operatorname{sgn}(\tilde{\boldsymbol{v}}_i)+\tilde{\boldsymbol{v}}_i^{\mathrm{T}}\boldsymbol{\Phi}_i\tilde{\boldsymbol{W}}_i-\tilde{\boldsymbol{v}}_i^{\mathrm{T}}\boldsymbol{\delta}_i\\&\quad+\tilde{\boldsymbol{W}}_i^{\mathrm{T}}\operatorname{Proj}\left[\hat{\boldsymbol{W}}_i,-\boldsymbol{\Phi}_i^{\mathrm{T}}\tilde{\boldsymbol{v}}_i+\kappa_i^{\mathrm{w}}\boldsymbol{\Psi}_i^{\mathrm{T}}(\boldsymbol{\Delta}_{i\delta}-\boldsymbol{\Psi}_i\tilde{\boldsymbol{W}}_i)+\gamma_i^{\mathrm{w}}\frac{\boldsymbol{\Psi}_i^{\mathrm{T}}(\boldsymbol{\Delta}_{i\delta}-\boldsymbol{\Psi}_i\tilde{\boldsymbol{W}}_i)}{\left\|\boldsymbol{\Delta}_{i\delta}-\boldsymbol{\Psi}_i\tilde{\boldsymbol{W}}_i\right\|}\right]\\&\leqslant-(k_i+\kappa_i^{\mathrm{p}})\tilde{\boldsymbol{v}}_i^{\mathrm{T}}\tilde{\boldsymbol{v}}_i-\gamma_i\tilde{\boldsymbol{v}}_i^{\mathrm{T}}\operatorname{sgn}(\tilde{\boldsymbol{v}}_i)-\tilde{\boldsymbol{v}}_i^{\mathrm{T}}\boldsymbol{\delta}_i\\&\quad+\kappa_i^{\mathrm{w}}\tilde{\boldsymbol{W}}_i^{\mathrm{T}}\boldsymbol{\Psi}_i^{\mathrm{T}}(\boldsymbol{\Delta}_{i\delta}-\boldsymbol{\Psi}_i\tilde{\boldsymbol{W}}_i)+\gamma_i^{\mathrm{w}}\frac{\tilde{\boldsymbol{W}}_i^{\mathrm{T}}\boldsymbol{\Psi}_i^{\mathrm{T}}(\boldsymbol{\Delta}_{i\delta}-\boldsymbol{\Psi}_i\tilde{\boldsymbol{W}}_i)}{\left\|\boldsymbol{\Delta}_{i\delta}-\boldsymbol{\Psi}_i\tilde{\boldsymbol{W}}_i\right\|}\\&\leqslant-(k_i+\kappa_i^{\mathrm{p}})\tilde{\boldsymbol{v}}_i^{\mathrm{T}}\tilde{\boldsymbol{v}}_i-\gamma_i\tilde{\boldsymbol{v}}_i^{\mathrm{T}}\operatorname{sgn}(\tilde{\boldsymbol{v}}_i)-\tilde{\boldsymbol{v}}_i^{\mathrm{T}}\boldsymbol{\delta}_i+\kappa_i^{\mathrm{w}}\tilde{\boldsymbol{W}}_i^{\mathrm{T}}\boldsymbol{\Psi}_i^{\mathrm{T}}(\boldsymbol{\Delta}_{i\delta}-\boldsymbol{\Psi}_i\tilde{\boldsymbol{W}}_i)\\&\quad-\gamma_i^{\mathrm{w}}\frac{\tilde{\boldsymbol{W}}_i^{\mathrm{T}}\boldsymbol{\Psi}_i^{\mathrm{T}}\boldsymbol{\Psi}_i\tilde{\boldsymbol{W}}_i}{\left\|\boldsymbol{\Psi}_i\tilde{\boldsymbol{W}}_i\right\|}+\gamma_i^{\mathrm{w}}\left[\frac{\tilde{\boldsymbol{W}}_i^{\mathrm{T}}\boldsymbol{\Psi}_i^{\mathrm{T}}\boldsymbol{\Psi}_i\tilde{\boldsymbol{W}}_i}{\left\|\boldsymbol{\Psi}_i\tilde{\boldsymbol{W}}_i\right\|}-\frac{\tilde{\boldsymbol{W}}_i^{\mathrm{T}}\boldsymbol{\Psi}_i^{\mathrm{T}}(\boldsymbol{\Psi}_i\tilde{\boldsymbol{W}}_i-\boldsymbol{\Delta}_{i\delta})}{\left\|\boldsymbol{\Psi}_i\tilde{\boldsymbol{W}}_i-\boldsymbol{\Delta}_{i\delta}\right\|}\right]\end{aligned}\tag{6.71}$$

由于等式关系

$$\begin{aligned}&\frac{\tilde{\boldsymbol{W}}_i^{\mathrm{T}}\boldsymbol{\Psi}_i^{\mathrm{T}}\boldsymbol{\Psi}_i\tilde{\boldsymbol{W}}_i}{\left\|\boldsymbol{\Psi}_i\tilde{\boldsymbol{W}}_i\right\|}-\frac{\tilde{\boldsymbol{W}}_i^{\mathrm{T}}\boldsymbol{\Psi}_i^{\mathrm{T}}(\boldsymbol{\Psi}_i\tilde{\boldsymbol{W}}_i-\boldsymbol{\Delta}_{i\delta})}{\left\|\boldsymbol{\Psi}_i\tilde{\boldsymbol{W}}_i-\boldsymbol{\Delta}_{i\delta i}\right\|}\\&=\frac{\tilde{\boldsymbol{W}}_i^{\mathrm{T}}\boldsymbol{\Psi}_i^{\mathrm{T}}\boldsymbol{\Psi}_i\tilde{\boldsymbol{W}}_i}{\left\|\boldsymbol{\Psi}_i\tilde{\boldsymbol{W}}_i\right\|}-\frac{(\boldsymbol{\Psi}_i\tilde{\boldsymbol{W}}_i-\boldsymbol{\Delta}_{i\delta})^{\mathrm{T}}(\boldsymbol{\Psi}_i\tilde{\boldsymbol{W}}_i-\boldsymbol{\Delta}_{i\delta})}{\left\|\boldsymbol{\Psi}_i\tilde{\boldsymbol{W}}_i-\boldsymbol{\Delta}_{i\delta}\right\|}-\frac{\boldsymbol{\Delta}_{i\delta}^{\mathrm{T}}(\boldsymbol{\Psi}_i\tilde{\boldsymbol{W}}_i-\boldsymbol{\Delta}_{i\delta})}{\left\|\boldsymbol{\Psi}_i\tilde{\boldsymbol{W}}_i-\boldsymbol{\Delta}_{i\delta}\right\|}\\&=\left\|\boldsymbol{\Psi}_i\tilde{\boldsymbol{W}}_i\right\|-\left\|\boldsymbol{\Psi}_i\tilde{\boldsymbol{W}}_i-\boldsymbol{\Delta}_{i\delta}\right\|-\frac{\boldsymbol{\Delta}_{i\delta}^{\mathrm{T}}(\boldsymbol{\Psi}_i\tilde{\boldsymbol{W}}_i-\boldsymbol{\Delta}_{i\delta})}{\left\|\boldsymbol{\Psi}_i\tilde{\boldsymbol{W}}_i-\boldsymbol{\Delta}_{i\delta}\right\|}\end{aligned}\tag{6.72}$$

且根据柯西不等式能够证明

$$\left\|\boldsymbol{\Psi}_i\tilde{\boldsymbol{W}}_i\right\|-\left\|\boldsymbol{\Psi}_i\tilde{\boldsymbol{W}}_i-\boldsymbol{\Delta}_{i\delta}\right\|\leqslant\left\|\boldsymbol{\Psi}_i\tilde{\boldsymbol{W}}_i-\boldsymbol{\Psi}_i\tilde{\boldsymbol{W}}_i+\boldsymbol{\Delta}_{i\delta}\right\|=\left\|\boldsymbol{\Delta}_{i\delta}\right\|\tag{6.73}$$

因此根据式（6.71）～式（6.73），V_{ip} 的导数满足

$$\begin{aligned}\dot{V}_{ip}&\leqslant-(k_i+\kappa_i^{\mathrm{p}})\left\|\tilde{\boldsymbol{v}}_i\right\|^2-\gamma_i\left\|\tilde{\boldsymbol{v}}_i\right\|+\kappa_i^{\mathrm{w}}\left\|\boldsymbol{\Psi}_i\tilde{\boldsymbol{W}}_i\right\|^2-\gamma_i^{\mathrm{w}}\left\|\boldsymbol{\Psi}_i\tilde{\boldsymbol{W}}_i\right\|\\&\quad+\left\|\tilde{\boldsymbol{v}}_i\right\|\left\|\boldsymbol{\delta}_i\right\|+\kappa_i^{\mathrm{w}}\left\|\boldsymbol{\Psi}_i\tilde{\boldsymbol{W}}_i\right\|\left\|\boldsymbol{\Delta}_{i\delta}\right\|+2\gamma_i^{\mathrm{w}}\left\|\boldsymbol{\Delta}_{i\delta}\right\|\end{aligned}\tag{6.74}$$

由式（6.23）可知，积分函数 $\boldsymbol{\Psi}_i(t)$ 具有性质[192]：① $\boldsymbol{\Psi}_i(t)$ 是关于时间正半定的函数，即 $\boldsymbol{\Psi}_i(t)\geqslant 0$，$\forall t\geqslant 0$；②在矩阵不等式的意义下，$\boldsymbol{\Psi}_i(t)$ 是关于时间的非减函数，即对于任意 $t_2>t_1$，有 $\boldsymbol{\Psi}_i(t_2)\geqslant\boldsymbol{\Psi}_i(t_1)$。因此，当假设 6.4 成立，积分矩阵 $\boldsymbol{\Psi}_i$ 的最小特征值满足 $\lambda_{\min}(\boldsymbol{\Psi}_i)\geqslant\mu_s>0$。定义状态向量 $\boldsymbol{E}_{ip}=\left[\tilde{\boldsymbol{v}}_i^{\mathrm{T}},\tilde{\boldsymbol{W}}_i^{\mathrm{T}}\right]^{\mathrm{T}}$ 和输入向量 $\boldsymbol{h}_{ip}=\left[\boldsymbol{\delta}_i^{\mathrm{T}},\boldsymbol{\Delta}_{i\delta}^{\mathrm{T}}\right]^{\mathrm{T}}$，则根据式（6.74）可以推出

$$\begin{aligned}\dot{V}_{ip} &\leqslant -k_{ip}^{b}\left\|\boldsymbol{E}_{ip}\right\|^{2}-k_{ip}^{c}\left\|\boldsymbol{E}_{ip}\right\|+c_{ip}^{b}\left\|\boldsymbol{E}_{ip}\right\|\left\|\boldsymbol{h}_{ip}\right\|+c_{ip}^{c}\left\|\boldsymbol{h}_{ip}\right\| \\ &=-(1-\bar{\theta}_{i1})k_{ip}^{b}\left\|\boldsymbol{E}_{ip}\right\|^{2}-\left\|\boldsymbol{E}_{ip}\right\|\left(\bar{\theta}_{i1}k_{ip}^{b}\left\|\boldsymbol{E}_{ip}\right\|-c_{ip}^{b}\left\|\boldsymbol{h}_{ip}\right\|\right) \\ &\quad-(1-\bar{\theta}_{i2})k_{ip}^{c}\left\|\boldsymbol{E}_{ip}\right\|-\left(\bar{\theta}_{i2}k_{ip}^{c}\left\|\boldsymbol{E}_{ip}\right\|-c_{ip}^{c}\left\|\boldsymbol{h}_{ip}\right\|\right)\end{aligned} \tag{6.75}$$

式中，$k_{ip}^{b}=\min\{k_i+\kappa_i^{\mathrm{p}},\mu_s^2\kappa_i^{\mathrm{w}}\}$；$k_{ip}^{c}=\min\{\gamma_i,\mu_s\gamma_i^{\mathrm{w}}\}$；$c_{ip}^{b}=\max\{1,\mu_s\kappa_i^{\mathrm{w}}\}$；$c_{ip}^{c}=2\kappa_i^{\mathrm{w}}$；$\bar{\theta}_{i1}\in\mathbb{R}^{+}$和$\bar{\theta}_{i2}\in\mathbb{R}^{+}$满足$0<\bar{\theta}_{i1}<1$和$0<\bar{\theta}_{i2}<1$。由式（6.75）可知，当$\boldsymbol{E}_{ip}$满足

$$\left\|\boldsymbol{E}_{ip}\right\|\geqslant\max\left\{\frac{c_{ip}^{b}\left\|\boldsymbol{h}_{ip}\right\|}{\bar{\theta}_{i1}k_{ip}^{b}},\frac{c_{ip}^{c}\left\|\boldsymbol{h}_{ip}\right\|}{\bar{\theta}_{i2}k_{ip}^{c}}\right\} \tag{6.76}$$

则有

$$\begin{aligned}\dot{V}_{ip}&\leqslant-(1-\bar{\theta}_{i1})k_{ip}^{b}\left\|\boldsymbol{E}_{ip}\right\|^{2}-(1-\bar{\theta}_{i2})k_{ip}^{c}\left\|\boldsymbol{E}_{ip}\right\| \\ &\leqslant -b_{ip}V_{ip}-c_{ip}\sqrt{V_{ip}}\end{aligned} \tag{6.77}$$

式中，$b_{ip}=2(1-\bar{\theta}_{i1})k_{ip}^{b}\lambda_{\min}\left(\mathrm{diag}\{1,\boldsymbol{\Gamma}_i\}\right)>0$；$c_{ip}=(1-\bar{\theta}_{i2})k_{ip}^{b}\sqrt{2\lambda_{\min}\left(\mathrm{diag}\{1,\boldsymbol{\Gamma}_i\}\right)}>0$。由定理 2.5 可知，子系统$\Sigma_2$是有限时间输入-状态稳定的，系统状态能够在有限时间内收敛至区间$\left\|\boldsymbol{E}_{ip}\right\|<\max\left\{c_{ip}^{b}\left\|\boldsymbol{h}_{ip}\right\|/\left(\bar{\theta}_{i1}k_{ip}^{b}\right),c_{ip}^{c}\left\|\boldsymbol{h}_{ip}\right\|/\left(\bar{\theta}_{i2}k_{ip}^{c}\right)\right\}$内。在假设 6.4 下，由定理 2.6 可得收敛时间T_i满足

$$T_i\leqslant t_{\epsilon}+\frac{2}{b_{ip}}\ln\frac{b_{ip}\sqrt{V_{ip}(\boldsymbol{E}_{ip}(t_{\epsilon}))}+c_{ip}}{c_{ip}} \tag{6.78}$$

■

以下引理给出子系统Σ_3的稳定性。

引理 6.3　制导与控制闭环子系统Σ_3可以看作一个以$\rho_{iz},\beta_{iz},\eta_{iz},u_{ie},r_{ie},e_{i\beta}$为状态、以$q_{i\epsilon},q_{iu},q_{ir},q_{i\tau u},q_{i\tau r},\tilde{\boldsymbol{W}}_i,\boldsymbol{\delta}_i$为输入的系统，该系统是输入-状态稳定的。

证明　考虑以下备选李雅普诺夫函数

$$V_c=\frac{1}{2}\sum_{i=1}^{N}\left(\rho_{iz}^2+\eta_{iz}^2+\beta_{iz}^2+u_{ie}^2+r_{ie}^2\right)+\frac{1}{2}(\boldsymbol{\beta}_d-\boldsymbol{\alpha}_d)^{\mathrm{T}}\mathcal{L}(\boldsymbol{\beta}_d-\boldsymbol{\alpha}_d) \tag{6.79}$$

由于$\alpha_{ijd}=\alpha_{id}-\alpha_{jd}$和$\beta_{ijd}=\beta_{id}-\beta_{jd}$，式（6.31）中$e_{i\beta}$可以表示为

$$e_{i\beta}=\sum_{j=1}^{N}a_{ij}\left[(\beta_{id}-\alpha_{id})-(\beta_{jd}-\alpha_{jd})\right] \tag{6.80}$$

根据定理 2.7 和式（6.79），存在正定矩阵$\boldsymbol{P}_c$满足

$$V_c=\frac{1}{2}\sum_{i=1}^{N}\left(\rho_{iz}^2+\eta_{iz}^2+\beta_{iz}^2+u_{ie}^2+r_{ie}^2\right)+\frac{1}{2}\boldsymbol{e}_{\beta}^{\mathrm{T}}\boldsymbol{P}_c\boldsymbol{e}_{\beta}\geqslant 0 \tag{6.81}$$

根据式（6.34），有$\dot{\boldsymbol{\beta}}_d=-\boldsymbol{\mu}\boldsymbol{e}_{\beta}+\boldsymbol{\mu}\boldsymbol{\beta}_z+\omega_s\mathbf{1}_N$，则令式（6.79）对时间求导并代

入式（6.69），可得

$$\begin{aligned}\dot{V}_c=&\sum_{i=1}^{N}\Big\{-k_{i\rho}\rho_{iz}^2-q_{i\epsilon}\rho_{iz}-k_{is}\beta_{iz}^2+\beta_{iz}\mu_i(e_{i\beta}-\beta_{iz})+q_{iu}\beta_{iz}/\rho_{is}-k_{i\eta}\eta_{iz}^2\\&+q_{ir}\eta_{iz}-k_iu_{ie}^2-u_{ie}\left[\tilde{\boldsymbol{\Xi}}_{iu}^{\mathrm{T}}\boldsymbol{\varphi}(\boldsymbol{\xi}_{iu})-q_{i\tau u}+q_{ibu}-\delta_{iu}\right]-k_ir_{ie}^2\\&-r_{ie}\left[\tilde{\boldsymbol{\Xi}}_{ir}^{\mathrm{T}}\boldsymbol{\varphi}(\boldsymbol{\xi}_{ir})-q_{i\tau r}+q_{ibr}-\delta_{ir}\right]\Big\}-(\boldsymbol{\beta}_d-\boldsymbol{\alpha}_d)^{\mathrm{T}}\boldsymbol{\mathcal{L}}\boldsymbol{\mu}(\boldsymbol{e}_\beta-\boldsymbol{\beta}_z)\end{aligned}\tag{6.82}$$

又根据 $\boldsymbol{e}_\beta=\boldsymbol{\mathcal{L}}(\boldsymbol{\beta}_d-\boldsymbol{\alpha}_d)$，则 V_c 的时间导数满足

$$\begin{aligned}\dot{V}_c=&\sum_{i=1}^{N}\Big\{-k_{i\rho}\rho_{iz}^2-k_{is}\beta_{iz}^2-k_{i\eta}\eta_{iz}^2-k_iu_{ie}^2-k_ir_{ie}^2-q_{i\epsilon}\rho_{iz}+q_{iu}\beta_{iz}/\rho_{is}+q_{ir}\eta_{iz}\\&-u_{ie}\left[\tilde{\boldsymbol{\Xi}}_{iu}^{\mathrm{T}}\boldsymbol{\varphi}(\boldsymbol{\xi}_{iu})-q_{i\tau u}+q_{ibu}-\delta_{iu}\right]-r_{ie}\left[\tilde{\boldsymbol{\Xi}}_{ir}^{\mathrm{T}}\boldsymbol{\varphi}(\boldsymbol{\xi}_{ir})-q_{i\tau r}+q_{ibr}-\delta_{ir}\right]\Big\}\\&-(\boldsymbol{e}_\beta-\boldsymbol{\beta}_z)^{\mathrm{T}}\boldsymbol{\mu}(\boldsymbol{e}_\beta-\boldsymbol{\beta}_z)\\=&\sum_{i=1}^{N}\left(-\boldsymbol{E}_{ic}^{\mathrm{T}}\boldsymbol{K}_{ic}\boldsymbol{E}_{ic}+\boldsymbol{h}_{ic}\boldsymbol{E}_{ic}\right)\end{aligned}\tag{6.83}$$

式中，$\boldsymbol{E}_{ic}=\left[\rho_{iz},\eta_{iz},u_{ie},r_{ie},\beta_{iz},e_{i\beta}\right]^{\mathrm{T}}$；$\boldsymbol{h}_{ic}=\left[-q_{i\epsilon},q_{ir},-\tilde{\boldsymbol{\Xi}}_{iu}^{\mathrm{T}}\boldsymbol{\varphi}(\boldsymbol{\xi}_{iu})+q_{i\tau u}-q_{ibu}+\delta_{iu},\right.$ $\left.-\tilde{\boldsymbol{\Xi}}_{ir}^{\mathrm{T}}\boldsymbol{\varphi}(\boldsymbol{\xi}_{ir})+q_{i\tau r}-q_{ibr}+\delta_{ir},q_{iu}/\rho_{is},0\right]^{\mathrm{T}}$；$\boldsymbol{K}_{ic}=\mathrm{diag}\left\{k_{i\rho},k_{i\eta},k_i,k_i,\boldsymbol{K}_{i\mu}\right\}$，其中

$$\boldsymbol{K}_{i\mu}=\begin{bmatrix}k_{is}+\mu_i & -\mu_i\\ -\mu_i & \mu_i\end{bmatrix}^{\mathrm{T}}\in\mathbb{R}^{2\times2}$$

为正定矩阵。定义向量 $\boldsymbol{h}_c=\left[\boldsymbol{h}_{1c}^{\mathrm{T}},\boldsymbol{h}_{2c}^{\mathrm{T}},\cdots,\boldsymbol{h}_{Nc}^{\mathrm{T}}\right]^{\mathrm{T}}$ 和 $\boldsymbol{E}_c=\left[\boldsymbol{E}_{1c}^{\mathrm{T}},\boldsymbol{E}_{2c}^{\mathrm{T}},\cdots,\boldsymbol{E}_{Nc}^{\mathrm{T}}\right]^{\mathrm{T}}$，则根据式（6.83）有

$$\dot{V}_c\leqslant-k_c\|\boldsymbol{E}_c\|^2+\|\boldsymbol{h}_c\|\|\boldsymbol{E}_c\|\tag{6.84}$$

式中，$k_c=\min\limits_{i=1,2,\cdots,N}\left\{\lambda_{\min}(\boldsymbol{K}_{ic})\right\}$。由式（2.20）可知 $\|\boldsymbol{\varphi}(\boldsymbol{\xi}_u)\|\leqslant1$，则根据式（6.84），当 $\boldsymbol{E}_c$ 满足

$$\begin{aligned}\|\boldsymbol{E}_c\|\geqslant&\sum_{i=1}^{N}\left[\frac{|q_{i\epsilon}|}{\overline{\theta}_3k_c}+\frac{|q_{iu}|}{\overline{\theta}_3k_c\rho_{is}}+\frac{|q_{ir}|}{\overline{\theta}_3k_c}+\frac{\|\tilde{\boldsymbol{\Xi}}_{iu}\|}{\overline{\theta}_3k_c}+\frac{\overline{\tau}_u|\tilde{b}_{iu}|}{\overline{\theta}_3k_c}\right.\\&\left.+\frac{\|\tilde{\boldsymbol{\Xi}}_{ir}\|}{\overline{\theta}_3k_c}+\frac{\overline{\tau}_r|\tilde{b}_{ir}|}{\overline{\theta}_3k_c}+\frac{|q_{i\tau u}|}{\overline{\theta}_3k_c}+\frac{|q_{i\tau r}|}{\overline{\theta}_3k_c}+\frac{|\delta_{iu}|}{\overline{\theta}_3k_c}+\frac{|\delta_{ir}|}{\overline{\theta}_3k_c}\right]\\\geqslant&\frac{\|\boldsymbol{h}_c\|}{\overline{\theta}_3k_c}\end{aligned}\tag{6.85}$$

则有

$$\dot{V}_c\leqslant-\left(1-\overline{\theta}_3\right)k_c\|\boldsymbol{E}_c\|^2\tag{6.86}$$

式中，$\overline{\theta}_3\in\mathbb{R}^+$ 满足 $0<\overline{\theta}_3<1$。由定理 2.2 可知，子系统 Σ_3 是输入-状态稳定的，

且系统状态满足

$$
\begin{aligned}
\|\boldsymbol{E}_c(t)\| \leqslant \max\Big\{&\varpi_3\left(\|\boldsymbol{E}_c(0)\|, t\right), \sum_{l=1}^{p}\Big[\hbar_i^q\left(|q_{i\epsilon}|\right)+\hbar_i^{qu}\left(|q_{iu}|\right)+\hbar_i^q\left(|q_{ir}|\right) \\
&+\hbar_i^q\left(\|\tilde{\boldsymbol{\varXi}}_{iu}\|\right)+\hbar_i^q\left(\|\tilde{\boldsymbol{\varXi}}_{ir}\|\right)+\hbar_i^{bu}\left(|\tilde{b}_{iu}|\right)+\hbar_i^{br}\left(|\tilde{b}_{ir}|\right)+\hbar_i^q\left(|q_{i\tau u}|\right) \\
&+\hbar_i^q\left(|q_{i\tau r}|\right)+\hbar_i^q\left(|\delta_{iu}|\right)+\hbar_i^q\left(|\delta_{ir}|\right)\Big]\Big\}
\end{aligned}
\tag{6.87}
$$

式中，ϖ_3 是 $\mathcal{KL}$ 类函数；$\hbar_i^q, \hbar_i^{qu}, \hbar_i^{bu}$ 和 $\hbar_i^{br}$ 是 $\mathcal{K}$ 类函数，定义为

$$
\begin{cases}
\hbar_i^q(s)=\dfrac{1}{\overline{\theta}_3 k_c}s \\
\hbar_i^{qu}(s)=\dfrac{1}{\overline{\theta}_3 k_c \rho_{is}}s \\
\hbar_i^{\tilde{r}}(s)=\dfrac{\overline{\tau}_u}{\overline{\theta}_3 k_c}s \\
\hbar_i^{\tilde{u}}(s)=\dfrac{\overline{\tau}_r}{\overline{\theta}_3 k_c}s
\end{cases}
\tag{6.88}
$$

■

以下引理给出基于投影神经网络的神经动力学优化收敛结论。

引理 6.4　对于投影神经网络（6.65），如果初始状态 $\left(\boldsymbol{\tau}_i(t_0), \boldsymbol{z}_i(t_0)\right)$ 满足 $\boldsymbol{\tau}_i(t_0)\in\mathcal{T}$，$\boldsymbol{z}_i(t_0)\triangleq\left[z_{i1}(t_0), z_{i2}(t_0), \cdots, z_{iD_i}(t_0)\right]^{\mathrm{T}}, z_{i1}(t_0)>0, z_{i2}(t_0)>0, \cdots, z_{iD_i}(t_0)>0$，则投影神经网络输出 $\boldsymbol{\tau}_i(t)$ 能够指数收敛至二次规划问题（6.62）的最优解 $\boldsymbol{\tau}_i^o$。

证明　证明过程见文献[188]，此处省略。■

以下定理给出各子系统所构成的级联系统的稳定性结论。

定理 6.1　考虑由目标无人艇（6.1）和跟随无人艇［式（6.2）和式（6.3）］组成的多无人艇系统，在满足假设 6.1～假设 6.4 的前提下，采用分布式目标中心估计器［式（6.12）～式（6.14）］、有限时间模糊预估器（6.20）、有限时间收敛自适应律（6.26）、期望角度更新律（6.34）、协同包围制导律（6.37）、无模型标称控制律（6.41）和最优安全控制律（6.65），则多无人艇协同多目标包围级联系统是输入-状态稳定的，系统中的误差均为一致最终有界的。协同多目标包围控制的包围运动任务（6.8）和协同编队任务（6.9）能够被实现。

证明　引理 6.1～引理 6.3 已经指出，以 $\boldsymbol{z}_c$ 为状态、以 $\boldsymbol{\zeta}_d^{\mathrm{d}}$ 为输入的子系统 $\varSigma_1$ 是输入-状态稳定的；以 $\tilde{\boldsymbol{v}}_i, \tilde{\boldsymbol{W}}_i$ 为状态、以 $\boldsymbol{\delta}_i, \boldsymbol{\varDelta}_{i\delta}$ 为输入的子系统 $\varSigma_2$ 是输入-状态稳定的；以 $\rho_{iz}, \beta_{iz}, \eta_{iz}, u_{ie}, r_{ie}, e_{i\beta}$ 为状态、以 $q_{i\epsilon}, q_{iu}, q_{ir}, q_{i\tau u}, q_{i\tau r}, \tilde{\boldsymbol{W}}_i, \boldsymbol{\delta}_i$ 为输入的子系统 $\varSigma_3$ 是输入-状态稳定的。根据级联系统的相关定理 2.3，由子系统 $\varSigma_2, \varSigma_3$ 构成的级联系统，可以看作一个以 $\rho_{iz}, \beta_{iz}, \eta_{iz}, u_{ie}, r_{ie}, \boldsymbol{e}_\beta-\boldsymbol{\beta}_z, \tilde{\boldsymbol{v}}_i, \tilde{\boldsymbol{W}}_i$ 为状态、以 $q_{i\epsilon}, q_{iu}, q_{ir}, q_{i\tau u}, q_{i\tau r}, \boldsymbol{\delta}_i, \boldsymbol{\varDelta}_{i\delta}$

为输入的系统，该系统是输入-状态稳定的，且存在$\mathcal{KL}$类函数ϖ和$\mathcal{K}$类函数$\hbar$，满足

$$\|\boldsymbol{E}(t)\| \leqslant \max\left\{\varpi\left(\|\boldsymbol{E}(0)\|, t\right), \hbar\left(\|\boldsymbol{q}\|\right)\right\} \tag{6.89}$$

式中，$\boldsymbol{E}=[\boldsymbol{E}_1^{\mathrm{T}}, \boldsymbol{E}_2^{\mathrm{T}}, \cdots, \boldsymbol{E}_N^{\mathrm{T}}, \boldsymbol{e}_\beta^{\mathrm{T}}-\boldsymbol{\beta}_z^{\mathrm{T}}]^{\mathrm{T}}$，$\boldsymbol{q}=[\boldsymbol{q}_1^{\mathrm{T}}, \boldsymbol{q}_2^{\mathrm{T}}, \cdots, \boldsymbol{q}_N^{\mathrm{T}}]^{\mathrm{T}}$，其中$\boldsymbol{E}_i=[\rho_{iz}, \beta_{iz}, \eta_{iz}, u_{ie}, r_{ie}, \tilde{\boldsymbol{v}}_i^{\mathrm{T}}, \tilde{\boldsymbol{W}}_i^{\mathrm{T}}]^{\mathrm{T}}$，$\boldsymbol{q}_i=[q_{i\epsilon}, q_{iu}, q_{ir}, q_{i\tau u}, q_{i\tau r}, \boldsymbol{\delta}_i^{\mathrm{T}}, \boldsymbol{\varDelta}_{i\delta}^{\mathrm{T}}]^{\mathrm{T}}$，$i=1,2,\cdots,N$。

根据引理 6.4，采用投影神经网络（6.65）进行在线优化能够令式（6.63）中$J_i(\boldsymbol{\tau}_i)$最小，因此存在常数$\bar{q}_{\tau u}\in\mathbb{R}^+$和$q_{\tau r}\in\mathbb{R}^+$满足$|q_{i\tau u}|\leqslant\bar{q}_{\tau u}$和$|q_{i\tau r}|\leqslant\bar{q}_{\tau r}$；系统输入$q_{i\epsilon}, q_{iu}, q_{ir}, \boldsymbol{\delta}_i$有界，界值为$\epsilon, \bar{q}_u, \bar{q}_r, \bar{\delta}$；又由于$\boldsymbol{\delta}_i$和$\boldsymbol{\Phi}_i$有界，由式（6.23）和式（6.25）可知系统输入$\boldsymbol{\varDelta}_{i\delta}$也有界，所以闭环系统误差$\rho_{iz}, \beta_{iz}, \eta_{iz}, u_{ie}, r_{ie}, \boldsymbol{e}_\beta-\boldsymbol{\beta}_z, \tilde{\boldsymbol{v}}_i, \tilde{\boldsymbol{W}}_i$是一致最终有界的。又由于状态$\boldsymbol{\beta}_z$和$\boldsymbol{e}_\beta-\boldsymbol{\beta}_z$均一致最终有界，因此状态$\boldsymbol{e}_\beta$是一致最终有界。

定义目标中心o_c与估计中心$\hat{o}_{ic}$距离为$\tilde{\rho}_{it}=\|\hat{\boldsymbol{p}}_{ic}-\boldsymbol{p}_c\|$，定义$e_{it}=\beta_{is}-\beta_i$为$o_c$与$\hat{o}_{ic}$关于跟随无人艇$s_i$的角度。由于估计误差$\tilde{\boldsymbol{p}}_{ic}$是一致最终有界的，由定理 5.1 证明可知$\tilde{\rho}_{it}$和$e_{it}$是一致最终有界的。根据式（6.31）、定理 2.7 和定理 2.8，有

$$\lambda^*\left\|(\boldsymbol{\beta}_d-\boldsymbol{\alpha}_d)-\mathbf{1}_N\frac{1}{N}\sum_{i=1}^{N}(\beta_{id}-\alpha_{id})\right\|^2 \leqslant \boldsymbol{e}_\beta^{\mathrm{T}}\boldsymbol{P}_c\boldsymbol{e}_\beta \tag{6.90}$$

可知$\beta_{ijd}-\alpha_{ijd}$是一致最终有界的，根据

$$\begin{cases}|\rho_{ie}| \leqslant |\rho_{iz}| + \tilde{\rho}_{it} \\ |e_{ij}| \leqslant |\beta_{ijd}-\alpha_{ijd}| + |\beta_{iz}| + |\beta_{jz}| + |e_{it}| + |e_{jt}|\end{cases} \tag{6.91}$$

得到误差ρ_{ie}和e_{ij}是一致最终有界的，所提控制器能够实现包围运动任务（6.8）和协同编队任务（6.9）。 ■

以下定理给出多跟随无人艇系统安全性结论。

定理 6.2 考虑由目标无人艇（6.1）和跟随无人艇［式（6.2）和式（6.3）］组成的多无人艇系统，在环境障碍物$O_l, l=1,2,\cdots,L$的约束下，采用最优安全控制律（6.65），则多跟随无人艇系统状态关于安全集$\mathcal{C}_{ij}, \mathcal{C}_{ik}^t$和$\mathcal{C}_{il}^o$是输入-状态安全的。避碰避障任务（6.10）和输入约束任务（6.11）能够被实现。

证明 由于最优安全控制律（6.65）中投影激活函数的作用，控制信号$\boldsymbol{\tau}_i$的导数是有界的。因此，跟随无人艇的控制输入信号是利普希茨连续的。根据推论 2.2 和引理 6.4，控制输入$\boldsymbol{\tau}_i$能够指数收敛到二次规划问题（6.62）的最优解$\boldsymbol{\tau}_i^o$，即无人艇系统关于安全集$\mathcal{C}_{ij}, \mathcal{C}_{ik}^t$和$\mathcal{C}_{il}^o$是输入-状态安全的，且满足$\boldsymbol{\tau}\in\mathcal{T}$。因此能够实现避碰避障任务（6.10）和输入约束任务（6.11）。进一步，由推论 2.3 可知，当逼近精度向量$\boldsymbol{d}_i$满足

$$\|\boldsymbol{d}_i\| \leqslant \min\left\{\left\|\frac{\partial \phi_{j1}(\boldsymbol{\chi}_i)}{\partial \boldsymbol{\chi}_i}\right\|, \left\|\frac{\partial \phi_{k1}^t(\boldsymbol{\chi}_i)}{\partial \boldsymbol{\chi}_i}\right\|, \left\|\frac{\partial \phi_{l1}^o(\boldsymbol{\chi}_i)}{\partial \boldsymbol{\chi}_i}\right\|\right\} \tag{6.92}$$

时，其中 $j \in \mathcal{N}_i, k \in \mathcal{N}_i^t, l \in \mathcal{N}_i^o$，多跟随无人艇系统关于安全集 $\mathcal{C}_{ij}, \mathcal{C}_{ik}^t$ 和 $\mathcal{C}_{ik}^t$ 是安全的。■

6.4　仿 真 验 证

本节对所提出的无人艇安全协同多目标包围优化控制器进行了仿真验证，证明所提方法在环境障碍物约束下协同包围多个运动目标时的有效性。考虑由目标无人艇和四艘跟随无人艇组成的多无人艇系统，其中目标无人艇运动方程满足式（6.1），跟随无人艇动态方程满足式（6.2）和式（6.3）。跟随无人艇 $s_1 \sim s_4$ 的通信拓扑结构如图 6.4 所示，满足假设 6.2。无人艇的模型采用文献[119]中 Cybership II 型无人艇的模型参数。各无人艇所受到的环境扰动建模为一阶高斯-马尔可夫过程 $\dot{\boldsymbol{\tau}}_{id} + 0.5\boldsymbol{\tau}_{id} = \boldsymbol{w}_i$，其中，$\boldsymbol{\tau}_{id} = [\tau_{idu}, \tau_{idv}, \tau_{idr}]^{\mathrm{T}} \in \mathbb{R}^3$ 为环境扰动力矩向量，$\boldsymbol{w}_i \in \mathbb{R}^3$ 为一个白噪声向量。无人艇输入约束给定为 $\overline{\tau}_u = 50\mathrm{N}$，$\underline{\tau}_u = 0.5\mathrm{N}$，$\overline{\tau}_r = 5\mathrm{N \cdot m}$，$\underline{\tau}_r = -5\mathrm{N \cdot m}$。环境中存在两个静态障碍物 O_1 和 O_2，位置坐标分别为 $(71,42)$ 和 $(40,55)$。协同目标包围距离给定为 $\rho_d = 10\mathrm{m}$，分布队形向量给定为 $\boldsymbol{\alpha}_d = [-\pi/2, 0, \pi/2, \pi]^{\mathrm{T}}$，包围角速度给定为 $\omega_s = 0.1\mathrm{rad/s}$，跟随无人艇与邻居无人艇、目标无人艇和环境障碍物的安全距离分别为 $R_a = 1\mathrm{m}$，$R_t = 3\mathrm{m}$，$R_o = 10\mathrm{m}$。跟随无人艇采用所提的分布式目标中心估计器［式（6.12）～式（6.14）］、有限时间模糊预估器（6.20）、有限时间收敛自适应律（6.26）、期望角度更新律（6.34）、协同包围制导律（6.37）、无模型标称控制律（6.41）和最优安全控制律（6.65），无人艇初始位置设定为 $\boldsymbol{p}_1(0) = [5, 30]^{\mathrm{T}}$，$\boldsymbol{p}_2(0) = [5, 20]^{\mathrm{T}}$，$\boldsymbol{p}_3(0) = [5, 25]^{\mathrm{T}}$，$\boldsymbol{p}_4(0) = [5, 20]^{\mathrm{T}}$。为验证所提方法控制效果，本节分别进行了协同多目标包围避碰避障仿真研究和几类控制障碍函数避障对比仿真研究。

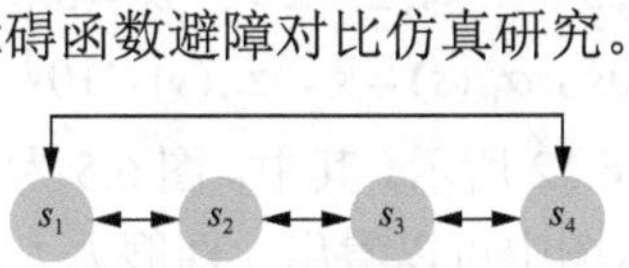

图 6.4　通信拓扑

6.4.1　协同多目标包围避碰避障仿真验证

本小节中研究四艘跟随无人艇围绕两艘目标无人艇的协同包围控制过程，两艘目标无人艇航行中队形发生改变，其速度 $\boldsymbol{v}_{kt} \triangleq [u_{kt}, v_{kt}, r_{kt}]^{\mathrm{T}} \in \mathbb{R}^3$，$k = 1, 2$ 分别给定为

$$
\boldsymbol{v}_{1t}=\begin{cases}\left[0.1+0.025\sin(\pi t/500),0.025,(\pi/1000)\cos(\pi t/1000)\right]^{\mathrm{T}}, & t\in[0,550)\\ \left[0,0,0\right]^{\mathrm{T}}, & t\in[550,700)\\ \left[0.1+0.025\sin(\pi(t-150)/500),0.025,(\pi/1000)\cos(\pi(t-150)/1000)\right]^{\mathrm{T}}, & t\in[700,+\infty)\end{cases}
$$

$$
\boldsymbol{v}_{2t}=\begin{cases}\left[0.1+0.025\sin(\pi(t+50)/500),0.025,(\pi/1000)\cos(\pi(t+50)/1000)\right]^{\mathrm{T}}, & t\in[0,800)\\ \left[0,0,0\right]^{\mathrm{T}}, & t\in[800,950)\\ \left[0.1+0.025\sin(\pi(t-100)/500),0.025,(\pi/1000)\cos(\pi(t-100)/1000)\right]^{\mathrm{T}}, & t\in[950,+\infty)\end{cases}
$$

目标初始状态$[x_{1t},y_{1t},\psi_{1t}]^{\mathrm{T}}=[25,20,\pi/2]^{\mathrm{T}}$，$[x_{2t},y_{2t},\psi_{2t}]^{\mathrm{T}}=[30.1,21.7,1.4]^{\mathrm{T}}$。控制参数选择见表 6.1。

表 6.1　安全协同多目标包围控制参数

参数名称	参数符号	参数值
分布式目标中心估计器参数	(κ_t,γ_t)	(10, 20)
有限时间模糊预估器参数	$(\kappa_i^{\mathrm{p}},\gamma_i,\gamma_{if})$	(10, 0.05, 1)
模糊自适应参数	$(\boldsymbol{\Gamma}_i,\kappa_i^{\mathrm{w}},\gamma_i^{\mathrm{w}})$	$(100\boldsymbol{I}_{29},10^{-5},10^{-4})$
制导律与控制律参数	$(\mu_i,k_{i\beta},k_{i\eta},k_i)$	(1, 0.5, 5, 5)
视距制导前视距离	$\varDelta_i$	10m
跟踪微分器参数	$(\gamma_{i1},\gamma_{i2})$	(30, 30)
神经动力学优化参数	(κ_t,γ_t)	200
障碍函数设计参数	(μ_t,μ_o)	(1, 1)
其他设计参数	ϵ	0.001

令模糊逻辑系统向量$\boldsymbol{\xi}_i=\left[\xi_{i1},\xi_{i2},\xi_{i3}\right]^{\mathrm{T}}$，采用如下的隶属度函数

$$
\mu_{F_k^l}(\xi_{ik})=\exp\left\{-\frac{[\xi_{ik}-b_k(l-5)]^2}{b_k^2}\right\} \tag{6.93}
$$

式中，$i=1,2,3,4$；$k=1,2,3$；$l=1,2,\cdots,9$；$b_1=5$，$b_2=5$，$b_3=50$。约束条件中，$\alpha_{1a}(s)=0.1s$，$\alpha_{2a}(s)=10s$，$\alpha_{1t}(s)=s$，$\alpha_{2t}(s)=10s$，$\alpha_{1o}(s)=0.1s$，$\alpha_{2o}(s)=10s$。

仿真结果如图 6.5～图 6.12 所示。其中，图 6.5 为跟随无人艇安全协同多目标包围控制的轨迹曲线图。从图中可以看出，四艘无人艇首先围绕两艘目标无人艇的几何中心以期望编队队形和期望距离做协同包围运动，如图 6.5（a）所示；在穿过环境障碍物之间的狭窄水域时，跟随无人艇采用右转避障策略，在避障过程中保证障碍物在包围轨道外侧，如图 6.5（b）所示；当两艘目标无人艇间距增大至超过包围距离时，跟随无人艇采用左转避碰策略实现与目标无人艇避碰，在避免碰撞的同时保证了目标处于跟随无人艇包围轨道内，如图 6.5（c）所示；当两艘目标无人艇间距缩小至满足安全距离时，跟随无人艇重新以期望编队队形和期

望距离协同包围，如图 6.5（d）所示；在整个协同包围控制过程中，跟随无人艇之间没有发生碰撞。图 6.6 和图 6.7 分别为协同多目标包围距离误差和分散相位角误差曲线。在与安全约束条件不冲突时，四艘跟随无人艇的距离误差和分散相位角误差均能收敛到原点的邻域内，能够实现包围运动任务和协同编队任务。图 6.8 为跟随无人艇纵荡和艏摇方向的控制输入信号。在协同目标包围和避碰避障过程中，纵荡推力和艏摇力矩始终在约束范围内，实现了输入约束任务。图 6.9 为跟随无人艇与碍航物距离。采用所提安全协同多目标包围控制与优化方法，跟随无人艇在包围运动过程中与环境障碍物、邻居无人艇和目标无人艇的距离均满足对应的安全距离约束，实现了避碰避障约束任务。图 6.10 为四艘跟随无人艇的输入-状态安全高阶控制障碍函数曲线。采用所提最优安全控制律，构造的各输入-状态安全高阶控制障碍函数始终大于 0，即多跟随无人艇系统始终满足所设计的安全约束条件。图 6.11 为所提有限时间模糊预估器对控制输入增益、未知模型非线

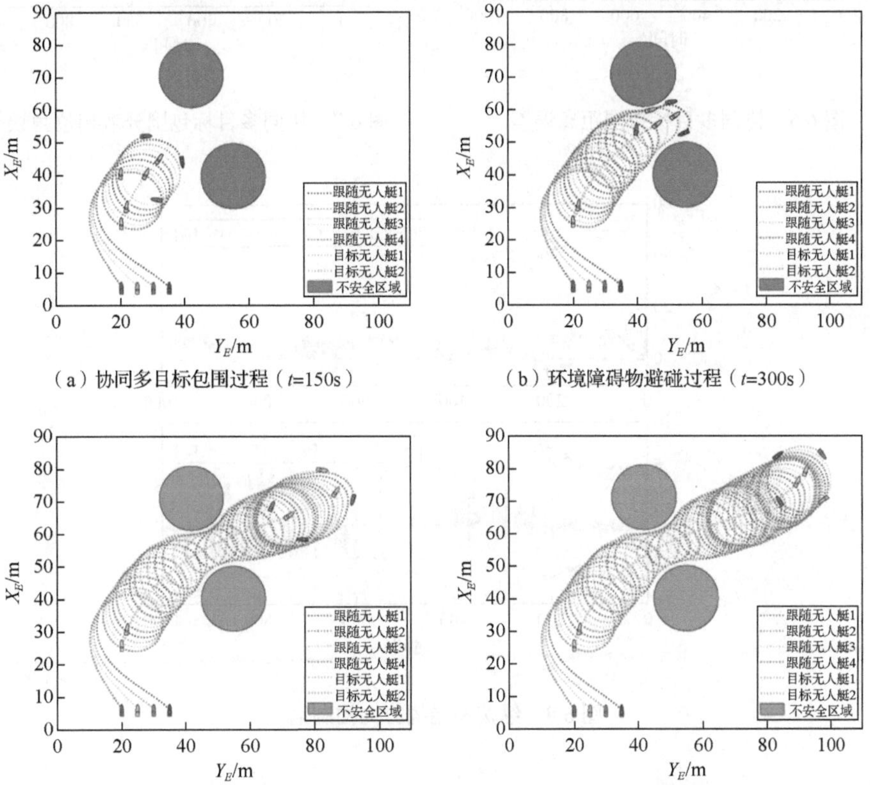

（a）协同多目标包围过程（t=150s）　（b）环境障碍物避碰过程（t=300s）

（c）目标无人艇避碰过程（t=750s）　（d）包围队形恢复过程（t=1000s）

图 6.5　跟随无人艇安全协同多目标包围控制轨迹

性、环境扰动的总学习误差曲线图。有限时间模糊预估器能够实现对模型未知动力学的在线学习，且总学习误差能够快速收敛至原点附近。图 6.12 为有限时间模糊预估器对控制输入增益和模型动力学不确定性的学习结果，预估器可以实现对无人艇纵荡和艏摇方向的输入增益和动力学不确定性的在线学习。

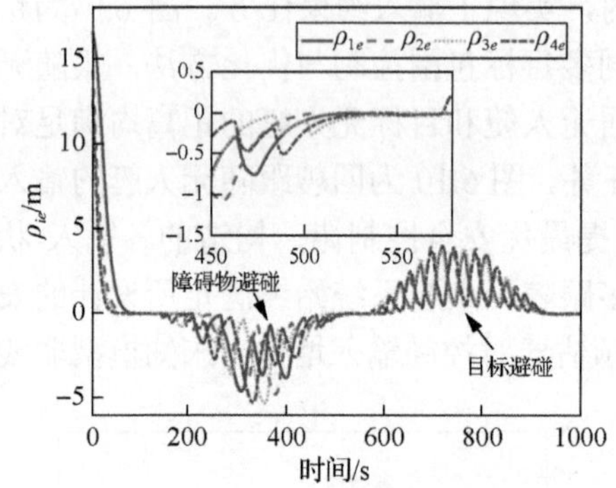

图 6.6　协同多目标包围距离误差

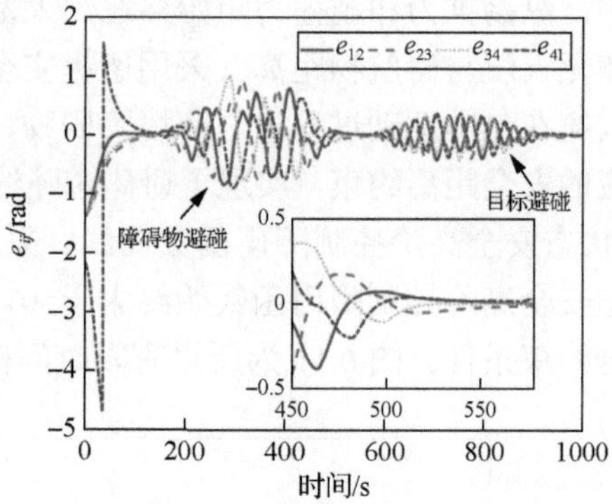

图 6.7　协同多目标包围分散相位角误差

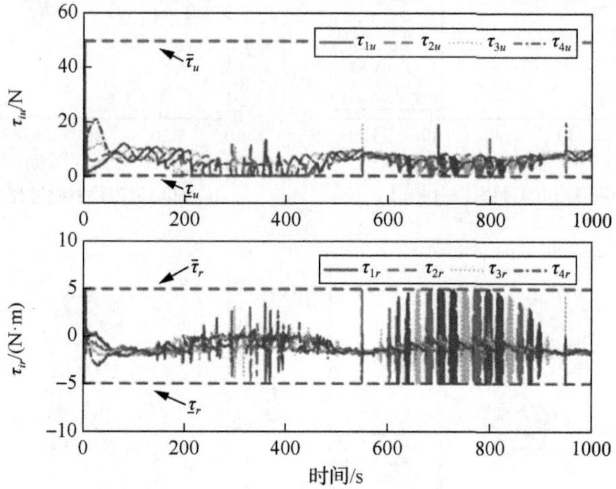

图 6.8　纵荡和艏摇方向控制输入

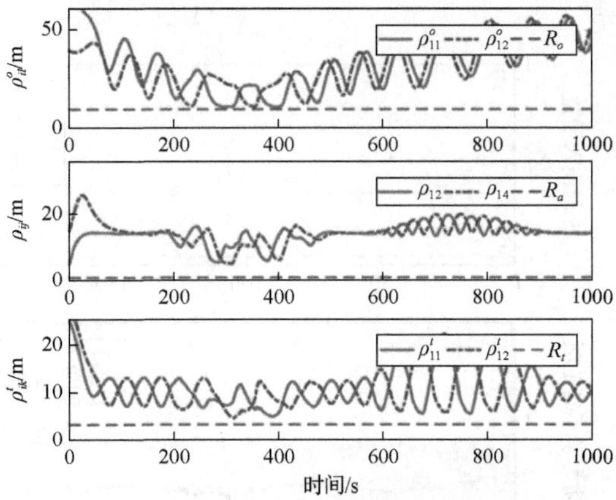

图 6.9　跟随无人艇与碍航物距离

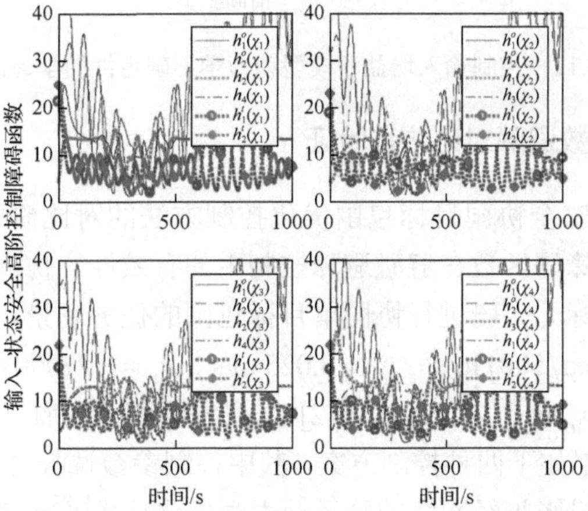

图 6.10　四艘跟随无人艇的输入-状态安全高阶控制障碍函数

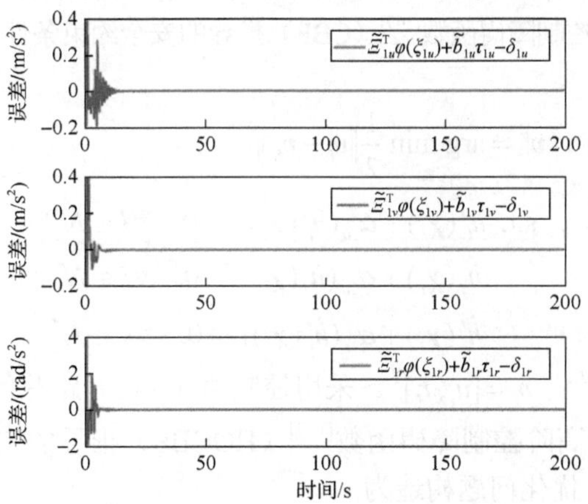

图 6.11　有限时间模糊预估器总学习误差

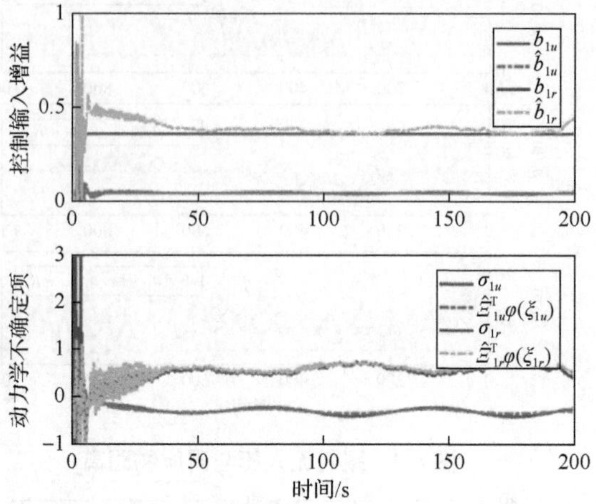

图 6.12　控制输入增益和模型动力学不确定性的学习结果

6.4.2　控制障碍函数避障对比仿真验证

本小节进行了安全协同目标包围优化控制方法的对比研究，验证所提输入-状态安全高阶控制障碍函数在避碰避障控制中的有效性。仿真中采用了四艘跟随无人艇围绕一艘目标无人艇进行协同单目标包围的任务场景，目标无人艇速度为 $u_{1t}=0.1+0.025\sin(\pi t/500)$ m/s，$v_{1t}=0.025$ m/s，$r_{1t}=(\pi/1000)\cos(\pi t/1000)$ rad/s，目标初态设为 $[x_{1t},y_{1t},\psi_{1t}]^{\mathrm{T}}=[25,20,\pi/2]^{\mathrm{T}}$。研究跟随无人艇 s_1 与环境障碍物 O_1 的避碰过程，仿真采用如下四种控制方案，其中控制参数选择与 6.4.1 小节相同，优化问题均采用基于投影神经网络的神经动力学优化技术[188]求解。

（1）采用 6.3.3 小节中无优化的协同目标包围标称控制律。

（2）采用基于控制障碍函数[149]（CBF）推导的安全约束条件优化制导律（6.37），优化问题构造为

$$
\begin{aligned}
\boldsymbol{v}_i^o &= \arg\min_{\boldsymbol{v}_i\in\mathbb{R}^2}\frac{1}{2}\|\boldsymbol{v}_i-\boldsymbol{v}_{ir}\|^2\\
\text{s.t. } & \dot{h}_l^o(\boldsymbol{\chi}_i)+\alpha_{1o}(h_l^o(\boldsymbol{\chi}_i))\geqslant 0,\quad \forall l\in\mathcal{N}_i^o\\
& \dot{h}_j(\boldsymbol{\chi}_i)+\alpha_{1a}(h_j(\boldsymbol{\chi}_i))\geqslant 0,\quad \forall j\in\mathcal{N}_i\\
& \dot{h}_k^t(\boldsymbol{\chi}_i)+\alpha_{1t}(h_k^t(\boldsymbol{\chi}_i))\geqslant 0,\quad \forall k\in\mathcal{N}_i^t
\end{aligned}
\tag{6.94}
$$

式中，$\boldsymbol{v}_{ir}=[u_{ir},r_{ir}]^{\mathrm{T}}$；$\boldsymbol{v}_i=[u_i,r_i]^{\mathrm{T}}$。采用控制律（6.41）跟踪优化参考速度 $\boldsymbol{v}_i^o$。

（3）采用基于高阶控制障碍函数[159]（HOCBF）推导的安全约束条件优化标称控制律（6.41），优化问题构造为

$$
\begin{aligned}
\boldsymbol{\tau}_i^o &= \underset{\boldsymbol{\tau}_i \in \mathbb{R}^2}{\arg\min} \frac{1}{2}\left\|\boldsymbol{\tau}_i - \boldsymbol{\tau}_i^n\right\|^2 \\
\text{s.t. } & L_{f_i}\phi_{l1}^o(\boldsymbol{\chi}_i) + L_{g_i}\phi_{l1}^o(\boldsymbol{\chi}_i)\boldsymbol{\tau} \geqslant -\alpha_{2o}(\phi_{l1}^o(\boldsymbol{\chi}_i)), \quad \forall l \in \mathcal{N}_i^o \\
& L_{f_i}\phi_{j1}(\boldsymbol{\chi}_i) + L_{g_i}\phi_{j1}(\boldsymbol{\chi}_i)\boldsymbol{\tau} \geqslant -\alpha_{2a}(\phi_{j1}(\boldsymbol{\chi}_i)), \quad \forall j \in \mathcal{N}_i \\
& L_{f_i}\phi_{k1}^t(\boldsymbol{\chi}_i) + L_{g_i}\phi_{k1}^t(\boldsymbol{\chi}_i)\boldsymbol{\tau} \geqslant -\alpha_{2t}(\phi_{k1}^t(\boldsymbol{\chi}_i)), \quad \forall k \in \mathcal{N}_i^t \\
& \boldsymbol{\tau}_{\min} \leqslant \boldsymbol{\tau}_i \leqslant \boldsymbol{\tau}_{\max}
\end{aligned} \tag{6.95}
$$

（4）采用基于输入-状态安全高阶控制障碍函数（ISSf-HOCBF）推导的安全约束条件优化标称控制律（6.41），即本章所提方法。

仿真结果如图 6.13～图 6.15 所示。图 6.13 为跟随无人艇 s_1 采用四种协同目标包围控制方案下的协同目标包围轨迹图，图 6.14 为采用四种控制方案下跟随无人艇 s_1 与环境障碍物 O_1 的距离曲线图。从图 6.13 和图 6.14 可以看出，在跟随无人艇对环境障碍物 O_1 的避障过程中，当采用无优化的标称控制器，跟随无人艇不进行任何避障行为；当采用基于控制障碍函数的协同目标包围控制方法，由于动力学跟踪误差的存在，跟随无人艇也可能进入非安全区域；当采用基于高阶控制障碍函数的协同目标包围控制方法，跟随无人艇可以实现避障，然而跟随无人艇与环境障碍物的最小避碰距离过小而没有考虑系统扰动，突然增大的外部扰动可能导致系统失去安全性；采用所提的基于输入-状态安全高阶控制障碍函数能够实现避碰避障任务，且针对系统扰动预留了额外安全距离。图 6.15 为采用四种控制方案下跟随无人艇的控制输入推力和力矩曲线图。从图中可以看出，当采用无优化标称控制器或基于控制障碍函数的控制方法时，无人艇控制输入信号违背了输入约束条件；当基于采用高阶控制障碍函数或基于所提的输入-状态安全高阶控制障碍函数的安全优化控制方法时，控制输入推力和力矩均在给定的范围内，能够实现输入约束任务。

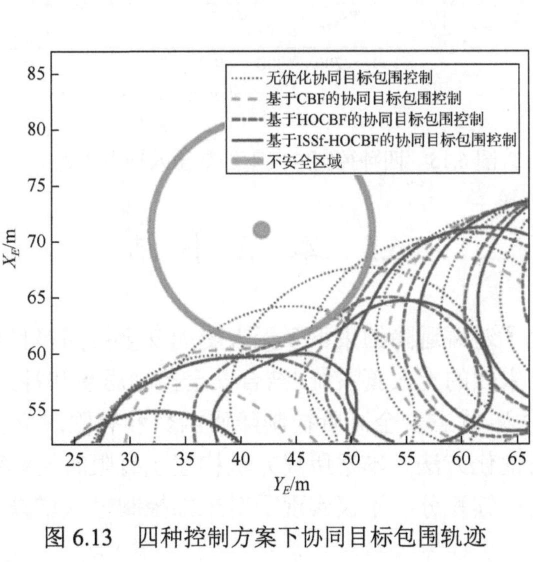

图 6.13　四种控制方案下协同目标包围轨迹

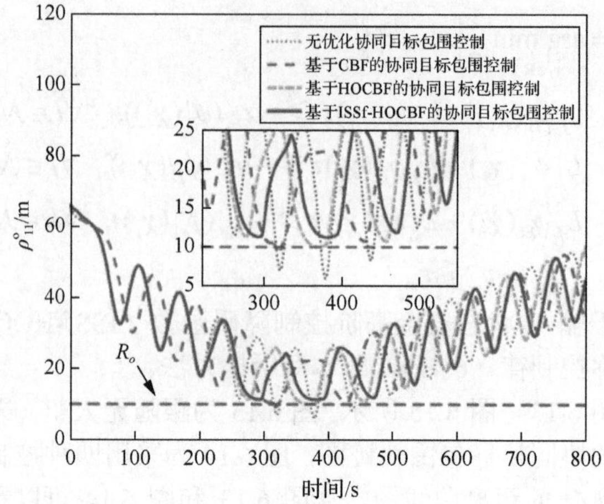

图 6.14 四种控制方案下跟随无人艇与环境障碍物的距离

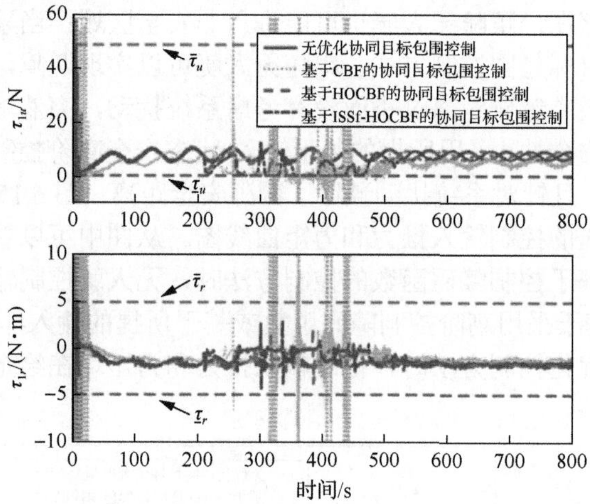

图 6.15 四种控制方案下控制输入推力和力矩

6.5 本章小结

本章主要研究了避碰避障约束下多无人艇的安全协同多目标包围控制问题。针对模型参数完全未知的无人艇系统，结合安全控制思想和神经动力学优化技术，提出了一种基于输入-状态安全高阶控制障碍函数和有限时间模糊预估器的协同多目标包围控制与优化方法。本章所提方法构建了有限时间模糊预估器，通过对无人艇历史数据的连续积分，不仅实现了对未知控制输入增益和模型不确定性的有限时间学习，而且无须额外内存空间存储历史数据。采用标称-优化的控制器设计思路，针对协同目标包围控制中的包围运动任务和协同编队任务，提出了协同多目标包围标称控制器；针对避碰避障任务和输入约束任务，提出了一种输入-状态安全高阶控制障碍函数，利用标称控制信号和约束条件构造了二次规划问题，基于神经动力学技术设计了无人艇最优安全控制律。通过级联系统稳定性分析，证明了协同多目标包围估计与控制闭环系统是输入-状态稳定的，系统误差信号是一致最终有界的。基于安全性理论证明了控制过程中多跟随无人艇系统在避碰避障安全集上是输入-状态安全的，并且控制信号不违背输入约束。通过对比仿真验证了所提无人艇分布式安全协同多目标包围控制与优化方法的有效性和优越性。

第 7 章　基于单路径导引的多无人艇协同包围控制

7.1 概　述

第 3 章至第 6 章研究了目标导引下的协同包围控制，在一些海洋任务中，无人艇集群可能需要沿预设的参数化路径进行协同包围作业。针对此问题，本章研究了单路径导引下的多无人艇协同包围问题，考虑无人艇通信链路连通保持和安全避碰任务需求，设计了具有避障和连通保持功能的分布式协同编队包围控制器。在运动学层面，基于编队控制方法、路径跟踪设计、人工势能函数和辅助变量方法设计了无人艇编队包围的运动学制导律；在动力学层面，利用自适应模糊逻辑系统学习未知输入增益、模型不确定性和海洋扰动，设计了基于间接模型参考自适应控制方法的无人艇的底层动力学控制律。采用级联稳定性定理证明了闭环系统是输入-状态稳定的。仿真验证了所提输入增益未知多无人艇的防碰撞时变队形控制方法的有效性。

7.2 问 题 描 述

考虑由 N 艘欠驱动无人艇组成的多无人艇系统（$N \in \mathbb{N}^+$）。海面上存在静态障碍物，如图 7.1 所示，其中，s_i 代表第 i 艘无人艇，$i = 1, 2, \cdots, N$；O_l 代表第 l 个环境障碍物，$l = 1, 2, \cdots, L$，$L \in \mathbb{N}^+$。

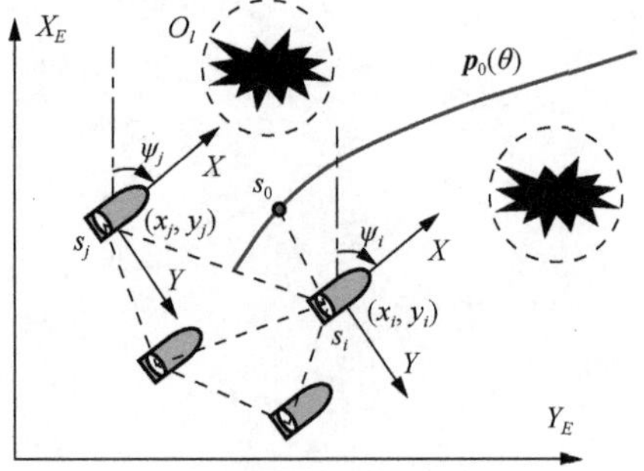

图 7.1　单路径导引的多无人艇协同包围

无人艇 s_i 的动态可以描述为以下运动学方程

$$\begin{cases}\dot{x}_i = u_i\cos\psi_i - v_i\sin\psi_i \\ \dot{y}_i = u_i\sin\psi_i + v_i\cos\psi_i \\ \dot{\psi}_i = r_i\end{cases} \tag{7.1}$$

和动力学方程

$$\begin{cases}m_{iu}\dot{u}_i = f_{iu}(u_i,v_i,r_i) + \tau_{idu}(t) + \tau_{iu} \\ m_{iv}\dot{v}_i = f_{iv}(u_i,v_i,r_i) + \tau_{idv}(t) \\ m_{ir}\dot{r}_i = f_{ir}(u_i,v_i,r_i) + \tau_{idr}(t) + \tau_{ir}\end{cases} \tag{7.2}$$

式中符号定义与式（4.2）和式（4.3）的符号定义相同。

定义第 i 艘无人艇的合速度为

$$U_i = \sqrt{u_i^2 + v_i^2} \tag{7.3}$$

式中，$U_i \in \mathbb{R}^+$。所以式（7.1）也可以写作

$$\begin{cases}\dot{x}_i = U_i\cos\psi_{ib} \\ \dot{y}_i = U_i\sin\psi_{ib} \\ \dot{\psi}_i = r_i + \beta_{id}\end{cases} \tag{7.4}$$

式中，$\psi_{ib} = \psi_i + \beta_i$ 是实际航向角，$\beta_i = \operatorname{atan2}(v_i, u_i)$ 是侧滑角，β_{id} 是 β_i 的导数。

给定参数化路径

$$\boldsymbol{p}_0(\theta) = \left[x_0(\theta), y_0(\theta)\right]^{\mathrm{T}} \in \mathbb{R}^2 \tag{7.5}$$

式中，$\theta \in \mathbb{R}$ 表示一个与时间相关的路径参数；$\boldsymbol{p}_0^\theta(\theta) = \partial\boldsymbol{p}_0(\theta)/\partial\theta$ 表示 $\boldsymbol{p}_0(\theta)$ 对 θ 的偏导数，假设 $\boldsymbol{p}_0^\theta(\theta)$ 是有界的。将路径设为节点 s_0，可以用图 $\mathcal{G}_0 = \{\mathcal{S}_0, \mathcal{E}_0\}$ 描述跟随无人艇与参数化路径的通信关系，式中 $\mathcal{S}_0 = \{s_0, s_1, \cdots, s_N\}$ 表示节点集合，$\beta_{id} = \dot{\beta}_i$ $\mathcal{E}_o = \{(s_j, s_i) \in \mathcal{S}_0 \times \mathcal{S}_0\}$ 是边集合。通信拓扑满足以下关系。

假设 7.1　通信拓扑图 $\mathcal{G}_0$ 包含一个根节点为节点的生成树。

本章旨在针对由运动学方程（7.1）和动力学方程（7.2）描述的欠驱动无人艇，设计分布式协同包围控制器，使其满足以下任务。

（1）几何任务：控制每艘无人艇跟随一个沿参数化路径移动的虚拟领导者 s_0，并形成期望包围队形，即满足

$$\lim_{t\to\infty}\left\|\boldsymbol{p}_i(t) - \boldsymbol{p}_{id}(t) - \boldsymbol{p}_0(\theta(t))\right\| \leqslant \delta_1 \tag{7.6}$$

式中，$\delta_1 \in \mathbb{R}^+$ 表示一个常数；$\boldsymbol{p}_i = [x_i, y_i]^{\mathrm{T}} \in \mathbb{R}^2$ 表示无人艇 s_i 的位置向量；$\boldsymbol{p}_{id} \in \mathbb{R}^2$ 表示无人艇 s_i 和虚拟领导者之间的时变偏差，给定为

$$\boldsymbol{p}_{id} = [\rho_{id}\sin(\omega_{is}t + \phi_{i0}), \rho_{id}\cos(\omega_{is}t + \phi_{i0})]^{\mathrm{T}} \tag{7.7}$$

其中，$\omega_{is} \in \mathbb{R}^{+}$ 为参考包围角速度，$\rho_{id} \in \mathbb{R}^{+}$ 为期望包围半径，$\phi_{i0} \in (-\pi, \pi]$ 为初始相位角。

（2）速度跟踪任务：$\dot{\theta}(t)$ 收敛到预期的路径更新速度，即满足

$$\lim_{t \to \infty} \left\| \dot{\theta}(t) - v_s \right\| \leqslant \delta_2 \tag{7.8}$$

式中，v_s 表示期望的路径更新速度；$\delta_2 \in \mathbb{R}^{+}$ 表示一个常数。

（3）避碰避障任务：避免无人艇间以及无人艇与障碍物之间的碰撞，即满足

$$\begin{cases} \left\| \boldsymbol{p}_i(t) - \boldsymbol{p}_j(t) \right\| \geqslant \underline{R} \\ \left\| \boldsymbol{p}_i(t) - \boldsymbol{p}_{lo}(t) \right\| \geqslant \underline{R}_o \end{cases} \tag{7.9}$$

式中，$\underline{R} \in \mathbb{R}^{+}$ 和 $\underline{R}_o \in \mathbb{R}^{+}$ 分别表示无人艇与邻居和障碍物的安全距离。

（4）连通保持任务：保证无人艇之间拓扑的连通保持性，即满足

$$\left\| \boldsymbol{p}_i(t) - \boldsymbol{p}_j(t) \right\| \leqslant \overline{R}_m \tag{7.10}$$

式中，$\overline{R}_m \in \mathbb{R}^{+}$ 表示无人艇的最大通信半径，由通信设备类型、通信频率、通信环境因素确定。

7.3　控制器设计与分析

为实现上述几何任务（7.6）、速度跟踪任务（7.8）、避碰避障任务（7.9）和连通保持任务（7.10），本节设计了一种分布式协同编队包围控制器。所提控制器主要包括运动学层和动力学层设计。所设计协同编队包围控制系统结构如图 7.2 所示。

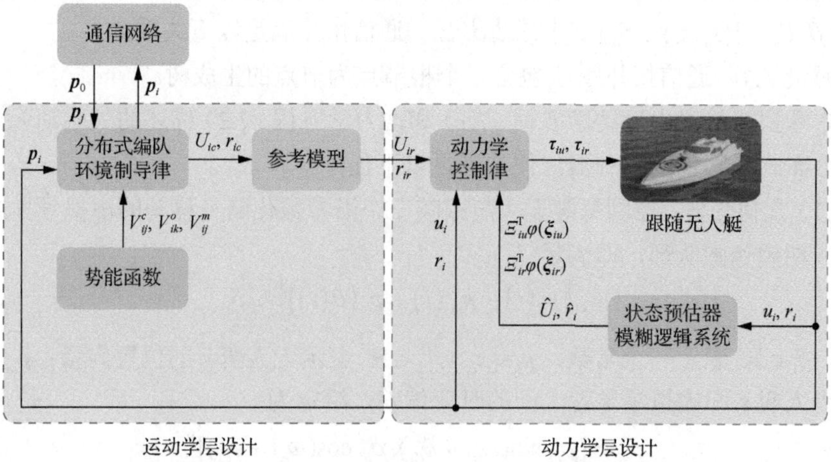

图 7.2　协同编队包围控制系统结构

7.3.1　势能函数设计

1. 无人艇之间避碰的势能函数

定义无人艇之间避碰的势能函数为

$$V_{ij}^{c}\left(\boldsymbol{p}_{ij}\right)=\left(\min\left\{0,\frac{\left\|\boldsymbol{p}_{ij}\right\|^{2}-\bar{R}^{2}}{\left\|\boldsymbol{p}_{ij}\right\|^{2}-\underline{R}^{2}}\right\}\right)^{2} \tag{7.11}$$

式中，$i,j=1,2,\cdots,N$，$i\neq j$；$\left\|\boldsymbol{p}_{ij}\right\|^{2}=\sqrt{\left(x_{i}-x_{j}\right)^{2}+\left(y_{i}-y_{j}\right)^{2}}$，$\left[x_{i},y_{i}\right]^{\mathrm{T}}$ 和 $\left[x_{j},y_{j}\right]^{\mathrm{T}}$ 分别表示无人艇 s_i 和无人艇 s_j 的位置；$\bar{R}>\underline{R}$，$\bar{R}\in\mathbb{R}^{+}$ 表示无人艇的检测半径，势能函数在检测范围以外值为 0；$\underline{R}\in\mathbb{R}^{+}$ 表示无人艇的避碰半径，势能函数在避碰范围的边界趋近于无穷大，所以 $\underline{R}$ 也被称作安全距离。当两个无人艇之间的距离满足 $\underline{R}<\left\|\boldsymbol{p}_{ij}\right\|<\bar{R}$，式（7.11）中 $V_{ij}^{c}\left(\boldsymbol{p}_{ij}\right)$ 的值大于 0，势能函数在附加控制输入中是有效的。对式（7.11）求偏导，得到

$$\frac{\partial V_{ij}^{c}}{\partial \boldsymbol{p}_{i}}=\begin{cases}\dfrac{4(\bar{R}^{2}-\underline{R}^{2})(\left\|\boldsymbol{p}_{ij}\right\|^{2}-\bar{R}^{2})}{(\left\|\boldsymbol{p}_{ij}\right\|-\underline{R}^{2})^{3}}\boldsymbol{p}_{ij}, & \underline{R}<\left\|\boldsymbol{p}_{ij}\right\|<\bar{R}\\ 0, & \left\|\boldsymbol{p}_{ij}\right\|\leqslant\bar{R}\end{cases} \tag{7.12}$$

式中，$\boldsymbol{p}_{ij}=\left[x_{i},y_{i}\right]^{\mathrm{T}}$。

2. 静态障碍物避障的势能函数

利用如下的势能函数解决无人艇对静态障碍物的避障问题

$$V_{ik}^{o}\left(\boldsymbol{p}_{ik}\right)=\left(\min\left\{0,\frac{\left\|\boldsymbol{p}_{ik}\right\|^{2}-\bar{R}_{o}^{2}}{\left\|\boldsymbol{p}_{ik}\right\|^{2}-\underline{R}_{o}^{2}}\right\}\right)^{2} \tag{7.13}$$

式中，$i=1,2,\cdots,N$，$k=1,2,\cdots,L$；$\left\|\boldsymbol{p}_{ik}\right\|^{2}=\sqrt{\left(x_{i}-x_{k}\right)^{2}+\left(y_{i}-y_{k}\right)^{2}}$，$\left[x_{i},y_{i}\right]^{\mathrm{T}}$ 表示第 i 个无人艇的位置，$\left[x_{k},y_{k}\right]^{\mathrm{T}}$ 表示第 k 个静态障碍物的位置；$\bar{R}_{o}>\underline{R}_{o}$，$\bar{R}_{o}\in\mathbb{R}^{+}$ 和 $\underline{R}_{o}\in\mathbb{R}^{+}$ 分别表示检测半径和避障半径。与式（7.11）相似，式（7.13）中的势能函数在检测范围以外值为 0，在避碰范围的边界趋近于无穷大。如果无人艇和静态障碍物之间的距离满足 $\underline{R}_{o}<\left\|\boldsymbol{p}_{ik}\right\|<\bar{R}_{o}$，式（7.13）中 $V_{ik}^{o}\left(\boldsymbol{p}_{ik}\right)$ 的值大于 0，势能函数在附加控制输入中是有效的。对式（7.13）求偏导，得到

$$\frac{\partial V_{ik}^{o}}{\partial \boldsymbol{p}_i}=\begin{cases}\dfrac{4(\bar{R}_o^{\,2}-\underline{R}_o^2)(\|\boldsymbol{p}_{ij}\|^2-\bar{R}_o^{\,2})}{(\|\boldsymbol{p}_{ik}\|-\underline{R}_o^2)^3}\boldsymbol{p}_{ik}, & \underline{R}_o<\|\boldsymbol{p}_{ik}\|<\bar{R}_o \\ 0, & \|\boldsymbol{p}_{ik}\|\leqslant \bar{R}_o\end{cases} \tag{7.14}$$

3. 无人艇之间连通保持的势能函数

下面的势能函数用于保持无人艇之间通信的连通性。

$$V_{ij}^{m}\left(\boldsymbol{p}_{ij}\right)=\begin{cases}\dfrac{1}{2(\bar{R}_m^2-\|\boldsymbol{p}_{ij}\|^2)}, & \underline{R}_m<\|\boldsymbol{p}_{ij}\|<\bar{R}_m \\ 0, & \|\boldsymbol{p}_{ij}\|\geqslant \bar{R}_m\end{cases} \tag{7.15}$$

式中，$\bar{R}_m>\underline{R}_m$，$\bar{R}_m\in\mathbb{R}^+$ 表示最大通信半径，$\underline{R}_m\in\mathbb{R}^+$ 表示连通保持函数有效时的最小通信半径。如果无人艇之间的距离满足 $\underline{R}_m<\|\boldsymbol{p}_{ik}\|<\bar{R}_m$，式（7.15）中 $V_{ij}^{m}\left(\boldsymbol{p}_{ij}\right)$ 的值大于 0，势能函数在附加控制输入中是有效的。对式（7.15）求偏导，得到

$$\frac{\partial V_{ij}^{m}}{\partial \boldsymbol{p}_i}=\begin{cases}\dfrac{1}{(\bar{R}_m^2-\|\boldsymbol{p}_{ij}\|)^2}\boldsymbol{p}_{ij}, & \underline{R}_m<\|\boldsymbol{p}_{ij}\|<\bar{R}_m \\ 0, & \|\boldsymbol{p}_{ij}\|\geqslant \bar{R}_m\text{或者}\|\boldsymbol{p}_{ij}\|\leqslant \underline{R}_m\end{cases} \tag{7.16}$$

7.3.2 运动学层设计

定义分布式编队误差为

$$\boldsymbol{z}_i=\boldsymbol{R}_i^{\mathrm{T}}\left(\psi_i\right)\left[\sum_{j\in\mathcal{N}_i}a_{ij}\left(\boldsymbol{p}_i-\boldsymbol{p}_j-\boldsymbol{p}_{ijd}\right)+a_{i0}\left(\boldsymbol{p}_i-\boldsymbol{p}_0(\theta)-\boldsymbol{p}_{i0d}\right)\right] \tag{7.17}$$

式中，$\boldsymbol{p}_{ijd}=\boldsymbol{p}_{id}-\boldsymbol{p}_{jd}$ 表示第 i 艘无人艇和第 j 艘无人艇之间可以随时间变化的相对差；对于 $j=1,2,\cdots,N$，如果第 i 个节点可以访问第 j 个节点的信息，那么 $a_{ij}=1$，否则 $a_{ij}=0$；$\mathcal{N}_i$ 表示不包含 0 节点的邻集；$\boldsymbol{R}_i\left(\psi_i\right)$ 表示无人艇在地球坐标系和船体坐标系之间的旋转矩阵，定义为

$$\boldsymbol{R}_i\left(\psi_i\right)=\begin{bmatrix}\cos\psi_i & -\sin\psi_i \\ \sin\psi_i & \cos\psi_i\end{bmatrix} \tag{7.18}$$

定义

$$\dot{\theta}=v_s-\omega \tag{7.19}$$

式中，v_s 是参考速度；ω 是待设计的变量。

对式（7.17）求导并将式（7.19）代入可得

$$\begin{aligned}\dot{\boldsymbol{z}}_i = &-(r_i+\beta_{id})\boldsymbol{S}\boldsymbol{z}_i + d_i\begin{bmatrix}U_i\\0\end{bmatrix} - \sum_{j=\mathcal{N}_i} a_{ij}\boldsymbol{R}_i^{\mathrm{T}}(\psi_i)\dot{\boldsymbol{p}}_j \\ &- a_{i0}\boldsymbol{R}_i^{\mathrm{T}}(\psi_i)\boldsymbol{p}_0^{\theta}(\theta)(v_s-\omega) - \sum_{j\in\bar{\mathcal{N}}_i} a_{ij}\boldsymbol{R}_i^{\mathrm{T}}(\psi_i)\dot{\boldsymbol{p}}_{ijd}\end{aligned} \tag{7.20}$$

式中，$d_i = \sum_{j=0}^{N} a_{ij}$；$\bar{\mathcal{N}}_i$ 表示第 i 艘无人艇的邻集；$\boldsymbol{S}\in\mathbb{R}^{2\times 2}$ 表示一个常数矩阵，定义为

$$\boldsymbol{S} = \begin{bmatrix}0 & -1\\ 1 & 0\end{bmatrix} \tag{7.21}$$

引入辅助变量 $\bar{\boldsymbol{\delta}}_0$ 定义为

$$\bar{\boldsymbol{\delta}}_0 = \begin{bmatrix}-\delta_0\\0\end{bmatrix}\in\mathbb{R}^2 \tag{7.22}$$

式中，$\delta_0\in\mathbb{R}^+$ 表示一个常数。式（7.20）可以写成

$$\begin{aligned}\dot{\bar{\boldsymbol{z}}}_i = &-(r_i+\beta_{id})\boldsymbol{S}\bar{\boldsymbol{z}}_i + d_i\begin{bmatrix}U_i\\0\end{bmatrix} - (r_i+\beta_{id})\boldsymbol{S}\bar{\boldsymbol{\delta}}_0 \\ &- \sum_{j\in\mathcal{N}_i} a_{ij}\boldsymbol{R}_i^{\mathrm{T}}(\psi_i)\dot{\boldsymbol{p}}_j - a_{i0}\boldsymbol{R}_i^{\mathrm{T}}(\psi_i)\boldsymbol{p}_0^{\theta}(\theta)(v_s-\omega) - \sum_{j\in\bar{\mathcal{N}}_i} a_{ij}\boldsymbol{R}_i^{\mathrm{T}}(\psi_i)\dot{\boldsymbol{p}}_{ijd}\end{aligned} \tag{7.23}$$

式中，$\bar{\boldsymbol{z}}_i = \boldsymbol{z}_i - \bar{\boldsymbol{\delta}}_0$。

将式（7.23）转化成更紧凑的形式，得到

$$\begin{aligned}\dot{\bar{\boldsymbol{z}}}_i = &-(r_i+\beta_{id})\boldsymbol{S}\bar{\boldsymbol{z}}_i + \boldsymbol{B}_i\begin{bmatrix}U_i\\r_i+\beta_{id}\end{bmatrix} - \sum_{j\in\mathcal{N}_i} a_{ij}\boldsymbol{R}_i^{\mathrm{T}}(\psi_i)\dot{\boldsymbol{p}}_j \\ &- a_{i0}\boldsymbol{R}_i^{\mathrm{T}}(\psi_i)\boldsymbol{p}_0^{\theta}(\theta)(v_s-\omega) - \sum_{j\in\bar{\mathcal{N}}_i} a_{ij}\boldsymbol{R}_i^{\mathrm{T}}(\psi_i)\dot{\boldsymbol{p}}_{ijd}\end{aligned} \tag{7.24}$$

式中，$\boldsymbol{B}_i = \mathrm{diag}\{d_i,\delta_0\}$。

定义

$$\begin{cases}\boldsymbol{q}_i = \begin{bmatrix}q_{ix}\\q_{iy}\end{bmatrix} = \bar{\boldsymbol{z}}_i + \boldsymbol{R}_i^{\mathrm{T}}(\psi_i)\boldsymbol{z}_{if} \\ \boldsymbol{z}_{if} = \sum_{j=1}^{N}\dfrac{\partial V_{ij}^{c}}{\partial \boldsymbol{p}_i} + \sum_{k=1}^{L}\dfrac{\partial V_{ik}^{o}}{\partial \boldsymbol{p}_i} + \sum_{j=1}^{N}\dfrac{\partial V_{ij}^{m}}{\partial \boldsymbol{p}_i}\end{cases} \tag{7.25}$$

式中，V_{ij}^c、V_{ik}^o、V_{ij}^m 分别表示避碰、避障、连通保持的势能函数。

为了实现具有避碰避障和连通保持功能的路径导引分布式时变编队控制，令时变编队误差趋于 0，设计如下基于运动学的分布式时变编队避碰制导律

$$\begin{bmatrix} U_{ic} \\ r_{ic} \end{bmatrix} = \boldsymbol{B}^{-1}\left\{ -\frac{\boldsymbol{K}_i \boldsymbol{q}_i}{\Pi_i} + \sum_{j\in\mathcal{N}_i} a_{ij}\boldsymbol{R}_i^{\mathrm{T}}(\boldsymbol{\psi}_i)\dot{\boldsymbol{p}}_j + a_{i0}v_s\boldsymbol{R}_i^{\mathrm{T}}(\boldsymbol{\psi}_i)\boldsymbol{p}_0^{\theta}(\theta) \right.$$
$$\left. + \sum_{j\in\bar{N}_i} a_{ij}\boldsymbol{R}_i^{\mathrm{T}}(\boldsymbol{\psi}_i)\dot{\boldsymbol{p}}_{ijd} \right\} - \begin{bmatrix} 0 \\ \beta_{id} \end{bmatrix} \tag{7.26}$$

式中，$\boldsymbol{K}_i = \mathrm{diag}\{k_{i1}, k_{i2}\} \in \mathbb{R}^2$，其中 $k_{i1} \in \mathbb{R}^+$，$k_{i2} \in \mathbb{R}^+$；$\Pi_i = \sqrt{\|\boldsymbol{q}_i\|^2 + \epsilon_i^2}$，$\epsilon_i \in \mathbb{R}^+$ 是一个常数。

参数 ω 的更新律设计如下

$$\dot{\omega} = -\lambda\left\{ \omega + \mu\sum_{i\in\mathcal{N}_0} a_{i0}\left[\boldsymbol{p}_0^{\theta}(\theta)\right]^{\mathrm{T}}\boldsymbol{R}_i^{\mathrm{T}}(\psi_i)\boldsymbol{q}_i \right\} \tag{7.27}$$

式中，$\lambda \in \mathbb{R}^+$ 和 $\mu \in \mathbb{R}^+$ 是常数。

7.3.3 动力学层设计

定义

$$\begin{cases} u_i = U_i\cos\beta_i \\ v_i = U_i\sin\beta_i \end{cases} \tag{7.28}$$

得到

$$m_{iu}\dot{U}_i = \cos\beta_i\left[f_{iu}(u_i,v_i,r_i) + \tau_{iuw}\right]$$
$$+\sin\beta_i\left(f_{iv}(u_i,v_i,r_i) + \tau_{ivw}\right)\frac{m_{iu}}{m_{iv}} - 2\sin^2\left(\frac{\beta_i}{2}\right)\tau_{iu} + \tau_{iu} \tag{7.29}$$

所以，动力学数学模型式（7.2）可以写成

$$\begin{cases} \dot{U}_i = b_{iu}\cos\beta_i\left[f_{iu}(u_i,v_i,r_i) + \tau_{iuw}\right] \\ \qquad + b_{iv}\sin\beta_i\left[b_{iu}\tau_{ivw} + f_{iv}(u_i,v_i,r)\right] - 2\sin^2\left(\frac{\beta_i}{2}\right)\tau_{iu} + b_{iu}\tau_{iu} \\ \dot{r}_i = b_{ir}\left[f_{ir}(u_i,v_i,r_i) + \tau_{irw}\right] + b_{ir}\tau_{ir} \end{cases} \tag{7.30}$$

式中，$b_{iu} = 1/m_{iu}$；$b_{ir} = 1/m_{ir}$；$b_{iv} = 1/m_{iv}$。

引入两个参考模型来描述期望的速度跟踪性能

$$\begin{cases} \dot{U}_{ir} = -a_{iU}U_{ir} + a_{iU}U_{ic} \\ \dot{r}_{ir} = -a_{ir}r_{ir} + a_{ir}r_{ic} \end{cases} \tag{7.31}$$

式中，a_{iU} 和 a_{ir} 是设计参数。基于参考模型，式（7.30）可以写成

$$\begin{cases}\dot{U}_i = -a_{iU}U_i + a_{iU}\left(g_{iu}\tau_{iu} + \sigma_{iu}\right)\\ \dot{r}_i = -a_{ir}r_i + a_{ir}\left(g_{ir}\tau_{ir} + \sigma_{ir}\right)\end{cases} \tag{7.32}$$

式中，$\sigma_{iu} = b_{iu}\cos\beta_i\left[f_{iu}\left(u_i,v_i,r_i\right)+\tau_{iuw}\right]/a_{iU} + b_{iv}\sin\beta_i\left[b_{iu}\tau_{ivw} + f_{iv}\left(u_i,v_i,r_i\right)\right]/a_{iU} - 2\sin^2\left(\beta/2\right)\tau_{iu}/a_{iU} + U_i$；$\sigma_{ir} = b_{ir}\left[f_{ir}\left(u_i,v_i,r_i\right)+\tau_{irw}\right]/a_{ir} + r_i$；$g_{iu} = b_{iu}/a_{iU}$；$g_{ir} = b_{ir}/a_{ir}$。

利用如下模糊逻辑系统分别对 σ_{iu} 和 σ_{ir} 进行在线逼近，逼近形式为

$$\begin{cases}\sigma_{iu} = \boldsymbol{\Xi}_{iu}^{\mathrm{T}}\boldsymbol{\varphi}\left(\xi_{iu}\right) + \delta_{iu}\\ \sigma_{ir} = \boldsymbol{\Xi}_{ir}^{\mathrm{T}}\boldsymbol{\varphi}\left(\xi_{ir}\right) + \delta_{ir}\end{cases} \tag{7.33}$$

式中，$\boldsymbol{\xi}_{iu} = \left[U_i(t), U_i(t-t_d), \tau_{iu}\right]^{\mathrm{T}} \in \mathbb{R}^3$，$\boldsymbol{\xi}_{ir} = \left[r_i(t), r_i(t-t_d), \tau_{ir}\right]^{\mathrm{T}} \in \mathbb{R}^3$，$t_d \in \mathbb{R}^+$ 为采样周期；$\boldsymbol{\Xi}_{iu} \in \mathbb{R}^m$ 和 $\boldsymbol{\Xi}_{ir} \in \mathbb{R}^m$ 满足 $\left\|\boldsymbol{\Xi}_{iu}\right\| \leqslant \bar{\Xi}_{iu}$，$\left\|\boldsymbol{\Xi}_{ir}\right\| \leqslant \bar{\Xi}_{ir}$，且 $\bar{\Xi}_{iu}$ 和 $\bar{\Xi}_{ir}$ 为正常数；δ_{iu} 和 δ_{ir} 表示逼近误差，满足 $\left|\delta_{iu}\right| \leqslant \bar{\delta}_{iu}$，$\left|\delta_{ir}\right| \leqslant \bar{\delta}_{ir}$，且 $\bar{\delta}_{iu}$ 和 $\bar{\delta}_{ir}$ 为正常数；函数 $\boldsymbol{\varphi}: \mathbb{R}^3 \to \mathbb{R}^m$ 的定义见 2.3 节。

令 $\hat{U}_i$ 和 $\hat{r}_i$ 分别表示对无人艇 U_i 和 r_i 的估计，$\hat{\boldsymbol{\Xi}}_{iu}$ 和 $\hat{\boldsymbol{\Xi}}_{ir}$ 分别表示对 $\boldsymbol{\Xi}_{iu}$ 和 $\boldsymbol{\Xi}_{ir}$ 的估计，$\hat{g}_{iu}$ 和 $\hat{g}_{ir}$ 分别表示对未知输入增益 g_{iu} 和 g_{ir} 的估计。为了辨识未知动态和输入增益，设计如下的状态预估器

$$\begin{cases}\dot{\hat{U}}_i = -a_{iU}\hat{U}_i + a_{iU}\left(\hat{g}_{iu}\tau_{iu} + \hat{\boldsymbol{\Xi}}_{iu}^{\mathrm{T}}\boldsymbol{\varphi}\left(\xi_{iu}\right)\right) - \kappa_{iU}\tilde{U}_i\\ \dot{\hat{r}}_i = -a_{ir}\hat{r}_i + a_{ir}\left(\hat{g}_{ir}\tau_{ir} + \hat{\boldsymbol{\Xi}}_{ir}^{\mathrm{T}}\boldsymbol{\varphi}\left(\xi_{ir}\right)\right) - \kappa_{ir}\tilde{r}_i\end{cases} \tag{7.34}$$

式中，$\kappa_{iU} \in \mathbb{R}^+$ 和 $\kappa_{ir} \in \mathbb{R}^+$ 是预估器参数；$\tilde{U}_i = \hat{U}_i - U_i$；$\tilde{r}_i = \hat{r}_i - r_i$。

$\hat{\boldsymbol{\Xi}}_{iu}, \hat{\boldsymbol{\Xi}}_{ir}$ 和未知输入增益 $\hat{g}_{iu}, \hat{g}_{ir}$ 的更新律设计如下

$$\begin{cases}\dot{\hat{\boldsymbol{\Xi}}}_{iu} = -\Gamma_{iu}\mathrm{Proj}\left(\hat{\boldsymbol{\Xi}}_{iu}, \boldsymbol{\varphi}\left(\xi_{iu}\right)\tilde{U}_i a_{iU}\right)\\ \dot{\hat{\boldsymbol{\Xi}}}_{ir} = -\Gamma_{ir}\mathrm{Proj}\left(\hat{\boldsymbol{\Xi}}_{ir}, \boldsymbol{\varphi}\left(\xi_{ir}\right)\tilde{r}_i a_{ir}\right)\\ \dot{\hat{g}}_{iu} = -\Gamma_{i\varpi u}\mathrm{Proj}\left(\hat{g}_{iu}, \tau_{iu}a_{iU}\tilde{U}_i\right)\\ \dot{\hat{g}}_{ir} = -\Gamma_{i\varpi r}\mathrm{Proj}\left(\hat{g}_{ir}, \tau_{ir}a_{ir}\tilde{r}_i\right)\end{cases} \tag{7.35}$$

式中，$\Gamma_{iu}, \Gamma_{ir}, \Gamma_{i\varpi u}, \Gamma_{i\varpi r}$ 为正常数；$\mathrm{Proj}(\cdot)$ 为投影算子。根据投影性质，存在正常数 ε_{iu}，ε_{ir}，$\varepsilon_{i\varpi u}$，$\varepsilon_{i\varpi r}$ 满足 $\left\|\hat{\boldsymbol{\Xi}}_{iu}\right\| \leqslant \bar{\Xi}_{iu} + \varepsilon_{iu}$，$\left\|\hat{\boldsymbol{\Xi}}_{ir}\right\| \leqslant \bar{\Xi}_{ir} + \varepsilon_{ir}$，$\left|\hat{g}_{iu}\right| = g_{iu}^* + \varepsilon_{i\varpi u}$，$\left|\hat{g}_{ir}\right| = g_{ir}^* + \varepsilon_{i\varpi r}$。

定义估计误差 $\tilde{\boldsymbol{\Xi}}_{iu} = \hat{\boldsymbol{\Xi}}_{iu} - \boldsymbol{\Xi}_{iu}, \tilde{\boldsymbol{\Xi}}_{ir} = \hat{\boldsymbol{\Xi}}_{ir} - \boldsymbol{\Xi}_{ir}, \tilde{g}_{iu} = \hat{g}_{iu} - g_{iu}, \tilde{g}_{ir} = \hat{g}_{ir} - g_{ir}, \tilde{U}_i, \tilde{r}_i, \tilde{\boldsymbol{\Xi}}_{iu}, \tilde{\boldsymbol{\Xi}}_{ir}, \tilde{g}_{iu}, \tilde{g}_{ir}$ 的动态可以表示为

$$\begin{cases}\dot{\tilde{U}}_i = a_{iU}\left[\tilde{g}_{iu}\tau_{iu} + \tilde{\boldsymbol{\Xi}}_{iu}^{\mathrm{T}}\boldsymbol{\varphi}(\xi_{iu})\right] - (\kappa_{iU} + a_{iU})\tilde{U}_i - \delta_{iu} \\ \dot{\tilde{r}} = a_{ir}\left[\tilde{g}_{ir}\tau_{ir} + \tilde{\boldsymbol{\Xi}}_{ir}^{\mathrm{T}}\boldsymbol{\varphi}(\xi_{ir})\right] - (\kappa_{ir} + a_{ir})\tilde{r}_i - \delta_{ir} \\ \dot{\hat{\boldsymbol{\Xi}}}_{iu} = -\Gamma_{iu}\mathrm{Proj}\left(\hat{\boldsymbol{\Xi}}_{iu}, a_{iU}\boldsymbol{\varphi}(\xi_{iu})\tilde{U}_i\right) \\ \dot{\hat{\boldsymbol{\Xi}}}_{ir} = -\Gamma_{ir}\mathrm{Proj}\left(\hat{\boldsymbol{\Xi}}_{ir}, a_{ir}\boldsymbol{\varphi}(\xi_{ir})\tilde{r}_i\right) \\ \dot{\hat{g}}_{iu} = -\Gamma_{i\omega u}\mathrm{Proj}\left(\hat{g}_{iu}, \tau_{iu}a_{iU}\tilde{U}_i\right) \\ \dot{\hat{g}}_{ir} = -\Gamma_{i\omega r}\mathrm{Proj}\left(\hat{g}_{ir}, \tau_{ir}a_{ir}\tilde{r}_i\right)\end{cases} \tag{7.36}$$

定义速度跟踪误差如下

$$\begin{cases} z_{iU} = \hat{U}_i - U_{ir} \\ z_{ir} = \hat{r}_i - r_{ir}\end{cases} \tag{7.37}$$

对式（7.37）求导并将式（7.34）代入得到

$$\begin{cases}\dot{z}_{iU} = -a_{iU}z_{iU} + a_{iU}\left[\hat{g}_{iu}\tau_{iu} - U_{ic} + \hat{\boldsymbol{\Xi}}_{iu}^{\mathrm{T}}\boldsymbol{\varphi}(\xi_{iu})\right] - \kappa_{iU}\tilde{U}_i \\ \dot{z}_{ir} = -a_{ir}z_{ir} + a_{ir}\left[\hat{g}_{ir}\tau_{ir} - r_{ic} + \hat{\boldsymbol{\Xi}}_{ir}^{\mathrm{T}}\boldsymbol{\varphi}(\xi_{ir})\right] - \kappa_{ir}\tilde{r}_i\end{cases} \tag{7.38}$$

基于预估器设计如下的动力学控制器

$$\begin{cases}\tau_{iu} = \left[U_{ic} - \hat{\boldsymbol{\Xi}}_{iu}^{\mathrm{T}}\boldsymbol{\varphi}(\xi_{iu}) - d_i q_{ix}/a_{iU}\right]/\hat{g}_{iu} \\ \tau_{ir} = \left[r_{ic} - \hat{\boldsymbol{\Xi}}_{ir}^{\mathrm{T}}\boldsymbol{\varphi}(\xi_{ir}) - \delta_0 q_{iy}/a_{ir}\right]/\hat{g}_{ir}\end{cases} \tag{7.39}$$

将式（7.39）代入式（7.38），得到如下的误差动态方程

$$\begin{cases}\dot{z}_{iU} = -a_{iU}z_{iU} - \kappa_{iU}\tilde{U}_i - d_i q_{ix} \\ \dot{z}_{ir} = -a_{ir}z_{ir} - \kappa_{ir}\tilde{r}_i - \delta_0 q_{iy}\end{cases} \tag{7.40}$$

因此，由 $\overline{z}_i$, ω, z_{iU}, z_{ir} 表示的制导与控制闭环子系统为

$$\begin{cases}\dot{\overline{\boldsymbol{z}}}_i = -(r_i + \beta_{id})\boldsymbol{S}\overline{\boldsymbol{z}}_i - \dfrac{\boldsymbol{K}_i\boldsymbol{q}_i}{\Pi_i} + a_{i0}\boldsymbol{R}_i^{\mathrm{T}}(\psi_i)\boldsymbol{p}_0^{\theta}\omega + \boldsymbol{l}_i \\ \dot{\omega} = -\lambda\left[\omega + \mu\sum_{i=1}^{N}a_{i0}\left(\boldsymbol{p}_0^{\theta}\right)^{\mathrm{T}}\boldsymbol{R}_i(\psi_i)\boldsymbol{q}_i\right] \\ \dot{z}_{iU} = -a_{iU}z_{iU} - \kappa_{iU}\tilde{U} - d_i q_{ix} \\ \dot{z}_{ir} = -a_{ir}z_{ir} - \kappa_{ir}\tilde{r}_i - \delta_0 q_{iy}\end{cases} \tag{7.41}$$

式中，$\boldsymbol{l}_i = [l_{iU}, l_{ir}]^{\mathrm{T}}$，$l_{iU} = U_{ir} - U_{ic}$，$l_{ir} = r_{ir} - r_{ic}$。

7.3.4　稳定性分析

本小节分析所提控制方法下闭环系统的稳定性。首先，重新将预估器误差子系统（7.36）和制导与控制闭环子系统（7.41）分别写作系统 Σ_1 和 Σ_2，如下

$$\Sigma_1:\begin{cases}\dot{\tilde{U}}_i = a_{iU}\left[\tilde{g}_{iu}\tau_{iu} + \tilde{\boldsymbol{\varXi}}_{iu}^{\mathrm{T}}\boldsymbol{\varphi}\left(\xi_{iu}\right)\right] - \left(\kappa_{iU} + a_{iU}\right)\tilde{U}_i - \delta_{iu} \\ \dot{\tilde{r}} = a_{ir}\left[\tilde{g}_{ir}\tau_{ir} + \tilde{\boldsymbol{\varXi}}_{ir}^{\mathrm{T}}\boldsymbol{\varphi}\left(\xi_{ir}\right)\right] - \left(\kappa_{ir} + a_{ir}\right)\tilde{r}_i - \delta_{ir} \\ \dot{\tilde{\boldsymbol{\varXi}}}_{iu} = -\varGamma_{iu}\mathrm{Proj}\left(\hat{\boldsymbol{\varXi}}_{iu}, a_{iU}\boldsymbol{\varphi}\left(\xi_{iu}\right)\tilde{U}_i\right) \\ \dot{\tilde{\boldsymbol{\varXi}}}_{ir} = -\varGamma_{ir}\mathrm{Proj}\left(\hat{\boldsymbol{\varXi}}_{ir}, a_{ir}\boldsymbol{\varphi}\left(\xi_{ir}\right)\tilde{r}_i\right) \\ \dot{\tilde{g}}_{iu} = -\varGamma_{i\omega u}\mathrm{Proj}\left(\hat{g}_{iu}, \tau_{iu}a_{iU}\tilde{U}_i\right) \\ \dot{\tilde{g}}_{ir} = -\varGamma_{i\omega r}\mathrm{Proj}\left(\hat{g}_{ir}, \tau_{ir}a_{ir}\tilde{r}_i\right)\end{cases} \tag{7.42}$$

$$\Sigma_2:\begin{cases}\dot{\bar{\boldsymbol{z}}}_i = -\left(r_i + \beta_{id}\right)\boldsymbol{S}\bar{\boldsymbol{z}}_i - \dfrac{\boldsymbol{K}_i\boldsymbol{q}_i}{\varPi_i} + a_{i0}\boldsymbol{R}_i^{\mathrm{T}}\left(\psi_i\right)\boldsymbol{p}_0^{\theta}\omega + \boldsymbol{l}_i \\ \dot{\omega} = -\lambda\left[\omega + \mu\displaystyle\sum_{i=1}^{M}a_{i0}\left(\boldsymbol{p}_0^{\theta}\right)^{\mathrm{T}}\boldsymbol{R}_i\left(\psi_i\right)\boldsymbol{q}_i\right] \\ \dot{z}_{iU} = -a_{iU}z_{iU} - \kappa_{iU}\tilde{U} - d_i q_{ix} \\ \dot{z}_{ir} = -a_{ir}z_{ir} - \kappa_{ir}\tilde{r}_i - \delta_0 q_{iy}\end{cases} \tag{7.43}$$

以下引理给出子系统 Σ_1 的稳定性。

引理 7.1　预估器误差子系统 Σ_1 可以看作一个状态为 $\tilde{U}_i, \tilde{r}_i, \tilde{\boldsymbol{\varXi}}_{iu}, \tilde{\boldsymbol{\varXi}}_{ir}, \tilde{g}_{iu}, \tilde{g}_{ir}$、输入为 $\delta_{iu}, \delta_{ir}, \tilde{\boldsymbol{\varXi}}_{iu}, \tilde{\boldsymbol{\varXi}}_{ir}, \tilde{g}_{iu}, \tilde{g}_{ir}$ 的系统，该系统是有限时间输入-状态稳定的。

证明　考虑以下备选李雅普诺夫函数

$$V_1 = \frac{1}{2}\sum_{i=1}^{N}\left(\tilde{U}_i^2 + \tilde{r}_i^2 + \tilde{\boldsymbol{\varXi}}_{iu}^{\mathrm{T}}\varGamma_{iu}^{-1}\tilde{\boldsymbol{\varXi}}_{iu} + \tilde{\boldsymbol{\varXi}}_{ir}^{\mathrm{T}}\varGamma_{ir}^{-1}\tilde{\boldsymbol{\varXi}}_{ir} + \tilde{g}_{iu}^{\mathrm{T}}\varGamma_{i\omega u}^{-1}\tilde{g}_{iu} + \tilde{g}_{ir}^{\mathrm{T}}\varGamma_{i\omega r}^{-1}\tilde{g}_{ir}\right) \tag{7.44}$$

对 V_1 求导并代入式（7.42）得到

$$\begin{aligned}\dot{V}_1 &= \sum_{i=1}^{N}\left(-\boldsymbol{E}_{i1}^{\mathrm{T}}\boldsymbol{K}_{i1}\boldsymbol{E}_{i1} + \boldsymbol{h}_{i1}^{\mathrm{T}}\boldsymbol{E}_{i1}\right) \\ &\leqslant \sum_{i=1}^{N}\Big[-\lambda_{\min}\left(\boldsymbol{K}_{i1}\right)\left\|\boldsymbol{E}_{i1}\right\|^2 - \lambda_{\min}\left(\boldsymbol{K}_{i1}\right)\left\|\tilde{\boldsymbol{\varXi}}_{iu}\right\|^2 - \lambda_{\min}\left(\boldsymbol{K}_{i1}\right)\left\|\tilde{\boldsymbol{\varXi}}_{ir}\right\|^2 \\ &\quad - \lambda_{\min}\left(\boldsymbol{K}_{i1}\right)\tilde{g}_{iu}^2 - \lambda_{\min}\left(\boldsymbol{K}_{i1}\right)\tilde{g}_{ir}^2 + \boldsymbol{h}_{i1}^{T}\boldsymbol{E}_{i1} + \lambda_{\min}\left(\boldsymbol{K}_{i1}\right)\left\|\tilde{\boldsymbol{\varXi}}_{iu}\right\|^2 \\ &\quad + \lambda_{\min}\left(\boldsymbol{K}_{i1}\right)\left\|\tilde{\boldsymbol{\varXi}}_{ir}\right\|^2 + \lambda_{\min}\left(\boldsymbol{K}_{i1}\right)\tilde{g}_{iu}^2 + \lambda_{\min}\left(\boldsymbol{K}_{i1}\right)\tilde{g}_{ir}^2\Big] \\ &\leqslant \sum_{i=1}^{N}\left[-\lambda_{\min}\left(\boldsymbol{K}_{i1}\right)\left\|\boldsymbol{E}_{i2}\right\|^2 + \left\|\boldsymbol{h}_{i2}\right\|\left\|\boldsymbol{E}_{i2}\right\|\right]\end{aligned} \tag{7.45}$$

式中，$\boldsymbol{E}_{i1} = \left[\tilde{U}_i, \tilde{r}_i\right]^{\mathrm{T}}$；$\boldsymbol{E}_{i2} = \left[\tilde{U}_i, \tilde{r}_i, \left\|\tilde{\boldsymbol{\varXi}}_{iu}\right\|, \left\|\tilde{\boldsymbol{\varXi}}_{ir}\right\|, \left|\tilde{g}_{iu}\right|, \left|\tilde{g}_{ir}\right|\right]^{\mathrm{T}}$；$\boldsymbol{h}_{i1} = \left[-\delta_{iu}, -\delta_{ir}\right]^{\mathrm{T}}$；$\boldsymbol{h}_{i2} = \left[\left|\delta_{iu}\right|, \left|\delta_{ir}\right|, \lambda_{\min}\left(\boldsymbol{K}_1\right)\left\|\tilde{\boldsymbol{\varXi}}_{iu}\right\|, \lambda_{\min}\left(\boldsymbol{K}_1\right)\left\|\tilde{\boldsymbol{\varXi}}_{ir}\right\|, \lambda_{\min}\left(\boldsymbol{K}_1\right)\left|\tilde{g}_{iu}\right|, \lambda_{\min}\left(\boldsymbol{K}_1\right)\left|\tilde{g}_{ir}\right|\right]^{\mathrm{T}}$；$\boldsymbol{K}_{i1} = \mathrm{diag}\{\kappa_{iU} + a_{iU}, \kappa_{ir} + a_{ir}\}$。

由

$$\left\|\boldsymbol{E}_{i2}\right\| \geqslant \frac{\left|\delta_{iu}\right|}{\bar{\theta}_{i1}\lambda_{\min}\left(\boldsymbol{K}_{i1}\right)}+\frac{\left|\delta_{ir}\right|}{\bar{\theta}_{i1}\lambda_{\min}\left(\boldsymbol{K}_{i1}\right)}+\frac{\left\|\tilde{\boldsymbol{\varXi}}_{iu}\right\|}{\bar{\theta}_{i1}}+\frac{\left\|\tilde{\boldsymbol{\varXi}}_{ir}\right\|}{\bar{\theta}_{i1}}+\frac{\left|\tilde{g}_{iu}\right|}{\bar{\theta}_{i1}}+\frac{\left|\tilde{g}_{ir}\right|}{\bar{\theta}_{i1}}$$
$$\geqslant \frac{\left\|\boldsymbol{h}_{i2}\right\|}{\bar{\theta}_{i1}\lambda_{\min}\left(\boldsymbol{K}_{i1}\right)} \tag{7.46}$$

可以得到

$$\dot{V}_1 \leqslant -\sum_{i=1}^{N}\left(1-\bar{\theta}_{i1}\right)\lambda_{\min}\left(\boldsymbol{K}_{i1}\right)\left\|\boldsymbol{E}_{i1}\right\|^2 \tag{7.47}$$

式中，$0<\bar{\theta}_{i1}<1$。所以子系统 $\varSigma_1$ 是输入-状态稳定的。

选择

$$\begin{cases}\kappa_{ip1}(s)=\dfrac{\lambda_{\min}\left(\boldsymbol{P}_{io}\right)}{2}s^2\\ \kappa_{ip2}(s)=\dfrac{\lambda_{\max}\left(\boldsymbol{P}_{io}\right)}{2}s^2\end{cases} \tag{7.48}$$

式中，$\boldsymbol{P}_{io}=\operatorname{diag}\left\{1,\varGamma_{iu}^{-1},\varGamma_{ir}^{-1},\varGamma_{i\omega u}^{-1},\varGamma_{i\omega r}^{-1}\right\}$，可以得到

$$\left\|\boldsymbol{E}_{i2}(t)\right\| \leqslant \sqrt{\frac{\lambda_{\max}\left(\boldsymbol{P}_{io}\right)}{\lambda_{\min}\left(\boldsymbol{P}_{io}\right)}}\max\left\{\left\|\boldsymbol{E}_{i2}\left(t_0\right)\right\|\mathrm{e}^{-\gamma_{1i}\left(t-t_0\right)},\frac{\left\|\boldsymbol{h}_{i2}\right\|}{\bar{\theta}_{i1}\lambda_{\min}\left(\boldsymbol{K}_{i1}\right)}\right\},\ \forall t\geqslant t_0 \tag{7.49}$$

■

以下引理给出子系统 $\varSigma_2$ 的稳定性。

引理 7.2 制导与控制闭环子系统 $\varSigma_2$ 可以看作一个状态为 $\bar{\boldsymbol{z}}_i,\omega,z_{iU},z_{ir}$、输入为 $\tilde{U}_i,\tilde{r}_i,\boldsymbol{l}_i$ 的系统，该系统在避碰和避障范围以外是输入-状态稳定的。

证明 考虑以下备选李雅普诺夫函数

$$V_2=\frac{1}{2}\sum_{i=1}^{N}\left(\bar{\boldsymbol{z}}_i^{\mathrm{T}}\bar{\boldsymbol{z}}_i+d_i\sum_{j\in\mathcal{N}_i^c}V_{ij}^c+d_i\sum_{j\in\mathcal{N}_i^o}V_{ik}^o+d_i\sum_{j\in\mathcal{N}_i^m}V_{ij}^m+z_{iU}^2+z_{ir}^2\right)+\frac{\omega^2}{2\lambda\mu} \tag{7.50}$$

式中，$\mathcal{N}_i^c$ 表示与无人艇 s_i 避碰的邻船集合；$\mathcal{N}_i^o$ 表示无人艇 s_i 躲避的障碍物集合；$\mathcal{N}_i^m$ 表示无人艇 s_i 连通的邻船集合。对 V_2 求导并代入式（7.43）可得

$$\dot{V}_2=\sum_{i=1}^{M}\Big[-\boldsymbol{q}_i^T\boldsymbol{K}_i'\boldsymbol{q}_i-a_{iU}z_{iU}^2-a_{ir}z_{ir}^2-\kappa_{iU}z_{iU}\tilde{U}_i-\kappa_{ir}z_{ir}\tilde{r}$$
$$+\boldsymbol{q}_i^{\mathrm{T}}\boldsymbol{B}_i\left(\boldsymbol{l}_i-\boldsymbol{E}_{i1}\right)+\bar{\boldsymbol{z}}_{if}^{\mathrm{T}}\bar{\boldsymbol{v}}_i\Big]-\frac{\omega^2}{\mu} \tag{7.51}$$

式中，$\boldsymbol{K}_i'=\boldsymbol{K}_i/\varPi_i$；$\bar{\boldsymbol{v}}_i=\sum_{j\in\bar{N}_i}a_{ij}\left(\dot{\boldsymbol{p}}_j+\dot{\boldsymbol{p}}_{ijd}\right)-\boldsymbol{R}_i(\psi_i)\left[0,\delta_0\left(r_i+\beta_{id}\right)\right]^{\mathrm{T}}$。

对式（7.51）进行放缩变换可以得到

$$\dot{V}_2 \leqslant \sum_{i=1}^{N}\Big[-\lambda_{\min}\left(\boldsymbol{K}_i'\right)\|\boldsymbol{q}_i\|^2-\left(a_{iU}+a_{ir}\right)\|\boldsymbol{z}_{iUr}\|^2+\|\boldsymbol{z}_{if}\|\|\overline{\boldsymbol{v}}_i\|+\left(\kappa_{iU}+\kappa_{ir}\right)\|\boldsymbol{E}_{i2}\|\|\boldsymbol{z}_{iUr}\| \\ +\left(\|\boldsymbol{l}_i\|+\|\boldsymbol{E}_{i2}\|\|\boldsymbol{B}_i\|\|\boldsymbol{q}_i\|\right)\Big]-\frac{\omega^2}{\mu} \tag{7.52}$$

式中，$\boldsymbol{z}_{iUr}=\left[z_{iU},z_{ir}\right]^{\mathrm{T}}$。

令 $\boldsymbol{q}=\left[\boldsymbol{q}_1^{\mathrm{T}},\boldsymbol{q}_2^{\mathrm{T}},\cdots,\boldsymbol{q}_N^{\mathrm{T}}\right]^{\mathrm{T}}$，$\overline{\boldsymbol{z}}=\left[\overline{\boldsymbol{z}}_1^{\mathrm{T}},\overline{\boldsymbol{z}}_2^{\mathrm{T}},\cdots,\overline{\boldsymbol{z}}_N^{\mathrm{T}}\right]^{\mathrm{T}}$，$\boldsymbol{z}_{Ur}=\left[\boldsymbol{z}_{1Ur}^{\mathrm{T}},\boldsymbol{z}_{2Ur}^{\mathrm{T}},\cdots,\boldsymbol{z}_{NUr}^{\mathrm{T}}\right]^{\mathrm{T}}$，$\boldsymbol{E}_3=\left[\overline{\boldsymbol{z}}^{\mathrm{T}},\boldsymbol{z}_{Ur}^{\mathrm{T}},\omega\right]^{\mathrm{T}}$，$c=\min\limits_{i=1,2,\cdots,N}\left(\lambda_{\min}\left(\boldsymbol{K}_i'\right),a_{iU}+a_{ir},1/\mu\right)$。在避障范围以外，即 $\overline{R}<\|\boldsymbol{p}_{ij}\|<\overline{R}_m$ 时，有

$$\frac{\partial V_{ij}^c}{\partial \boldsymbol{p}_i}=\frac{\partial V_{ij}^o}{\partial \boldsymbol{p}_i}=\frac{\partial V_{im}^o}{\partial \boldsymbol{p}_i}=0 \tag{7.53}$$

所以，$\boldsymbol{q}_i=\overline{\boldsymbol{z}}_i$ 且式（7.52）可以写作

$$\begin{aligned}\dot{V}_2 &\leqslant -c\|\boldsymbol{E}_3\|^2+\|\boldsymbol{E}_3\|\sum_{i=1}^{N}2\hbar_i\left(\|\boldsymbol{E}_{i2}\|+\|\boldsymbol{l}_i\|\right)\\ &\leqslant -c\left(1-\overline{\theta}_2\right)\|\boldsymbol{E}_3\|-\left[c\overline{\theta}_2\|\boldsymbol{E}_3\|^2-\|\boldsymbol{E}_3\|\sum_{i=1}^{N}2\hbar_i\left(\|\boldsymbol{E}_{i2}\|+\|\boldsymbol{l}_i\|\right)\right]\end{aligned} \tag{7.54}$$

式中，$\hbar_i=\max\limits_{i=1,\cdots,N}\left\{\kappa_{iU}+\kappa_{ir},\|\boldsymbol{B}_i\|\right\}$。

由

$$\|\boldsymbol{E}_3\|\geqslant\frac{\sum\limits_{i=1}^{N}2\hbar_i\left(\|\boldsymbol{E}_{i2}\|+\|\boldsymbol{s}_i\|\right)}{c\overline{\theta}_2} \tag{7.55}$$

可得

$$\dot{V}_2\leqslant -c\left(1-\overline{\theta}_2\right)\|\boldsymbol{E}_3\|^2 \tag{7.56}$$

综上可以得出结论，子系统 $\varSigma_2$ 是输入-状态稳定的。选择

$$\begin{cases}\kappa_{p3}(s)=\dfrac{\lambda_{\min}\left(\boldsymbol{P}_c\right)}{2}s^2\\ \kappa_{p4}(s)=\dfrac{\lambda_{\max}\left(\boldsymbol{P}_c\right)}{2}s^2\end{cases} \tag{7.57}$$

式中，$\boldsymbol{P}_c=\mathrm{diag}\left\{1,d_i,1/(\lambda\mu)\right\}$，可以得到

$$\|\boldsymbol{E}_3(t)\|\leqslant\sqrt{\frac{\lambda_{\max}\left(\boldsymbol{P}_c\right)}{\lambda_{\min}\left(\boldsymbol{P}_c\right)}}\max\left\{\|\boldsymbol{E}_3(t_0)\|\mathrm{e}^{-\gamma_{2i}(t-t_0)},\sum_{i=1}^{N}\frac{2\hbar_i\left(\|\boldsymbol{E}_{i2}\|+\|\boldsymbol{l}_i\|\right)}{c\overline{\theta}^2}\right\},\ \forall t\geqslant t_0 \tag{7.58}$$

式中，$\gamma_{2i}=2c\left(1-\overline{\theta}_2\right)/\lambda_{\max}\left(\boldsymbol{P}_c\right)$。■

最后，以下定理给出无人艇系统稳定性结论。

定理 7.1 由无人艇的运动学方程（7.4）、动力学方程（7.2）、分布式时变编队避碰制导律（7.26）、路径参数更新律（7.27）、参考模型（7.31）、模糊预估器（7.34）、自适应更新律（7.35）和动力学控制律（7.39）组成的闭环系统是输入-状态稳定的。如果假设 7.1 成立，则能够实现具有避碰和连通保持的路径导引编队包围控制，且闭环系统中的所有信号是一致最终有界的。

证明 首先，证明闭环系统在避碰和避障范围之外的稳定性。利用级联系统稳定性，由引理 7.1 和引理 7.2 可知，由子系统 Σ_1 和子系统 Σ_2 级联而成的闭环系统是输入-状态稳定的。

由式（7.31）可知，存在一个正常数 $\bar{l}_i$，使得

$$\|\boldsymbol{l}_i\| \leqslant \bar{l}_i \tag{7.59}$$

由式（7.49）和式（7.58）可以得到

$$\|\boldsymbol{E}_3(t)\| \leqslant \sqrt{\frac{\lambda_{\max}(\boldsymbol{P}_c)}{\lambda_{\min}(\boldsymbol{P}_c)}\sum_{i=1}^{N}\sqrt{\frac{\lambda_{\max}(\boldsymbol{P}_{io})}{\lambda_{\min}(\boldsymbol{P}_{io})}}\frac{2\hbar_i\|\boldsymbol{h}_{i2}\|}{c\bar{\theta}_{i1}\bar{\theta}_2\lambda_{\min}(\boldsymbol{K}_{i1})}+\frac{2\bar{l}_i}{c\bar{\theta}_2}} \tag{7.60}$$

令 $\boldsymbol{e}_i=\boldsymbol{p}_i-\boldsymbol{p}_{id}-\boldsymbol{p}_0$，$\boldsymbol{e}=\left[\boldsymbol{e}_1^{\mathrm{T}},\boldsymbol{e}_2^{\mathrm{T}},\cdots,\boldsymbol{e}_N^{\mathrm{T}}\right]^{\mathrm{T}}$，$\boldsymbol{R}=\mathrm{diag}\left\{\boldsymbol{R}_1^{\mathrm{T}}(\psi_1),\boldsymbol{R}_2^{\mathrm{T}}(\psi_2),\cdots,\boldsymbol{R}_N^{\mathrm{T}}(\psi_N)\right\}$，$\boldsymbol{H}=\boldsymbol{D}-\boldsymbol{A}$，$\bar{\boldsymbol{\delta}}=\boldsymbol{1}_N\otimes\bar{\boldsymbol{\delta}}_0$，则有 $\bar{\boldsymbol{z}}=\boldsymbol{z}-\bar{\boldsymbol{\delta}}=\boldsymbol{R}(\boldsymbol{H}\otimes\boldsymbol{I}_2)\boldsymbol{e}-\bar{\boldsymbol{\delta}}$，其中 $\boldsymbol{z}=\left[\boldsymbol{z}_1^{\mathrm{T}},\boldsymbol{z}_2^{\mathrm{T}},\cdots,\boldsymbol{z}_N^{\mathrm{T}}\right]^{\mathrm{T}}$。在假设 7.1 成立的条件下，$\boldsymbol{H}$ 是满秩的，可得

$$\|\boldsymbol{e}\| \leqslant \frac{\|\bar{\boldsymbol{z}}+\bar{\boldsymbol{\delta}}\|}{\lambda_{\min}(\boldsymbol{H})} \leqslant \frac{\|\boldsymbol{E}_3\|+\|\bar{\boldsymbol{\delta}}\|}{\lambda_{\min}(\boldsymbol{H})} \tag{7.61}$$

所以，

$$\|\boldsymbol{e}(t)\| \leqslant \frac{1}{\lambda_{\min}(\boldsymbol{H})}\left\{\sqrt{\frac{\lambda_{\max}(P_c)}{\lambda_{\min}(P_c)}\sum_{i=1}^{M}\left[\sqrt{\frac{\lambda_{\max}(P_{io})}{\lambda_{\min}(P_{io})}}\frac{2\hbar_i\|\boldsymbol{h}_{i2}\|}{c\bar{\theta}_{i1}\bar{\theta}_2\lambda_{\min}(\boldsymbol{K}_{i1})}+\frac{2\bar{l}_i}{c\bar{\theta}_2}\right]}+\|\bar{\boldsymbol{\delta}}\|\right\} \tag{7.62}$$

即式（7.6）成立。由于 ω 是有界的，所以存在 δ_2 使得式（7.8）成立。也就是说满足几何任务（7.6）和速度跟踪任务（7.8）。下一步，分析无人艇在避碰范围内，即 $\underline{R}<\|\boldsymbol{p}_{ij}\|\leqslant\bar{R}$ 或者 $\underline{R}_m\leqslant\|\boldsymbol{p}_{ij}\|<\bar{R}_m$ 时编队包围控制系统的稳定性。

令 $\boldsymbol{z}_{Ur}^{\mathrm{T}}=\left[\boldsymbol{z}_{1Ur}^{\mathrm{T}},\boldsymbol{z}_{2Ur}^{\mathrm{T}},\cdots,\boldsymbol{z}_{NUr}^{\mathrm{T}}\right]^{\mathrm{T}}$，$\boldsymbol{E}_4=\left[\boldsymbol{q}^{\mathrm{T}},\boldsymbol{z}_{Ur}^{\mathrm{T}},\omega\right]^{\mathrm{T}}$，则由式（7.52）可以得到

$$\begin{aligned}
\dot{V}_2 \leqslant& \sum_{i=1}^{M}\Big[-\lambda_{\min}(\boldsymbol{K}_i')\|\boldsymbol{q}_i\|^2-(a_{iU}+a_{ir})\|\boldsymbol{z}_{iUr}\|^2+\|\boldsymbol{z}_{if}\|\|\bar{\boldsymbol{v}}_i\|+(\kappa_{iU}+\kappa_{ir})\|\boldsymbol{E}_{i2}\|\|\boldsymbol{z}_{iUr}\| \\
&+\left(\|\boldsymbol{l}_i\|+\|\boldsymbol{E}_{i2}\|\right)\|\boldsymbol{B}_i\|\|\boldsymbol{q}_i\|\Big]-\frac{\omega^2}{\mu} \\
\leqslant& -c\|\boldsymbol{E}_4\|^2+\|\boldsymbol{E}_4\|\sum_{i=1}^{M}\left[2\hbar\left(\|\boldsymbol{E}_{i2}\|+\|\boldsymbol{l}_i\|\right)+\|\bar{\boldsymbol{v}}_i\|\right] \\
\leqslant& -c(1-\bar{\theta}_3)\|\boldsymbol{E}_4\|^2-\left\{-c\bar{\theta}_3\|\boldsymbol{E}_4\|^2+\|\boldsymbol{E}_4\|\sum_{i=1}^{M}\left[2\hbar\left(\|\boldsymbol{E}_{i2}\|+\|\boldsymbol{l}_i\|\right)+\|\bar{\boldsymbol{v}}_i\|\right]\right\}
\end{aligned} \tag{7.63}$$

由

$$\|\boldsymbol{E}_4\| \geqslant \frac{\sum_{i=1}^{M}\left[2\hbar\left(\|\boldsymbol{E}_{i2}\|+\|\boldsymbol{l}_i\|\right)+\|\overline{\boldsymbol{v}}_i\|\right]}{c\overline{\theta}_3} \tag{7.64}$$

可得

$$\dot{V}_2 \leqslant -c\left(1-\overline{\theta}_3\right)\|\boldsymbol{E}_4\|^2 \tag{7.65}$$

由于 $\boldsymbol{E}_{i2}$, $\boldsymbol{l}_i$ 和 $\overline{\boldsymbol{v}}_i$ 都是有界的，所以 $\boldsymbol{E}_4$ 中的所有信号都是有界的。当无人艇在避碰范围内时，V_2 是非增的，且当 $\|\boldsymbol{p}_{ij}\| = \underline{R}$ 时，有 $V_{ij}^c = \infty$；当 $\|\boldsymbol{p}_{ij}\| = \underline{R}_o$ 时，有 $V_{ij}^o = \infty$；当 $\|\boldsymbol{p}_{ij}\| = \underline{R}_m$ 时，有 $V_{ij}^m = \infty$。无人艇之间没有碰撞，可以躲避静态障碍物，并且保持通信网络的连通性，即实现了避碰避障任务（7.9）和连贯保持任务（7.10）。■

7.4 仿 真 验 证

本节对所提协同编队包围控制器进行了仿真验证，证明所提方法在连通保持和障碍物约束下的有效性。考虑由五艘无人艇组成的多无人艇系统，无人艇动态方程满足式（7.1）和式（7.2）。参数化路径设置为 $\boldsymbol{p}_0(\theta) = [0.06\theta+2, 0.06\theta+2]^{\mathrm{T}}$。无人艇的模型采用文献[119]中 Cybership II 型无人艇的模型参数。环境扰动建模为一阶高斯-马尔可夫过程 $\dot{\boldsymbol{\tau}}_{id} + 0.5\boldsymbol{\tau}_{id} = \boldsymbol{w}_i$，其中 $\boldsymbol{\tau}_{id} = [\tau_{idu}, \tau_{idv}, \tau_{idr}]^{\mathrm{T}} \in \mathbb{R}^3$ 为环境扰动力矩向量，$\boldsymbol{w}_i \in \mathbb{R}^3$ 为白噪声向量。无人艇初始位置分别为 $\boldsymbol{p}_1 = [1.8, 1.8]^{\mathrm{T}}$，$\boldsymbol{p}_2 = [2, 6]^{\mathrm{T}}$，$\boldsymbol{p}_3 = [2, -2]^{\mathrm{T}}$，$\boldsymbol{p}_4 = [2, 9]^{\mathrm{T}}$，$\boldsymbol{p}_5 = [2, -5]^{\mathrm{T}}$。协同包围运动的编队参数设置为 $[\rho_{1d}, \rho_{2d}, \rho_{3d}, \rho_{4d}, \rho_{5d}]^{\mathrm{T}} = [0, 5, 5, 10, 10]^{\mathrm{T}}$，$[\phi_{10}, \phi_{20}, \phi_{30}, \phi_{40}, \phi_{50}]^{\mathrm{T}} = [0, 0, \pi, 0, \pi]^{\mathrm{T}}$，$\omega_{is} = 1/16$。控制参数如表 7.1 所示，惯性参数变化如下

$$m_{iu} = \{12.9\mathrm{kg}, 25.8\mathrm{kg}, 38.7\mathrm{kg}, 51.6\mathrm{kg}, 64.5\mathrm{kg}\}$$

$$m_{ir} = \{1.38\mathrm{kg}\cdot\mathrm{m}^2, 2.76\mathrm{kg}\cdot\mathrm{m}^2, 4.14\mathrm{kg}\cdot\mathrm{m}^2, 5.52\mathrm{kg}\cdot\mathrm{m}^2, 6.90\mathrm{kg}\cdot\mathrm{m}^2\}$$

通过改变惯性参数验证在相同控制参数、不同输入增益下的控制性能。

表 7.1　单路径导引协同包围控制参数

参数名称	参数符号	参数值
制导律参数	$\boldsymbol{K}_i$	diag{0.1, 0.1}
无人艇最大与最小通信半径	$(\overline{R}_m, \underline{R}_m)$	(10m, 7.5m)
无人艇检测半径	$(\overline{R}, \overline{R}_o)$	(4.5m, 2m)
无人艇避碰半径	$(\underline{R}, \underline{R}_o)$	(2m, 10m)
自适应参数	$(\Gamma_{iU}, \Gamma_{ir}, \Gamma_{i\omega U}, \Gamma_{i\omega r})$	(50, 50, 20, 20)
控制律参数	(a_{iU}, a_{ir})	(5, 5)
更新律设计参数	(λ, μ)	(10, 10)
其他设计参数	(ϵ_i, δ_0)	(0.01, 0.1)

仿真结果如图 7.3～图 7.11 所示。图 7.3 给出了无人艇的编队包围轨迹，可以看出五艘无人艇形成了圆形的轨迹，同时避开了静态障碍物，且无人艇之间没有碰撞。图 7.4 给出了所提方法的避碰和避障效果，控制方法实现了避障任务和连通保持任务。在 300～600s 时，由于静态障碍物激活了避障的势能函数，邻居无人艇之间的实际距离小于预先设置的距离。图 7.5 给出了五艘无人艇的时变编队跟踪误差，在无人艇不进行避碰时，误差能够收敛至原点的领域内。图 7.6 给出五艘无人艇的纵荡速度和艏摇角速度的仿真结果。图 7.7 给出动力学控制器输出的五艘无人艇的纵向推力及艏摇力矩的仿真结果。图 7.8 和图 7.9 分别给出了在不同的输入增益 g_{iu} 和 g_{ir} 下合速度和艏摇角速度的跟踪效果，合速度和角速度的跟踪误差都收敛到原点的领域，与 g_{iu} 和 g_{ir} 的变化无关。图 7.10 和图 7.11 分别给出了 g_{iu} 和 g_{ir} 的估计效果，它们经过短暂的瞬态学习后达到恒定值。

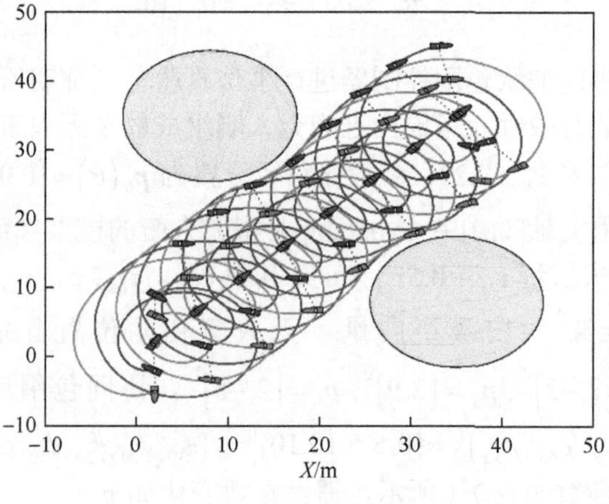

图 7.3　无人艇编队包围轨迹

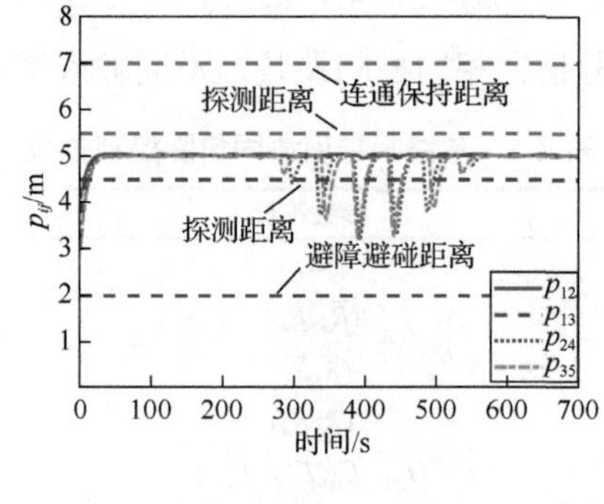

图 7.4　避碰和避障效果

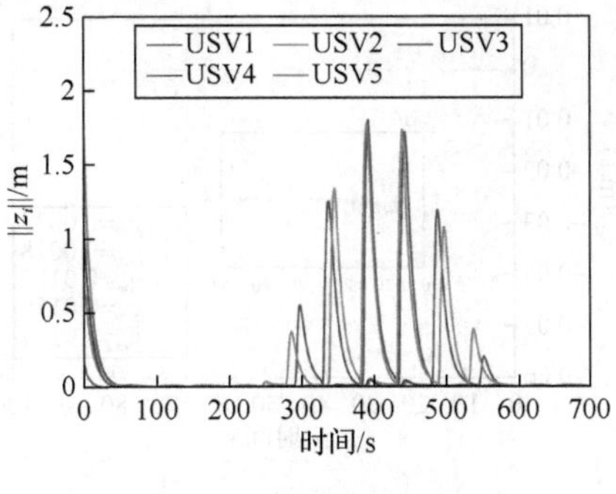

图 7.5　编队跟踪误差

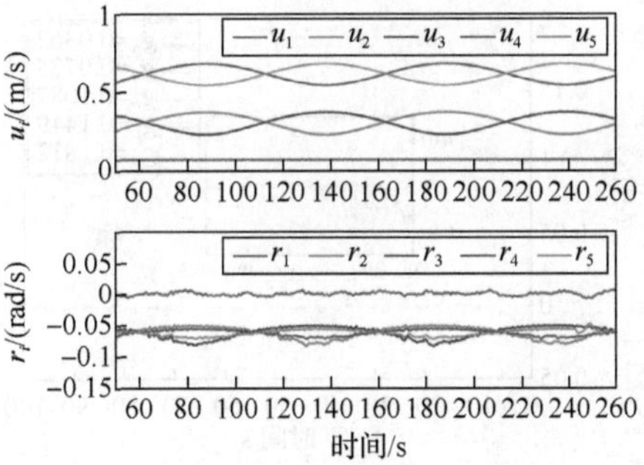

图 7.6　无人艇纵荡速度和艏摇角速度

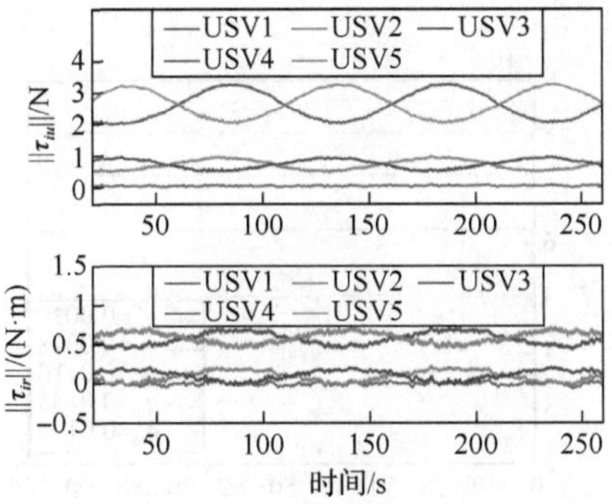

图 7.7　无人艇控制推力和力矩

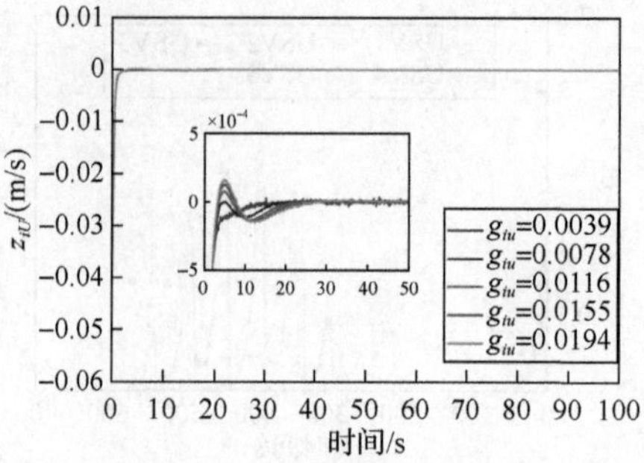

图 7.8　合速度的跟踪效果

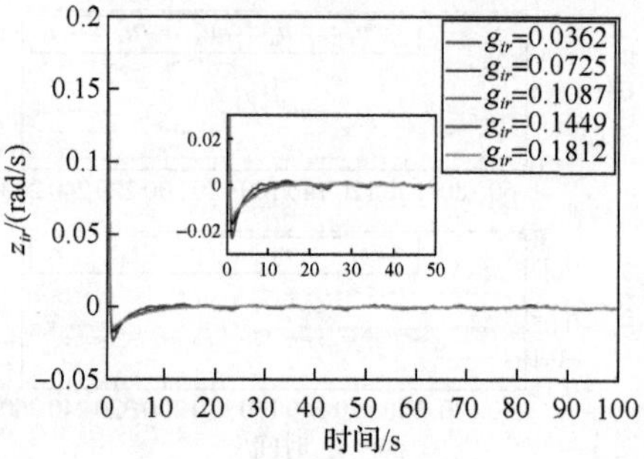

图 7.9　艏摇角速度的跟踪效果

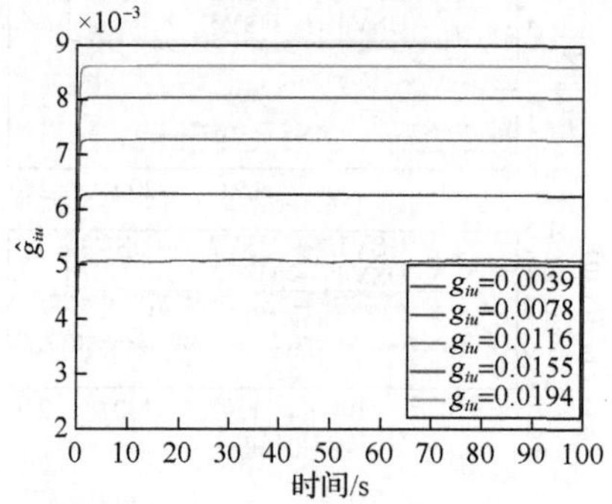

图 7.10　不同 g_{iu} 下的估计效果

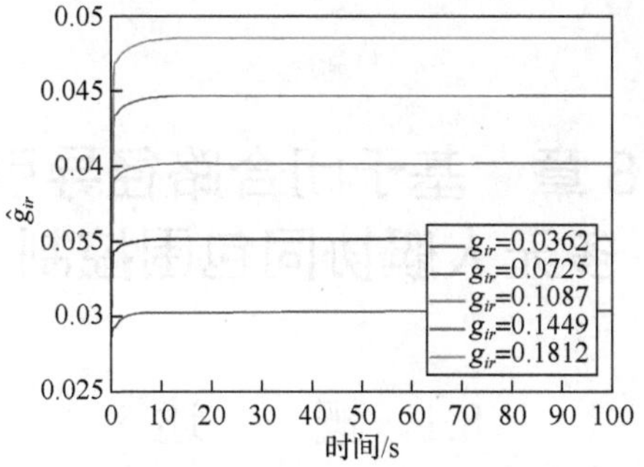

图 7.11 不同 g_{ir} 下的估计效果

7.5 本章小结

本章主要研究了模型不确定性和输入增益未知下无人艇的路径导引协同包围控制问题，提出了一种具有避碰避障和保持连通功能的编队包围控制方法。在运动学层面设计了一种基于一致性方法、路径跟踪设计、人工势能函数和辅助变量方法的分布式制导控制律；动力学层面，在间接模型参考自适应控制的基础上设计了自适应动力学控制律，利用模糊逻辑系统逼近未知的输入增益、模型不确定性和海洋扰动。采用级联系统稳定性分析，证明了协同包围估计与控制闭环系统是输入-状态稳定的，系统误差信号是一致最终有界的。仿真结果验证了在输入增益未知的情况下所提的编队协同包围控制器的有效性。

第 8 章　基于闭合路径导引的多无人艇协同包围控制

8.1　概　　述

当包围轨道固定不变时，多无人艇协同包围运动可以视为对闭曲线路径的跟踪问题。目前针对这一控制问题，已经取得了一些进展[193-196]。文献[193]研究了多机器人在多闭曲线上的跟踪问题，通过采用弧长一致性方法取得了同步编队队形。文献[194]针对三维环境中、时变参考速度下闭曲线上的跟踪问题，结合速度观测器与一致性控制方法，设计了非完整机器人编队控制器。文献[195]研究了全驱动水面船在闭曲线上的自适应编队问题，并实现了船舶姿态的同步控制。文献[196]研究了时不变流场干扰下的机器人编队问题，设计了鲁棒自适应编队控制器。然而，这些研究结果都是针对多机器人跟踪多条闭曲线的情况[193-196]，而在协同包围控制中通常需要在同一轨道上实现协同控制。

另外，现有多无人艇协同路径跟踪的研究[60,197,198]大多假设参考速度是全局已知的，但在实际应用中，可能因为带宽受限或安全性考虑，无法保证每艘艇都直接获得参考速度信息。在参考速度非全局已知的情况下，分布式观测器被应用于多无人系统的协同控制中[155,199,200]。文献[155]研究了变拓扑通信结构下的多无人系统一致性控制问题，提出了一种基于邻居信息的状态观测器和控制器。文献[199]提出了一个基于领导跟随策略的协同控制器，采用分布式观测器观测领导者的状态信息。文献[200]研究了时变通信延迟下的协同控制问题，并采用分布式观测器估计虚拟领导者的速度。

受到以上结果的启发，本章针对固定环绕轨道下无人艇集群的协同包围问题，结合视距制导与参数循环跟踪方法，提出了基于闭合路径导引的协同包围控制方法，使得路径参数均匀地分散在闭曲线上，实现了无人艇集群在闭曲线上对称的协同包围。进一步，将所提方法拓展到参考速度非全局已知和侧滑未知的情形下，设计了分布式速度观测器估计给定参考速度，克服了对参考速度全局已知的依赖；建立了扩张状态观测器，补偿了侧滑的影响。应用级联系统稳定性分析方法，证明了闭环系统是输入-状态稳定的。仿真和实验结果验证了所提协同包围控制方法的有效性。

8.2 问 题 描 述

考虑由 N 艘欠驱动无人艇组成的多无人艇系统（$N \in \mathbb{N}^+$），如图 8.1 所示，s_i 代表第 i 艘无人艇，$i = 1, 2, \cdots, N$。

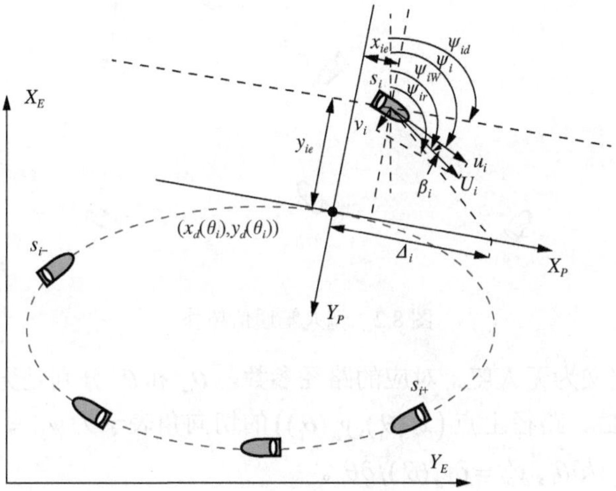

图 8.1　闭合路径导引的多无人艇协同包围

无人艇 s_i 的动态可以描述为以下运动学方程

$$\begin{cases} \dot{x}_i = u_i \cos\psi_i - v_i \sin\psi_i \\ \dot{y}_i = u_i \sin\psi_i + v_i \cos\psi_i \\ \dot{\psi}_i = r_i \end{cases} \tag{8.1}$$

式中符号定义与第 4 章相同。本节假设无人艇实际运动速度和实际运动方向可测，将无人艇运动学方程改写为

$$\begin{cases} \dot{x}_i = U_i \cos\psi_{iW} \\ \dot{y}_i = U_i \sin\psi_{iW} \\ \dot{\psi}_{iW} = r_i + \beta_{id} \end{cases} \tag{8.2}$$

式中，$U_i = \sqrt{u_i^2 + v_i^2} > 0$ 是船舶的实际运动速度；$\psi_{iW} = \psi_i + \beta_i$ 是无人艇实际航向角，$\beta_i = \operatorname{atan2}(v_i, u_i)$ 是侧滑角，且 $\beta_{id} = \dot{\beta}_i$。

给定一条闭曲线路径，参数化表示为

$$\begin{cases} x_d(\theta) = a\cos\theta + \mu b \sin\theta \\ y_d(\theta) = b\sin\theta \end{cases} \tag{8.3}$$

式中，$\theta \in \mathbb{R}$ 是路径参数；μ 是扭曲参数；$a \in \mathbb{R}^+$ 和 $b \in \mathbb{R}^+$ 是半轴长度，当 $a = b$

时表示圆形轨道，当$a \neq b$时表示椭圆轨道。

无人艇间形成环形的通信关系，每一艘无人艇都接收它前面一艘无人艇（记为s_{i-}）和后面一艘无人艇（记为s_{i+}）的路径参数信息。以五艘无人艇组成的编队系统为例，其通信拓扑如图 8.2 所示。

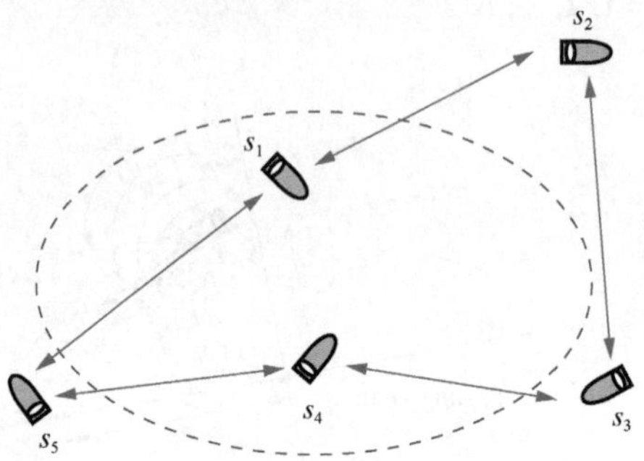

图 8.2　无人艇通信拓扑

将$\theta_i \in \mathbb{R}$定义为无人艇s_i对应的路径参数，θ_{i+}和θ_{i-}分别是无人艇s_{i+}和无人艇s_{i-}的路径参数。路径上点$\left(x_d(\theta_i), y_d(\theta_i)\right)$的切向角表示为$\psi_{id} = \operatorname{atan2}(y'_{id}, x'_{id})$，其中$x'_{id} = \partial x_d(\theta_i)/\partial\theta_i$，$y'_{id} = \partial y_d(\theta_i)/\partial\theta_i$。

对于位置为(x_i, y_i)的无人艇s_i，纵向跟踪误差与横向跟踪误差可在路径切向坐标系下表示为

$$\begin{bmatrix} x_{ie} \\ y_{ie} \end{bmatrix} = \begin{bmatrix} \cos\psi_{id} & -\sin\psi_{id} \\ \sin\psi_{id} & \cos\psi_{id} \end{bmatrix}^{\mathrm{T}} \begin{bmatrix} x_i - x_d(\theta_i) \\ y_i - y_d(\theta_i) \end{bmatrix} \tag{8.4}$$

对其求导，得到x_{ie}, y_{ie}和ψ_{iW}的动态方程

$$\begin{cases} \dot{x}_{ie} = U_i\cos(\psi_{iW} - \psi_{id}) + \dot{\psi}_{id}y_{ie} - u^*_{id}\dot{\theta}_i \\ \dot{y}_{ie} = U_i\sin(\psi_{iW} - \psi_{id}) - \dot{\psi}_{id}x_{ie} \\ \dot{\psi}_{iW} = r_i + \beta_{id} \end{cases} \tag{8.5}$$

式中，$u^*_{id} = \sqrt{x'^2_{id} + y'^2_{id}}$。

本章旨在针对由运动学方程（8.1）描述的欠驱动无人艇，设计制导纵荡速度和艏摇角速度，使其满足以下任务。

（1）路径跟踪任务：N艘无人艇跟踪一条闭曲线路径，即满足

$$\lim_{t\to\infty} |x_{ie}| \to 0, \lim_{t\to\infty} |y_{ie}| \to 0 \tag{8.6}$$

（2）参数协同任务：无人艇路径参数均匀分布，即满足

$$\lim_{t\to\infty}\left|\lceil \theta_{i+} - \theta_i \rceil_\pi - \lceil \theta_i - \theta_{i-} \rceil_\pi\right| \to 0 \tag{8.7}$$

式中，运算符$\lceil\cdot\rceil$的定义见第 3 章。

8.3　制导设计与分析

为了实现上述的路径跟踪任务（8.6）和参数协同任务（8.7），本节设计了一种协同包围控制系统，包括运动学控制器与动力学控制器，如图 8.3 所示。本节设计的是运动学控制器部分，包括个体制导律设计与基于邻居信息的协同更新律设计。其中个体制导律算出速度和角速度制导信号，使得无人艇跟踪给定的参考路径；协同更新律根据邻居的路径参数信息调整本船路径参数更新速度，从而实现路径参数的协同，得到理想的协同包围效果。本节的设计是基于运动学的，在动力学回路有如下假设。

假设 8.1　无人艇完美跟踪给定纵荡速度与艏摇角速度制导信号，即 $U_i = U_{ir}$，$r_i = r_{ir}$。

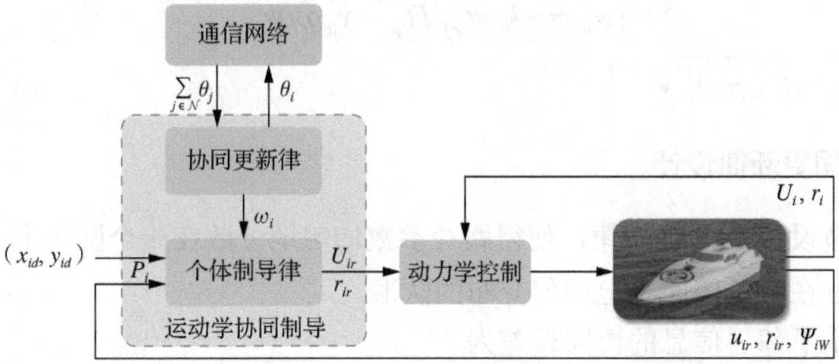

图 8.3　基于闭合路径导引的协同包围控制系统结构

8.3.1　个体制导律设计

首先基于视距制导方法设计个体无人艇的制导律，使得每艘无人艇都跟踪给定的闭曲线路径。定义

$$\begin{cases}\psi_{ie} = \psi_{iW} - \psi_{ir}\\ \dot{\theta}_i = v_s - \omega_i\end{cases} \tag{8.8}$$

式中，ψ_{ir} 是制导航向角；v_s 是参考速度；ω_i 是待设计的变量。根据式（8.5），可以将路径跟踪误差动态方程变为

$$\begin{cases}\dot{x}_{ie} = U_i - 2U_i\sin^2\left(\dfrac{\psi_{iW} - \psi_{id}}{2}\right) + \dot{\psi}_{id}y_{ie} - u_{id}^*(v_s - \omega_i)\\ \dot{y}_{ie} = U_i\sin(\psi_{ir} - \psi_{id}) + \varrho_i - \dot{\psi}_{id}x_{ie}\\ \dot{\psi}_{ie} = r_i + \beta_{id} - \dot{\psi}_{ir}\end{cases} \tag{8.9}$$

式中，$\varrho_i = U_i \sin(\psi_{iW} - \psi_{id}) - U_i \sin(\psi_{ir} - \psi_{id})$。则无人艇 s_i 的制导律设计如下

$$\begin{cases} U_{ir} = -k_{i1} x_{ie} / \Pi_{ix} + u_{id}^* v_s + 2U_i \sin^2\left(\dfrac{\psi_{iW} - \psi_{id}}{2}\right) \\ r_{ir} = -k_{i2} \psi_{ie} / \Pi_{i\psi} - \beta_{id} + \dot{\psi}_{ir} - y_{ie} \varrho_i / \psi_{ie} \end{cases} \tag{8.10}$$

且有

$$\psi_{ir} = \psi_{id} + \arctan\left(-\frac{y_{ie}}{\Delta_i}\right) \tag{8.11}$$

式中，$\Pi_{ix} = \sqrt{x_{ie}^2 + \Delta_{ix}^2}$；$\Pi_{i\psi} = \sqrt{\psi_{ie}^2 + \Delta_{i\psi}^2}$；$\Delta_{ix} \in \mathbb{R}^+$；$\Delta_{i\psi} \in \mathbb{R}^+$；$\Delta_i$ 是前视距离；$k_{i1} \in \mathbb{R}^+$ 和 $k_{i2} \in \mathbb{R}^+$ 是制导律参数。

将制导律（8.10）代入误差动态方程（8.9），得到误差动态方程

$$\begin{cases} \dot{x}_{ie} = -k_{i1} x_{ie} / \Pi_{ix} + u_{id}^* \omega_i + \dot{\psi}_{id} y_{ie} \\ \dot{y}_{ie} = -U_i y_{ie} / \Pi_{iy} + \varrho_i - \dot{\psi}_{id} x_{ie} \\ \dot{\psi}_{ie} = -k_{i2} \psi_{ie} / \Pi_{i\psi} - y_{ie} \varrho_i / \psi_{ie} \end{cases} \tag{8.12}$$

式中，$\Pi_{iy} = \sqrt{y_{ie}^2 + \Delta_i^2}$。

8.3.2　协同更新律设计

本小节设计 ω_i 的更新律，使得路径参数均匀地分散在一个圆周上，从而实现无人艇集群在一条闭曲线上均匀分布的队形。

定义基于邻居信息的协同误差为

$$e_i = \theta_{i+} - \theta_i + \varsigma_i \tag{8.13}$$

式中

$$\varsigma_i = \begin{cases} 0, & i+ \geqslant i \\ 2\pi, & i+ < i \end{cases} \tag{8.14}$$

设计 ω_i 的协同更新律如下

$$\omega_i = \mu_i (e_i - e_{i-}) - \mu_i u_{id}^* x_{ie} \tag{8.15}$$

式中，μ_i 是正数。定义 $\boldsymbol{e} = [e_1, e_2, \cdots, e_N]^{\mathrm{T}}$ 和 $\boldsymbol{\omega} = [\omega_1, \omega_2, \cdots, \omega_N]^{\mathrm{T}}$，则得到关于误差 $x_{ie}, y_{ie}, \psi_{ie}$ 和 $\boldsymbol{e}$ 的协同制导闭环系统

$$\begin{cases} \dot{x}_{ie} = -k_{i1} x_{ie} / \Pi_{ix} + u_{id}^* \omega_i + \dot{\psi}_{id} y_{ie} \\ \dot{y}_{ie} = -U_i y_{ie} / \Pi_{iy} + \varrho_i - \dot{\psi}_{id} x_{ie} \\ \dot{\psi}_{ie} = -k_{i2} \psi_{ie} / \Pi_{i\psi} - y_{ie} \varrho_i / \psi_{ie} \\ \dot{\boldsymbol{e}} = -\boldsymbol{L} \boldsymbol{\omega} \end{cases} \tag{8.16}$$

式中

$$\boldsymbol{L}=\begin{bmatrix} 1 & -1 & 0 & \cdots & 0 \\ 0 & 1 & -1 & \cdots & 0 \\ \vdots & \ddots & \ddots & \ddots & \vdots \\ 0 & \cdots & 0 & 1 & -1 \\ -1 & 0 & \cdots & 0 & 1 \end{bmatrix}_{N\times N} \tag{8.17}$$

8.3.3 稳定性分析

定义 $\boldsymbol{x}_e=[x_{1e},x_{2e},\cdots,x_{Ne}]^{\mathrm{T}}$，$\boldsymbol{y}_e=[y_{1e},y_{2e},\cdots,y_{Ne}]^{\mathrm{T}}$，$\boldsymbol{\psi}_e=[\psi_{1e},\psi_{2e},\cdots,\psi_{Ne}]^{\mathrm{T}}$。以下定理说明协同制导闭环系统（8.16）的稳定性。

定理 8.1　考虑无人艇运动方程(8.1),在满足假设 8.1 的条件下,制导律(8.10)和协同更新律（8.15）使得协同制导闭环系统（8.16）的平衡点 $(\boldsymbol{x}_e,\boldsymbol{y}_e,\boldsymbol{\psi}_e,\boldsymbol{L}^{\mathrm{T}}\boldsymbol{e})=(\boldsymbol{0},\boldsymbol{0},\boldsymbol{0},\boldsymbol{0})$ 是全局一致渐近稳定的。

证明　考虑以下备选李雅普诺夫函数

$$V_{i1}=\sum_{i=1}^{N}\left(\frac{1}{2}x_{ie}^2+\frac{1}{2}y_{ie}^2+\frac{1}{2}\psi_{ie}^2+\frac{1}{2}e_i^2\right) \tag{8.18}$$

对其求导，并将式（8.16）代入可得

$$\begin{aligned}\dot{V}_{i1}&\leqslant\sum_{i=1}^{N}\left(-k_{i1}x_{ie}^2/\varPi_{ix}+x_{ie}u_{id}^*\omega_i-U_iy_{ie}^2/\varPi_{iy}-k_{i2}\psi_{ie}^2/\varPi_{i\psi}\right)-\boldsymbol{e}^{\mathrm{T}}\boldsymbol{L}\boldsymbol{\omega}\\&\leqslant\sum_{i=1}^{N}\left(-k_{i1}x_{ie}^2/\varPi_{ix}-U_iy_{ie}^2/\varPi_{iy}-k_{i2}\psi_{ie}^2/\varPi_{i\psi}\right)-\lambda_{\min}(\boldsymbol{\mu})\|\boldsymbol{\vartheta}\|^2\end{aligned} \tag{8.19}$$

式中，$\boldsymbol{\mu}=\mathrm{diag}\{\mu_1,\mu_2,\cdots,\mu_N\}$；$\boldsymbol{\vartheta}=-\boldsymbol{L}^{\mathrm{T}}\boldsymbol{e}+\boldsymbol{u}_d^*\boldsymbol{x}_e$，$\boldsymbol{u}_d^*=\mathrm{diag}\{u_{1d}^*,u_{2d}^*,\cdots,u_{Nd}^*\}$。

由于 V_1 是连续可微径向无界的正定函数，且由式（8.19）可知 V_1 的导数是半负定的，因此闭环系统（8.16）是稳定的，也就是说 $\boldsymbol{z}=(\boldsymbol{x}_e,\boldsymbol{y}_e,\boldsymbol{\psi}_e,\boldsymbol{e})$ 是有界的。

为证明 $\boldsymbol{z}'=(\boldsymbol{x}_e,\boldsymbol{y}_e,\boldsymbol{\psi}_e,\boldsymbol{L}^{\mathrm{T}}\boldsymbol{e})$ 趋近于 0，需要分析 $\dot{V}_{i1}$ 等于 0 的点。定义 $\varOmega=\{\boldsymbol{z}\in\mathbb{R}^p:V_{i1}(\boldsymbol{z})\leqslant c\}$ 是 $V_{i1}(\boldsymbol{z})$ 的子集。由于 $\dot{V}_{i1}\leqslant 0$ 且 $\dot{V}_{i1}$ 径向无界，故 $\varOmega$ 是紧凑正不变集。令 $E=\{\boldsymbol{z}\in\varOmega:\dot{V}_{i1}(\boldsymbol{z})=0\}=\{\boldsymbol{z}\in\varOmega:\boldsymbol{x}_e=\boldsymbol{y}_e=\boldsymbol{\psi}_e=\boldsymbol{0}\wedge\boldsymbol{L}^{\mathrm{T}}\boldsymbol{e}=0\}$ 为 $\dot{V}_1$=0 的集合。根据定义，$\boldsymbol{x}_e\equiv 0$ 意味着 $\dot{\boldsymbol{x}}_e\equiv 0$，将它和 $\boldsymbol{y}_e\equiv 0$ 代入式（8.16）得到 $\boldsymbol{\omega}=0$。进而能够得到 $\dot{\boldsymbol{e}}=0$，也就是说 $\boldsymbol{e}$ 恒等一个常数。所以，集合 E 等价于集合 $M=\{\boldsymbol{z}\in\varOmega:\dot{V}_1(\boldsymbol{z})=0\}=\{\boldsymbol{z}\in\varOmega:\boldsymbol{z}'=\boldsymbol{0}\wedge\boldsymbol{e}=\boldsymbol{a}\}$，其中 a 是一个常值向量。根据拉萨尔不变集原理，得到当 $t\to\infty$，集合 $\varOmega$ 的任意解最终趋近于集合 M。所以，当 $t\to\infty$ 时 $\boldsymbol{z}'\to\boldsymbol{0}$。由于 $V_{i1}(\boldsymbol{z})$ 是径向无界的，所得稳定性结论是全局的。

由 $\boldsymbol{L}^{\mathrm{T}}\boldsymbol{e}\to 0$ 可得 $e_i-e_{i_-}\to 0$，从而 $e_1\to e_2\to\cdots\to e_N$。由于 $\boldsymbol{1}_N^{\mathrm{T}}\boldsymbol{e}=2\pi$，可得 $e_1\to e_2\to\cdots\to e_N\to 2\pi/N$。因此，路径参数均匀地分散在圆周上。■

8.4 未知全局参考速度下的制导设计与分析

8.3 节中的设计基于参考速度 v_s 全局已知的假设，而实际应用中由于受到通信带宽的影响或者出于安全问题的考虑，可能只有部分无人艇能够直接获得参考速度信息。因此，在本节中考虑参考速度非全局已知的情况，设计了分布式的观测器来估计虚拟领导者的速度信息。

8.4.1 分布式观测器设计

为了摆脱对全局已知参考速度的依赖，设计如下的分布式速度观测器

$$\dot{\hat{v}}_{is} = -g_{i1}\sum_{j=1}^{N} a_{ij}(\hat{v}_{is} - \hat{v}_{js}) - g_{i2}b_i(\hat{v}_{is} - v_s) \tag{8.20}$$

式中，g_{i1} 和 g_{i2} 是正数；b_i 表示第 i 艘无人艇与虚拟领导者之间的连接权重，即当 $b_i = 1$ 时第 i 艘无人艇与虚拟领导者间有通信，当 $b_i = 0$ 时没有通信，且至少有一个 b_i 是非零的。无人艇间的通信拓扑由图 $\mathcal{G}$ 表示，$\boldsymbol{\mathcal{L}}$ 是其拉普拉斯矩阵。那么，式(8.20)可以写作

$$\dot{\hat{\boldsymbol{v}}}_s = -\boldsymbol{H}\hat{\boldsymbol{v}}_s + \boldsymbol{G}_2\boldsymbol{\mathcal{B}}\boldsymbol{v}_s\boldsymbol{1}_N \tag{8.21}$$

式中，$\hat{\boldsymbol{v}}_s = [\hat{v}_{1s}, \hat{v}_{2s}, \cdots, \hat{v}_{Ns}]^{\mathrm{T}}$；$\boldsymbol{H} = \boldsymbol{G}_1\boldsymbol{\mathcal{L}} + \boldsymbol{G}_2\boldsymbol{\mathcal{B}}$，$\boldsymbol{G}_1 = \mathrm{diag}\{g_{11}, g_{21}, \cdots, g_{N1}\}$，$\boldsymbol{G}_2 = \mathrm{diag}\{g_{12}, g_{22}, \cdots, g_{N2}\}$，$\boldsymbol{\mathcal{B}} = \mathrm{diag}\{b_1, b_2, \cdots, b_N\}$。

定义观测误差 $\tilde{\boldsymbol{v}}_s = \hat{\boldsymbol{v}}_s - \boldsymbol{v}_0\boldsymbol{1}_N$，则有

$$\dot{\tilde{\boldsymbol{v}}}_s = -\boldsymbol{H}\tilde{\boldsymbol{v}}_s \tag{8.22}$$

8.4.2 协同制导律设计

无人艇 s_i 的制导律设计如下

$$\begin{cases} U_{ir} = -k_{i1}x_{ie}/\Pi_{ix} + u_{id}^{*}\hat{v}_{is} + 2U_i\sin^2\left(\dfrac{\psi_{iW} - \psi_{id}}{2}\right) \\ r_{ir} = -k_{i2}\psi_{ie}/\Pi_{i\psi} - \beta_{id} + \dot{\psi}_{ir} - y_{ie}\varrho_i/\psi_{ie} \end{cases} \tag{8.23}$$

且有

$$\psi_{ir} = \psi_{id} + \arctan\left(-\frac{y_{ie}}{\Delta_i}\right) \tag{8.24}$$

设计 ω_i 的协同更新律为

$$\omega_i = \mu_i(e_i - e_{i-}) - \mu_i u_{id}^{*} x_{ie} \tag{8.25}$$

最后得到关于误差 $\tilde{\boldsymbol{v}}_s, x_{ie}, y_{ie}, \psi_{ie}$ 和 $\boldsymbol{e}$ 的协同制导闭环系统。

$$\begin{cases} \dot{\tilde{\boldsymbol{v}}}_s = -\boldsymbol{H}\tilde{\boldsymbol{v}}_s \\ \dot{x}_{ie} = -k_{i1}x_{ie} / \Pi_{ix} + u_{id}^* \omega_i + \dot{\psi}_{id} y_{ie} \\ \dot{y}_{ie} = -U_i y_{ie} / \Pi_{iy} + \varrho_i - \dot{\psi}_{id} x_{ie} \\ \dot{\psi}_{ie} = -k_{i2}\psi_{ie} / \Pi_{i\psi} - y_{ie}\varrho_i / \psi_{ie} \\ \dot{\boldsymbol{e}} = -\boldsymbol{L}\boldsymbol{\omega} \end{cases} \tag{8.26}$$

8.4.3　稳定性分析

以下定理说明协同制导闭环系统（8.26）的稳定性。

定理 8.2　考虑无人艇运动方程（8.1），在满足假设 8.1 的条件下，分布式速度观测器（8.20）、制导律（8.23）、协同更新律（8.25）使得协同制导闭环系统（8.26）的平衡点 $(\boldsymbol{x}_e, \boldsymbol{y}_e, \boldsymbol{\psi}_e, \boldsymbol{L}^{\mathrm{T}}\boldsymbol{e}, \tilde{\boldsymbol{v}}_s) = (\boldsymbol{0},\boldsymbol{0},\boldsymbol{0},\boldsymbol{0},\boldsymbol{0})$ 是全局一致渐近稳定的。

证明　考虑以下备选李雅普诺夫函数

$$V_{i2} = \sum_{i=1}^{N}\left(\frac{1}{2}x_{ie}^2 + \frac{1}{2}y_{ie}^2 + \frac{1}{2}\psi_{ie}^2 + \frac{1}{2}e_i^2 + \frac{1}{2}\tilde{v}_{is}^2\right) \tag{8.27}$$

对其求导，并将式（8.26）代入可得

$$\begin{aligned} \dot{V}_{i2} &\leqslant \sum_{i=1}^{N}\left(-k_{i1}x_{ie}^2 / \Pi_{ix} + x_{ie}u_{id}^*\omega_i - U_i y_{ie}^2 / \Pi_{iy} - k_{i2}\psi_{ie}^2 / \Pi_{i\psi}\right) \\ &\quad - \boldsymbol{e}^{\mathrm{T}}\boldsymbol{L}\boldsymbol{\omega} - \lambda_{\min}(\boldsymbol{H}) \| \tilde{\boldsymbol{v}}_s \|^2 \\ &\leqslant \sum_{i=1}^{N}\left(-k_{i1}x_{ie}^2 / \Pi_{ix} - U_i y_{ie}^2 / \Pi_{iy} - k_{i2}\psi_{ie}^2 / \Pi_{i\psi}\right) \\ &\quad - \lambda_{\min}(\mu) \| \boldsymbol{\vartheta} \|^2 - \lambda_{\min}(\boldsymbol{H}) \| \tilde{\boldsymbol{v}}_s \|^2 \end{aligned} \tag{8.28}$$

与定理 8.1 类似，闭环控制系统关于其平衡点 $(\boldsymbol{x}_e, \boldsymbol{y}_e, \boldsymbol{\psi}_e, \boldsymbol{L}^{\mathrm{T}}\boldsymbol{e}, \tilde{\boldsymbol{v}}_s) = (\boldsymbol{0},\boldsymbol{0},\boldsymbol{0},\boldsymbol{0},\boldsymbol{0})$ 是全局一致渐近稳定的。 ■

8.5　未知侧滑下的制导设计与分析

上一节中的设计基于侧滑导数 β_{id} 已知的假设，实际应用中侧滑往往是未知的，为克服未知侧滑的影响，本节基于扩张状态观测器设计侧滑补偿方法，实现未知侧滑下闭合路径导引的包围运动。

8.5.1　扩张状态观测器设计

由于驱动无人艇横漂运动的能量是有限的，对侧滑角提出如下假设。

假设 8.2　无人艇的侧滑角度和其导数信号是有界的，即存在正数 $\bar{\beta}_d$ 和 $\bar{\beta}_d^{\mathrm{d}}$，

满足$|\beta_{id}| \leqslant \bar{\beta}_d$和$|\dot{\beta}_{id}| \leqslant \bar{\beta}_d^{\mathrm{d}}$。

为了对未知侧滑角β_{id}进行估计，建立扩张状态观测器如下

$$\begin{cases}\dot{\hat{\psi}}_{iW} = -\kappa_{i1}(\hat{\psi}_{iW} - \psi_{iW}) + \hat{\beta}_{id} + r_i \\ \dot{\hat{\beta}}_{id} = -\kappa_{i2}(\hat{\psi}_{iW} - \psi_{iW})\end{cases} \tag{8.29}$$

式中，κ_{i1}和κ_{i2}是正数。

定义$\tilde{\psi}_{iW} = \hat{\psi}_{iW} - \psi_{iW}$和$\tilde{\beta}_{id} = \hat{\beta}_{id} - \beta_{id}$，则根据式（8.2）和式（8.29），估计误差的动态方程为

$$\begin{cases}\dot{\tilde{\psi}}_{iW} = -\kappa_{i1}\tilde{\psi}_{iW} + \tilde{\beta}_{id} \\ \dot{\tilde{\beta}}_{id} = -\kappa_{i2}\tilde{\psi}_{iW} - \dot{\beta}_{id}\end{cases} \tag{8.30}$$

令$\tilde{\boldsymbol{\chi}}_i = [\tilde{\psi}_{iW}, \tilde{\beta}_{id}]^{\mathrm{T}}$，则式（8.30）可写成矩阵形式

$$\dot{\tilde{\boldsymbol{\chi}}}_i = \boldsymbol{A}_i\tilde{\boldsymbol{\chi}}_i - \boldsymbol{B}_i\dot{\beta}_{id} \tag{8.31}$$

式中

$$\boldsymbol{A}_i = \begin{bmatrix}-\kappa_{i1} & 1 \\ -\kappa_{i2} & 0\end{bmatrix},\ \boldsymbol{B}_i = \begin{bmatrix}0 \\ 1\end{bmatrix} \tag{8.32}$$

这里$\boldsymbol{A}_i$是一个赫尔维茨矩阵，即存在正定矩阵满足

$$\boldsymbol{A}_i^{\mathrm{T}}\boldsymbol{P}_i + \boldsymbol{P}_i\boldsymbol{A}_i = -\boldsymbol{I} \tag{8.33}$$

同样考虑参考速度非全局已知情况，建立如下的分布式速度观测器，对参考速度进行估计：

$$\dot{\hat{v}}_{is} = -g_{i1}\sum_{j=1}^{N} a_{ij}(\hat{v}_{is} - \hat{v}_{js}) - g_{i2}b_i(\hat{v}_{is} - v_{is}) \tag{8.34}$$

8.5.2　协同制导律设计

利用估计的无人艇侧滑信息，设计制导律如下

$$\begin{cases}U_{ir} = -k_{i1}x_{ie}/\varPi_{ix} + u_{id}^{*}\hat{v}_{is} + 2U_i\sin^2\left(\dfrac{\psi_{iW} - \psi_{id}}{2}\right) \\ r_{ir} = -k_{i2}\psi_{ie}/\varPi_{i\psi} - \hat{\beta}_{id} + \dot{\psi}_{ir} - y_{ie}\varrho_i/\psi_{ie}\end{cases} \tag{8.35}$$

且有

$$\psi_{ir} = \psi_{id} + \arctan\left(-\frac{y_{ie}}{\varDelta_i}\right) \tag{8.36}$$

设计ω_i的协同更新律为

$$\omega_i = \mu_i(e_i - e_{i-}) - \mu_i u_{id}^{*} x_{ie} \tag{8.37}$$

最后得到关于误差$\tilde{\boldsymbol{v}}_s, x_{ie}, y_{ie}, \psi_{ie}$和$\boldsymbol{e}$的协同制导闭环系统。

$$\begin{cases}\dot{\tilde{\boldsymbol{v}}}_s = -\boldsymbol{H}\tilde{\boldsymbol{v}}_s \\ \dot{x}_{ie} = -k_{i1}x_{ie}/\Pi_{ix} + u_{id}^*\omega_i + \dot{\psi}_{id}y_{ie} \\ \dot{y}_{ie} = -U_i y_{ie}/\Pi_{iy} + \varrho_i - \dot{\psi}_{id}x_{ie} \\ \dot{\psi}_{ie} = -k_{i2}\psi_{ie}/\Pi_{i\psi} - y_{ie}\varrho_i/\psi_{ie} - \tilde{\beta}_{id} \\ \dot{\boldsymbol{e}} = -\boldsymbol{L}\boldsymbol{\omega}\end{cases} \tag{8.38}$$

8.5.3　稳定性分析

本小节分析所提闭合路径导引的协同包围控制方法的闭环系统稳定性。首先，重新将扩张状态观测器误差子系统（8.31）和协同制导闭环子系统（8.38）分别写作系统 Σ_1, Σ_2 和 Σ_3，如下

$$\Sigma_1: \quad \dot{\tilde{\boldsymbol{\chi}}}_i = \boldsymbol{A}_i\tilde{\boldsymbol{\chi}}_i - \boldsymbol{B}_i\dot{\beta}_{id} \tag{8.39}$$

$$\Sigma_2: \ \dot{\psi}_{ie} = -k_{i2}\psi_{ie}/\Pi_{i\psi} - y_{ie}\varrho_i/\psi_{ie} - \tilde{\beta}_{id} \tag{8.40}$$

$$\Sigma_3: \begin{cases}\dot{\tilde{\boldsymbol{v}}}_s = -\boldsymbol{H}\tilde{\boldsymbol{v}}_s \\ \dot{x}_{ie} = -k_{i1}x_{ie}/\Pi_{ix} + u_{id}^*\omega_i + \dot{\psi}_{id}y_{ie} \\ \dot{y}_{ie} = -U_i y_{ie}/\Pi_{iy} + \varrho_i - \dot{\psi}_{id}x_{ie} \\ \dot{\boldsymbol{e}} = -\boldsymbol{L}\boldsymbol{\omega}\end{cases} \tag{8.41}$$

以下引理给出子系统 Σ_1 的稳定性。

引理 8.1　扩张状态观测器误差子系统 Σ_1 可以看作一个以 $\tilde{\boldsymbol{\chi}}_i$ 为状态、以 $\dot{\beta}_{id}$ 为输入的系统，该系统是输入-状态稳定的。

证明　考虑以下备选李雅普诺夫函数

$$V_{i3o} = \tilde{\boldsymbol{\chi}}_i^{\mathrm{T}}\boldsymbol{P}_i\tilde{\boldsymbol{\chi}}_i \tag{8.42}$$

对其求导，并将式（8.39）代入可得

$$\begin{aligned}\dot{V}_{i3o} &= \tilde{\boldsymbol{\chi}}_i^{\mathrm{T}}(\boldsymbol{A}_i^{\mathrm{T}}\boldsymbol{P}_i + \boldsymbol{P}_i\boldsymbol{A}_i)\tilde{\boldsymbol{\chi}}_i - 2\tilde{\boldsymbol{\chi}}_i^{\mathrm{T}}\boldsymbol{P}_i\boldsymbol{B}_i\dot{\beta}_{id} \\ &\leqslant -\|\tilde{\boldsymbol{\chi}}_i\|^2 + 2\|\tilde{\boldsymbol{\chi}}_i\|\|\boldsymbol{P}_i\boldsymbol{B}_i\|\left|\dot{\beta}_{id}\right|\end{aligned} \tag{8.43}$$

由

$$\|\tilde{\boldsymbol{\chi}}_i\| \geqslant \frac{2\|\boldsymbol{P}_i\boldsymbol{B}_i\|\left|\dot{\beta}_{id}\right|}{\bar{\theta}_{io}} \tag{8.44}$$

可得

$$\dot{V}_{i3o} \leqslant -(1-\bar{\theta}_{io})\|\tilde{\boldsymbol{\chi}}_i\|^2 \tag{8.45}$$

式中，$0 < \bar{\theta}_{io} < 1$。由此可知，子系统 Σ_1 是输入-状态稳定的，且有

$$\|\tilde{\boldsymbol{\chi}}_i(t)\| \leqslant \max\left\{\varpi_{io}\left(\|\tilde{\boldsymbol{\chi}}_i(0)\|, t\right), \hbar_{io}\left(\left|\dot{\beta}_{id}\right|\right)\right\} \tag{8.46}$$

式中，ϖ_{io} 是 $\mathcal{KL}$ 函数；$\hbar_{io}$ 是 $\mathcal{K}$ 类函数，定义为

$$\hbar_{io}(s)=\sqrt{\frac{\lambda_{\max}(\boldsymbol{P}_i)}{\lambda_{\min}(\boldsymbol{P}_i)}}\frac{2\|\boldsymbol{P}_i\boldsymbol{B}_i\|s}{\bar{\theta}_{io}} \tag{8.47}$$

■

以下引理给出子系统 Σ_2 的稳定性。

引理 8.2　航行制导闭环子系统 Σ_2 可以看作一个以 ψ_{ie} 为状态、以 $\tilde{\beta}_{id}$ 为输入的系统，该系统是输入-状态稳定的。

证明　考虑以下备选李雅普诺夫函数

$$V_{i3h}=\frac{1}{2}\sum_{i=1}^{N}\psi_{ie}^2 \tag{8.48}$$

对其求导，并将式（8.38）代入可得

$$\dot{V}_{i3h}\leqslant\sum_{i=1}^{N}\left(-k_{i2}\psi_{ie}^2/\varPi_{i\psi}-\psi_{ie}\tilde{\beta}_{id}\right) \tag{8.49}$$

则由式（8.49）可知，当 ψ_{ie} 满足

$$\frac{\psi_{ie}}{\varPi_{i\psi}}\geqslant\frac{\left|\tilde{\beta}_{id}\right|}{\bar{\theta}_{ic}k_{i2}} \tag{8.50}$$

时，可得

$$\dot{V}_{i3h}\leqslant-\sum_{i=1}^{N}k_{i2}(1-\bar{\theta}_{ic})\psi_{ie}^2/\varPi_{i\psi} \tag{8.51}$$

式中，$0<\bar{\theta}_{ic}<1$。由此可知，子系统 Σ_2 是输入-状态稳定的，且有

$$\|\psi_{ie}(t)\|\leqslant\max\left\{\varpi_{ih}\left(\|\psi_{ie}(0)\|,t\right),\hbar_{ih}\left(\left|\tilde{\beta}_{id}\right|\right)\right\} \tag{8.52}$$

式中，ϖ_{ih} 是 $\mathcal{KL}$ 函数；$\hbar_{ih}$ 是 $\mathcal{K}$ 类函数，定义为

$$\hbar_{ih}(s)=\gamma_i^{-1}\left(\frac{s}{\bar{\theta}_{ic}k_{i2}}\right) \tag{8.53}$$

其中，$\gamma_i(s)=\dfrac{s^2}{\sqrt{s^2+\varDelta_{i\psi}^2}}$。　■

以下引理给出子系统 Σ_3 的稳定性。

引理 8.3　位置制导闭环子系统 Σ_3 关于平衡点 $(\boldsymbol{x}_e,\boldsymbol{y}_e,\boldsymbol{L}^{\mathrm{T}}\boldsymbol{e},\tilde{\boldsymbol{v}}_s)=(\boldsymbol{0},\boldsymbol{0},\boldsymbol{0},\boldsymbol{0},\boldsymbol{0})$ 是全局一致渐近稳定的。

证明　考虑以下备选李雅普诺夫函数

$$V_{i3c}=\sum_{i=1}^{N}\left(\frac{1}{2}x_{ie}^2+\frac{1}{2}y_{ie}^2+\frac{1}{2}e_i^2+\frac{1}{2}\tilde{v}_{is}^2\right) \tag{8.54}$$

对其求导，并将式（8.38）代入可得

$$\begin{aligned}\dot{V}_{i3c} &\leqslant \sum_{i=1}^{N}\left(-k_{i1}x_{ie}^{2}\big/\Pi_{ix}+x_{ie}u_{id}^{*}\omega_{i}-U_{i}y_{ie}^{2}\big/\Pi_{iy}\right)-\boldsymbol{e}^{\mathrm{T}}\boldsymbol{L}\boldsymbol{\omega}-\lambda_{\min}(\boldsymbol{H})\|\tilde{\boldsymbol{v}}_{s}\|^{2}\\ &\leqslant \sum_{i=1}^{N}\left(-k_{i1}x_{ie}^{2}\big/\Pi_{ix}-U_{i}y_{ie}^{2}\big/\Pi_{iy}\right)-\lambda_{\min}(\mu)\|\boldsymbol{\vartheta}\|^{2}-\lambda_{\min}(\boldsymbol{H})\|\tilde{\boldsymbol{v}}_{s}\|^{2}\end{aligned} \tag{8.55}$$

与定理 8.1 类似，可知闭环系统关于平衡点 $(\boldsymbol{x}_e,\boldsymbol{y}_e,\boldsymbol{L}^{\mathrm{T}}\boldsymbol{e},\tilde{\boldsymbol{v}}_s)=(\mathbf{0},\mathbf{0},\mathbf{0},\mathbf{0},\mathbf{0})$ 是全局一致渐近稳定的。■

以下定理说明各子系统所构成的级联系统的稳定性。

定理 8.3　考虑无人艇运动方程（8.1），在满足假设 8.1 和假设 8.2 的条件下，采用扩张状态观测器（8.29）、分布式速度观测器（8.34）、制导律（8.35）、协同更新律（8.37），则多无人艇协同包围级联系统是输入-状态稳定的，系统中的误差均为一致最终有界的。

证明　引理 8.1～引理 8.3 已经证明，以 $\tilde{\boldsymbol{\chi}}_i$ 为状态、以 $\dot{\beta}_{id}$ 为输入的子系统 Σ_1 是输入-状态稳定的；以 ψ_{ie} 为状态、以 $\tilde{\beta}_{id}$ 为输入的子系统 Σ_2 是输入-状态稳定的；关于 $\tilde{\boldsymbol{v}}_s,\boldsymbol{x}_e,\boldsymbol{y}_e,\boldsymbol{L}^{\mathrm{T}}\boldsymbol{e}$ 的子系统 Σ_3 是全局一致渐近稳定的。根据级联系统的相关定理 2.3，由子系统 Σ_1,Σ_2 构成的级联系统可以看作一个以 $\tilde{\psi}_{iw},\tilde{\beta}_{id},\psi_{ie}$ 为状态、以 $\dot{\beta}_{id}$ 为输入的系统，该系统是输入-状态稳定的，即存在一个 $\mathcal{KL}$ 函数 $\boldsymbol{\varpi}_i$ 和一个 $\mathcal{K}$ 类函数 $\hbar_i$，使得

$$\|\boldsymbol{E}_{ih}(t)\|\leqslant\max\left\{\varpi_i\left(\|\boldsymbol{E}_{ih}(0)\|,t\right),\hbar_i\left(\|\dot{\beta}_{id}\|\right)\right\} \tag{8.56}$$

式中，$\boldsymbol{E}_{ih}=[\tilde{\psi}_{iw},\tilde{\beta}_{id},\psi_{ie}]^{\mathrm{T}}$。由于 $\dot{\beta}_{id}$ 是有界的，界值为 $\bar{\beta}_d^{\mathrm{d}}$，且子系统 Σ_3 是渐近稳定的，可得误差信号 $\tilde{\psi}_{iw},\tilde{\beta}_{id},\tilde{\boldsymbol{v}}_s,x_{ie},y_{ie},\psi_{ie},e_i-e_{i-}$ 都是有界的。■

8.6　仿真与实验验证

8.6.1　仿真验证

为了验证所提协同包围算法，考虑一个由五艘无人艇组成的网络系统，仅有无人艇 s_1 能够直接获得参考的速度信息。控制参数如表 8.1 所示。

表 8.1　闭合路径导引的协同包围控制参数

参数名称	参数符号	参数值
前视距离	Δ_i	5m
协同更新律设计参数	μ_i	5
分布式观测器设计参数	(g_{i1},g_{i2})	(10,10)
协同制导律参数	(k_{i1},k_{i2})	(0.5,0.5)
扩张状态观测器参数	$(\kappa_{i1},\kappa_{i2})$	(20,100)
其他设计参数	(Δ_x,Δ_y)	(10,7.5)

仿真结果如图 8.4～图 8.9 所示。其中图 8.4 给出了协同包围控制效果图，可以看出五艘无人艇跟踪同一条给定的参数化路径，并均匀地分散在该路径上。图 8.5 和图 8.6 分别给出五艘无人艇的纵向跟踪误差和横向跟踪误差，可以看出经过一段时间误差收敛到零附近。图 8.7 展示了制导纵荡速度均在 1m/s 之内，符合实际应用的要求。图 8.8 展示了制导艏摇角速度均在 ±1.5rad/s 之内，没有超出执行机构的执行范围。图 8.9 给出路径参数的更新，多艘无人艇的路径参数均匀地分散在两个领导者之间，达到了路径参数均匀分散的控制效果。

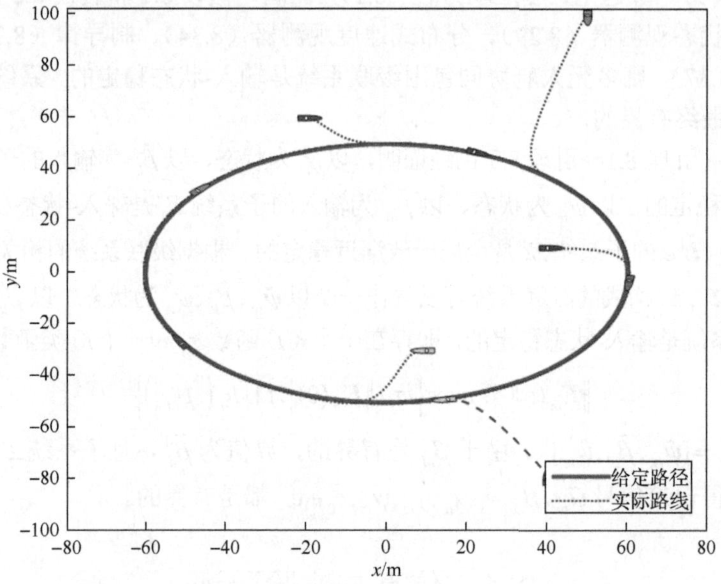

图 8.4　闭合路径导引的协同包围控制效果

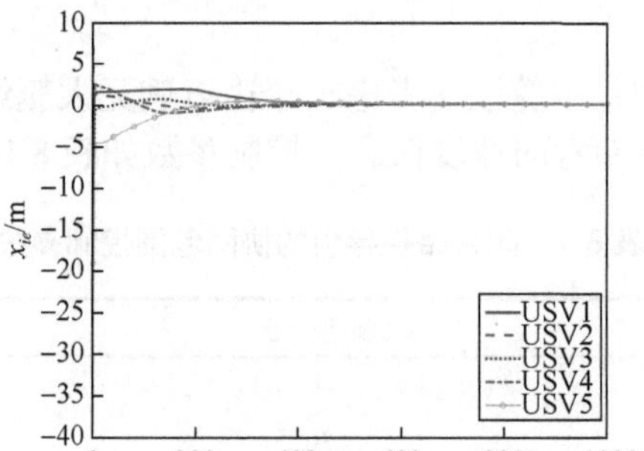

图 8.5　纵向跟踪误差

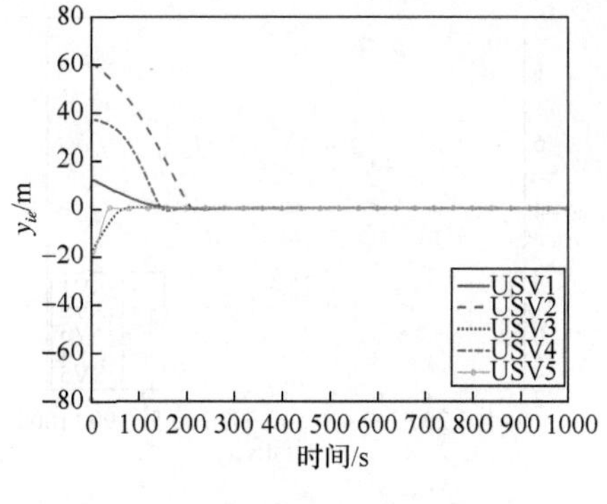

图 8.6　横向跟踪误差

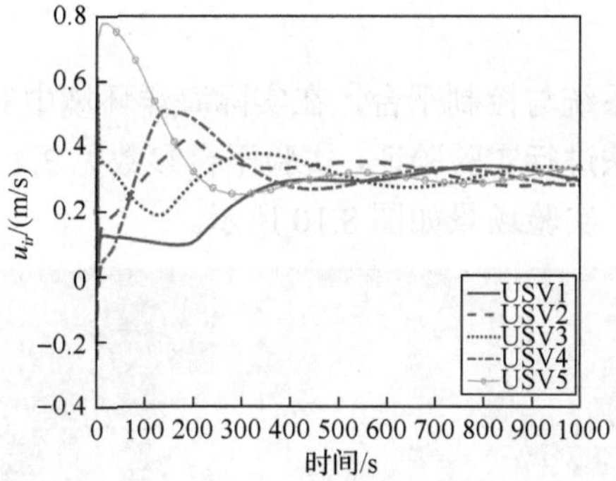

图 8.7　制导纵荡速度

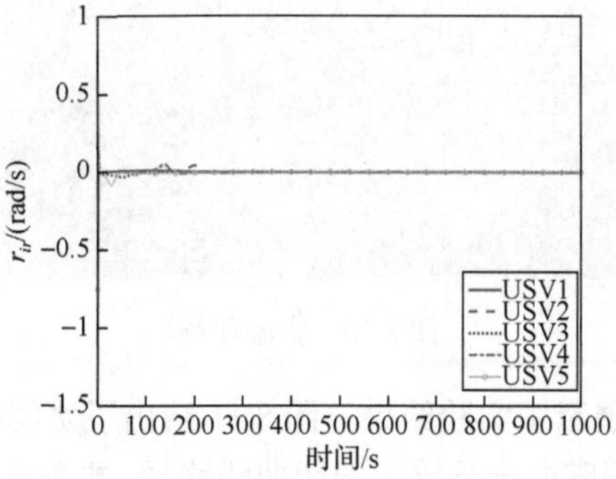

图 8.8　制导艏摇角速度

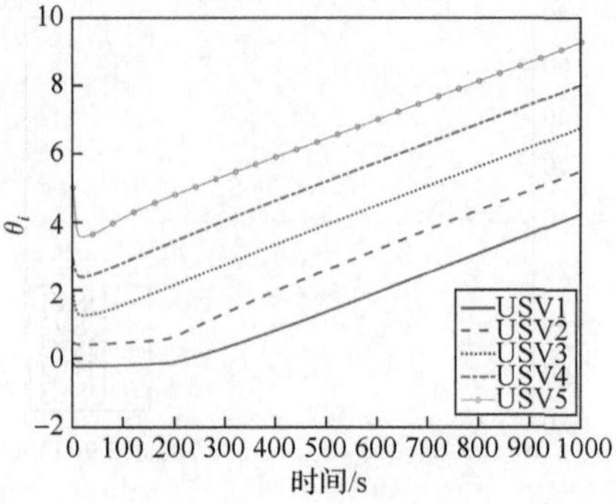

图 8.9 路径参数的演化轨迹

8.6.2 实验验证

采用无人艇控制系统与控制平台，在实际海洋环境中对所提基于闭合路径导引的协同包围制导方法进行实验验证，实验平台参数见 3.4.2 小节。考虑由三艘无人艇组成的编队系统，实验场景如图 8.10 所示。

图 8.10 实验现场

图 8.11～图 8.14 展示了实验结果。图 8.11 给出了协同路径跟踪实验效果图，可以看出三艘艇都能跟踪同一条给定的闭曲线路径，并在圆周上均匀分布。图 8.12 给出了纵向跟踪误差，图 8.13 给出了横向跟踪误差，跟踪误差均在可接受的范围以内。图 8.14 给出了路径参数更新的结果，三艘艇的路径参数能够均匀地分散在圆周上。

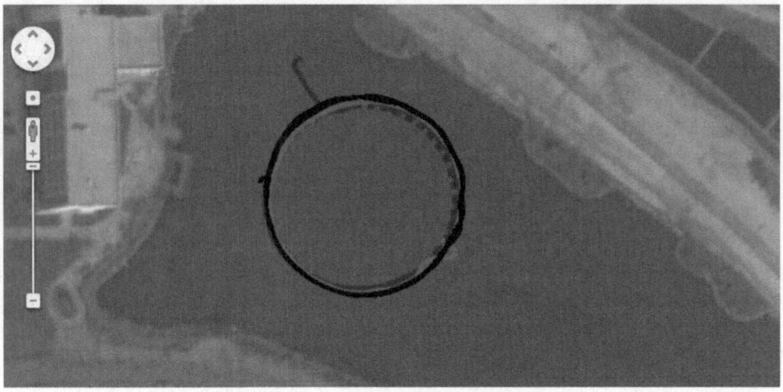

图 8.11　协同路径跟踪实验效果

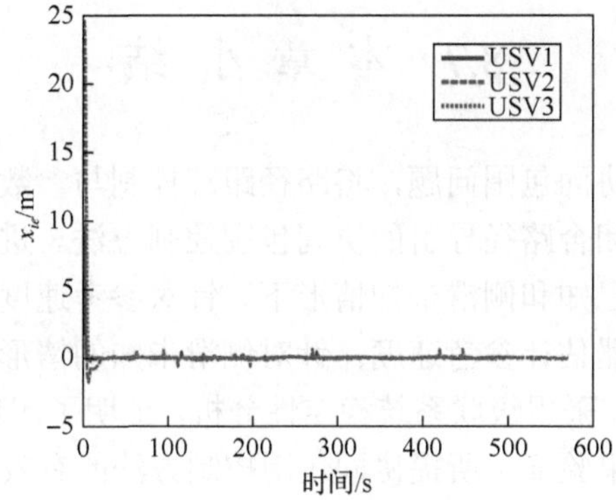

图 8.12　纵向跟踪误差

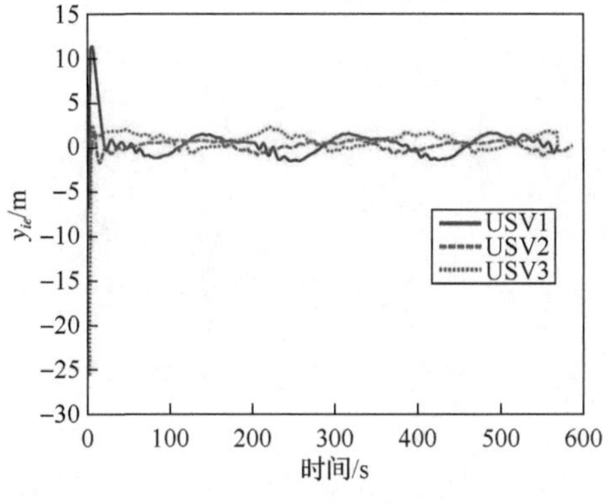

图 8.13　横向跟踪误差

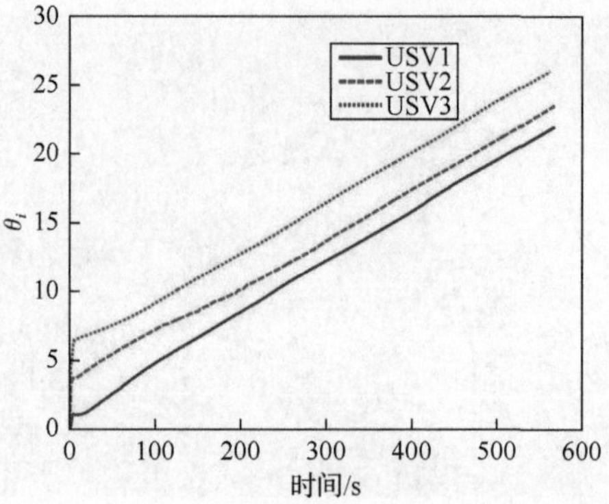

图 8.14 路径参数

8.7 本章小结

本章针对无人艇协同包围问题，将路径跟踪控制与参数循环跟踪协同方法结合，提出了一种基于闭合路径导引的协同包围控制方法。进一步，将所提方法拓展到参考速度非全局已知和侧滑未知情形下。针对参考速度非全局已知的情形，采用分布式速度观测器估计参考速度；针对侧滑未知的情形，采用扩张状态观测器来补偿未知的侧滑。采用级联系统稳定性分析，证明了闭环系统是输入-状态稳定的，仿真与实验结果验证了所提协同包围控制方法的有效性。

参 考 文 献

[1] Peng Z H, Wang J, Wang D, et al. An overview of recent advances in coordinated control of multiple autonomous surface vehicles[J]. IEEE Transactions on Industrial Informatics, 2021, 17(2): 732-745.

[2] Shi Y, Shen C, Fang H Z, et al. Advanced control in marine mechatronic systems: A survey[J]. IEEE/ASME Transactions on Mechatronics, 2017, 22(3): 1121-1131.

[3] Xiang X B, Yu C Y, Lapierre L, et al. Survey on fuzzy-logic-based guidance and control of marine surface vehicles and underwater vehicles[J]. International Journal of Fuzzy Systems, 2018, 20(2): 572-586.

[4] Nash J Z, Bond J, Case M, et al. Tracking the fine scale movements of fish using autonomous maritime robotics: A systematic state of the art review[J]. Ocean Engineering, 2021, 229: 108650.

[5] Liu Z X, Zhang Y M, Yu X, et al. Unmanned surface vehicles: An overview of developments and challenges[J]. Annual Reviews in Control, 2016, 41: 71-93.

[6] 严新平. 智能船舶的研究现状与发展趋势[J]. 交通与港航, 2016, 3(1): 23-26.

[7] Liu C G, Chu X M, Wu W X, et al. Human-machine cooperation research for navigation of maritime autonomous surface ships: A review and consideration[J]. Ocean Engineering, 2022, 246: 110555.

[8] Roberts G N. Trends in marine control systems[J]. Annual Reviews in Control, 2008, 32(2): 263-269.

[9] Zereik E, Bibuli M, Mišković N, et al. Challenges and future trends in marine robotics[J]. Annual Reviews in Control, 2018, 46: 350-368.

[10] An Y, Yu J C, Zhang J. Autonomous sailboat design: A review from the performance perspective[J]. Ocean Engineering, 2021, 238: 109753.

[11] 柳晨光, 初秀民, 吴青, 等. USV 发展现状及展望[J]. 中国造船, 2014(4): 194-205.

[12] Yan R J, Pang S, Sun H B, et al. Development and missions of unmanned surface vehicle[J]. Journal of Marine Science and Application, 2010, 9(4): 451-457.

[13] 人民网. 美测试无人驾驶猎潜艇 可捕获“超静音潜艇”[EB/OL]. (2016-04-01)[2024-04-09]. http://world.people.com.cn/n1/2016/0401/c1002-28244658.html.

[14] 新华网. 无人水面艇: 海战场上崭露头角[EB/OL]. (2023-09-01)[2024-02-08]. http://www.xinhuanet.com/mil/2023-09/01/c_1212262780.htm.

[15] 中国军网. 异军突起, 水面无人舰艇为何炙手可热? [EB/OL]. (2021-08-20)[2024-01-05]. https://www.81.cn/wj_208604/10078732.html.

[16] 哈尔滨工程大学船舶工程学院. 哈工程济海七利器, 学院独占其四[EB/OL]. (2019-01-02)[2024-04-01]. https://sec.hrbeu.edu.cn/2019/0102/c443a215991/page.htm.

[17] 新华社. 无人机、无人车不新鲜了, 来看踩波踏浪的无人艇! [EB/OL]. (2017-10-27)[2024-01-05]. https://www.dutenews. com/n/article/79085.

[18] 广东华中科技大学工业技术研究院. 航母总设计师来莞见证工研院开发的无人艇首航[EB/OL]. (2018-01-25)[2024-01-05]. http://www.gongyanyuan.net.cn/document/201801/article1732.htm.

[19] 彭周华, 吴文涛, 王丹, 等. 多无人艇集群协同控制研究进展与未来趋势[J]. 中国舰船研究, 2021, 16(1): 51-64, 82.

[20] 马天宇, 杨松林, 王涛涛, 等. 多USV协同系统研究现状与发展概述[J]. 舰船科学技术, 2014(6): 7-13.

[21] 新华网. 习近平: 把人民海军全面建成世界一流海军[EB/OL]. (2018-04-12)[2024-01-05]. https://www.xinhuanet.com/politics/leaders/2018-04/12/c_1122674567.htm.

[22] 张海, 陈小龙, 张财生, 等. 人工智能时代智能化海战模式[J]. 科技导报, 2019, 37(12): 86-91.

[23] Army Recognition Defense Industry. Belgian-Dutch MCM-Sea Naval Solutions unveiled its version[EB/OL]. (2019-02-14)[2024-01-05]. https://www.navyrecognition.com/index.php/news/defence-news/2019/february/6828-belgian-dutch-mcm-sea-naval-solutions-unveiled-its-version.html.

[24] AnyMesh. 海事/海警应急通信无线宽带自组网电台组网解决[EB/OL]. (2020-03-13)[2024-01-05]. https://www.airwlan.com/solutions/MESH/2020/0313/534.html.

[25] 王璐菲. 美海军无人水面艇蜂群技术演示验证及其意义[J]. 防务视点, 2017(4): 54-55.

[26] 陈冠宇. 美海军无人作战演习引关注[EB/OL]. (2021-04-28)[2024-02-08]. http://www.81.cn/gfbmap/content/2021-04/28/content_288271.htm.

[27] Royal Navy. Royal Navy tests unmanned fleet of the future[EB/OL]. (2016-10-14)[2024-04-02]. https://www.royalnavy.mod.uk/news-and-latest-activity/news/2016/october/14/161014-royal-navy-tests-unmanned-fleet-of-the-future.

[28] 中华网. 画面曝光: 美英在波斯湾举行无人艇演习[EB/OL]. (2022-10-08)[2024-04-09]. https://news.china.com/international/1000/20221008/43593881.html.

[29] 中华网. 俄乌冲突引发军事变革的武器和技术: 无人装备将颠覆海战? [EB/OL]. (2024-03-04)[2024-04-09]. https://military.china.com/important/64/20240304/46223737_all.html.

[30] Naval News. Turkish USVs Debut in Large Naval Exercise[EB/OL]. (2024-05-14)[2025-03-12]. https://www.navalnews.com/naval-news/2024/05/turkish-usvs-debut-in-large-naval-exercise/.

[31] 凤凰卫视. 乌克兰无人艇实现非对称作战, 能否改写海战格局? [EB/OL]. (2023-09-21)[2024-01-05]. https://baijiahao.baidu.com/s?id=1777656536159897931&wfr=spider&for=pc.

[32] 智能制造与数据科学实验室. IMDS团队自主研发的五艘HUSTER-12s型全自主无人艇编队东莞首航[EB/OL]. (2018-01-26)[2024-01-05]. http://imds.aia.hust.edu.cn/info/1041/1471.htm.

[33] 光明网. 赞! 哈工大海洋机器人集群实现全自主作业[EB/OL]. (2021-02-27)[2024-01-05]. https://new.qq.com/rain/a/20210227A05DBC00.

[34] 中国日报网. 云洲参加全球首次无人艇反走私演练与警察海上协同抓捕“犯罪分子”[EB/OL]. (2018-09-12)[2024-04-09]. https://baijiahao.baidu.com/s?id=1611377246506482197&wfr=spider&for=pc.

[35] 广州日报. 智能高速无人艇动态协同博弈技术首次曝光[EB/OL]. (2021-09-29)[2024-04-09]. https://baijiahao.baidu.com/s?id=1712216673424990385&wfr=spider&for=pc.

[36] Marshall J A, Broucke M E, Francis B A. Formations of vehicles in cyclic pursuit[J]. IEEE Transactions on Automatic Control, 2004, 49(11): 1963-1974.

[37] Leonard N E, Paley D A, Lekien F, et al. Collective motion, sensor networks, and ocean sampling[J]. Proceedings of the IEEE, 2007, 95(1): 48-74.

[38] Tee K P, Ge S S. Control of fully actuated ocean surface vessels using a class of feedforward approximators[J]. IEEE Transactions on Control Systems Technology, 2006, 14(4): 750-756.

[39] Fahimi F. Sliding-mode formation control for underactuated surface vessels[J]. IEEE Transactions on Robotics, 2007, 23(3): 617-622.

[40] Morten B, Hovstein V E, Fossen T I. Straight-line target tracking for unmanned surface vehicles[J]. Modeling, Identification and Control, 2008, 29(4): 131-149.

[41] Peng Z H, Wang D, Chen Z Y, et al. Adaptive dynamic surface control for formations of autonomous surface vehicles with uncertain dynamics[J]. IEEE Transactions on Control Systems Technology, 2013, 21(2): 513-520.

[42] Shojaei K. Leader-follower formation control of underactuated autonomous marine surface vehicles with limited torque[J]. Ocean Engineering, 2015, 105: 196-205.

[43] Liu L, Wang D, Peng Z H, et al. Bounded neural network control for target tracking of underactuated autonomous surface vehicles in the presence of uncertain target dynamics[J]. IEEE Transactions on Neural Networks and Learning Systems, 2019, 30(4): 1241-1249.

[44] Sun Z J, Zhang G Q, Lu Y, et al. Leader-follower formation control of underactuated surface vehicles based on sliding mode control and parameter estimation[J]. ISA Transactions, 2018, 72: 15-24.

[45] Shojaei K, Dolatshahi M. Line-of-sight target tracking control of underactuated autonomous underwater vehicles[J]. Ocean Engineering, 2017, 133: 244-252.

[46] Sinisterra A J, Dhanak M R, von Ellenrieder K. Stereovision-based target tracking system for USV operations[J]. Ocean Engineering, 2017, 133: 197-214.

[47] Arrichiello F, Chiaverini S, Fossen T I. Formation control of marine surface vessels using the null-space-based behavioral control[J]. Lecture Notes in Control & Information Sciences, 2006, 336: 1-19.

[48] Skjetne R, Moi S, Fossen T I. Nonlinear formation control of marine craft[C]. Proceedings of the 41st IEEE Conference on Decision and Control, Las Vegas, USA, 2002, 2: 1699-1704.

[49] Do K D. Synchronization motion tracking control of multiple underactuated ships with collision avoidance[J]. IEEE Transactions on Industrial Electronics, 2016, 63(5): 2976-2989.

[50] Do K D. Practical formation control of multiple underactuated ships with limited sensing ranges[J]. Robotics and Autonomous Systems, 2011, 59(6): 457-471.

[51] Peng Z H, Wang J, Wang D. Distributed containment maneuvering of multiple marine vessels via neurodynamics-based output feedback[J]. IEEE Transactions on Industrial Electronics, 2017, 64(5): 3831-3839.

[52] Peng Z H, Wang J, Wang D. Containment maneuvering of marine surface vehicles with multiple parameterized paths via spatial-temporal decoupling[J]. IEEE/ASME Transactions on Mechatronics, 2017, 22(2): 1026-1036.

[53] Liu Z Q, Wang Y L, Wang T B. Incremental predictive control-based output consensus of networked unmanned surface vehicle formation systems[J]. Information Sciences, 2018, 457-458: 166-181.

[54] Li T S, Zhao R, Chen C L P, et al. Finite-time formation control of under-actuated ships using nonlinear sliding mode control[J]. IEEE Transactions on Cybernetics, 2018, 48(11): 3243-3253.

[55] Fu M Y, Yu L L. Finite-time extended state observer-based distributed formation control for marine surface vehicles with input saturation and disturbances[J]. Ocean Engineering, 2018, 159: 219-227.

[56] Lu Y, Zhang G Q, Sun Z J, et al. Adaptive cooperative formation control of autonomous surface vessels with uncertain dynamics and external disturbances[J]. Ocean Engineering, 2018, 167: 36-44.

[57] Park B S, Yoo S J. An error transformation approach for connectivity-preserving and collision-avoiding formation tracking of networked uncertain underactuated surface vessels[J]. IEEE Transactions on Cybernetics, 2019, 49(8): 2955-2966.

[58] Peng Z H, Wang D, Shi Y, et al. Containment control of networked autonomous underwater vehicles with model uncertainty and ocean disturbances guided by multiple leaders[J]. Information Sciences, 2015, 316(20): 163-179.

[59] Yoo S J, Park B S. Guaranteed performance design for distributed bounded containment control of networked uncertain underactuated surface vessels[J]. Journal of the Franklin Institute, 2017, 354(3): 1584-1602.

[60] Ihle I A F, Arcak M, Fossen T I. Passivity-based designs for synchronized path-following[J]. Automatica, 2007, 43(9): 1508-1518.

[61] Gu N, Peng Z H, Wang D, et al. Antidisturbance coordinated path following control of robotic autonomous surface vehicles: Theory and experiment[J]. IEEE/ASME Transactions on Mechatronics, 2019, 24(5): 2386-2396.

[62] Liu L, Wang D, Peng Z H, et al. Cooperative path following ring-networked under-actuated autonomous surface vehicles: Algorithms and experimental results[J]. IEEE Transactions on Cybernetics, 2020, 50(4): 1519-1529.

[63] Peng Z H, Wang D, Li T S, et al. Output-feedback cooperative formation maneuvering of autonomous surface vehicles with connectivity preservation and collision avoidance[J]. IEEE Transactions on Cybernetics, 2020, 50(6): 2527-2535.

[64] Peng Z H, Gu N, Zhang Y, et al. Path-guided time-varying formation control with collision avoidance and connectivity preservation of under-actuated autonomous surface vehicles subject to unknown input gains[J]. Ocean Engineering, 2019, 191: 106501.

[65] Gao S N, Peng Z H, Liu L, et al. Coordinated target tracking by multiple unmanned surface vehicles with communication delays based on a distributed event-triggered extended state observer[J]. Ocean Engineering, 2021, 227: 108283.

[66] Glotzbach T, Schneider M, Otto P. Cooperative line of sight target tracking for heterogeneous unmanned marine vehicle teams: From theory to practice[J]. Robotics and Autonomous Systems, 2015, 67: 53-60.

[67] Soares J M, Aguiar A P, Pascoal A M, et al. Joint ASV/AUV range-based formation control: Theory and experimental results[C]. 2013 IEEE International Conference on Robotics and Automation, Karlsruhe, Germany, 2013: 5579-5585.

[68] Yu J L, Xiao W, Dong X W, et al. Practical formation-containment tracking for multiple autonomous surface vessels system[J]. IET Control Theory & Applications, 2019, 13(17): 2894-2905.

[69] Liu B, Chen Z, Zhang H T, et al. Collective dynamics and control for multiple unmanned surface vessels[J]. IEEE Transactions on Control Systems Technology, 2020, 28(6): 2540-2547.

[70] Jiang Y, Peng Z H, Wang D, et al. Cooperative target enclosing of ring-networked under-actuated autonomous surface vehicles based on data-driven fuzzy predictors and extended state observers[J]. IEEE Transactions on Fuzzy Systems, 2022, 30(7): 2515-2528.

[71] Jiang Y, Peng Z H, Wang J. Constrained control of autonomous surface vehicles for multitarget encirclement via fuzzy modeling and neurodynamic optimization[J]. IEEE Transactions on Fuzzy Systems, 2023, 31(3): 875-889.

[72] Hu B B, Zhang H T, Liu B, et al. Distributed surrounding control of multiple unmanned surface vessels with varying interconnection topologies[J]. IEEE Transactions on Control Systems Technology, 2021, 30(1): 400-407.

[73] Do K D, Pan J. Global robust adaptive path following of underactuated ships[J]. Automatica, 2006, 42(10): 1713-1722.

[74] Do K D. Global robust adaptive path-tracking control of underactuated ships under stochastic disturbances[J]. Ocean Engineering, 2016, 111: 267-278.

[75] Reyhanoglu M. Control and stabilization of an underactuated surface vessel[C]. Proceedings of 35th IEEE Conference on Decision and Control, Kobe, Japan, 1996, 3: 2371-2376.

[76] Fantoni I, Lozano R, Mazenc F, et al. Stabilization of a nonlinear underactuated hovercraft[J]. International Journal of Robust and Nonlinear Control, 2000, 10(8): 645-654.

[77] Ghommam J, Mnif F, Benali A, et al. Asymptotic backstepping stabilization of an underactuated surface vessel[J]. IEEE Transactions on Control Systems Technology, 2006, 14(6): 1150-1157.

[78] Zhang P F, Guo G. Fixed-time switching control of underactuated surface vessels with dead-zones: Global exponential stabilization[J]. Journal of the Franklin Institute, 2020, 357(16): 11217-11241.

[79] Pettersen K Y, Egeland O. Time-varying exponential stabilization of the position and attitude of an underactuated autonomous underwater vehicle[J]. IEEE Transactions on Automatic Control, 1999, 44(1): 112-115.

[80] Pettersen K Y, Mazenc F, Nijmeijer H. Global uniform asymptotic stabilization of an underactuated surface vessel: Experimental results[J]. IEEE Transactions on Control Systems Technology, 2004, 12(6): 891-903.

[81] Dong W J, Guo Y. Global time-varying stabilization of underactuated surface vessel[J]. IEEE Transactions on Automatic Control, 2005, 50(6): 859-864.

[82] Aguiar A P, Hespanha J P. Trajectory-tracking and path-following of underactuated autonomous vehicles with parametric modeling uncertainty[J]. IEEE Transactions on Automatic Control, 2007, 52(8): 1362-1379.

[83] Gu N, Wang D, Peng Z H, et al. Distributed containment maneuvering of uncertain under-actuated unmanned surface vehicles guided by multiple virtual leaders with a formation[J]. Ocean Engineering, 2019, 187: 105996.

[84] Caharija W, Pettersen K Y, Bibuli M, et al. Integral line-of-sight guidance and control of underactuated marine vehicles: Theory, simulations, and experiments[J]. IEEE Transactions on Control Systems Technology, 2016, 24(5): 1623-1642.

[85] Li J H, Lee P M, Jun B H, et al. Point-to-point navigation of underactuated ships[J]. Automatica, 2008, 44(12): 3201-3205.

[86] Deghat M, Shames I, Anderson B D O, et al. Target localization and circumnavigation using bearing measurements in 2D[C]. 49th IEEE Conference on Decision and Control, Atlanta, USA, 2010: 334-339.

[87] Deghat M, Davis E, See T, et al. Target localization and circumnavigation by a non-holonomic robot[C]. 2012 IEEE/RSJ International Conference on Intelligent Robots and Systems, Vilamoura, Portugal, 2012: 1227-1232.

[88] Zheng R H, Sun D. Circumnavigation by a mobile robot using bearing measurements[C]. 2014 IEEE/RSJ International Conference on Intelligent Robots and Systems, Chicago, USA, 2014: 4643-4648.

[89] Deghat M, Xia L, Anderson B D O, et al. Multi-target localization and circumnavigation by a single agent using bearing measurements[J]. International Journal of Robust and Nonlinear Control, 2015, 25(14): 2362-2374.

[90] Shames I, Dasgupta S, Fidan B, et al. Circumnavigation using distance measurements under slow drift[J]. IEEE Transactions on Automatic Control, 2011, 57(4): 889-903.

[91] Cao Y C. UAV circumnavigating an unknown target under a GPS-denied environment with range-only measurements[J]. Automatica, 2015, 55: 150-158.

[92] 李保国, 张春熹. 双轮移动机器人安全目标追踪与自动避障算法[J]. 控制理论与应用, 2007, 24(4): 535-540.

[93] 季荣涛, 周献中, 王慧平, 等. 基于 Lyapunov 法和势场法的对峙跟踪研究[J]. 火力与指挥控制, 2016, 41(4): 66-69.

[94] 张毅, 孟启源, 孙阳, 等. 基于改进 Lyapunov 矢量场法的 standoff 跟踪研究[J]. 计算机与数字工程, 2018, 46(12): 2442-2444, 2498.

[95] Dobrokhodov V N, Kaminer I I, Jones K D, et al. Vision-based tracking and motion estimation for moving targets using unmanned air vehicles[J]. Journal of Guidance, Control, and Dynamics, 2008, 31(4): 907-917.

[96] Dobrokhodov V, Kaminer I, Jones K, et al. Rapid motion estimation of a target moving with time-varying velocity[C]. AIAA Guidance, Navigation and Control Conference and Exhibit, Hilton Head, USA, 2007: 6746.

[97] Ma L L, Cao C Y, Hovakimyan N, et al. Adaptive vision-based guidance law with guaranteed performance bounds[J]. Journal of Guidance, Control, and Dynamics, 2010, 33(3): 834-852.

[98] Chen H D, Chang K C, Agate C S. UAV path planning with tangent-plus-Lyapunov vector field guidance and obstacle avoidance[J]. IEEE Transactions on Aerospace and Electronic Systems, 2013, 49(2): 840-856.

[99] Smith S L, Broucke M E, Francis B A. A hierarchical cyclic pursuit scheme for vehicle networks[J]. Automatica, 2005, 41(6): 1045-1053.

[100] Paley D A, Leonard N E, Sepulchre R. Oscillator models and collective motion: Splay state stabilization of self-propelled particles[C]. Proceedings of the 44th IEEE Conference on Decision and Control, Seville, Spain, 2005: 3935-3940.

[101] Sepulchre R, Paley D A, Leonard N E. Stabilization of planar collective motion: All-to-all communication[J]. IEEE Transactions on Automatic Control, 2007, 52(5): 811-824.

[102] Dong F, You K Y, Song S J. Target encirclement with any smooth pattern using range-based measurements[J]. Automatica, 2020, 116: 108932.

[103] Ceccarelli N, Di Marco M, Garulli A, et al. Collective circular motion of multi-vehicle systems[J]. Automatica, 2008, 44(12): 3025-3035.

[104] Zheng R H, Liu Y H, Sun D. Enclosing a target by nonholonomic mobile robots with bearing-only measurements[J]. Automatica, 2015, 53: 400-407.

[105] Franchi A, Stegagno P, Oriolo G. Decentralized multi-robot encirclement of a 3D target with guaranteed collision avoidance[J]. Autonomous Robots, 2016, 40(2): 245-265.

[106] Briñón-Arranz L, Seuret A, Canudas-de-Wit C. Cooperative control design for time-varying formations of multi-agent systems[J]. IEEE Transactions on Automatic Control, 2014, 59(8): 2283-2288.

[107] Briñón-Arranz L, Seuret A, Pascoal A. Circular formation control for cooperative target tracking with limited information[J]. Journal of the Franklin Institute, 2019, 356(4): 1771-1788.

[108] Miao Z Q, Wang Y N, Fierro R. Cooperative circumnavigation of a moving target with multiple nonholonomic robots using backstepping design[J]. Systems & Control Letters, 2017, 103: 58-65.

[109] Oh H, Kim S. Persistent standoff tracking guidance using constrained particle filter for multiple UAVs[J]. Aerospace Science and Technology, 2019, 84: 257-264.

[110] Zhang C Y, Li Y Y, Qi G Q, et al. Distributed finite-time control for coordinated circumnavigation with multiple non-holonomic robots[J]. Nonlinear Dynamics, 2019, 98: 573-588.

[111] Zhang C Y, Li Y Y, Qi G Q, et al. Distributed finite-time control for coordinated circumnavigation with multiple agents under directed topology[J]. Journal of the Franklin Institute, 2020, 357(16): 11710-11729.

[112] Sepulchre R, Paley D A, Leonard N E. Stabilization of planar collective motion with limited communication[J]. IEEE Transactions on Automatic Control, 2008, 53(3): 706-719.

[113] Lan Y, Yan G F, Lin Z Y. Distributed control of cooperative target enclosing based on reachability and invariance analysis[J]. Systems & Control Letters, 2010, 59(7): 381-389.

[114] Swartling J O, Shames I, Johansson K H, et al. Collective circumnavigation[J]. Unmanned Systems, 2014, 2(3): 219-229.

[115] Yu X, Xu X, Liu L, et al. Circular formation of networked dynamic unicycles by a distributed dynamic control law[J]. Automatica, 2018, 89: 1-7.

[116] Yu X, Liu L, Feng G. Distributed circular formation control of nonholonomic vehicles without direct distance measurements[J]. IEEE Transactions on Automatic Control, 2018, 63(8): 2730-2737.

[117] Li R, Shi Y J, Song Y D. Localization and circumnavigation of multiple agents along an unknown target based on bearing-only measurement: A three dimensional solution[J]. Automatica, 2018, 94: 18-25.

[118] Yu X, Ding N, Zhang A D, et al. Cooperative moving-target enclosing of networked vehicles with constant linear velocities[J]. IEEE Transactions on Cybernetics, 2018, 50(2): 798-809.

[119] Skjetne R, Fossen T I, Kokotović P V. Adaptive maneuvering, with experiments, for a model ship in a marine control laboratory[J]. Automatica, 2005, 41(2): 289-298.

[120] Yin S, Xiao B. Tracking control of surface ships with disturbance and uncertainties rejection capability[J]. IEEE/ASME Transactions on Mechatronics, 2016, 22(3): 1154-1162.

[121] Liu L, Wang D, Peng Z H. ESO-based line-of-sight guidance law for path following of underactuated marine surface vehicles with exact sideslip compensation[J]. IEEE Journal of Oceanic Engineering, 2016, 42(2): 477-487.

[122] Liu L, Zhang W D, Wang D, et al. Event-triggered extended state observers design for dynamic positioning vessels subject to unknown sea loads[J]. Ocean Engineering, 2020, 209: 107242.

[123] Lv M G, Wang D, Peng Z H, et al. Event-triggered neural network control of autonomous surface vehicles over wireless network[J]. Science China Information Sciences, 2020, 63(5): 61-74.

[124] Cui R X, Yang C G, Li Y, et al. Adaptive neural network control of AUVs with control input nonlinearities using reinforcement learning[J]. IEEE Transactions on Systems, Man, and Cybernetics: Systems, 2017, 47(6): 1019-1029.

[125] Cui R X, Ge S S, How B V E, et al. Leader-follower formation control of underactuated autonomous underwater vehicles[J]. Ocean Engineering, 2010, 37(17-18): 1491-1502.

[126] Yang Y S, Zhou C J, Ren J S. Model reference adaptive robust fuzzy control for ship steering autopilot with uncertain nonlinear systems[J]. Applied Soft Computing, 2003, 3(4): 305-316.

[127] Chen X T, Tan W W. Tracking control of surface vessels via fault-tolerant adaptive backstepping interval type-2 fuzzy control[J]. Ocean Engineering, 2013, 70(15): 97-109.

[128] Wang Y L, Han Q L, Fei M R, et al. Network-based T-S fuzzy dynamic positioning controller design for unmanned marine vehicles[J]. IEEE Transactions on Cybernetics, 2018, 48(9): 2750-2763.

[129] Nie J, Lin X G. FAILOS guidance law based adaptive fuzzy finite-time path following control for underactuated MSV[J]. Ocean Engineering, 2020, 195: 106726.

[130] Wang Y Y, Jiang B, Wu Z G, et al. Adaptive sliding mode fault-tolerant fuzzy tracking control with application to unmanned marine vehicles[J]. IEEE Transactions on Systems, Man, and Cybernetics: Systems, 2021, 51(11): 6691-6700.

[131] Peng Z H, Wang D, Wang J. Predictor-based neural dynamic surface control for uncertain nonlinear systems in strict-feedback form[J]. IEEE Transactions on Neural Networks and Learning Systems, 2017, 28(9): 2156-2167.

[132] Peng Z H, Wang J, Wang D. Distributed maneuvering of autonomous surface vehicles based on neurodynamic optimization and fuzzy approximation[J]. IEEE Transactions on Control Systems Technology, 2017, 26(3): 1083-1090.

[133] Peng Z H, Jiang Y, Wang J. Event-triggered dynamic surface control of an underactuated autonomous surface vehicle for target enclosing[J]. IEEE Transactions on Industrial Electronics, 2020, 68(4): 3402-3412.

[134] Tong S C, Li K W, Li Y M. Robust fuzzy adaptive finite-time control for high-order nonlinear systems with unmodeled dynamics[J]. IEEE Transactions on Fuzzy Systems, 2020, 29(6): 1576-1589.

[135] Yu C Y, Xiang X B, Wilson P A, et al. Guidance-error-based robust fuzzy adaptive control for bottom following of a flight-style AUV with saturated actuator dynamics[J]. IEEE Transactions on Cybernetics, 2019, 50(5): 1887-1899.

[136] 王永富, 柴天佑. 自适应模糊控制理论的研究综述[J]. 控制工程, 2006, 13(3): 193-198.

[137] He W, Yin Z, Sun C Y. Adaptive neural network control of a marine vessel with constraints using the asymmetric barrier Lyapunov function[J]. IEEE Transactions on Cybernetics, 2017, 47(7): 1641-1651.

[138] Zheng Z, Feroskhan M. Path following of a surface vessel with prescribed performance in the presence of input saturation and external disturbances[J]. IEEE/ASME Transactions on Mechatronics, 2017, 22(6): 2564-2575.

[139] Yan Z, Wang J. Model predictive control for tracking of underactuated vessels based on recurrent neural networks[J]. IEEE Journal of Oceanic Engineering, 2012, 37(4): 717-726.

[140] Peng Z H, Wang J S, Wang J. Constrained control of autonomous underwater vehicles based on command optimization and disturbance estimation[J]. IEEE Transactions on Industrial Electronics, 2019, 66(5): 3627-3635.

[141] Huang Y M, Chen L Y, Chen P, et al. Ship collision avoidance methods: State-of-the-art[J]. Safety Science, 2020, 121: 451-473.

[142] Zhang X Y, Wang C B, Jiang L L, et al. Collision-avoidance navigation systems for maritime autonomous surface ships: A state of the art survey[J]. Ocean Engineering, 2021, 235: 109380.

[143] Li S H, Wang X Y. Finite-time consensus and collision avoidance control algorithms for multiple AUVs[J]. Automatica, 2013, 49(11): 3359-3367.

[144] Zhuang J Y, Zhang L, Zhao S Q, et al. Radar-based collision avoidance for unmanned surface vehicles[J]. China Ocean Engineering, 2016, 30(6): 867-883.

[145] He S D, Wang M, Dai S L, et al. Leader-follower formation control of USVs with prescribed performance and collision avoidance[J]. IEEE Transactions on Industrial Informatics, 2018, 15(1): 572-581.

[146] Huang Y M, van Gelder P H A J M, Wen Y Q. Velocity obstacle algorithms for collision prevention at sea[J]. Ocean Engineering, 2018, 151: 308-321.

[147] Abdelaal M, Fränzle M, Hahn A. Nonlinear model predictive control for trajectory tracking and collision avoidance of underactuated vessels with disturbances[J]. Ocean Engineering, 2018, 160: 168-180.

[148] Khalil H K. Nonlinear control[M]. Harlow: Pearson Education Limited, 2015.

[149] Ames A D, Xu X, Grizzle J W, et al. Control barrier function based quadratic programs for safety critical systems[J]. IEEE Transactions on Automatic Control, 2017, 62(8): 3861-3876.

[150] Khalil H K. Nonlinear systems[M]. New York: Prentice Hall, 2002.

[151] Hong Y G, Jiang Z P, Feng G. Finite-time input-to-state stability and related Lyapunov analysis[C]. 2007 Chinese Control Conference, Zhangjiajie, China, 2007: 652-656.

[152] Yu S H, Yu X H, Shirinzadeh B, et al. Continuous finite-time control for robotic manipulators with terminal sliding mode[J]. Automatica, 2005, 41(11): 1957-1964.

[153] Hou Z G, Cheng L, Tan M. Decentralized robust adaptive control for the multiagent system consensus problem using neural networks[J]. IEEE Transactions on Systems, Man, and Cybernetics, Part B(Cybernetics), 2009, 39(3): 636-647.

[154] Ceragioli F, de Persis C, Frasca P. Discontinuities and hysteresis in quantized average consensus[J]. Automatica, 2011, 47(9): 1916-1928.

[155] Hong Y G, Hu J P, Gao L X. Tracking control for multi-agent consensus with an active leader and variable topology[J]. Automatica, 2006, 42(7): 1177-1182.

[156] 佟绍成, 李永明, 刘艳军. 非线性系统的自适应模糊控制[M]. 2 版. 北京: 科学出版社, 2020.

[157] Kolathaya S, Ames A D. Input-to-state safety with control barrier functions[J]. IEEE Control Systems Letters, 2019, 3(1): 108-113.

[158] Taylor A J, Singletary A, Yue Y, et al. A control barrier perspective on episodic learning via projection-to-state safety[J]. IEEE Control Systems Letters, 2021, 5(3): 1019-1024.

[159] Xiao W, Belta C. High-order control barrier functions[J]. IEEE Transactions on Automatic Control, 2022, 67(7): 3655-3662.

[160] Blanchini F. Survey paper: Set invariance in control[J]. Automatica, 1999, 35(11): 1747-1767.

[161] Khalil H K. Adaptive output feedback control of nonlinear systems represented by input-output models[J]. IEEE Transactions on Automatic Control, 1996, 41(2): 177-188.

[162] Xiang X B, Lapierre L, Jouvencel B. Smooth transition of AUV motion control: From fully-actuated to under-actuated configuration[J]. Robotics and Autonomous Systems, 2015, 67: 14-22.

[163] Zheng Z W, Sun L, Xie L H. Error-constrained LOS path following of a surface vessel with actuator saturation and faults[J]. IEEE Transactions on Systems, Man, and Cybernetics: Systems, 2018, 48(10): 1794-1805.

[164] Lekkas A M, Fossen T I. Integral LOS path following for curved paths based on a monotone cubic Hermite spline parametrization[J]. IEEE Transactions on Control Systems Technology, 2014, 22(6): 2287-2301.

[165] Fossen T I, Pettersen K Y, Galeazzi R. Line-of-sight path following for Dubins paths with adaptive sideslip compensation of drift forces[J]. IEEE Transactions on Control Systems Technology, 2015, 23(2): 820-827.

[166] Belleter D, Maghenem M A, Paliotta C, et al. Observer based path following for underactuated marine vessels in the presence of ocean currents: A global approach[J]. Automatica, 2019, 100: 123-134.

[167] Zhang X M, Han Q L, Zhang B L. An overview and deep investigation on sampled-data-based event-triggered control and filtering for networked systems[J]. IEEE Transactions on Industrial Informatics, 2017, 13(1): 4-16.

[168] Tabuada P. Event-triggered real-time scheduling of stabilizing control tasks[J]. IEEE Transactions on Automatic Control, 2007, 52(9): 1680-1685.

[169] Mazo M, Jr, Anta A, Tabuada P. An ISS self-triggered implementation of linear controllers[J]. Automatica, 2010, 46(8): 1310-1314.

[170] Xing L T, Wen C Y, Liu Z T, et al. Event-triggered adaptive control for a class of uncertain nonlinear systems[J]. IEEE Transactions on Automatic Control, 2017, 62(4): 2071-2076.

[171] Ge X H, Han Q L, Zhang X M. Achieving cluster formation of multi-agent systems under aperiodic sampling and communication delays[J]. IEEE Transactions on Industrial Electronics, 2018, 65(4): 3417-3426.

[172] Postoyan R, Bragagnolo M C, Galbrun E, et al. Event-triggered tracking control of unicycle mobile robots[J]. Automatica, 2015, 52: 302-308.

[173] Jain R P, Aguiar A P, de Sousa J B. Cooperative path following of robotic vehicles using an event-based control and communication strategy[J]. IEEE Robotics and Automation Letters, 2018, 3(3): 1941-1948.

[174] Ge X H, Han Q L. Distributed formation control of networked multi-agent systems using a dynamic event-triggered communication mechanism[J]. IEEE Transactions on Industrial Electronics, 2017, 64(10): 8118-8127.

[175] Wang X D, Fei Z Y, Gao H J, et al. Integral-based event-triggered fault detection filter design for unmanned surface vehicles[J]. IEEE Transactions on Industrial Informatics, 2019, 15(10): 5626-5636.

[176] Ma Y, Nie Z Q, Hu S L, et al. Fault detection filter and controller co-design for unmanned surface vehicles under DoS attacks[J]. IEEE Transactions on Intelligent Transportation Systems, 2020, 22(3): 1422-1434.

[177] Fossen T I. Handbook of marine craft hydrodynamics and motion control[M]. Hoboken: John Wiley & Sons, 2011.

[178] Grip H F, Fossen T I, Johansen T A, et al. Globally exponentially stable attitude and gyro bias estimation with application to GNSS/INS integration[J]. Automatica, 2015, 51: 158-166.

[179] He G J, Zhang Q H, Zhuang Y. Online semantic-assisted topological map building with LiDAR in large-scale outdoor environments: Toward robust place recognition[J]. IEEE Transactions on Instrumentation and Measurement, 2022, 71: 8504412.

[180] Smith P, Dunbabin M. High-fidelity autonomous surface vehicle simulator for the maritime RobotX challenge[J]. IEEE Journal of Oceanic Engineering, 2019, 44(2): 310-319.

[181] Sohn S, Lee B, Kim J, et al. Vision-based real-time target localization for single-antenna GPS-guided UAV[J]. IEEE Transactions on Aerospace and Electronic Systems, 2008, 44(4): 1391-1401.

[182] Guo B Z, Zhao Z L. On convergence of tracking differentiator[J]. International Journal of Control, 2011, 84(4): 693-701.

[183] Milutinović D, Casbeer D, Cao Y C, et al. Coordinate frame free Dubins vehicle circumnavigation using only range-based measurements[J]. International Journal of Robust and Nonlinear Control, 2017, 27(16): 2937-2960.

[184] Ghommam J, Fethalla N, Saad M. Quadrotor circumnavigation of an unknown moving target using camera vision-based measurements[J]. IET Control Theory & Applications, 2016, 10(15): 1874-1887.

[185] Kamalapurkar R, Reish B, Chowdhary G, et al. Concurrent learning for parameter estimation using dynamic state-derivative estimators[J]. IEEE Transactions on Automatic Control, 2017, 62(7): 3594-3601.

[186] Seshagiri S, Khalil H K. Output feedback control of nonlinear systems using RBF neural networks[J]. IEEE Transactions on Neural Networks, 2000, 11(1): 69-79.

[187] Li R, Shi Y J, Song Y D. Multi-group coordination control of multi-agent system based on smoothing estimator[J]. IET Control Theory & Applications, 2016, 10(11): 1224-1230.

[188] Xia Y S. An extended projection neural network for constrained optimization[J]. Neural Computation, 2004, 16(4): 863-883.

[189] Dou L Y, Yu X, Liu L, et al. Moving-target enclosing control for mobile agents with collision avoidance[J]. IEEE Transactions on Control of Network Systems, 2021, 8(4): 1669-1679.

[190] Ames A D, Notomista G, Wardi Y, et al. Integral control barrier functions for dynamically defined control laws[J]. IEEE Control Systems Letters, 2020, 5(3): 887-892.

[191] Lopez B T, Slotine J J E, How J P. Robust adaptive control barrier functions: An adaptive and data-driven approach to safety[J]. IEEE Control Systems Letters, 2021, 5(3): 1031-1036.

[192] Roy S B, Bhasin S, Kar I N. Combined MRAC for unknown MIMO LTI systems with parameter convergence[J]. IEEE Transactions on Automatic Control, 2018, 63(1): 283-290.

[193] Chen Y Y, Tian Y P. A curve extension design for coordinated path following control of unicycles along given convex loops[J]. International Journal of Control, 2011, 84(10): 1729-1745.

[194] Chen Y Y, Tian Y P. Coordinated adaptive control for three-dimensional formation tracking with a time-varying orbital velocity[J]. IET Control Theory & Applications, 2013, 7(5): 646-662.

[195] Chen Y Y, Tian Y P. Formation tracking and attitude synchronization control of underactuated ships along closed orbits[J]. International Journal of Robust and Nonlinear Control, 2014, 25(16): 3023-3044.

[196] Chen Y Y, Tian Y P. Coordinated path following control of multi-unicycle formation motion around closed curves in a time-invariant flow[J]. Nonlinear Dynamics, 2015, 81(1-2): 1005-1016.

[197] Almeida J, Silvestre C, Pascoal A. Cooperative control of multiple surface vessels in the presence of ocean currents and parametric model uncertainty[J]. International Journal of Robust and Nonlinear Control, 2010, 20(14): 1549-1565.

[198] Bibuli M, Bruzzone G, Caccia M, et al. Swarm based path-following for cooperative unmanned surface vehicles[J]. Journal of Engineering for the Maritime Environment, 2014, 228(2): 192-207.

[199] Hong Y G, Chen G R, Bushnell L. Distributed observers design for leader-following control of multi-agent networks[J]. Automatica, 2008, 44(3): 846-850.

[200] Luo X Y, Han N N, Guan X P. Leader-following formation control of multi-agent networks based on distributed observers[J]. Chinese Physics, 2010, 19(10): 100202.